U0568488

应用型法律人才培养系列教材

BIJIAO JIATING FAXUE

比较家庭法学

主　编　贾　静

撰稿人　（以撰写章节先后为序）

贾　静　刘鎏

邹小琴　张磊

中国政法大学出版社

2015 · 北京

序

党的十八大以来，以习近平同志为总书记的党中央从坚持和发展中国特色社会主义全局出发，提出了全面建成小康社会、全面深化改革、全面依法治国、全面从严治党的“四个全面”战略布局。全面依法治国是实现战略目标的基本方式、可靠保障。法治体系和法治国家建设，同样必须要有法治人才作保障。毫无疑问，这一目标的实现对于法治人才的培养提出了更高的要求。长期以来，中国高等法学教育存在着“培养模式相对单一”、“学生实践能力不强”、“应用型、复合型法律职业人才培养不足”等诸问题，法学教育与法律职业化的衔接存在裂隙。如何培养符合社会需求的法学专业毕业生，如何实现法治人才培养与现实需求的充分对接，已经成为高等院校法律专业面临的重要课题。

法学教育是法律职业化的基础教育平台，只有树立起应用型法学教育理念才能培养出应用型卓越法律人才。应用型法学教育应是“厚基础、宽口径的通识教育”和“与社会需求对接的高层次的法律职业教育”的统一，也是未来法学教育发展的主要方向。具体而言，要坚持育人为本、德育为先、能力为重、全面发展的人才培养理念，形成培养目标、培养模式和培养过程三位一体的应用型法律人才培养思路。应用型法律人才培养的基本目标应当是具备扎实的法学理论功底、丰厚的人文知识底蕴、独特的法律专业思维和法治精神、严密的逻辑分析能力和语言表达能力、崇高的法律职业伦理精神品质。

实现应用型法律人才培养，必须针对法律人才培养的理念、模式、过程、课程、教材、教法等方面进行全方位的改革。其中教材改革是诸多改革要素中的一个重要方面。高水平的适应应用型法律人才培养需求的法学教材，特别是“理论与实际紧密结合，科学性、权威性强的案例教材”，是法学教师与法科学生的知识纽带，是法学专业知识和法律技能的载体，是培养合格的应用型法律人才的重要支撑。

本系列应用型法律人才培养教材以法治人才培养机制创新为愿景，以合格应用型法律人才培养为基本目标，以传授和掌握法律职业伦理、法律专业知识、法律实务技能和运用法律解决实际问题能力为基本要求。在教材选题上，以应用型法律人才培养课程体系为依托，关注了法律职业的社会需求；在教材主（参）编人员结构上，体现了高等法律院校与法律实务部门的合作；在教材内容编排上，设置了章节重难点介绍、基本案例、基本法律文件、基础法律知识、分析评论性思考题、拓展案例、拓展性阅读文献等。

希冀本系列应用型法律人才培养教材的出版，能对培养、造就熟悉和坚持中国特色社会主义法治体系的法治人才及后备力量起到绵薄推动作用。

是为序。

李玉福

2015年9月3日

前 言

作为比较法学的分支学科，比较家庭法学旨在对不同国家的家庭法进行比较研究。比较研究各国的婚姻家庭法律制度，不仅有助于完善我国的婚姻家庭立法，而且可为我国的婚姻家庭立法提供理论依据，指导我国的司法实践，同时还能确保涉外婚姻家庭纠纷案件中法律的正确适用。

鉴于比较家庭法学的重要性，如今国内许多院校开设了比较家庭法学课程。这反映了该课程在社会生活中的重要作用，体现了比较研究各国婚姻家庭法律制度的社会价值。为此，山东政法学院组织部分从事婚姻家庭法学教学的教师及擅长代理婚姻家庭纠纷案件的兼职律师，经过认真调研和充分论证，编写了本书。

本书以婚姻家庭为主线，以能力培养为导向，对课程的教学内容进行了整合，统筹兼顾，有所侧重。全书共分八章，第一章是关于比较家庭法学、各国家庭法的立法概况及发展趋势的阐述，第二章至第八章是对各国具体的婚姻家庭制度的比较，包括结婚法律制度比较、离婚法律制度比较、亲子法律制度比较、扶养法律制度比较、监护法律制度比较、收养法律制度比较及继承法律制度比较。在形式方面，本书设置了本章导语、本章引例、引例评析、本章小结、习题等版块，有助于学生对相关知识的宏观把握、深入理解、掌握和应用，同时可以启发学生独立思考。

本书具体作者分工如下（以撰写章节先后为序）：

贾　静：第一章、第八章；

刘　鎏：第二章；

邹小琴：第三章、第四章；

张　磊：第五章、第六章、第七章。

在本书的编写过程中，编写人员认真钻研了各主要国家的婚姻家庭立法，参考了诸多教材和学术著作，同时与时俱进，借鉴了近年来一些专家和学者的最新研究成果，在此谨向原作者致以衷心的感谢。虽然编写人员已经全力以赴，但是由于近年来各主要国家的婚姻家庭立法发展比较快、变化比较大，而编写人员囿于认识水平的局限性，因此本书仍会不可避免地存在疏漏和不足。欢迎各位读者提出宝贵意见和建议，以使本书能够日臻完善。

编　者

2015 年 7 月

目录 CONTENTS

第一章 绪 论

本章导语

比较家庭法学是指对不同国家的家庭法进行比较研究的一门学科，其主要研究内容涵盖婚姻法律制度比较（包括结婚法律制度比较和离婚法律制度比较）、亲子法律制度比较、扶养法律制度比较、监护法律制度比较、收养法律制度比较以及继承法律制度比较。本章主要介绍了比较家庭法学的概念和历史沿革，探讨了研究比较家庭法的意义和方法，阐述了现代各国家庭法的立法概况以及发展趋势。

第一节 比较家庭法学概述

家庭是指以婚姻、血缘以及收养为纽带而形成的、包含一定范围的亲属在内的社会组织形式。一般认为，婚姻是产生家庭和亲属的前提和基础，而家庭和亲属则是婚姻发展的必然结果。作为人类社会的基本生活单位，家庭是满足人类自然需求所必需的社会组织形式，可谓历史悠久、源远流长。尤其是在现代社会，世界各国概莫能外。

婚姻家庭关系是社会关系的重要组成部分，因此调整婚姻家庭关系的法律在各国的法律体系中占有很大的比重。根据调整对象的范围不同，有婚姻法、家庭法和亲属法之分。调整婚姻关系的为婚姻法，调整家庭关系的为家庭法，而调整亲属关系的为亲属法。但是由于婚姻、家庭和亲属之间具有不可分割的联系，因此，在各国的立法实践中并没有严格的界限。广义的家庭关系本身即可涵盖婚姻关系和亲属关系。综观世界各国的婚姻家庭立法，尽管相关法律名称不尽相同，但是各国法律调整婚姻家庭关系的范围大致相同。

世界各国的家庭法之间存在许多相同和相异之处。学者们通过对不同国家的家庭法进行比较研究，已经由此形成一门独立的学科，即比较家庭法学。

一、比较家庭法学的概念

所谓比较家庭法学，是指对不同国家的家庭法进行比较研究的一门学科。比较家庭法学研究的内容主要包括：婚姻法律制度比较（包括结婚法律制度比较和离婚法律制度比较）、亲子法律制度比较、扶养法律制度比较、监护法律制度比较、收养

法律制度比较以及继承法律制度比较。

比较家庭法学是比较法学的分支学科。比较法学是对不同国家的法律进行比较研究的法学分支学科。比较法学的主要特征在于通过比较的方法研究法律。当然，人们的认识过程往往是在不同程度上通过比较的方法进行的，任何学科都可能会使用比较方法，但是比较法学不同于法学的其他学科，它的主要特征和方法就在于比较。比较法学所比较的法律是指不同国家的法律。比较法学的内容既包括对本国法和外国法的比较研究，也包括对不同的外国法的比较研究。

作为比较法学的分支学科，比较家庭法学有其自身特定的研究对象，即不同国家的家庭法。比较家庭法学旨在对不同国家的家庭法进行比较研究，既包括对本国家庭法和外国家庭法的比较研究，也包括对不同的外国家庭法的比较研究。需要说明的是，比较家庭法学不同于家庭法学，因为家庭法学的研究对象侧重于本国的家庭法，而比较家庭法学的研究对象则侧重于外国的家庭法。比较家庭法学一般选择有一定代表性的国家的家庭法作为具体的比较研究对象，而且囿于法律内容的时效性，因此通常厚今薄古。如今，国内外许多院校都开设了比较家庭法学课程，而有些院校称之为比较婚姻法学课程，或者比较亲属法学课程。虽然这些课程名称各异，但是其内涵基本相同，内容也大同小异。

值得注意的是，将比较家庭法学称为“比较家庭法”是不严谨、不正确的。因为比较家庭法学是一门学科，而“比较家庭法”既不是一门学科，也不是任何一个国家的部门法。

二、比较家庭法学的历史沿革

比较家庭法学的历史沿革大体上可以分为三个时期：

（一）萌芽时期

我国西周时期周公制礼，其家礼即从当时华夏各诸侯国的家庭习惯法中比较兼收而来。古雅典法、古巴比伦法、古罗马法中的婚姻家庭制度，也都是通过对当时的属地以及被征服的国家的家庭习惯法的比较分析而制定和完善的。欧洲中世纪的神学家们将古罗马法中的亲属制度和摩西法典等宗教法典进行比较研究，才制定出欧洲教会婚姻法。由此可见，当时比较家庭法学已经初露端倪。

然而，比较全面系统地对各国家庭法进行比较的首推孟德斯鸠。他在《论法的精神》一书中专列数章对世界各国18世纪的家庭法进行了比较，而且将这些法律的异同上升到法理学的高度展开了分析和研究。虽然孟德斯鸠的法学理论带有浓厚的自然法的色彩，但是其中关于家庭法比较研究的许多结论至今仍具有一定的参考价值。[1]

（二）形成时期

进入19世纪以后，比较法学被公认为是法学的一个独立的分支学科，而比较家

---

〔1〕 李志敏主编：《比较家庭法》，北京大学出版社1988年版，第4页。

庭法学也应运而生，逐渐成为比较法学的分支学科。

自从法兰西学院1831年开设“比较立法”讲座之后，欧美的一些法学家开始从法哲学角度对民法、刑法进行比较研究，并将比较家庭法学作为比较民法学的一个独立部分予以比较研究。在此时期，马克思、恩格斯也开始了自己独特的家庭法比较研究。通过马克思1840年前后所写的许多文章，不难发现，他对法国、德国等国家的家庭法进行了多方面的比较。在《德意志意识形态》一书中，马克思和恩格斯通过对当时和历史上多种家庭法律制度的阶级分析和比较，形成了科学的家庭法理论，由此使家庭法的比较发生了实质性的变化。在20世纪前后，欧洲的许多法学家已经撰写了比较家庭法学的专著，不过他们仍然认为比较家庭法学是从属于比较民法学的。

（三）发展时期

俄国十月革命后，苏俄家庭法从民法中独立出来。苏俄婚姻和家庭法典是世界上第一个摆脱民法典体系而使婚姻家庭法成为一个独立法律部门的法典。一些东欧国家竞相仿效这种立法体例。与之相对应，比较家庭法学也正式从比较民法学的体系中分离出来。20世纪40年代左右，西方一些学者明确提出，比较家庭法学应当成为一门独立的学科。随着一些国家专门设立家庭法院，再加上学者们对不同国家的家庭法的比较研究，比较家庭法学作为一门独立学科的地位逐渐为各国学者所公认。与此同时，我国也先后出版了《欧美亲属法》、《苏维埃亲属法要义》等比较家庭法学的专著。20世纪60~70年代，日本先后出版、重印了八卷本《比较婚姻法》巨著，并被翻译成多种文字。许多国家的大学陆续开设了比较家庭法学课程。1976年，非洲家庭法国际研究组对非洲诸国的家庭法展开了比较性调查和研究工作，并将其成果汇编出版。20世纪70年代，世界各大宗教相继举行了宗教家庭法国际研讨会。

特别值得一提的是，1973年家庭法国际学会成立。这是一个独立的国际性学术组织，致力于世界范围内家庭法的比较研究和讨论。目前该学会共有60多个国家的800多名会员。家庭法国际学会旨在为适用家庭关系的法律和政策分析提供一个国际性的论坛，向对该法律领域感兴趣的任何学科的学者、从业人员以及立法者开放。其目标如下：世界范围内的家庭法学科研究的国际合作；家庭法领域相关信息的收集和传播；与其他有相似、相同目标的国际、地区、国内组织的合作；跨学科联系与研究；家庭法法律教育的进展。该学会每三年左右召开一次世界大会，而且还组织许多地区性会议。同时，该学会为其会员出版专业出版物。每次世界大会都有一个主题，并出版相关的论文集。此外，该学会在国际私法海牙会议有关家庭儿童问题的会议上具有观察员资格。

家庭法国际学会自成立后迄今为止，已经举办了15届家庭法世界大会。1975年在西柏林大会堂举行了首届家庭法世界大会。2014年8月6日，由家庭法国际学会和巴西家庭法学研究会联合主办的第十五届家庭法世界大会，在巴西累西腓市第五联邦地区法院阿波罗会议厅隆重召开。这是继2011年在法国里昂召开的第十四届家庭法世界大会之后，云集来自20多个国家的家庭法学者的盛大研讨会。西南政法大学民商法学院的两位教师陈苇教授和石雷博士作为中国代表应邀参加此次会议，在会上就提交的论文《我国离婚救济制度的实证调查研究》进行主题发言，受到与会学者的关注，并引发与会同仁对离婚制度的进一步讨论。第十五届家庭法国际学会主席Marsha教授对以后学会的相关工作作出具体安排，并且确定2017年在阿姆斯特丹举行第十六届家庭法世界大会。

2001年，欧洲家庭法协会正式成立。这是一个由欧洲各国的家庭法学者组建的国际学术团体。2004年，根据欧洲22个国家的专家针对各国关于离婚和离异配偶扶养立法的105个问题所做的国别报告，在对上述报告分析的基础上，欧洲家庭法协会发表了《关于离婚和离异配偶扶养欧洲家庭法原则》一书。2007年，根据22个国家的专家针对各国关于父母责任立法的62个问题所作的国别报告，欧洲家庭法协会发表了《关于父母责任欧洲家庭法原则》一书，起草了关于父母责任的原则。每一个原则都由四个部分组成：①原则文本；②对有关该原则问题的国际条约或者欧盟立法的相应规定；③比较；④评论。上述四个部分构成一个不可分割的整体。正如德国学者茨威格特教授所言："任何一种旨在增强各国间法律协调的统一化模式都是值得赞赏的，但在不久的将来，我们会发现在这些方法中，最适宜的一种方式还是在比较法学的基础上，通过精心制定示范法来完成法律统一的示范法方式。"欧洲家庭法协会正是以示范法的形式为欧洲各国家庭法的统一和协调提供范本，虽然其直接的动力和目的来自建立欧盟共同市场的需求，但是对于比较家庭法学而言，则有利于促进比较家庭法学的发展和完善，其影响也绝不会仅局限于欧洲境内。[1]

家庭法是欧盟民事司法合作的主要领域。在欧洲家庭法协会的推动下，欧盟在婚姻事项、父母责任、扶养等家庭法问题的统一立法上取得积极成果。从2001年的《布鲁塞尔条例I》到2009年的《有关扶养义务的管辖权、准据法、判决的承认与执行及合作条例》，欧盟家庭法的统一化的程度日益提高。此外，欧洲家庭法协会在家庭法领域起草的若干共同原则，反映了欧洲比较家庭法的最新发展动态，也促进了欧盟在婚姻事项、父母责任等实体法方面的统一和协调。

自20世纪80年代以来，我国有些学者或者院校已经编写了一些关于比较家庭法学的教材或者专著，例如任国钧编写的《外国婚姻家庭法讲义》（1982年出版），李志敏主编的《比较家庭法》(1988年出版)，王竹青、魏小莉编著的《亲属法比较研究》(2004年出版)，于静著的《比较家庭法》（2006年出版)，陈苇主编的《外国婚姻家庭法比较研究》(2006年出版）等。

比较家庭法学的历史沿革表明，家庭法学和比较家庭法学在法学领域备受关注，地位日趋重要。

---

〔1〕 吴用："欧洲家庭法统一进程的最新发展——以欧洲家庭法协会为视角"，载《当代法学》2008年第4期。

三、比较家庭法学的意义

事物之间是相互影响、相互联系的。要认识事物，必须从事物的联系和区别出发。只有通过比较，才能有所鉴别，从而促进事物的发展和完善。尺有所短，寸有所长。他山之石，可以攻玉。法律和法学的发展及完善也是如此。

1. 比较研究各国的婚姻家庭法律制度，有助于我国婚姻家庭立法的完善。通过对不同国家的家庭法的比较分析，可以取人之长、补己之短，吸取外国家庭法中的合理成分，借鉴其先进有益的立法经验，从而完善我国的婚姻家庭立法，巩固我国的婚姻家庭关系。目前在我国，婚姻家庭法学是游离于民法学之外的。我国学术界普遍认为，婚姻家庭法学应当回归民法学，以完善学科体系。这是我国婚姻家庭法学所面临的一个基础性问题。我国1950年《婚姻法》是新中国成立后法律体系中第一部颁布施行的成文法。由于当时受苏联的影响，我国立法机关将婚姻法定位为一个独立的部门法，而实际上其本应当成为民法的重要有机组成部分。婚姻家庭法所调整的婚姻关系、家庭关系以及继承关系等均属于人身关系和基于人身关系而产生的财产关系，都属于民法调整的范畴。〔1〕 在我国，制定民法典乃大势所趋。而民法典的内容纷繁复杂，需要博采众长、兼容并蓄，而作为民法典组成部分的婚姻家庭法，也需要通过比较研究不同国家的婚姻家庭法律制度，进行必要的扬弃，与时俱进、日臻完善。换言之，无论是为使作为我国民法典组成部分的婚姻家庭编的结构和内容更加合理，还是为使现行婚姻家庭法自身的内容和体系更加完善，都需要对外国家庭法进行比较和借鉴。从许多国家民法典的编纂情况来看，无论是举世闻名的《法国民法典》，还是以体系完备、逻辑严谨而著称的《德国民法典》，都是在对其本国立法的历史和现状充分了解的基础上，对其他国家或者地区相应的法律制度进行比较研究，并结合本国实际，经过严密论证才制定出来的。与此同时，涉外婚姻的增多使得亲属关系的国际化现象日益普遍，从而导致法律观念及法律制度上的冲突。这就需要比较研究不同国家的婚姻家庭法律制度，进而完善我国的婚姻家庭立法，以适应国际化的需要。

2. 比较研究各国的婚姻家庭法律制度，可为解释我国的婚姻家庭立法提供理论依据，有利于指导我国的司法实践。在任何一个国家的社会制度体系中，婚姻家庭制度是最有可能体现人文精神的社会制度。在各国的社会制度体系中，婚姻家庭制度都是最具特质而且最不容易被同化的。由于各国社会历史、文化背景和风俗习惯的不同，导致形成了殊为迥异的婚姻家庭制度。婚姻家庭法因其固有的伦理色彩反映出一定区域内人们对待婚姻家庭的基本态度和总体理念，从而具有一定的传统习惯性、民族性和地域性。同时，对外来文化排斥性强、吸收力差的特点，使婚姻家庭法成为本土化个性非常突出的社会规范。世界各国往往以本国的婚姻家庭传统习惯为基础，依据新形势下人们的婚姻家庭新观念和调整现实婚姻家庭关系新情况的

---

〔1〕 于静：《比较家庭法》，人民出版社2006年版，第4页。

需要，来构建各项具体的婚姻家庭法律制度，所以在世界范围内现实地存在多样化的婚姻家庭法律制度。因此，有必要采取多角度、多元化、全方位的比较研究方法，对外国婚姻家庭法律制度进行系统、全面的比较研究。[1] 就我国婚姻家庭立法的现状而言，2001 年《婚姻法》增设的一些制度，例如，无效婚姻和可撤销婚姻制度以及离婚损害赔偿制度等都带有一定的法律移植色彩，就是我国借鉴外国的先进立法经验，并结合我国实际情况而制定的。毋庸讳言，我国婚姻家庭法依然存在制度上的某些缺失，而且有些具体制度缺乏可操作性。通过对不同国家的家庭法的比较分析，可以全面地了解各国的婚姻家庭法律制度，有助于了解国外家庭法的发展趋势和研究成果，以开阔视野，查漏补缺，强化我国家庭法学研究中的薄弱环节。

3. 比较研究各国的婚姻家庭法律制度，有利于确保涉外婚姻家庭纠纷案件中法律的正确适用。随着经济全球化，不同国家的公民之间的交往日益频繁，涉外婚姻日益增多，而相应的涉外婚姻家庭纠纷也与日俱增。任何涉外法律问题所表现出的法域之间的碰撞，最终都涉及法律的适用。涉外婚姻家庭纠纷也同样涉及不同法域之间的法律适用问题。有鉴于此，就需要通过比较了解外国法律中的技术规则、国际通行的惯例，同时完善我国调整婚姻家庭关系的冲突规范，从而解决涉外婚姻法律适用中的外国法律适用、国际的司法承认与协助执行等问题。许多西方学者认为，现代家庭法发展的一个趋势是国际化，解决家庭纠纷已经不能仅仅依靠国内法，还应当依靠国际条约；国内法必须以符合国际条约规定的方式解释和实施。总之，只有了解外国的婚姻家庭法律制度，才能适应涉外司法实践的需要，从而正确处理日益增多的涉外婚姻家庭纠纷的法律适用问题。

四、比较家庭法学的研究方法

因为比较家庭法学的研究内容纷繁复杂，所以掌握科学的研究方法是十分必要的。作为比较法学的分支学科，毋庸置疑，比较家庭法学最主要的研究方法就是比较分析的方法。就目前世界各国学者经常使用的具体的比较方法而言，主要包括如下几种：

（一）宏观比较和微观比较

根据比较对象的范围大小，将比较分为宏观比较和微观比较，这是在西方比较法学中较常见的分类。一般而言，宏观比较是从总体上进行的，而微观比较是从具体方面进行的。虽然各国学者对宏观比较和微观比较的含义在具体的表述上有差异，但是大都认为宏观比较是指在不同法系或者不同社会制度（主要指资本主义和社会主义）的法律之间进行的比较研究，而微观比较则是指在具体法律规则之间或者具体法律制度之间进行的比较。本教材对于婚姻家庭法律制度的比较，既有宏观比较，即对不同法系的比较，又有微观比较，即对不同国家、不同法域的婚姻法律制度（包括结婚法律制度和离婚法律制度）、亲子法律制度、扶养法律制度、收养法律制

---

〔1〕 陈苇主编：《外国婚姻家庭法比较研究法》，群众出版社 2006 年版，第 1 页。

度、继承法律制度以及监护法律制度的各项内容予以对比分析。由于婚姻家庭制度和各国的社会历史、文化背景以及风俗习惯等息息相关，由此决定了围绕这一制度而进行的比较即使是微观比较也是很复杂的。正如我国学者沈宗灵教授所言，“在不同法系或不同社会制度的法律之间的微观比较中，有的是比较简单的，有的却是相当复杂的”。[1]

（二）双边比较和多边比较

根据比较对象的数量，将比较分为双边比较和多边比较。双边比较是指对两个法系之间或者两个国家之间同一类法律的比较，而多边比较则是指对三个以上法系之间或者三个以上国家之间同一类法律的比较。本教材对于婚姻家庭法律制度的比较，既有双边比较，即对大陆法系和英美法系的比较，也有多边比较，即对三个以上国家之间的比较。由于本教材力求全面系统地比较研究，因此在比较对象的选择上也就力求相对全面，由此决定主要采用多边比较的方法。

（三）静态比较和动态比较

根据比较状态的不同，将比较分为静态比较和动态比较。静态比较是指仅对各国的法律规定进行比较，区分其异同；而动态比较是指从各国内部该项法律制度的产生、发展及趋势等方面进行比较，从而揭示各国在该项法律制度方面存在差异的原因。虽然静态比较和动态比较在比较对象的切入点上存在较大区别，但是两者并不是对立的，而是相辅相成、有机结合的。具体而言，在对每项具体的婚姻家庭制度的研究中，一方面对各国的现行立法进行比较，另一方面分析其发展趋势，以期为立法者提供有益的借鉴。例如，本教材阐述世界各国的家庭立法概况及其发展趋势时，就采用了静态比较和动态比较相结合的方法。

第二节 各国家庭法的立法概况及发展趋势

一、各国家庭法的立法模式

各国家庭法的立法模式主要包括如下三大类型：

（一）作为民法典一部分的家庭法

大陆法系国家一般采用此立法模式，例如法国、德国、瑞士、意大利、日本等。由于婚姻家庭法在民法典中所处的地位不同，这种立法模式又分为罗马式立法模式和德国式立法模式。罗马式立法模式以家长制为基础，民法分为人事、物权和诉讼三编，而婚姻家庭关系作为人的行为法列入人事编。法国民法典即采用该种立法模式，将结婚、离婚、亲子、收养、监护等列入人法。德国式立法模式将婚姻、亲属、

[1] 沈宗灵：《比较法研究》，北京大学出版社1998年版，第37页。

监护等均列入亲属法，作为民法的独立一编，以个人主义为根据，将民法分为五编：第一编总则（包括人法编中人的能力的规定），第二编物权，第三编债，第四编亲属，第五编继承。如此一来，婚姻家庭关系在民法典中的规定比较明确集中，避免了罗马式立法模式将人的能力、住所等事项与关于亲属的事项合并规定的混乱，比分散在不同编章中的罗马式立法模式更加合理。瑞士和日本采用此立法模式。

（二）由单行法规组成的家庭法

英美法系国家采用此立法模式。从立法模式来看，信奉“法律的生命不在于逻辑而在于经验”的英美法系国家在遵循先例等一系列传统法律思想的影响下，并未采取制定成文民法典以统一规定婚姻家庭制度的立法模式。因为英美法系国家的法律主要是由判例法和制定法构成的，所以迄今为止，英美法系各国都主要是以判例法和制定法调整婚姻家庭关系的。[1] 以英国为例，第二次世界大战后，英国加快了婚姻家庭领域的立法工作，颁布了各种婚姻家庭方面的法律和条例，其中比较重要的有：1949 年《婚姻条例》、1964 年《已婚妇女财产法》、1967 年《堕胎法》和《夫妻住所法》、1969 年《家庭改革法》和《离婚改革法》、1970 年《处理夫妻案件程序和财产法》、1976 年《收养条例》等。

（三）专门的家庭法典

有少数国家采用此立法模式，如《俄罗斯家庭法典》、《菲律宾共和国家庭法》和《中华人民共和国婚姻法》。值得一提的是，苏联的《苏俄婚姻和家庭法典》是世界上最早使家庭法摆脱民法典，成为独立部门法的法典。我国婚姻家庭立法仿效苏联的立法模式，制定了单行的家庭法典。

二、各国家庭法的立法概况

（一）大陆法系主要国家的家庭立法

大陆法系又称民法法系、罗马—日耳曼法系或者成文法系，是指以罗马法为基础而形成的法律的总称。大陆法系一词中的“大陆”是指欧洲大陆，故大陆法系又有“欧陆法系”之称。大陆法系和英美法系是当今世界的两大主要法系。大陆法系国家一般是指法国、德国、意大利、瑞士、比利时、荷兰、西班牙、奥地利等欧洲国家，同时还包括日本和土耳其等亚洲国家。法国和德国可谓是大陆法系中最具代表性的两个国家，通过对这两个国家家庭法的简介，即可了解大陆法系婚姻家庭立法的大致情况。虽然大陆法系各国在具体内容方面存在不同程度的差异，但是它们之所以被纳入同一法系，是因为其具有共同特征。

关于大陆法系国家的家庭法，从立法模式的角度而言，其最主要的特点就是在统一的《民法典》中对婚姻家庭制度加以系统的规定。

例如，近代社会第一部资产阶级国家民法典——《法国民法典》就体现了这一特点。该法典于 1804 年制定，分为人法和物法两个部分，而涉及婚姻家庭关系的内

---

〔1〕 沈宗灵：《比较法研究》，北京大学出版 1998 年版，第 284 页。

容在这两部分中均有规定。例如，人法中规定了结婚、离婚、收养、亲权、未成年人的监护、亲权的解除等内容，而物法中规定了夫妻财产制。该民法典迄今依然有效，但是许多规定已经随着社会的发展而不断被修改。第二次世界大战以后，法国司法部设立了民法修改委员会，对家庭法部分的许多条文先后进行了废除、修改或者增补。其中涉及婚姻家庭制度的修改主要包括：养子女地位（1958 年修改）、监护与法定继承遗产的管理（1964 年修改）、夫妻财产制（1965 年修改）、亲权（1970 年修改）、离婚制度（1975 年修改）等。现在基本定型的是 1979 年《法国民法典》。需要注意的是，法国立法机关通常是以单行的法律对民法典的某些条文进行修改，而且近年来的修改比较频繁。法国著名的达罗兹出版社每年都将修改后的条文及时编入该法典的相应条款，并在相应的条文之后，注明最近一次的修改日期。整体而言，经过多次修改的法国家庭法部分较之其初期的立法，已经发生了较大变化。例如，在结婚制度中缩小无效婚姻的范围，从而相对弱化了结婚要件的绝对性效力。1999 年，法国制定了规制同居伴侣关系的《公民互助契约》。这是一种完全不同于荷兰伙伴关系模式的立法，其有关的重要条款也未纳入《民法典》的家庭法部分，而是规定在自然人和市民身份的章节中。又如在离婚制度中确立了破裂离婚主义原则，使法国离婚的法定事由呈现无责主义与破裂主义并存的特点。无过错离婚已经成为判决离婚的主要方式，还取消了夫妻在离婚问题方面的不平等规定。例如，根据 1804 年《法国民法典》第 229 条和第 230 条的规定，夫得以妻通奸为由诉请离婚，但是妻若要以夫通奸为由诉请离婚，则须夫“于夫妻共同居所实行姘居”；而现行《法国民法典》已经删除了上述规定。关于亲权制度，其立法也发生了根本性转变，确立了以未成年子女利益为核心的立法理念。在 1804 年《法国民法典》中，亲权是父母对子女的绝对和纯粹的权利集合，主要包括要求子女尊敬的权利；指定子女居所的权利；惩戒子女并可以将其拘禁的权利；对子女财产的用益权利等，而且还规定在父母婚姻关系存续中亲权由父亲单独行使。上述明显体现传统父权思想且不利于未成年子女成长的内容，都已经被废止。现行《法国民法典》规定，父母双方在婚姻关系存续期间共同行使亲权。总之，随着社会的发展变化，法国一直在保持该法典固有结构和体系的前提下，通过颁布单行法律的方式修改和补充了家庭法的内容。[1]

在德国，调整婚姻家庭关系的法律被称为亲属法。其立法模式和法国相似，但是编制体例略有不同。其也是在民法典中对亲属法作出统一规定，并按照一定的逻辑次序编排。1896 年《德国民法典》是继《法国民法典》颁布后又一部新型的民法典。该法典汲取了法国民法典的成果，在内容和形式上反映了新的时代特点，更加完整地体现了亲属制度的内容。该法典继承了古罗马法《法学阶梯》的体系，共分为五编，亲属法为第四编。亲属法一编包括婚姻、亲属关系和监护三章，共计 625

---

〔1〕 陈苇主编：《外国婚姻家庭法比较研究》，群众出版社 2006 年版，第 15 ~17 页。

条，对婚姻、亲属和监护等制度都作了较为详细具体的规定。1938 年，德国纳粹政权颁布的《结婚离婚法》取代了《德国民法典》有关结婚、婚姻的无效和撤销方面的规定。第二次世界大战后，为了适应社会发展变化的需要，德国亲属法历经多次修改，其中比较重要的修改主要包括如下五个方面：①结婚法的编制地位。1946 年，盟国管制机构以《管制委员会第 16 号法律》取代了前述的 1938 年《结婚离婚法》。在两德分离时期，该法律一直为德意志联邦共和国所适用。德国统一之后，1998 年施行的《重新规范结婚法的法律》将结婚制度重新规定于《德国民法典》中，从而最终确定了结婚制度在《德国民法典》中的编制地位。②夫妻的权利。1957 年，德意志联邦共和国颁布了《男女平等权利法》，赋予了妻子平等的就业权，并建立了一种全新的法定夫妻财产制——剩余共同财产制，旨在从经济上确保妻子的平等权利，根据该制度，离婚时夫妻双方在婚姻关系期间所得财产的差额部分，由双方平等分享。③离婚制度。一方面，确认婚姻破裂是离婚的唯一法定理由，1976 年《关于改革婚姻法和家庭法的第一号法律》以“破裂原则”取代了原来的“过错原则”；另一方面，《德国民法典》第 1587 条确立了关于离婚夫妻之间实行“供养补偿”的原则规定，使夫妻双方对于一方享有的领取退休金或者抚恤金的权利，在离婚时可以要求对半分割，以便为离婚后经济地位较弱的一方提供更好的生活保障。[1] ④亲子关系。1997 年《子女身份改革法》、《非婚生子女在继承上的平等法》以及 1998 年《未成年子女生活费统一法》的颁布施行，在父母照顾权、出生、子女姓名、监护权等方面彻底消除了非婚生子女和婚生子女的全部差别。⑤监护制度。1992 年《关于改革成年人监护和代管法的法律》修改了《德国民法典》关于监护和代管的规定，废除了对成年人的监护而代之以照管。1997 年《废除法定官方代管和重新规定辅助法的法律》废除了原有的法定官方代管，并且将原来的强制性措施修改为可由当事人选择的自愿帮助措施。1998 年《修改照管法及其他规定的法律》则进一步完善了照管制度，在将“照管”修改为“法定照管”的同时，还增加和修改了关于职业监护人和监护人报酬等方面的具体规定。

（二）英美法系主要国家的家庭立法

英美法系又称普通法法系或者海洋法系，是指以英国的普通法为基础而形成的法律的总称。英美法系和大陆法系是当今世界的两大主要法系。英美法系分布范围很广，其首先产生于英国本土（苏格兰除外），后扩大到爱尔兰以及曾经是英国殖民地、附属国的许多国家和地区，包括加拿大（魁北克省除外）、美国（路易斯安那州除外）、澳大利亚、新西兰、印度、巴基斯坦、孟加拉、马来西亚、新加坡、缅甸、塞拉利昂、加纳、尼日利亚、肯尼亚、乌干达、坦桑尼亚等。正如大陆法系国家出现了法国和德国两个最具代表性的国家一样，英美法系国家也存在英国和美国两个最具代表性的国家。通过了解这两国婚姻家庭立法的概况，可以发现英美法系国家

---

〔1〕 陈苇：《中国婚姻家庭法立法研究》，群众出版社 2000 年版，第 173 页。

婚姻家庭立法的一些共性。

和大陆法系国家一样，英美法系国家也将家庭法归为私法的范畴。就立法模式而言，英美法系各国都没有制定成文民法典以统一规定婚姻家庭制度，而是采取单行立法的方式规定婚姻家庭制度。英美法系国家的法律渊源主要是由判例法和制定法构成的。迄今为止，英美法系各国都主要是以判例法和制定法调整婚姻家庭关系。

英国的婚姻家庭关系在中世纪时期与欧洲大陆国家相同，主要是由基督教教会法调整。早在诺曼人征服英国的时期，一切有关夫妻之间的案件都是由教会法院管辖。在第二次世界大战之前，英国家庭法的改革一直都是比较缓慢和保守的。如前所述，第二次世界大战后，英国加快了婚姻家庭领域的立法工作，颁布了各种婚姻家庭方面的法律和条例，其中比较重要的有：1949 年《婚姻条例》、1964 年《已婚妇女财产法》、1967 年《堕胎法》和《夫妻住所法》、1969 年《家庭改革法》和《离婚改革法》、1970 年《处理夫妻案件程序和财产法》、1976 年《收养条例》等。通过这一系列法令的颁布施行，英国的婚姻家庭制度发生了很大变化，主要表现在以下几个方面：①在结婚制度方面，1836 年的法令允许当事人采取无须举行宗教仪式的登记结婚，而 1949 年以来的有关婚姻的法律明确规定举行宗教仪式结婚和举行一般仪式结婚同样具有合法性，并强调结婚证书的取得在这两种形式下有同等重要性。②在夫妻财产关系方面，1935 年和 1949 年有关妇女财产的法律规定，进一步肯定了已婚妇女在订立契约、偿还债务以及对自己侵权行为负责等方面的能力，这极大地提高了已婚妇女的法律地位。③在离婚制度方面，1969 年《离婚改革法》、1973 年《婚姻诉讼法》及 1984 年《家庭诉讼法》都规定离婚的法定理由只有一条："婚姻关系已经无可挽回地破裂。"④在父母子女关系方面，1927 年《收养法》改变了普通法长期不承认收养的状况，在为子女利益的前提下，妥善解决了战后孤儿遍野、非婚生子女激增等相关社会问题。⑤非婚生子女认领制度方面，改变了传统的不准认领非婚生子女的规定；非婚生子女认领制度的确立，在一定程度上提高了非婚生子女的法律地位。目前，英国家庭法学领域的多数学者认为，父母责任已经成为家庭法中的核心概念。

美国家庭法受英国家庭法的影响很大，独立后美国许多州的家庭法都以英国法为重要渊源。从整体上看，美国家庭法的渊源比较杂，包括以下几个方面：①州法。美国的家庭法和其他法律一样，在立法上是以州为本位的，特别是在过去。因此，各州对家庭法都有独立立法权。现在各州对结婚的婚龄规定高低悬殊，离婚方面的居住期限限制也有长有短，还有不要求居住期限的，甚至有些地区专门以办理离婚手续简便容易来吸引游客。②联邦法。近年来联邦立法和过去相比已经越来越多地涉足家庭法。例如，1970 年的《统一结婚离婚法》，美国联邦政府试图通过制定统一结婚、离婚法来统一各州的婚姻家庭法。该法典共有五篇，即总则、结婚、离婚、监护、生效日期及撤销事宜。另外还有《统一收养法》、《统一婚姻财产法》、《州际家庭扶养法》、《统一父母身份法》等。③司法判例。各州法院及联邦法院对法律实

践中有争议的问题作出的解释，或根据衡平法原则对法无明文的问题作出的判决，作为判例法国家必然的法律渊源，是家庭法必须要考察的规范组成部分。④联邦宪法及其他法律。联邦宪法作为最高上位法，任何具体的法律制度都不得违反。家庭法不可避免地与其他法律之间存在相互影响，例如，合同法、侵权法、刑法等都是家庭法的渊源。⑤国际公约、条约、协定。现代家庭法发展的一个趋势是国际化：解决家庭纠纷已经不能仅仅依靠国内法，还应依靠国际公约、条约、协定。婚姻、家庭法的一个越来越重要的法律渊源是国际公约、条约、协定。

目前，我国调整婚姻家庭关系的法律制度主要包括《中华人民共和国婚姻法》、《中华人民共和国继承法》、《中华人民共和国收养法》以及《中华人民共和国民法通则》。如果将一部法律称为婚姻法，那么它的调整对象应当只包含婚姻关系而不包括家庭关系，因为婚姻法仅指调整婚姻的设立、终止及其效力的法律规范。而从其调整对象来看，我国《婚姻法》既包括婚姻关系也包括家庭关系。换言之，我国《婚姻法》不仅调整婚姻关系，而且还调整家庭关系。这说明我国《婚姻法》的名称并没有准确地涵盖该法的调整对象，不能清晰、直观地反映我国婚姻法的调整对象。由此可见，将我国《婚姻法》的名称改为《家庭法》或者《婚姻家庭法》更为准确和严谨。

三、各国家庭法的发展趋势

随着世界各国政治、经济、文化等多方面的进步和发展，人们的生活方式、生活习惯以及生活观念都发生了变化，由此必然影响人们对婚姻家庭关系的认识。为了适应人们现实生活的需要，从制度上保障婚姻家庭关系的和谐与稳定，世界各国都不是墨守成规，而是普遍与时俱进、革故鼎新。尽管各国的法律变革力度和方向都存在一定的差异，但是在一定程度上也反映出某些共同的趋势。整体而言，各国家庭法的发展趋势，可以从婚姻制度和家庭制度两个方面分析：

（一）婚姻制度的立法发展趋势

婚姻制度包括结婚制度、离婚制度及夫妻关系制度。各国婚姻制度的立法发展趋势主要表现为以下几个方面：

1. 结婚制度的立法发展趋势。结婚制度的立法发展趋势是无效婚姻与有效婚姻之间在法律后果上的界限日益模糊。许多国家为保障婚姻当事人本人依法行使婚姻自由权并履行婚姻的义务，在结婚条件方面已经适当地提高法定婚龄。随着社会的发展，在结婚的禁止方面，一些禁止性规定已经减少，某些过时的禁止性规定已被删除。例如，“禁止相奸者之间结婚”一类禁止性条件已经被删除。与此同时，基于婚姻本身是一种客观事实，为保护当事人及其子女的利益，无效婚姻和可撤销婚姻的法律后果已经相对缓和，在财产分割、当事人之间的扶养以及子女抚养、监护等方面的处理已与离婚的后果基本相同。例如，美国著名家庭法学专家哈里·D. 格劳斯教授指出，在《美国统一结婚离婚法》的推动下，“现代立法趋势不仅日益模糊了当然无效婚姻与宣告无效婚姻的界限，而且也使它们与有效婚姻之间的界限变得模糊”[1]。此外，值得注意的是，基于对当事人自由选择生活方式的基本人权的尊重，非婚同居关系和同性结合关系已经被世界上不少国家法律承认为“合法”，对当事人在相互扶养、财产权益等方面给予了不同程度的保护。

2. 离婚制度的立法发展趋势。其一，现代社会许多国家的离婚制度坚持保障离婚自由，对判决准予离婚的法定条件实行“破裂主义”。基于对婚姻本质的尊重以及维护婚姻家庭当事人权益和社会利益的需要，世界上绝大多数国家都实行自由离婚主义，但同时又强调“离婚自由”的相对性。有些国家在对离婚实行“破裂主义”的同时，兼采“过错主义”，或者以过错作为证明“婚姻关系破裂”的法定理由，或者将夫妻双方分居必须达到法定的期间作为婚姻关系无可挽回的证明；有些国家在对离婚适用“破裂主义”原则的同时，又规定了某些苛刻条款予以限制。[2] 其二，注意平衡离婚的法律后果，强调离婚时应当公平分割夫妻在婚姻期间所得的财产。基于夫妻家庭地位平等的原则，无论是实行“婚后所得共同制”、“分别财产制”，还是实行兼具共同财产制和分别财产制因素的“剩余共同制”和“所得分配制”，大多数国家都承认夫妻的家务劳动与职业劳动具有同等的价值。根据公平原则和照顾弱者利益的原则，离婚时应当公平地分割婚姻期间一方或者双方所得的财产，应当照顾经济能力较弱的一方，对其适当多分财产。需要注意的是，即使在实行分别财产制的一些英美法系的国家，离婚时婚姻期间所得的财产实际上是根据夫妻对婚姻家庭所做的贡献而公平分配的。例如，根据澳大利亚现行《家庭法》第 79 条的规定，法官在判决离婚时，有权根据夫妻对婚姻或对婚姻所生的孩子所做的直接贡献和间接贡献，公平、合理地判决分割夫妻在婚姻期间所得的财产。换言之，基于公平原则，夫妻双方对他方在婚姻期间所得的财产享有请求分配权。其三，夫妻对共同债务清偿承担连带责任。许多国家的法律都规定，夫妻对婚后的共同债务承担连带责任，一方清偿全部共同债务后对他方享有追偿权。这既有利于维护与夫妻交易的第三人的利益和交易安全，又能保护夫妻的合法财产权益。其四，离婚时，根据“子女最大利益原则”处理父母对未成年子女的抚养、监护以及探望等问题。

3. 夫妻关系制度的立法发展趋势。夫妻关系制度的立法发展趋势是许多国家贯彻男女平等原则，更加注重夫妻地位实质上的平等。自从第二次世界大战以后，随着国际人权运动包括妇女运动的发展，许多国家先后修改了调整夫妻关系的法律，确立了男女平等的理念以及公平、正义的原则。根据 1979 年联合国大会《消除对妇女一切形式歧视公约》第 2 条 f 项的规定，应采取一切适当措施，包括制定法律，以修改或废除构成对妇女歧视的现行法律、规章、习俗和惯例。这为各缔约国提供了立法和司法准则。

---

〔1〕［美］哈里·D. 格劳斯：《家庭法：Family Law》，法律出版社 1999 年版，第 4 页。

〔2〕陈苇：《中国婚姻家庭法立法研究》，群众出版社 2000 年版，第 236 ~ 238 页。

在人身关系方面，坚持男女平等的立法理念，删除夫妻人身关系不平等的条款，增加夫妻人身权利平等的内容，使夫妻在家庭中的地位趋于平等。例如，1804 年《法国民法典》有关"妻应顺从其夫，夫应保护其妻"及限制妻子的财产行为能力的不合理的规定已经被删除，代之以夫妻人身权和财产权平等的立法。《日本民法典》于 1945 年修订后，删除了将妻子作为限制行为能力人、妻子须从夫姓等歧视女性的规定，增加了夫妻可以双方自愿约定婚后姓氏等体现夫妻人身关系平等的内容。《德国民法典》经修改后，承认妻子享有和丈夫平等的就业权。在美国，自 1975 年夏威夷州有关妇女婚后须冠以夫姓的法律被宣告违宪后，已经没有任何一个州的法律规定妇女在结婚后要更改姓氏；关于子女的姓氏，也由原来根据普通法的规定子女的姓要冠以父姓，修改为依据有利于子女利益的原则确定子女从父姓或者从母姓；在配偶侵权问题上，美国的大部分州已经废除过去根据夫妻一体主义理论的"配偶侵权豁免"的立法，因为该立法违反平等保护已婚者的原则，而由申请人请求法院发布禁止令，以防止被申请人对申请人实施家庭暴力，这已经成为检举和阻止家庭暴力的最重要的手段；此外，妻子已经享有决定人工流产权，妻子在决定实施人工流产前无须取得其夫的同意。

在财产关系方面，现代夫妻财产制确立了约定优先于法定、夫妻双方财产权利和财产义务平等、承认家务劳动价值和保障弱者利益以及兼顾维护第三人利益和交易安全等原则。其一，尊重夫妻处理财产关系的意愿，承认夫妻约定财产制优先于法定财产制适用，以体现民法的意思自治原则。其二，实行男女平等的原则，赋予夫妻双方平等的财产权利和财产义务，删除歧视或者限制已婚妇女财产权的条款。其三，承认家务劳动的价值，保障经济地位处于弱势的夫妻一方的利益。1979 年联合国大会《消除对妇女一切形式歧视公约》第 15、16 条明确规定，特别应当赋予妇女签订合同和管理财产的平等权利。配偶双方在财产的所有、取得、经营、管理、享有、处置方面，无论是无偿的还是有偿的，都享有相同的权利。目前，虽然各国立法形式各异，但是在实质内容上却存在不少相同之处。就法定财产制而言，无论是实行"婚后所得共同制"还是实行"分别财产制"，许多国家都以夫妻地位平等和承认家务劳动价值作为立法和司法的指导思想；对于婚姻期间夫妻一方或者双方所得的财产，在离婚分割时都实行双方公平分配，旨在保护主要从事家务劳动、经济地位处于弱势的配偶一方的利益。需要注意的是，目前已有一些国家承认夫妻一方在婚姻期间所得的期待财产利益应当由夫妻双方分享，这是基于婚姻关系是伴侣关系，婚姻期间夫妻一方取得的财产期待利益是和他方的支持和帮助密不可分的。例如，根据《德国民法典》第 1587 条的规定，对于婚姻期间夫妻一方取得的领取退休金或者抚恤金等期待财产的利益，离婚时应当由夫妻双方平均分配。美国大多数实行公平分割法的州或者将所有的养老金包括军队退休金都作为婚姻财产分割，或者将其列为法院分割财产时必须考虑的因素。[1] 澳大利亚对离婚时夫妻一方领取退休金的期待财产利益的处理和美国的做法相似，专门制定了退休金利益由夫妻双方平均分配的制度。其四，注意保护第三人的利益，维护交易安全。许多国家的夫妻财产制既规定了夫妻双方享有的财产权利，也明确规定了夫妻双方应当承担相应的财产责任，体现了兼顾个人利益和社会利益的立法理念。例如，夫妻双方或者一方管理共同财产的责任、夫妻双方对共同债务的债权人承担连带清偿责任等。如此一来，既能充分保障夫妻行使财产权利，又能保护第三人的利益，维护交易安全。

（二）家庭制度的立法发展趋势

家庭制度主要包括亲子制度、扶养制度、收养制度、监护制度等内容。各国家庭制度的立法发展趋势主要表现为如下四个方面：

1. 亲子制度的立法发展趋势。亲子制度的立法发展趋势是以保护“儿童最大利益”为原则。自1959年联合国《儿童权利宣言》提出，为保护儿童的利益，制定法律时“应以儿童的最大利益为首要考虑”的国际性指导原则以来，1979年联合国《消除对妇女一切形式歧视公约》和1989年联合国《儿童权利公约》等国际文献均重申了“儿童最大利益”原则。对于该原则，目前世界上包括大陆法系和英美法系的许多国家或者在立法中予以明确规定，或者在具体法律制度中得以体现。

具体而言，以保护“儿童最大利益”为原则表现为如下几个方面：①突出尊重儿童人权的立法思想，赋予儿童相关权利。例如，1994年日本批准《关于儿童权利的条约》，该条约根据“国际人权公约”规定的各项权利，对儿童的权利保护作了全面、广泛的规定，包括健康成长的基本生活权利、意见表示权、要求和成人平等的权利、要求确认亲子关系的权利等。又如，澳大利亚1975年《家庭法》对有关儿童问题的处理，从儿童的权利和父母的责任两个方面作出了原则性的规定：儿童有权认识父母、接受父母照料，不论其父母是否结婚、分居或是否共同生活；儿童有权定期接触父母或者对其生活、幸福和发展有重要意义的其他人；父母共同享有和履行关于儿童生活、幸福和发展的权利和义务；父母应当协商承担对其子女将来的养育责任；即使父母不再同居生活，他们也应当履行对子女基本生活的照料和经济供养的义务。一方面，从儿童权利的角度立法，体现了1989年联合国《儿童权利公约》倡导的保护儿童的参与权的精神，更能体现对儿童的尊重和保护，提高了儿童的法律地位；另一方面，有利于指导父母依法履行父母责任，并指导法官依法处理儿童的抚养和监护等问题，从而有利于切实贯彻保护“儿童最大利益原则”。②努力消除对非婚生子女的一切歧视和不平等待遇。例如，绝大多数国家都承认非婚生子女和婚生子女具有平等的法律地位，享有完全平等的权利。很多国家，如德国、英国、澳大利亚、美国以及中国等，无论父母之间有无婚姻关系，对其所生子女已经不再作婚生和非婚生的区分，以彰显对儿童的尊重和保护。③立法理念从注重父母

---

〔1〕 夏吟兰：《美国现代婚姻家庭制度》，中国政法大学出版社1999年版，第262～266页。

权利的"亲本位"转向注重"父母责任"，强调父母对未成年子女的抚养和监护职责。例如，澳大利亚1995年《家庭法改革法》用"父母责任"这一概念代替了"监护"的概念，将"父母责任"定义为"法律所规定的父母对儿童人身及其财产所具有的所有权利、义务、责任和职权"。负有父母责任的人不得放弃或者转让该责任的任何部分。该法第61条第1款规定，所有父母对未满18周岁的子女承担父母责任，法院颁发另外的命令者除外；无论父母子女关系形式如何变化，所有父母仍对未满18周岁的子女承担父母责任。该法用"父母责任"一词代替"监护"，从注重父母对子女的权利到强调父母对子女的责任、义务，反映了立法的重心从"父母本位"转向"子女本位"，体现了立法理念的进步。换言之，这体现了处理儿童问题的子女本位的立场。根据该法的规定，"父母责任"的承担主体包括生父母、养父母以及符合法定条件的继父母，但是法院颁发命令解除父母责任的除外。不论父母是否结婚或是否共同生活，也不论父母是否分居或者离婚，所有的父母对未满18周岁的子女都要承担父母责任。如此一来，显然有利于保护未成年子女的利益。④人工生育子女的法律地位及其相关法律问题日益受到立法者的重视，有些国家已经制定了相关立法。例如，美国早在1988年州法律全国统一委员会就制定了《人工生育儿童法律地位法》，将所有相关的法律问题规定在其中。[1]

2. 扶养制度的立法发展趋势。扶养制度的立法发展趋势主要表现为两个方面：①加强给付子女抚养费的保障措施。为维护未成年子女的利益，除英国、美国和澳大利亚等国均在离婚诉讼中设立子女代理人或者子女代表人参加诉讼外，在澳大利亚还设置了儿童抚养代理机构专门负责代为收取和转交给付子女抚养费。例如，在美国，一方面通过加强父母居所勘定系统以及连接各州的综合、自动的计算机网络所提供的信息，来促进抚养费的征收；另一方面通过要求各州施行《统一州际家庭扶养法》以促进征收扶养费的统一性和程序的简化，以切实保障受扶养人权利的实现。又如，澳大利亚自1988年开始实施儿童抚养计划，由儿童抚养代理机构作为中介人代为收取和转交儿童抚养费，这对于解决离婚后父母一方不给付子女抚养费这一较为普遍存在的社会问题，发挥了很大的作用。②对离婚原配偶扶养的适用条件更加具体化。基于保护弱者利益的原则，注重为离婚时经济能力较弱的配偶一方提供生活保障。[2]

3. 收养制度的立法发展趋势。收养制度的立法发展趋势是以保护未成年被收养人的利益为重心，主要包括如下几个方面内容：①注重保护未成年被收养人的合法利益。这已成为各国收养立法的重心，主要表现在收养成立的一般实质要件，以保护未成年被收养人的健康成长为基准而设立。②对收养程序实行国家监督主义。在针对收养行为的各项程序性规定中，各类国家机关的依法介入已经为大多数国家的

---

〔1〕［美］哈里·D. 格劳斯：《家庭法：Family Law》，法律出版社1999年版，第222页。

〔2〕陈苇主编：《外国婚姻家庭法比较研究》，群众出版社2006年版，第35～36页。

收养立法所确认。③以完全收养制度为主。目前在大多数国家已经确立以“育幼”为目的的完全收养制度，旨在保障未成年被收养人的健康成长。④以不完全收养制度为辅。为兼顾保护收养人的利益，不完全收养制度以其独有的“养老”价值而为部分国家所肯定。

4. 监护制度的立法发展趋势。监护制度的立法发展趋势是根据被监护人不同的需求，设计适当的监督保护机制，主要表现为两个方面：其一，加强对未成年人的监护，强化对未成年人监护的监督措施，以切实保护未成年被监护人的利益；其二，对成年人监护制度的改革，“以保护被监护人的利益与尊重被监护人的意愿相结合，作为成年人监护制度的立法原则”。[1] 由此可见，应当转变成年人监护制度的职能，充分尊重被监护人的意愿，更加细致地区分被监护人的需求，并根据被监护人不同的需求设计适当的监督保护机制。

本章小结

比较家庭法学是指对不同国家的家庭法进行比较研究的一门学科。作为比较法学的分支学科，比较家庭法学有其自身的特定研究对象，即不同国家的家庭法。比较家庭法学旨在对不同国家的家庭法进行比较研究，既包括对本国家庭法和外国家庭法的比较研究，也包括对不同的外国家庭法的比较研究。值得注意的是，比较家庭法学不同于家庭法学，因为家庭法学的研究对象侧重于本国的家庭法，而比较家庭法学的研究对象则侧重于外国的家庭法。

比较研究各国的婚姻家庭法律制度，具有重要的意义。首先，有助于我国婚姻家庭立法的完善。其次，可为解释我国现行婚姻家庭法提供理论依据，有利于指导我国的司法实践。最后，比较研究各国的婚姻家庭法律制度，是正确适用法律的现实需要，为正确适用法律奠定认识基础。比较家庭法学的最主要的研究方法就是比较分析的方法。就目前世界各国学者经常使用的具体的比较方法而言，主要包括宏观比较和微观比较、双边比较和多边比较、静态比较和动态比较。

从立法模式的角度而言，大陆法系国家最主要的特点就是在统一的《民法典》中对婚姻家庭制度加以系统地规定。英美法系国家没有制定成文民法典以统一规定婚姻家庭制度，而是采取单行立法的方式规定婚姻家庭制度。英美法系国家的法律渊源主要是由判例法和制定法构成的。迄今为止，英美法系各国主要是以判例法和制定法调整婚姻家庭关系。总体而言，各国婚姻家庭法的发展趋势，可以从婚姻制度和家庭制度两个方面来考察。尽管各国的法律变革力度和方向存在一定的差异，但是在一定程度上也反映出某些共同的趋势。

---

〔1〕 陈苇：《中国婚姻家庭法立法研究》，群众出版社2000年版，第51页。

习题

1. 如何理解比较家庭法学的含义？
2. 简述比较家庭法学的意义。
3. 简述大陆法系国家和英美法系国家关于婚姻家庭制度立法模式的区别。
4. 论述各国家庭法中亲子制度的发展趋势。

第二章　结婚法律制度比较

本章导语

古今中外绝大多数的国家，都用法律的手段对结婚这一私人性的事情进行干预，形成相应的结婚制度。但由于婚姻家庭制度有着鲜明的伦理性和本民族特色，这就使得各国的结婚制度既有共同点，又有一定的差异性。本章对各国的结婚制度进行了比较分析，其中主要包括结婚的要件、婚姻的效力、婚约问题、非婚同居、事实婚姻、无效婚姻、可撤销婚姻等内容，并针对我国结婚制度中存在的不足，提出完善我国结婚制度的建议。

本章引例

黄某林与张某燕在一次朋友聚会中相识，双方互有好感，经常往来，不久即确立恋爱关系，开始同居生活。2003年国庆节期间，黄某林的父母看到周围朋友的孩子很多都已经结婚，就多次催促黄某林结婚，加上黄某林比张某燕年龄大十几岁，担心女方日后反悔，因此黄某林向张某燕提出了结婚的请求。张某燕考虑到自己还差7个月才满20周岁，未达结婚年龄，因此提出了先订婚的要求。

2003年10月10日，双方举行了订婚仪式，黄某林的父母给了张某燕2万元作为彩礼钱，张某燕认为黄某林的父母都是有退休金的单位职工，家中生活条件很好，只给2万元的彩礼太小气了，因此非常不满。2004年元旦期间，张某燕发现自己怀孕，黄某林再一次提出了结婚的请求，张某燕提出结婚可以，但是担心黄某林日后对自己不忠，因此必须在婚前签订忠诚协议，于是黄某林当晚给张某燕写下保证书："黄某林日后所有工资均上交给张某燕，每晚9点之前必须回家，张某燕有权随时检查黄某林的手机短信等内容，如果有不忠实于张某燕的行为，则黄某林无权提出离婚，否则必须净身出户。"一个月之后，二人通过假身份证进行了结婚登记。婚后因为张某燕好吃懒做，加之婆媳关系不合经常借故吵架，黄某林渐渐对张某燕心生厌恶，下班后经常跟朋友聚会喝酒，借故晚回家。

2006年3月，黄某林提出离婚，张某燕不同意，黄某林遂起诉到法院要求宣告他与张某燕的婚姻无效，并返还2万元的彩礼。张某燕则认为黄某林违反了忠诚协议的内容，要求黄某林净身出户。

第一节 结婚概述

一、婚姻的概念

在漫长的人类历史中，婚姻的历史只是其中的一部分，其并非是自始存在和永恒不变的，它是人类社会发展到一定阶段的产物。各个国家也没有关于婚姻的统一概念，原因在于各国的民族特色、生活习惯不同，想要在全世界范围内有一个明确统一的概念是比较困难的。所以不同的时代、不同的国家，对于婚姻的定义会有所不同。有的国家在法典中有关于婚姻的明确概念，例如，《葡萄牙民法典》规定："婚姻是两个异性的人之间根据本法典的规定，意在以完全共同生活的方式建立家庭而订立的合同。"罗马法学家曾经认为婚姻是一夫一妻之间发生神事与人事的共同关系的终身结合。而欧洲中世纪由于受到基督教的影响，认为婚姻乃"神作之和"，因此结婚被认为是一种宣誓圣礼。法国资产阶级革命胜利后，明确把婚姻自由宣布为一项"人的权利"，并在宪法中规定，"法律视婚姻仅为民事契约"。此后西方各国的学者大都以契约说作为表述婚姻法律概念的理论基础。把婚姻看成是一种民事契约，是对封建专制婚姻的一种否定，在人类婚姻史上有巨大的进步意义。但此时的西方国家，婚姻契约仍然是建立在不平等的基础之上的。例如1804年的《法国民法典》虽然认可婚姻为一种契约关系，规定"未经合意，不得成立婚姻"，但同时又规定"夫应保护其妻，妻应顺从其夫"。因此在相当长的一段时间内，西方国家的婚姻仍然保留着浓厚的夫权痕迹。女性需要遵从男性的意愿，子女需要遵从父母的意愿，个人意愿只是婚姻契约的参考。同时由于婚姻契约是家庭和社会的基础，与社会利益密切相关，因此婚姻契约与其他契约又有所不同。例如，美国最高法院在1888年指出，其他契约在当事人意思表示一致时即可发生变更，乃至完全撤销，而婚姻契约则不可以。婚姻关系一旦确立，法律即介入其中，作出对双方权利义务的规定，当事人不可通过契约来变更权利义务关系，也不可以自行解除婚姻关系。

我国法律条文中并没有关于婚姻的概念，在我国历史上，婚姻曾被去掉女字旁称为"昏因"，《白虎通义》解释为："婚姻者，何谓也，昏时行礼，故曰昏，妇人因夫而成，故曰因。"因此，婚姻曾经指的是结婚仪式。费孝通先生在其著作《乡土中国生育制度》中指出："婚姻是人为的仪式，用以结合男女为夫妇，在社会承认之下，约定以永久共处的方式来共同担负抚育子女的责任。"〔1〕

目前学术界对婚姻概念的表述一般从三个方面进行强调：①婚姻应具有合法性；②婚姻以永久共同生活为目的；③婚姻为一男一女的结合。学者对婚姻概念的争论也正是集中于这三点：

〔1〕 费孝通：《乡土中国 生育制度》，北京大学出版社1998年版，第124页。

1. 合法性之争。学术界的传统观念认为，合法性乃是婚姻的本质属性；质疑的观点则认为，婚姻的概念在界定时不需要确定其合法性，只需要确定夫妻身份的公示性即可。因为从种属关系上来看，婚姻是合法婚姻和违法婚姻的上位概念。如果将婚姻的概念等同于合法婚姻，就意味着不存在违法婚姻，也就无法对违法婚姻进行制裁。[1]

2. 永久性之争。我国台湾地区的学者史尚宽先生认为“婚姻是以终身共同生活为目的的一男一女的合法的结合关系”。[2]杨大文先生将婚姻的一般概念表述为“婚姻，是为当时的社会制度所确认的，男女双方互为配偶的结合”，其法学概念则为“婚姻，是男女双方以永久共同生活为目的，以夫妻的权利和义务为内容的结合”。[3]王丽萍教授则不赞同将婚姻界定为以永久共同生活为目的的结合，因为是否以永久共同生活为目的是当事人主观上的心理状态，只能凭当事人的表示，而其表示是否真实，外人难以知情；并且如果认定婚姻要以永久共同生活为目的，则无法理解离婚这一行为。

3. 性别之争。在美国传统的家庭法中，婚姻被定义为“一男一女排他的自愿的结合”，德国著名的民法学者拉伦茨先生认为“婚姻是一个男人和一个女人之间确立的生活共同体”。因此无论在哪一个法系中，传统的家庭法都将婚姻界定为一男一女的结合。同性恋在过去很长一段时间都被视为反常现象，法律不允许同性之间缔结婚姻关系。我国香港地区的《婚姻诉讼条例》中规定：“婚姻双方并非一方为男一方为女的，该婚姻无效。”俄罗斯政府也不允许性别相同的人进行结婚登记，并且《俄罗斯联邦家庭法典》明确强调了结婚双方的性别，在第12条第1项规定：“申请结婚的男女双方必须相互自愿同意，并达到结婚年龄。”《新加坡刑法典》第777A条甚至规定同性性行为需受到刑事处罚。我国《婚姻法》第5条规定，“结婚必须男女双方完全自愿”，该条文也隐含了对结婚对象的性别限制。传统学者认为同性婚姻会导致婚姻制度的终结，因其无法传宗接代，有违传统道德，但中外学者中都出现了驳斥的观点，认为同性婚姻可以通过收养和人工授精的方式生育子女，而人类的道德标准和婚姻制度并非永恒不变的，异性婚姻中违背道德的行为也不胜枚举。因此从20世纪六七十年代开始，国外的同性恋者为争取自己的合法权益开始作出不懈的努力，目前世界上的很多国家和地区先后出台相关法律，采用不同的模式对同性关系进行了立法。其中荷兰、比利时、西班牙采用了同性婚姻模式，同性之间完全可以像异性之间一样登记结婚。而另一些国家如丹麦、德国、英国则采用了同性伴侣登记模式，该种模式虽没有将婚姻关系授予同性之间，但却为同性关系设计了一整套独立的规则体系，赋予了同性伴侣与异性夫妻相同的法律地位。法国则采用了公民

---

〔1〕 陈苇主编：《外国婚姻家庭法比较研究》，群众出版社2006年版，第85页。

〔2〕 史尚宽：《亲属法论》，台湾荣泰印书馆1980年版，第84页。

〔3〕 杨大文主编：《亲属法》，法律出版社2004年版，第64～66页。

互助契约模式，规定同性之间和异性之间都可以采用这种模式来确认双方之间的关系，这种做法虽没有赋予同性之间法律上的身份，但至少也对同性之间的权利义务进行了确认。此外澳大利亚所采用的事实同居关系模式，则不以登记为要件，对于存在事实同居关系的同性之间进行法律上的规范。以上这些国家根据自己的国情不同，采取了不同的立法模式对同性关系进行立法。这些都使传统的婚姻概念受到挑战，婚姻必须是男女两性的结合这一基本观点受到了动摇。

二、婚姻的成立

婚姻的成立又称为结婚，德国将其称为婚姻的缔结，其是指男女双方依照法律规定的条件和程序，确立夫妻关系的民事行为。学术界普遍认为结婚的概念有狭义和广义两种划分，狭义的结婚仅指夫妻关系的正式确立，广义的结婚不仅包括夫妻关系的确立，还包括订婚这一环节。无论中国的古代法还是外国的古代法都十分重视婚约的效力，订婚是结婚必不可少的程序。而中外的近现代法则大多采用结婚的狭义概念，不再承认订婚的效力。

无论在理论上还是在实践上，婚姻的成立和婚姻的有效是应当进行区别的。婚姻是否成立只是一个事实判断，它着眼于判断结婚行为是否已经存在。婚姻的有效则是一个法律价值判断，它着眼于判断结婚行为是否取得了法律所认可的效力。我们通常所说的结婚的要件实际上指的是婚姻的有效要件。因此，婚姻的成立要件是婚姻的有效要件的前提，只有成立之后，才谈得上进一步衡量该婚姻是否有效的问题。所以，婚姻成立的要件并不以合法性为条件，只需要当事人具有缔结婚姻的一致的意思表示，并且符合婚姻的公示性即可。当事人可以通过结婚登记的方式将自己的意思表示公示出来，也可以采用举行结婚仪式的方式公开自己的意思表示，甚至仅仅用以夫妻名义共同生活的事实对外进行公示。如果当事人并不具备想要缔结婚姻的意思表示，也不具备婚姻的公示性，则双方仅是同居关系，不以婚姻对待。如果当事人具备了婚姻的成立要件，但不具备有效要件，则该婚姻为无效婚姻或可撤销婚姻。

由于各个时期和各个国家的社会制度以及风俗习惯不同，法律关于结婚的有效要件的规定差异较大。但总体来说，按照各国婚姻法的规定和学者的观点，婚姻的有效要件可以分为以下几大类：

（一）实质要件与形式要件

实质要件是指法律规定的结婚当事人本身的状况以及双方之间的关系必须符合的条件。例如，双方须有结婚的合意，必须达到一定的年龄，没有禁止结婚的疾病，没有禁止结婚的亲属关系等。形式要件是指婚姻成立的方式。例如，我国古代的聘娶婚要求六礼具备为婚姻的形式要件，欧洲中世纪要求在神职人员主持参与下举行婚礼为婚姻的形式要件，我国现阶段则要求结婚必须到民政部门进行登记才能有效成立。

（二）必备要件与禁止要件

必备要件和禁止要件都属于结婚的实质要件。必备要件又称积极要件，是指结婚必须具备的不可缺少的条件。例如，双方具有结婚的合意，必须达到法定婚龄。禁止要件则属于消极要件，是指法律规定不允许结婚的情况。近现代法律倡导婚姻自由，结婚的障碍已经远远少于古代法，但是各个国家仍然会规定结婚的禁止要件。例如禁止一定范围内的亲属结婚，禁止患有一定疾病的人结婚。

（三）公益要件与私益要件

公益要件是指与社会公共利益有关的要件，例如禁止在前一段婚姻没有结束之前结婚。私益要件是指与当事人及其近亲属有关的要件，例如结婚须具有当事人双方的合意。由于各个国家关于公益要件和私益要件并没有一个统一的标准，所以有些要件在某些国家被视为公益要件，在另一些国家则可能会被当成是私益要件。

第二节 结婚的要件

当事人之间的婚姻必须要符合法律所规定的有效要件才会具有婚姻的效力。这些要件包括实质要件和形式要件。

一、结婚的实质要件

无论是英美法系的国家还是大陆法系的国家，关于结婚的实质要件都有较为详细的规定，但是各自的侧重点和具体规定并不相同，同时立法体例也不完全相同。有些国家是从必备要件和禁止要件两方面来进行规定的，而有些国家则主要从禁止要件的角度加以规定。随着社会的发展和人权运动的兴起，这些结婚的要件也在不断地发生着变化。各个国家关于结婚要件的规定主要有以下几点：

（一）结婚的必备要件

1. 具有结婚的合意。结婚的合意是指双方当事人对确立夫妻关系的意思表示完全一致。是否结婚、跟谁结婚完全取决于当事人的意愿，这是婚姻自由原则在结婚制度中的具体体现。婚姻的缔结是男女双方意思表示一致的结果，在这一过程中不允许任何一方或任何第三方加以干涉或强迫。只有在双方完全自愿的基础上形成一致的意思表示才能缔结有效的婚姻。

世界上的很多国家都有关于结婚合意的要求，在大陆法系国家的法律条文中一般都会有明确的规定。例如，《德国民法典》规定：“结婚必须由当事人在户籍官员面前声明相互结婚之意愿。”《法国民法典》第146条规定：“未经合意，即无婚姻。”《意大利民法典》第107条规定：“户籍官在听取了当事人原意互为夫妇的声明后，宣布他们以婚姻的形式结为夫妇。”《日本民法典》第742条规定：“当事人无结婚的意思而缔结的婚姻无效。”《俄罗斯联邦家庭法典》第12条规定：“申请结婚的男女双方必须相互自愿同意，婚姻才能有效。”瑞士、韩国的法律都有类似的规定。

英美法系国家也都以结婚的合意为婚姻的有效要件。英国法律虽未明确规定结婚的必备要件，但《英国婚姻诉讼法》法律规定，“在胁迫、错误或当事人精神上存在缺陷的情况下缔结的婚姻可宣告无效”。可以此推定结婚合意为婚姻的有效要件。《美国统一结婚离婚法》规定：“举行结婚仪式时须有当事人同意的意思表示，否则缔结的婚姻无效。”

我国香港地区的《婚姻诉讼条例》以及《婚姻条例》都规定：“结婚的男女双方一定要坚持完全自愿的原则，并一同提出结婚申请，如果一方是受到欺骗、威胁的，可撤销双方的婚姻关系。”我国《婚姻法》对结婚合意的规定则体现在第5条中。现行《婚姻法》第5条规定：“结婚必须男女双方完全自愿，不许任何一方对他方加以强迫或任何第三者加以干涉。”

在理解结婚合意这一条件时需要注意以下几点：①同意结婚的意思表示是双方自愿而非一厢情愿，不允许任何一方对另一方有强迫、欺骗行为。一方出于一厢情愿，采用欺骗、胁迫等方式使另一方作出了同意结婚的意思表示，应该赋予受害当事人撤销的权利。“我国台湾地区民法典”规定：“因被欺诈或被胁迫而结婚者，得于发现欺诈或胁迫终止后，6个月内向法院请求撤销之。”②同意结婚是双方当事人本人的意愿，而非第三方的意愿。不允许任何第三方有干涉、包办的行为。这是充分保障当事人婚姻自由的体现。父母以及尊长干涉子女婚姻的现象中外都曾经存在过，目前虽然我国法律对婚姻自由进行了充分的规定，但某些地区和家庭因为受到经济发展和文化水平的制约，变相干涉婚姻自由的行为仍然存在，需要更加完善、细致的规定来进一步从法律上进行保障。③同意结婚的意思表示是当事人双方完全自愿的，必须具有真实性。结婚是创设夫妻关系的重要法律行为，要想具有法律认可的效力，必须要有真实的意思表示。某些当事人出于各种目的并无结婚的真实意思，或者是因为金钱、地位，或者是恶意串通作出虚假的结婚意愿。对于这种虚假婚姻各国有不同的规定，《德国民法典》规定，婚姻双方在结婚时一致认为他们无意建立共同的婚姻生活的，该婚姻为可撤销婚姻。《俄罗斯联邦家庭法典》规定，夫妻双方或一方无意建立家庭而登记的结婚为无效婚姻。但也有的法学理论认为，当事人是否有结婚的真实意思无法直接得知，只能通过表示手段才可以知晓，因此不管其真实意思如何，都应以表示出来的行为为准而赋予其婚姻的效力。我国目前对意思表示虚假的婚姻并无规定，理论上认为若当事人结婚后已有同居生活的事实，则可认为意思表示的瑕疵已经被治愈，若非如此，则虚假的结婚合意不应具有婚姻的法律效力。

2. 达到法定婚龄。法定婚龄是法律规定男女结婚必须达到的最低年龄。至于达到年龄后何时结婚则取决于双方的意愿。从古今中外的立法例来看，法律对结婚年龄的上限不予限制。但极个别法律，如沙皇俄国的民法中曾经规定过男女已过80岁者不得结婚，但也已成为历史陈迹。各国法律均有对结婚年龄的规定，但由于各个区域和民族的法定婚龄受到社会因素和自然因素的制约，因此各国立法的侧重点以及具体的规定则不相同。主要区别如下：

（1）有些国家和地区规定结婚的年龄男女相同，一般为18周岁或者16周岁。

而大部分国家的法定婚龄则男大女小，男性一般在14岁到21岁之间，女性一般在12岁到18岁之间。

《美国统一结婚离婚法》及大部分州规定的结婚年龄为男女各18周岁。俄罗斯、德国、意大利、瑞士也规定结婚年龄为18周岁。英国为男女各16周岁。我国香港地区也是男女各为16周岁。而大部分国家考虑到男女两性的心理和生理的发育成熟情况不同，都规定有婚龄差。《法国民法典》规定："男未满18岁，女未满15岁，不得结婚。"《日本民法典》规定："男不满18岁，女不满16岁，不得结婚。"澳大利亚规定的婚龄为男21岁、女16岁；丹麦为男20岁、女18岁。查阅国外的规定可以发现，很多国家的法定婚龄都低于了该国的成年年龄，或者是男女双方都低于成年年龄，或者是女方低于成年年龄，因此这些国家的法律一般会同时规定，未成年人结婚需父母或监护人同意方可。例如《法国民法典》规定："未成年人结婚，须经同意权人同意。"《日本民法典》规定："未成年人结婚须经其父母同意，父母一方不同意时，有他方同意即可。父母一方不明、死亡或不能表达其意志时，亦同。"《英国婚姻诉讼法》规定："未成年人初婚须经父母或监护人的同意，如果未成年人以前结过婚，则无须再经父母同意。如果父母拒绝同意，则当事人可请求法院授予同意。"

中国历史上一直有早婚早育的习俗，统治阶级认为国家的繁荣程度与人口数量密不可分，为了增加赋税、劳役、兵源往往采用鼓励甚至强制的手段来提高人口出生率，增加人口数量。普通百姓在多子多福、养儿防老的观念影响下也习惯于早婚早育。唐代规定男15岁，女13岁即可以结婚，此后的宋朝、明朝、清朝均以男16岁，女14岁为结婚年龄。至1931年实施的国民党民法典亲属编将结婚年龄规定为男18岁，女16岁。1931年的《中华苏维埃共和国婚姻法》则将法定婚龄规定为男20周岁，女18周岁。1950年的《婚姻法》规定的法定婚龄为男20周岁，女18周岁。1980年的《婚姻法》则将法定婚龄提高到男22周岁，女20周岁。2001年《婚姻法》修正案延续这一法定婚龄，在第6条中规定："结婚年龄，男不得早于22周岁，女不得早于20周岁。晚婚晚育应予鼓励。"相对于目前其他国家的法定婚龄，我国的规定在全世界范围内都是很高的，这一规定一方面是考虑到我国青年人的生理和心理的发育状况，以及学习工作的现实情况，另一方面则是受到人口数量的影响。在不到100年的时间里，中国的人口数量增加了近3倍，因此法定婚龄也相应提高了6岁，这在婚姻立法史上是很罕见的。

2. 有些国家对法定婚龄作出了特许规定，有些国家则无。国外的许多国家和地区在规定法定婚龄的同时，还存在一种"特许制度"，允许当事人在未达法定婚龄时，通过向法定机关或特权人申请而批准结婚。

《俄罗斯联邦家庭法典》第13条规定："结婚年龄为18岁。如有正当理由，申请结婚人住所地的地方自治机关有权根据该人的请求，准许年满16岁的人结婚。考虑到特殊的情况，作为例外，可允许未满16岁的人结婚，其结婚的程序和条件，可由俄联邦各主体的法律规定。"《德国民法典》规定："成年之前不得结婚，倘若申请

人已年满16周岁并且将成为其配偶之人为成年人，经申请，家庭法院可以免除对上述规定的遵守。”《法国民法典》规定：“出于重大原因，结婚实行地的共和国检察官得同意免除年龄限制。”除此之外，瑞士、意大利、奥地利、比利时、荷兰、瑞典、挪威以及美国的部分州等都有类似的规定。但是对特许的法定理由的规定，以及对享有特许权利的机关和特权人的规定各国却差别很大。法国、意大利规定为“重大原因”，俄罗斯是“正当理由”和“特殊情况”，德国则给出了具体的原因“申请人已年满16周岁并且将成为其配偶之人为成年人”。对享有特许权的机关和人，各国规定差别也很大，法国规定为共和国检察官，德国规定为家庭法院，俄罗斯规定为自治机关，意大利为法院，还有的国家规定为国王或总统。至于在适用法定婚龄的特许规定时，具体年龄可以降低几岁，各国的规定差别也很大。德国、俄罗斯、意大利规定男女均可以降低2岁，瑞士规定男性降低2岁，女性降低1岁，罗马尼亚规定只有女性可以降低1岁，法国则没有对降低的年龄作出规定。

对法定婚龄的这种特许制度是各个国家在本国国情的前提下对法定婚龄作出的变通规定，算是特殊情况特殊对待。例如当一个未达婚龄的女子未婚先孕时，考虑到胎儿的最大利益，对法定婚龄作出变通执行，就具有一定的灵活性和积极意义。当然也有很多的国家并没有关于法定婚龄的特许制度，例如英国、日本、韩国等。

（二）结婚的禁止要件

结婚的禁止要件是指法律规定的不允许结婚的情况。

1. 禁止重婚。一夫一妻制是当代绝大多数国家婚姻法的基本原则，因此大多数国家要求结婚的男女必须是无配偶的人，否则将构成重婚。无论是大陆法系国家还是英美法系国家对此都有明确规定。我国《婚姻法》第3条规定，禁止重婚，第10条规定，重婚的，婚姻无效。《法国民法典》第147条规定：“第一次婚姻解除前不得再婚。”《德国民法典》第1306条规定：“在愿意相互缔结婚姻的二人中之一人和第三人之间，存在婚姻或同居生活伴侣关系的，不得缔结婚姻。”《美国统一结婚离婚法》第207条规定：“一方尚未离婚的，禁止结婚。”俄罗斯、瑞士、日本、意大利、英国都有类似的规定。目前比较例外的情况是少数的伊斯兰教国家由于宗教的原因，允许男性多妻，因此在法律上采取的是一夫多妻制。《伊朗家庭保护法》规定在法院的许可下，丈夫可以同妻子以外的女性结婚。《巴基斯坦穆斯林家庭法令》规定现有妻子同意后男性可再娶妻。

在实行一夫一妻制的国家里，对重婚的法律后果，各国法律规定不一。某些国家将重婚作为无效婚姻对待，例如中国、法国、意大利、俄罗斯、瑞士、英国、美国大部分州等。有的国家则将重婚作为可撤销的婚姻，例如德国、日本、韩国、瑞典等国。

2. 禁止一定范围内的亲属结婚。禁止一定范围内的亲属结婚是古今中外婚姻立法的通例，主要是基于两个立法原因：一个是优生学遗传学原理。人们在长期的社会生活中发现，血缘关系越近的男女结婚，子女患病的概率越高，双方容易将身体或精神上的某些疾病遗传给后代，从而不利于子孙后代的健康和本民族的发展。因此我国在西周时就发出了“男女同姓其生不蕃”的婚姻警告，后来的各个朝代也都有禁婚亲的相关规定。例如，《唐律》规定：“诸同姓为婚者，各徒二年，缌麻以上以奸论。”按它的解释“同姓之人，即常同祖，为妻为妾，乱法不诛”，此后宋元明清也都将同姓为婚作为禁婚条令之一。另一个立法依据则是伦理学的要求，人类在长期的社会生活中形成的伦理道德观念认为，近亲结婚有伤风化，并且容易形成亲属身份和继承上的混乱。因此各个国家往往根据本民族的风俗习惯制定一些与优生遗传无关的禁婚亲规定。例如我国古代一直有长幼有序，尊卑有别的伦理道德观念，因此我国古代除了禁止一定范围内的血亲结婚外，还禁止不同辈分的亲属结婚。

基于以上的两个立法依据，世界各国都有亲属之间的婚姻禁忌，只是由于各个国家或地区的风俗习惯不同，禁婚亲的范围也有所不同。总体来讲主要包括以下几类：

（1）禁止直系血亲结婚。即禁止具有直接血缘关系的亲属结婚，例如父母与子女、祖父母与孙子女、外祖父母与外孙子女等。直系血亲间不论亲等或代数相隔多远都禁止结婚，这是古今中外立法的通例。

（2）禁止三亲等以内的旁系血亲结婚。旁系血亲之间虽没有直接的生育关系，但是却具有间接的血缘关系，尤其是兄弟姐妹这种二亲等的旁系血亲，彼此之间的血缘关系是非常近的。因此禁止兄弟姐妹之间结婚也是现代各国的立法通例，包括同父同母的全血缘兄弟姐妹，也包括同父异母和同母异父的半血缘兄弟姐妹。除此之外，还有一些国家禁止伯叔姑与侄子女之间、舅姨与甥子女之间结婚，即禁止三亲等以内的旁系血亲结婚。例如《法国民法典》第162条规定：“旁系血亲的兄弟姐妹间，不问其为婚生或非婚生，禁止结婚。”第163条规定：“伯叔与侄女间，舅父与外甥女间，姑母与内侄间，伯叔母与侄间，姨母与姨甥间，舅母与外甥间，禁止结婚。”《日本民法典》第734条规定：“三亲等内的旁系血亲不得结婚。”《意大利民法典》第87条规定：“同父同母、同父异母、同母异父的兄弟姐妹之间、叔伯与侄女之间、舅姨夫与外甥女之间、姑婶伯母与侄子之间、姨舅母与外甥之间禁止结婚。”《瑞士民法典》第100条第1款规定：“直系亲属间，全血缘或半血缘的兄弟姐妹间，以及伯、叔、舅、姨夫、姑父与侄女、甥女间，伯母、叔母、舅母、姑、姨、与侄、甥间，不问是因婚姻还是因收养而构成亲属的，不得结婚。”《巴西民法典》第1521条规定，“同父同母、同父异母或同母异父的兄弟姐妹以及三亲等以内的旁系兄弟姐妹”禁止结婚。考察国外的婚姻立法，大多数的国家都禁止三亲等以内的旁系血亲结婚，但也有些国家只禁止二亲等的旁系血亲结婚，并没有关于三亲等以内的其他旁系血亲禁婚的规定，例如德国、俄罗斯。

（3）禁止四亲等及其以上的旁系血亲结婚。四亲等的旁系血亲除了前面已经涉及的亲属之外，还包括堂兄弟姐妹和表兄弟姐妹在内。我国古代一直有表兄弟姐妹通婚的习俗，因此我国《婚姻法》第7条规定：“直系血亲和三代以内的旁系血亲禁

止结婚。”因为我国采用的是代数计算方法而没有采用罗马法的亲等计算方法，所以称呼上稍有不同，但在范围上已经包括罗马法四亲等的旁系血亲在内。除了我国婚姻法对此有明确的禁止性规定外，美国的部分州也明确规定禁止堂兄弟姐妹和表兄弟姐妹之间的结合。同时，有极个别的国家和地区禁婚亲的范围更加宽泛。例如，罗马尼亚禁止五亲等旁系血亲结婚，我国台湾地区则禁止六亲等旁系血亲结婚。

（4）禁止姻亲结婚。姻亲是以婚姻为中介而形成的亲属关系，一般情况下虽然两者之间并无血缘联系，不存在优生遗传的问题，但是从伦理道德的角度考虑，许多国家对姻亲间的通婚也作出了严格的限制，尤其是禁止直系姻亲结婚最为普遍。例如《意大利民法典》第87条规定：“直系姻亲之间禁止结婚。”《日本民法典》第735条规定：“直系姻亲不得结婚。即使在姻亲关系因离婚或一方死亡而消灭之后，也不得结婚。”《阿根廷民法典》第166条规定：“所有亲等上的直系姻亲关系禁止结婚。”《瑞士民法典》第100条第2款规定：“岳母与女婿间，公公与儿媳间，继父与继女、继母与继子间，不问其建立亲属关系的婚姻是否已被宣告无效，或因死亡、离婚已被解除的，不得结婚。”法国、英国等国家也规定在产生姻亲关系的婚姻终止后这种禁婚的效力仍然存在。有一部分国家同时禁止旁系姻亲结婚。例如，《意大利民法典》第87条规定，二亲等内的旁系姻亲间不得订立婚姻契约。英国则禁止三亲等以内的旁系姻亲结婚。我国婚姻法中则无禁止姻亲结婚的规定。

（5）禁止拟制血亲结婚。国外法一般只承认因收养导致的拟制血亲，对继父母子女关系则不承认是拟制血亲。各国法律普遍都有关于禁止养亲结婚的规定，例如，《法国民法典》第366条规定：“收养人、被收养人及其直系卑血亲之间，禁止结婚。”但如果将这些国家的规定进行细化则有一定的区别。有些国家规定拟制血亲的禁婚范围与自然血亲完全相同，例如意大利、法国、德国、英国。有的国家则只禁止拟制直系血亲结婚，并不禁止拟制旁系血亲结婚，例如俄罗斯、日本。有些国家规定即使收养关系解除后也不可以结婚，例如，《日本民法典》第736条规定：“养子女及其配偶、养子女的直系卑亲属及其配偶，与养父母及其直系尊亲属，即使在亲属关系终止后，亦不得结婚。”而有些国家则规定在特殊情况下可以允许养亲结婚，例如德国、法国、瑞士。《德国民法典》第1308条规定：“倘若申请人与将成为其配偶之人系因收养而形成旁系亲属，经申请，家庭法院可以免除对上述规定的遵守。”

我国《婚姻法》没有对拟制血亲之间的结婚作出明确的禁止性规定，但《婚姻法》第26条第1款规定：“……养父母和养子女间的权利和义务，适用本法对父母子女关系的有关规定。”第27条第2款规定：“继父或继母和受其抚养教育的继子女间的权利和义务，适用本法对父母子女关系的有关规定。”据此可以认为我国《婚姻法》也禁止拟制的直系血亲结婚。至于拟制的旁系血亲之间是否可以结婚，法律则无规定，考虑到我国的民间风俗尚可接受，如果拟制旁系血亲符合了其他的结婚条件，则应当允许结婚。

3. 禁止患有一定疾病的人结婚。为了避免疾病的传染和遗传，保护婚姻当事人的利益和社会利益，多数国家规定禁止患有一定疾病的人结婚。少数国家，如法国、日本则无此规定。禁止结婚的疾病主要分为两类：一类是导致当事人丧失行为能力的严重的精神方面的疾病，如先天性痴呆、精神病等，这类人无法独立完成身份上的和财产上的行为，无法承担婚后夫妻之间的责任和义务，也有可能将这种疾病遗传给后代，因此很多国家禁止其结婚。《意大利民法典》第85条："精神病人不得结婚。"《瑞士民法典》第120条规定："结婚时配偶一方为精神病或因继续的原因无判断能力者，其婚姻为无效。"另一类疾病是严重危害对方和后代健康的重大不治的传染性或遗传性疾病。《俄罗斯联邦家庭法典》规定："有性病或者艾滋病病毒的人，不得结婚，如果申请结婚的一方，向另一方隐瞒性病或者艾滋病病毒，后者有权请求法院确认婚姻无效。"从立法体例上来看，有些国家和地区采用了明文禁止的方式，有些则从婚姻无效的角度，规定某些疾病导致行为人无法作出真实的意思表示或者缺乏行为能力，因而导致其婚姻无效。例如，《美国统一结婚离婚法》规定："在举行结婚仪式时，一方由于无智力能力或智力不健全，或者由于酒精、毒品或其他能致人麻醉的物质作用，而没有能力表示同意的情况下，缔结的婚姻，可以请求法院宣告无效。"

我国《婚姻法》第7条第2项规定，"患有医学上认为不应当结婚的疾病"的禁止结婚。第10条第3项规定，"婚前患有医学上认为不应当结婚的疾病，婚后尚未治愈的"，其婚姻无效。《母婴保健法》第9条规定："经婚前医学检查，对患指定传染病在传染期内或者有关精神病在发病期内的，医师应当提出医学意见；准备结婚的男女双方应当暂缓结婚。"第10条规定："经婚前医学检查，对诊断患医学上认为不宜生育的严重遗传性疾病的，医师应当向男女双方说明情况，提出医学意见；经男女双方同意，采取长效避孕措施或者施行结扎手术后不生育的，可以结婚。但《中华人民共和国婚姻法》规定禁止结婚的除外。"第38条第1~3款规定："指定传染病，是指《中华人民共和国传染病防治法》中规定的艾滋病、淋病、梅毒、麻风病以及医学上认为影响结婚和生育的其他传染病。严重遗传性疾病，是指由于遗传因素先天形成，患者全部或者部分丧失自主生活能力，后代再现风险高，医学上认为不宜生育的遗传性疾病。有关精神病，是指精神分裂症、躁狂抑郁型精神病以及其他重型精神病。"根据以上的规定可以认为，我国禁止结婚的疾病主要包括：①严重遗传性疾病；②指定传染性疾病，包括艾滋病、淋病、梅毒、麻风病等；③重型精神病，例如精神分裂症、躁狂抑郁型精神病等。由于我国《婚姻法》并没有像其他国家那样明确列举禁止结婚的疾病范围，而是分散在数个不同的法律法规中，一般公众很难从法条中直接了解，婚姻登记机关也无法作出专业的判断，导致了这一结婚的禁止性规定缺乏明确性和可操作性。

除了以上这些各国法律普遍规定的结婚条件之外，有些国家还有其他关于结婚条件的禁止性规定。例如，《意大利民法典》第88条规定："其一方对他方的配偶因杀人既遂或未遂而被处刑者，与他方之间不得订立婚姻契约；即使单纯被提交裁判或者被命令逮捕场合，举行婚姻仪式，在被宣告无罪的判决以前亦应停止。”《巴西民法典》第1521条第7款规定，夫妻中的生存方与杀害或意图杀害其配偶的受判处者禁止结婚。此外，法国、意大利、瑞士、日本等国规定女性在前婚终止后的一段时间内不可以再婚，其中法国、意大利、瑞士规定的待婚期为300天，日本规定为6个月。同时这些国家的法律也为待婚期的提前终止设定了条件，例如，《日本民法典》第733条规定：“女子自前婚解除或撤销之日起，非经过6个月，不得再婚。女子于前婚或撤销前怀胎时，自其分娩日起，不适用前款的规定。”这些国家对女性待婚期的规定一开始主要是从维持子女血统纯洁的角度考虑的，但近年来已受到越来越多的女性人权组织的批评。在亲子鉴定技术日趋成熟的今天，女性待婚期的规定也显得越来越没有必要。

除了以上列举的各国法律规定的结婚禁止性条款外，随着人们伦理道德观念的不断改变，有些结婚的禁止性条件被从法律条文中逐渐地删除。例如，英国教会法曾规定不许与异教徒结婚，我国古代法律曾规定禁止良贱通婚，德国民法典曾规定禁止相奸人结婚。但随着社会的发展和人们伦理道德观念的改变，这些过时的禁止要件已经被逐渐删除。

二、结婚的形式要件

结婚的形式要件亦即结婚的程序，是法律规定的缔结婚姻所必须履行的法定手续，是婚姻取得社会承认的公示方式。一男一女具备了结婚的实质要件，只意味着具有了结婚的可能性，如果想把这种可能性变为现实，就必须要履行结婚程序，该婚姻才能够发生法律效力。根据当代各国有关结婚程序的立法例，结婚的程序主要有三种形式：

（一）登记制

登记制是指结婚必须到法律规定的机关依法办理结婚登记，婚姻才能有效成立的结婚形式。因为登记制有利于国家对婚姻的成立进行管理和监督，具有很强的公信力和权威性，因此为越来越多的国家所采用。日本、俄罗斯、古巴、墨西哥等国家均采用登记制。《俄罗斯联邦家庭法典》第13条规定：“婚姻须在国家户籍机关登记。”《日本民法典》第739条规定：“婚姻依户籍法的规定，经过申报后，即生其效力。”在所有采用结婚登记制的国家中，有的国家同时规定有结婚审查期，例如，《俄罗斯联邦家庭法典》第14条规定：“要求结婚的当事人应向国家户籍机关提出申请，并在1个月后办理结婚手续。”多数国家的法律则没有规定结婚审查期，当事人双方随时可依法申请登记。另外，日本则规定结婚申报必须由当事人双方及2人以上的成年证人，以口头或署名的书面形式提出申请；其他国家则没有关于证人的要求。

我国也是采用登记制的国家之一。《婚姻法》第8条规定：“要求结婚的男女双方必须亲自到婚姻登记机关进行结婚登记。符合本法规定的，予以登记，发给结婚证。取得结婚证，即确立夫妻关系。未办理结婚登记的，应当补办登记。”根据这一规定，结婚登记是我国结婚的唯一法定形式要件，只有进行了结婚登记，当事人缔结的婚姻才是合法有效的。按照《婚姻登记条例》第2条第1款的规定：“内地居民办理婚姻登记的机关是县级人民政府民政部门或者乡（镇）人民政府，省、自治区、直辖市人民政府可以按照便民原则确定农村居民办理婚姻登记的具体机关。”登记结婚的具体程序则分为申请、审查和登记三个环节：申请时，男女双方应当共同到一方当事人常住户口所在地的婚姻登记机关，出具本人的户口簿、身份证、本人无配偶以及与对方当事人没有直系血亲和三代以内旁系血亲关系的签字声明。婚姻登记机关应当全面审查当事人的有关情况，依法认定其是否符合结婚条件，对符合结婚条件的应予以登记，发给结婚证，对不符合结婚实质要件的当事人不予登记，同时应向当事人说明理由。当事人不服的，可以申请行政复议，对复议决定不服的，可以提起行政诉讼。

（二）仪式制

仪式制是指以当事人公开举行一定的仪式作为婚姻成立的形式要件。这是一种古老的结婚形式，我国古代长期存在的聘娶婚就是一种仪式制的婚姻形式。仪式制的结婚形式充分考虑了当地民众的风俗习惯和宗教信仰等因素，并且具有公开性的特点，相对于登记制有其独特的优势。目前采用仪式制的国家和地区仍有很多，例如法国、德国、瑞士、英国、美国的若干州等。仪式制又可以分为法律仪式、世俗仪式、宗教仪式三种。法律仪式是指在政府官员面前进行的结婚仪式。例如，《德国民法典》规定：“只有在户籍官员面前举行结婚仪式后，婚姻才开始生效。”世俗仪式是指按照民间习俗举行的结婚仪式。例如，“我国台湾地区民法典”第982条规定：“结婚应有公开仪式及二人以上之证人。”宗教仪式是指结婚须在教堂中进行，并由神职人员主持的结婚仪式。例如，希腊由于受到东正教的影响，曾经在很长一段时间内规定，只有在教堂里举行的婚礼才具有法律效力，直到1982年，希腊政府才宣布世俗仪式和宗教仪式有同样的法律效力。

在以上所有这些采用仪式制的国家中，法律对结婚仪式所采用的程序和要求也不相同。法国、意大利、瑞士设有结婚公告程序，结婚要进行公告、异议、婚礼三个阶段，在公告期内无人提出异议或该异议经法院否定后，当事人才得按公告的结婚日期举行结婚仪式。德国则没有关于结婚公告和异议的规定。另有国家对结婚仪式中的证人进行了规定，例如意大利、德国。《意大利民法典》第107条规定：“在新婚夫妇选定的日期，户籍官在即使是新婚夫妇亲属的两名证人在场的情况下，向新婚夫妇宣读本法第143条、第144条、第147条的规定；亲自分别接待新婚夫妇，听取他们愿意互为夫妇的声明，然后宣布他们以结婚形式结合为夫妇。结婚证书应当在婚礼举行后立即制作。”有些国家则没有关于证人的规定。

（三）登记与仪式结合制

登记与仪式结合制是指婚姻当事人既须进行结婚登记，又须举行结婚仪式，婚姻才能合法有效的结婚方式。英美法系国家大多采用登记与仪式结合制。按照英国法律的规定，如果当事人没有办理结婚注册登记，则任何机构或个人均不得为其举行婚礼。《美国统一结婚离婚法》第201条规定：“按照本法的规定获得批准，举行仪式并进行登记的男女之间的婚姻在本州具有法律效力。”至于对结婚仪式的选择方面则规定的比较灵活，当事人既可以选择法律仪式，也可以选择宗教仪式。例如，《美国统一结婚离婚法》第206条规定：“法院和经过授权的政府官员都可以主持结婚仪式，也可以按宗教仪式举行结婚仪式。”

第三节　婚姻的效力

婚姻的效力是指因婚姻的成立所导致的法律后果，符合结婚实质要件的男女双方按照法定的形式要件缔结婚姻关系之后，就产生婚姻的效力。这种效力分为一般法律上的效力、亲属法上的效力和夫妻间的效力。一般法律上的效力涉及民法、刑法、婚姻家庭法、行政法、劳动法、诉讼法、国际法等许多方面，是广义上的婚姻效力。亲属法上的效力则不仅包括发生在夫妻之间的法律后果，还包括其他亲属关系上的法律后果，例如子女以及姻亲关系上的法律后果。夫妻间的效力则只涉及婚姻成立的当事人本人所产生的法律后果，是婚姻成立的直接效力，也是婚姻最狭义的效力；包括夫妻相互之间的人身关系和财产关系，都将受到法律的保护和约束。夫妻人身上的权利义务包括夫妻姓名权、人身自由权、生育权、住所决定权、夫妻忠实义务、同居义务、日常家事代理权等，夫妻财产上的权利义务则包括夫妻财产制、夫妻扶养义务、夫妻遗产继承权等。本章所讨论的婚姻的效力，是指夫妻间的效力。

一、夫妻关系立法主义的变迁

在不同的历史时期和不同的社会制度中，夫妻在家庭中的地位不同，他们的权利义务也不同。在古代社会，夫妻家庭地位的特征是男尊女卑，因此其法律地位并不平等，在夫妻关系上采用的是夫妻一体主义。夫妻一体主义又称“夫妻同体主义”，是指男女因婚姻的成立而合为一体，人格相互吸收。大多数情况下是妻子的人格被丈夫吸收，只有少数入赘者属于丈夫的人格被妻子吸收。此时妻子在丈夫面前人格减等，丧失独立性，不享有财产所有权，不具有行为能力和诉讼能力，该主义具有鲜明的夫权主义色彩。夫妻一体主义的代表有早期的罗马法和欧洲中世纪的教会法中的夫妻关系准则，以及古印度和古中国的夫妻关系制度，这些都被认为是其典型表现。早期罗马法规定，妻子进入丈夫家后便成为家女，必须服从新的家父，如果家父是自己的丈夫，她则处于准女儿的地位，如果家父是自己丈夫的父亲，她则处于准孙女的地位。[1]中国古籍中记载的“夫者，妻之天也”，“夫妇，一体也”，“妇人，伏于人也”，都是这种主张的表述。

至近现代社会，资产阶级在反封建的斗争中提出了男女平等的口号，夫妻法律地位逐渐趋于平等，在夫妻关系法上则表现为逐渐向夫妻地位平等的方向演化。此时夫妻关系上采用的是夫妻别体主义。夫妻别体主义又称夫妻异体主义，是指男女结婚后各自保持独立的人格，各自享有权利、承担义务，表现为男女在法律上的平等。例如，英国1935年的《婚姻改革法》规定，已婚妇女享有取得、占有、处分任何财产的能力，有对任何侵权行为、契约义务和其他债务承担责任的能力；与早期的夫妻一体主义相比其具有明显的历史进步性。这一时期的资本主义国家的夫妻关系法在历经多次修改之后，一般均强调夫妻在家庭中的平等权利，例如，日本于1947年将《民法典》中的“妻随夫姓”改为“使用夫姓或妻姓，根据结婚时双方所定”。法国在1970年通过法律，在民法典中取消丈夫作为一家之长的地位。但由于受到传统的影响，某些国家的夫妻关系法的改革并不彻底，并没有使夫妻关系达到完全平等。例如，1969年施行的《意大利民法典》仍然规定，“丈夫为一家之长，妻子要使用夫姓，并且有义务在丈夫选定的任何住所陪伴他”，夫权主义的痕迹仍然存在。

新中国成立后在1950年的《婚姻法》中明确规定，“废除包办强迫、男尊女卑、漠视子女利益的封建主义婚姻家庭制度。实行男女婚姻自由、一夫一妻、男女权利平等、保护妇女和子女合法权益的新民主主义婚姻制度”，在夫妻的权利义务中规定，夫妻在家庭中地位平等，有使用自己姓名的权利，均有选择职业、参加工作和社会活动的自由，夫妻对于家庭财产有平等的所有权和处分权等。1980年的《婚姻法》在“家庭关系”一章中对夫妻的权利义务也作了明确的规定，现行《婚姻法》在2001年修订时进一步重申了“夫妻在家庭中的地位平等”。这是对夫妻关系所作的总的原则性规定，是夫妻间权利义务的基础。

纵观现代各国，大都在法律上明确规定男女平等，但法律上的平等和实际生活中的平等仍然存在着差距，如何在家庭中切实实现夫妻地位的平等，是世界各国都面临的问题。

二、夫妻人身关系

（一）夫妻姓名权

姓名权是人格权的重要组成部分，是一项重要的人身权利；有无独立的姓名权，是有无独立人格的一种标志。在关于夫妻姓氏的规定上，各国的内容有很大差异，有些国家至今仍然坚持“妻从夫姓”的原则，例如，《意大利民法典》第143条第2款规定：“妻在其固有的家名上附加夫的家名，而且在作为寡妇的身份继续中至再婚为止将其保有。”《瑞士民法典》第160条规定：“夫的姓氏为配偶双方之姓氏。”另

---

〔1〕王丽萍：《婚姻家庭法律制度研究》，山东人民出版社2004年版，第97页。

有部分国家的法律规定夫妻婚后可以同姓，但在关于谁随谁姓的问题上则没有硬性规定。《日本民法典》第 750 条规定："夫妻可以依结婚时所定，称夫或妻的姓氏。"第 751 条规定："夫妻一方死亡时，生存配偶可以恢复婚前姓氏。"《德国民法典》第 1355 条规定："婚姻双方应当确定一个家庭姓氏。婚姻双方使用由他们确定的共同姓氏。如果婚姻双方未确定婚姻姓氏，则他们在结婚之后仍然使用其直至结婚之时所使用的姓氏。"而大部分国家则对夫妻姓名权作出平等性的规定，允许夫妻婚后保留原来的姓氏不变，或者选择其中一方姓氏作为自己的姓氏，例如，《俄罗斯联邦家庭法典》规定，结婚时夫妻可以按照自己的意愿选择一方的姓作为共同的姓，或者双方各自保留自己婚前的姓，或者将另一方的姓与自己的姓合并。

我国古代的已婚女性没有独立的姓名权，结婚后要从夫姓，将丈夫的姓放在自己的姓之前，1930 年《中华民国民法典》规定："妻以其本姓冠以夫姓"，这是夫权婚姻中妻子对丈夫依附关系的表现。新中国成立后，1950 年的《婚姻法》第 11 条规定："夫妻有各用自己姓名的权利。"从此实现了我国夫妻姓名权上的平等。1980 年的《婚姻法》重申了这一规定，并且在 2001 年修订的过程中得以保留，在第 14 条中规定："夫妻双方都有各用自己姓名的权利。"这一规定保护了已婚女性的姓名权，同样也保护了入赘丈夫的姓名权，如果结婚后男方到女家落户的，男方也不必改变自己的姓名。即夫妻任何一方不因结婚而改变姓氏，婚后夫妻享有各自使用自己姓名的权利。当然也并不排除当事人结婚后自愿选择姓氏，就姓名问题另作约定，无论是妻随夫姓还是夫随妻姓的约定，法律都没有禁止。

（二）夫妻人身自由权

夫妻人身自由权是指已婚夫妻参加社会活动、进行社会交往、从事社会职业的权利。从两性关系的历史发展看，夫妻人身自由权实际上指的是已婚女性参加社会活动、进行社会交往、从事社会职业的权利。古代社会的女性被完全排除在社会生活之外，不享有人身自由权，早期西方国家的立法也不允许已婚女性享有独立选择工作和职业的权利。第二次世界大战以后，许多国家的法律才有所改变，妻子在法律上获得了相应的人身自由权，有些国家的法律条文中明确规定夫妻有独立选择工作和职业的自由权，例如，《德国民法典》第 1356 条规定："夫妻双方均有权就业，在选择和从事职业时应适当考虑夫妻另一方和家庭的利益。"《俄罗斯联邦家庭法典》第 31 条规定："夫妻均有权根据自己的意愿选择自己所从事的工作的类型及职业。"

我国法律赋予夫妻双方以充分、平等的人身自由权。2001 年《婚姻法》第 15 条规定："夫妻双方都有参加生产、工作、学习和社会活动的自由，一方不得对他方加以限制或干涉。"这一规定是夫妻家庭地位平等的重要标志，也是夫妻平等的行使权利履行义务的法律保障。需要强调的是夫妻行使人身自由权的同时，必须符合法律与社会道德的要求，尽到对子女抚养、教育的义务，以及对老人的赡养义务，做到与对家庭的责任协调一致。

（三）夫妻住所决定权

夫妻住所是指夫妻婚后共同居住和生活的场所，住所决定权是指选择、决定夫妻婚后住所的权利。古代法律大都实行“妇从夫居”的婚姻住所方式，近代各国立法也普遍规定由丈夫决定婚姻住所，例如，1804 年《法国民法典》第 214 条规定：“妻以夫之住所为住所。”当代大部分国家则规定婚姻住所由夫妻双方共同决定。例如，修改后的《法国民法典》第 215 条规定：“婚姻家庭住房是夫妻共同选定的家庭处所，未经他方同意，任何一方不得擅自处分据以保障家庭住宅的权利，也不得处分住宅内配备的动产家具。”英美两国则将婚姻住所决定权赋予丈夫所有，同时规定妻子可以在一定条件下另行选择住所。

我国古代社会妻从夫居一直是礼仪宗法制度的要求，入赘的女婿则需要夫从妻居。直到 1930 年《中华民国民法典》仍然规定：“妻以夫之住所为住所，赘夫以妻之住所为住所。”新中国成立后，1950 年的《婚姻法》未对婚姻住所问题作出明文规定。1980 年《婚姻法》第 8 条规定：“登记结婚后，根据男女双方约定，女方可以成为男方家庭的成员，男方也可以成为女方家庭的成员。”2001 年修订后的现行《婚姻法》第 9 条保留了这一规定。虽然严格来讲这并不是我国关于婚姻住所的直接规定，但是根据法律精神，夫妻婚后可以通过自愿协商选择到底是从夫居还是从妻居或者是单居，从一定程度上可以认为是我国法律对婚姻住所的规定。

（四）夫妻忠实义务

忠实义务有广义和狭义两种解释，广义的解释是指不得牺牲、损害配偶一方的利益或恶意遗弃配偶。狭义的解释则是指专一的夫妻性生活的义务，立法上所指的夫妻忠实义务大多是指的狭义的解释。古代社会对女性的贞操义务要求得极其严格，但对于丈夫则承认纳妾的合法性。早期资本主义法律对忠实义务的规定仍然对女性较为严厉，当代各国法律则从男女平等的角度普遍规定夫妻互负忠实义务，并规定了违反这一义务的法律责任。如《法国民法典》第 212 条规定：“夫妻负相互忠实、帮助、救援的义务”，一方违反忠实义务时，另一方可以诉请离婚，并要求对方承担离婚损害赔偿，因此受到情感上的伤害时，还可依据侵权行为的规定要求精神损害赔偿，对与配偶通奸的第三人，也可提起赔偿请求。《瑞士民法典》规定，配偶双方互负诚实及扶助的义务，配偶一方与他人通奸，他方可诉请离婚。《英国婚姻诉讼法》规定，配偶一方可以另一方与他人通奸，且不能容忍与其共同生活为由，请求离婚。

我国现行《婚姻法》第 4 条规定：“夫妻应当互相忠实，互相尊重；……”第 3 条第 2 款规定：“禁止重婚。禁止有配偶者与他人同居……”第 32 条将“重婚或有配偶者与他人同居的”规定为感情破裂的法定情形，如果调解无效，人民法院应准予离婚；第 46 条规定，因为一方重婚或者有配偶者与他人同居导致离婚的，无过错方有权请求损害赔偿。以上的规定对于维护婚姻当事人的利益，提高婚姻质量，解决重婚、“包二奶”等现象具有现实意义。

（五）夫妻同居义务

夫妻同居义务是指男女双方以配偶身份共同生活的义务，它包括了夫妻共同生活于同一婚姻住所、共同性生活、精神生活和物质生活。同居是婚姻最直接的目的，是婚姻关系得以维持的最基本的条件，同居义务是夫妻间的本质性义务，各国法律普遍规定了夫妻同居的权利义务。例如，《德国民法典》第1353条第1款规定："婚姻双方相互之间有义务过共同的婚姻生活。"《日本民法典》第752条规定："夫妻应同居，相互协力，相互扶助。"《法国民法典》第215条第1款规定："夫妻双方相互负有在一起共同生活的义务。"《巴西民法典》第1566条规定："夫妻双方的义务有：相互忠诚；在婚姻住所共同生活；互相扶助；抚养、照管和教育子女；相互尊重和关心。"同时很多国家还规定了当一方有不能同居生活的正当理由时，可以免除同居生活的义务。这种正当理由主要有两种：一是因正常理由暂时中止同居，例如，因处理公务私事的需要而合理离家，或者因身体方面的原因暂时不能全部或部分履行同居义务等。二是因法定事由而停止同居。例如夫妻已分居或婚姻已破裂；一方正在提起离婚诉讼；一方的健康、安全、名誉因夫妻共同生活而遭受严重威胁时，受威胁一方可以拒绝同居。我国并没有关于同居义务的明确规定，现行《婚姻法》第3条第2款规定："禁止重婚，禁止有配偶者与他人同居……"，该条可以看做是夫妻处理人身关系的要求，属于以禁止性的规范确立了夫妻间的同居关系。

（六）夫妻的生育权及计划生育义务

生育不仅是夫妻间的义务也是一项重要的权利，任何人都有生育和不生育的权利和自由。人类最初的生育制度是将生育作为一项义务来对待的，生育权的形成是19世纪西方女权运动的产物，当时主张生育权是只有女性才享有的专有权利，改变了长久以来女性在生育中的被动状态。1968年第一个全球性国际人权会议在德黑兰召开，会议上首次提出"父母享有自由负责决定子女人数及其出生时距的基本人权"。1974年在布加勒斯特通过的《世界人口行动计划》规定："所有夫妇和个人都有自由和负责任地决定生育孩子数量和生育间隔并为此而获得信息、教育和手段的基本权利。"1980年联合国制定的《消除对妇女一切形式歧视公约》规定："男女有相同的权利，自由负责地决定子女人数和生育间隔。"以上规定肯定了生育权由夫妻双方享有，生育权得到了国际社会的普遍认可。但由于各国的政治、经济、文化以及传统观念的影响，至今有许多国家的法律并没有明确规定生育权，也没有明确统一的定义。

另一方面，由于人口的繁衍直接关系到社会的生存和发展，因此用法律的手段来调节人们的生育行为，已经成为各国法律公认的做法，但国外政府一般不会对生育的数量、间隔时间进行强制干预，而是作出一些倡导性的建议。进入20世纪以后，许多国家开始重视人口的优生保健，相继颁布了一些法律法规，例如，1948年日本颁行了《优生保健法》，1978年意大利颁布《终止妊娠法》，1992年美国芝加哥市的《模范优生绝育法》，意大利、韩国、新加坡等都有类似终止妊娠的规定。

我国对生育权的规定最早出现在1992年的《妇女权益保障法》中，第47条第1款规定："妇女有按照国家有关规定生育子女的权利，也有不生育的自由。"2002年施行的《人口与计划生育法》第17条规定："公民有生育的权利，也有依法实行计划生育的义务，夫妻双方在实行计划生育中负有共同的责任。"此处，生育权不再有性别的限制，男性的生育权首次被法律明文规定。但法律条文中并没有明确阐明生育权的概念，对侵犯生育权的救济方式也并无规定。

我国最高人民法院《关于适用〈中华人民共和国婚姻法〉若干问题的解释(三)》第9条规定："夫以妻擅自中止妊娠侵犯其生育权为由请求损害赔偿的，人民法院不予支持；夫妻双方因是否生育发生纠纷，致使感情确已破裂，一方请求离婚的，人民法院经调解无效，应依照婚姻法第32条第3款第5项的规定处理。"这一规定与国际通行的观念接轨，虽然夫妻都享有生育权，但其权利的内容应该有所区别，由于生育权与女性的人身自由权紧密相连，是否生育，是否终止妊娠，女性都有权决定，不允许通过人身强制的方式来实现该权利，也不能以生育权受损害为由请求损害赔偿。而丈夫则享有得知妻子是否愿意生育的知情权，以及妻子不愿生育时结束婚姻以便寻找愿意与之生育的女性的权利。

我国法律对于生育行为的干预，体现在我国《婚姻法》第16条的规定："夫妻双方都有实行计划生育的义务。"根据我国宪法的规定，计划生育是我国的一项基本国策，其内容主要是控制人口数量，提高人口素质。实行计划生育是夫妻双方的法定义务，任何一方都不能拒绝履行该义务。

(七) 夫妻日常家事代理权

夫妻日常家事代理权是指在进行相关日常家庭事务时，夫妻双方享有的代理另一方的权利。被代理方需对代理方从事日常家事行为所产生的债务承担连带责任。这一制度涉及两方面的内容：一是夫妻双方对共同财产的处分权，二是承担责任时的连带性。日常家事代理权一方面方便了夫妻共同生活的经营，另一方面也维护了交易的安全性。这一制度起源于古罗马法，古罗马法中的"家事委任"是日常家事代理权的起源。近代两大法系国家对家事代理权的规定相差很大，英美法系国家女性没有财产权利，需要依附于丈夫。大陆法系的很多国家则只明确规定了妻子就日常家事是丈夫的代理人。现代法则基于男女平等的原则，一般都规定了夫妻双方在家事范围内互享代理权，互为代理人。但是由于诸多因素的影响，各国关于日常家事代理权的立法呈现多样性，大陆法系国家一般都在立法中对日常家事代理权进行明确规定，其行使范围以满足日常家庭生活所需为限，例如，现行《日本民法典》第761条规定："夫妻一方就日常家事同第三人实施了法律行为时，他方对由此而产生的债务负连带责任。但是，对第三人预告不负责任意旨者，不在此限。"法国、德国、瑞士都有相似规定，其中瑞士还规定在法定情形下，夫妻一方可以代理对方行使日常家事范围之外的代理权。英美法系国家日常家事代理权的范围则要狭窄得多，仅限于生活必需品的购买。

新中国成立后的三部婚姻法都没有对夫妻日常家事代理权进行规定，只是规定夫妻对共有财产有平等的处理权。最高人民法院《关于适用〈中华人民共和国婚姻

法〉若干问题的解释（一）》第17条规定："婚姻法第17条关于'夫或妻对夫妻共同所有的财产，有平等的处理权'的规定，应当理解为：①夫或妻在处理夫妻共同财产上的权利是平等的。因日常生活需要而处理夫妻共同财产的，任何一方均有权决定。②夫或妻非因日常生活需要对夫妻共同财产做重要处理决定，夫妻双方应当平等协商，取得一致意见。他人有理由相信其为夫妻双方共同意思表示的，另一方不得以不同意或不知道为由对抗善意第三人。"该条虽未明确使用日常家事代理权的概念，但被认为是司法实践中对夫妻一方因日常生活需要独立管理共同财产，处分共同财产行为的认可。

三、夫妻财产关系

夫妻财产关系是夫妻关系必不可少的重要内容，以夫妻人身关系为前提，随着夫妻人身关系的建立而产生，随着夫妻人身关系的终止而消灭。夫妻间的财产关系主要包括夫妻财产制、夫妻扶养义务、夫妻财产继承权三部分内容。本节主要阐述夫妻财产所有权制度。

（一）夫妻财产制的概念及类型

夫妻财产制也叫婚姻财产制，是关于夫妻婚前财产和婚后所得财产的归属、管理、使用、收益、处分，以及清偿债务、婚姻解除时财产的清算等方面的法律制度。无论是大陆法系国家还是英美法系国家都对夫妻财产制作了明确的规定，从各国关于夫妻财产制的立法模式来看，夫妻财产制的类型主要有以下几种：

1. 法定财产制。法定财产制是指夫妻在婚前或婚后均未就夫妻财产关系作出约定，或约定无效时，依法律规定而直接适用的夫妻财产制。目前各国采用的法定财产制主要有夫妻共同财产制、夫妻分别财产制和联合财产制。因其政治经济、风俗习惯不同，各国所适用的法定财产制也各不相同。

（1）夫妻共同财产制，是指除特有财产外，夫妻的全部财产或部分财产归双方共同所有，婚姻关系终止时加以分割的制度。共同财产制符合了婚姻共同生活的要求，有助于夫妻家庭地位的平等和对弱势一方的权利维护。依据共有财产的范围不同，该制度还可以分为一般共同制、婚后所得共同制、婚前动产及婚后所得共同制和劳动所得共同制四种类型。其中共有范围最广的是一般共同制，除法律另有规定的外，无论是夫妻婚前还是婚后所得财产，也无论是动产还是不动产，一律属于夫妻共有。巴西、荷兰、瑞士等国家将其作为法定财产制。共有范围最小的是婚后劳动所得共同制，它是指只有夫妻婚后的劳动、经营所得为夫妻共有，非劳动所得的财产如继承、受赠所得等，则归各自所有。婚后所得共同制则是指婚姻关系存续期间双方所得财产归夫妻双方共有，婚前财产仍归各自所有。如法国、意大利以其为法定财产制。婚前动产及婚后所得共同制的范围则要广于婚后所得共同制，在其基础上还包括了夫妻个人婚前的动产。

（2）夫妻分别财产制，是指夫妻双方婚前和婚后所得的财产仍归各自所有，并各自行使管理权、收益权和处分权，但不排斥双方拥有一部分共同财产，或者妻以契约形式将其个人财产的管理权交付于丈夫行使。分别财产制充分肯定了已婚女性的财产权利，但当她们成为专职家庭主妇而失去社会职业劳动时，一旦离婚就将面临生活困境。英国是最早实行夫妻分别财产制的国家，1882 年《已婚妇女财产法》规定，凡 1883 年 1 月 1 日后结婚的妇女，有权以其婚前所有和婚后所得的动产及不动产作为分别财产，单独行使所有权及处分权。当代英国虽然以立法或判例增加夫妻共同财产制的内容，但从根本上讲英国仍然采用了夫妻分别财产制。英国的这一制度影响了美国的家庭法的制定，迄今为止夫妻分别财产制在美国的婚姻家庭法中仍然占有举足轻重的地位。其他英美法系的多数国家都采用这一制度作为法定的夫妻财产制。

（3）联合财产制，是指夫妻的婚前婚后财产仍归各自所有，但除特有财产外，将夫妻双方的财产联合在一起，由夫管理，当婚姻终止时，妻的原有财产才由本人收回或由其继承人继承。此种制度源于中世纪日耳曼法，被近现代一些西方国家所沿用发展，当代少数仍然实行联合财产制的国家有了较大的制度变化，增加了部分夫妻共同财产制的内容，如瑞士。

2. 约定财产制。约定财产制是指法律允许婚姻当事人以契约形式决定婚姻财产关系的法律制度。在适用效力上，约定财产制具有较高的法律地位，只是在无约定或约定无效时才适用法定财产制。约定财产制被多数国家的法律所肯定，但在约定的内容、形式上有所不同。一部分国家对约定财产制持比较宽松的态度，对财产约定的形式、内容并不加以限制，给予当事人较多的自由，例如英国、韩国等。另一部分国家对财产约定持比较严格的态度，法律明确规定了财产约定的形式甚至内容，例如，瑞士民法规定缔结夫妻财产契约，须采用法律所规定的财产制中的一种；德国规定夫妻财产制不得参照已失效的法律或外国的法律来确定；德国、瑞士民法典均规定夫妻财产约定须以书面形式订立并应经过公证。

（二）我国的夫妻财产制

从我国现行婚姻法及司法解释规定的内容来看，我国实行的是以法定财产制为主，以约定财产制作为补充的夫妻财产制度，并且在法定财产制中还专门规定了夫妻个人特有财产的范围，避免了在夫妻共同财产制下，个人财产会因为婚姻的缔结而丧失的可能，这是婚姻法的一大进步。

我国《婚姻法》第 17 条以及最高人民法院《关于适用〈中华人民共和国婚姻法〉若干问题的解释（二）》第 11 条是关于法定夫妻共同财产的规定。《婚姻法》第 17 条规定："夫妻在婚姻关系存续期间所得的下列财产，归夫妻共同所有：①工资、奖金；②生产、经营的收益；③知识产权的收益；④继承或赠与所得的财产，但本法第 18 条第 3 项规定的除外；⑤其他应当归共同所有的财产。夫妻对共同所有的财产，有平等的处理权。"最高人民法院《关于适用〈中华人民共和国婚姻法〉若干问题的解释（二）》第 11 条规定："婚姻关系存续期间，下列财产属于婚姻法第 17 条规定的'其他应当归共同所有的财产'：①一方以个人财产投资取得的收益；

②男女双方实际取得或者应当取得的住房补贴、住房公积金；③男女双方实际取得或者应当取得的养老保险金、破产安置补偿费。”根据以上的规定，我国的法定财产制实行的是婚后所得共同制，这与采用夫妻分别财产制的英美法系国家有非常大的区别。除此之外，《婚姻法》第19条对夫妻财产约定的形式、效力作出了规定，第19条规定：“夫妻可以约定婚姻关系存续期间所得的财产以及婚前财产归各自所有、共同所有或部分各自所有、部分共同所有。约定应当采用书面形式。没有约定或约定不明确的，适用本法第17条、第18条的规定。夫妻对婚姻关系存续期间所得的财产以及婚前财产的约定，对双方具有约束力。夫妻对婚姻关系存续期间所得的财产约定归各自所有的，夫或妻一方对外所负的债务，第三人知道该约定的，以夫或妻一方所有的财产清偿。”

作为对婚后所得共同制的补充和限制，我国现行法律对法定的个人财产作出了明确规定，《婚姻法》第18条规定：“有下列情形之一的，为夫妻一方的财产：①一方的婚前财产；②一方因身体受到伤害获得的医疗费、残疾人生活补助费等费用；③遗嘱或赠与合同中确定只归夫或妻一方的财产；④一方专用的生活用品；⑤其他应当归一方的财产。”最高人民法院《关于适用〈中华人民共和国婚姻法〉若干问题的解释（一）》第19条规定：“婚姻法第18条规定为夫妻一方所有的财产，不因婚姻关系的延续而转化为夫妻共同财产。但当事人另有约定的除外。”根据以上规定可以看出，我国对个人财产的规定范围小于欧美国家，在夫妻因感情不和分居期间的财产究竟属于共同财产还是个人财产也没有作出规定。

第四节 婚约问题

一、婚约的类型

婚约是指男女双方以将来结婚为目的所作的事先约定。订立婚约的行为称为订婚或定婚。从婚约的历史沿革来看，不同时代不同国家的立法例有很大的差别，大致可以把婚约分为早期型婚约和晚期型婚约两种类型：

（一）早期型婚约

早期型婚约盛行于古代社会，其特点是：婚约是婚姻成立的必经程序，具有重要的作用和较强的效力。从总体上来说，订立婚约是结婚的必经程序，无婚约者其婚姻无效；订婚权往往不属于当事人本人而属于双方的父母、尊长；婚约具有较强的法律效力，不履行婚约者要承担相应的法律责任。古巴比伦的《汉谟拉比法典》第128条规定：“倘自由民娶妻而未订契约，则此妇非其妻。”中国古代的“六礼”中的多个环节都与订婚有关，各个朝代的法律几乎都将订立婚书、收受聘财作为订婚的依据。当事人订婚之后不得反悔，否则要承担法律责任。

（二）晚期型婚约

晚期型婚约盛行于近现代社会，订婚不再是结婚的必经程序，婚约也不再具有强大的法律效力。有些国家的法律条文中不再有关于婚约的规定，是否订立婚约取决于当事人的意愿，婚约也不具有法律约束力；例如法国、日本、美国等。有些国家的立法中则仍然有关于婚约的规定，但不再将其作为结婚的必经程序，而主要是从解决婚约财物纠纷的角度进行规定。例如，《德国民法典》第1297条规定："不得因订婚而提起要求成婚之诉"，第1301条规定："不履行结婚时，婚约当事人双方得依返还不当得利的规定，请求他方返还赠与物或为婚约的标志而给予之物"；《意大利民法典》第79条规定："法律不要求必须缔结婚约，也不要求必须执行婚约中有关不履行婚约的规定"，第80条规定："如果婚姻未缔结，则因允诺结婚而进行赠与的人有权请求退还赠与物"；《阿根廷共和国民法典》第165条规定："本法典不承认将来的婚约。不存在任何请求履行婚姻允诺的诉权。"

二、国外关于婚约的立法例

两大法系对婚约性质的认定上有很大的区别，英美法系国家没有单独的婚约制度，婚约被认为是一种婚前合同，属于一种契约关系。当事人应该按照协议的内容履行合同，婚约虽然不能强制执行，但双方可以约定，如果一方不履行婚约而给对方造成名誉、健康、财产上的损失，则需要承担一定的违约责任。婚前合同不能履行时，一方给予的赠与物可以要求对方返还。但随着女性的广泛就业、两性观念的转变以及离婚制度的改革，女性不再通过婚姻作为满足物质生活的手段，因此英美法系的大部分国家逐渐废除或者限制违反婚约而提起的诉讼。

大陆法系的德国、意大利、瑞士等国家的民法典中有对婚约的明确规定，婚约被认为是一个事实行为而非法律行为，婚约不具有强制力，同时也不能约定在不履行婚约时支付违约金，但如果解除婚约的一方因为自己的过错造成了对方的财产损失或者精神上的伤害，则必须基于侵权责任的有关规定承担赔偿责任。解除婚约之后，因订立婚约所给予的赠与物基于不当得利的有关规定应当予以返还。例如，《德国民法典》在其第四编（亲属法）第一章第一节用6个条文对婚约作了规定，第1297条规定："不得基于婚约提起缔结婚姻的诉讼；对不缔结婚姻的情形，约定支付违约金的，其约定无效。"第1298条规定："订婚人一方解除婚约的，必须向订婚人另一方及其父母和代替其父母实施行为的第三人赔偿他们因在对婚姻的预期中支出的费用，或承担债务而发生的损失；仅在费用的支出、债务的承担和其他措施根据情况为适当的限度内，始须赔偿损害；有解除婚约的重大原因的，不发生赔偿义务。"第1299条规定："因构成解除婚约的重大原因的过错，订婚人一方使另一方解除婚约的，该方负有义务依照第1298条第1款、第2款赔偿损害。"第1301条规定："婚姻不缔结的，订婚人任何一方可以依照返还不当得利的规定，向另一方请求返还所赠的一切或作为婚约标志所给的一切。婚约因订婚人一方死亡而解除的，有疑义时，必须认为返还的请求应予以排除。"第1302条规定："自婚约解除时起，第

1298～1301 条所规定的请求权经过 2 年而完成消灭时效。”

《意大利民法典》在第六章第一节专门对婚约作出了规定，第 79 条规定了婚约的效力：“法律不要求必须缔结婚约，也不要求必须执行婚约中有关不履行婚约的规定。”第 80 条规定了赠与物的退还：“如果婚姻未缔结，因允诺结婚而进行赠与的人有权请求退还赠与物。退还赠与物的请求，应当自拒绝举行婚礼或允诺结婚的人死亡之日起 1 年内提出。”第 81 条对违反婚约的损害赔偿作了规定：“以公证的方式、以由成年人和本法第 84 条规定的获准结婚的未成年人在场进行见证的方式，或者以公布结婚预告的方式作出结婚允诺的人，在无正当理由而拒绝履行婚约时，应当向他方当事人赔偿因期待结婚而支出费用和承担债务所遭受的损失。对费用和债务承担的赔偿责任以与双方当事人的经济条件相适应为限。由于己方的过错而使另一方当事人有正当理由拒绝履行婚约的人，也要承担前款规定的赔偿损失的责任。赔偿损失的请求应当自拒绝举行婚礼之日起 1 年内提出。”

《瑞士民法典》在第二编亲属法中，也是用 6 个条款对婚约的订立、效力和违反婚约的后果作出了规定。第 90 条规定：“婚约通过对婚姻的许诺而设定；未成年人或禁治产人，无其法定代理人的同意，不对订婚承担责任。”第 91 条规定：“不得依据婚约提起履行婚姻的诉讼；违反婚约的，不得请求给付约定的违约金。”第 92 条规定：“如婚约的一方无任何重要事由而违反婚约，或因自己的过失而由其本人或者由对方解除婚约时，应当对对方、对方的父母或代其父母的第三人为准备结婚而做的善意准备，给付相当的赔偿金。”第 93 条第 1 款明确规定：“因他方过错违反婚约致使无过错一方人格上蒙受重大损害时，法官可许其向他方要求得到一定金额的抚慰金。”第 94 条对赠与物的返还作了规定：“婚约双方的赠与物，在解除婚约时可请求返还；如赠与物已不存在，可依照返还不当得利的规定办理；因婚约一方死亡而解除婚约的，不得要求返还赠与物。”第 95 条规定：“因婚约产生的请求权，自婚约解除之日起，逾 1 年，因时效而消灭。”

《智利共和国民法典》在第一编第三题对婚约进行了规定。第 98 条规定：“婚约或订婚，或称相互接受的结婚允诺，为一种私行为，法律完全将之委诸个人的荣誉和良心，该种行为在民法上不产生任何义务；因此，当事人不得为了请求达成婚姻的效果，或为了请求损害赔偿，而主张此种允诺。”第 99 条规定：“如约婚人一方为了他方的利益就不履行结婚允诺罚金，不得主张之；但已支付罚金时，不得主张返还。”第 100 条规定：“以结婚为条件赠与和交付物件时，如婚姻未缔结，不得以上述规定对抗此等物件的返还请求。”第 101 条规定：“在承认订婚合同作为诱奸罪的加重情节之证据时，也不得利用上述规定反对使用这种证据。”

三、我国的婚约制度

我国传统婚姻一直非常重视婚约，法律强调订婚是婚姻成立不可缺少的组成部分，对双方尤其是对女方具有强制履行的效力。例如，《明律》中规定：“若许嫁女已报婚书及有私约而辄悔者，笞五十，虽无婚书但曾受聘财者亦是。若再许他人，未成婚者杖七十，已成婚者杖八十。后定娶者知情与女家同罪，财礼入官；不知者不坐，追还财礼；女归前夫，男家毁者罪亦如之，不追财礼。”清末修订《民律草案》时，仿效日本民法的规定，放弃了对婚约的法律制约，立法中不再对婚约进行规定。1930年南京国民政府的《中华民国民法典》则吸收借鉴了德国民法典的体例结构，在亲属编中对婚约订立的条件、一方解除婚约的情形、婚约解除后的损害赔偿作出规定，明确了婚约应由当事人自行订立，父母不经子女同意订立的婚约无效，订婚不是结婚的必经程序。新中国成立之后我国的婚姻家庭立法发生了较大的变革，或许是为了表明改变旧中国婚恋风俗的决心，但又不愿意发生立法与民俗上的冲突，所以《婚姻法》的法律条文中并没有关于婚约的任何规定，只是有一些有关部门的解释。1950年6月26日中央人民政府法制委员会在《有关婚姻法施行的若干问题的解答》中指出：“订婚不是结婚的必要手续，任何包办强迫的订婚一律无效。男女自愿订婚者，听其订婚，订婚的最低年龄男为19岁，女为17岁。一方自愿取消订婚者，得通知对方取消之。”1953年3月19日原中央人民政府法制委员会在《有关婚姻问题的若干解答》中指出：“订婚不是结婚的必要手续。男女自愿订婚者，听其订婚，但别人不得强迫包办。”1979年2月2日最高人民法院《关于贯彻执行民事政策法律的意见》中指出：“现役军人的婚约关系，应予保护。凡是双方经过一定时期的了解，同意建立、保持婚约关系，家庭、群众和所在部队都认为是婚约关系的，才能确认为婚约关系。婚约基础比较好，没有解除婚约的重要原因，有恢复和好前途的，应说服教育不予解除。婚约关系不巩固，没有结婚前途的，应通过军人所在组织，对军人进行说服教育工作，予以解除。”2004年4月1日开始施行的最高人民法院《关于适用〈中华人民共和国婚姻法〉若干问题的解释（二）》第10条对因解除婚约而引起的财物纠纷作出了规定：“当事人请求返还按照习俗给付的彩礼的，如果查明属于以下情形，人民法院应当予以支持：①双方未办理结婚登记手续的；②双方办理结婚登记手续但确未共同生活的；③婚前给付并导致给付人生活困难的。适用前款第②、③项的规定，应当以双方离婚为条件。”

通过以上规定，可以看出我国大陆目前对待婚约的态度已经完成了从传统婚约往近现代婚约的转型，婚约不是结婚的必经程序，不具有强制力。但是现行法律对婚约的调整仍然基本空白，因为婚约而引起的财物纠纷只以司法解释的形式进行了规定，婚约关系本身并未列入婚姻法的调整范畴。

与大陆婚姻法不同，“我国台湾地区民法典”则在亲属编中设立专节对婚约作了较为详细的规定，其中包含了婚约的成立要件、婚约的效力、解除婚约的事由、解除婚约时的赠与物返还以及违反婚约的法律责任等相关内容。“我国台湾地区民法典”第972条规定：“婚约，应由男女当事人自行订定。”第975条规定：“婚约不得请求强迫履行。”第976条规定：“婚约当事人之一方，有下列情形之一者，他方得解除婚约：①婚约订定后，再与他人订定婚约或结婚者；②故违结婚期约者；③生死不明已满1年者；④有重大不治之病者；⑤有花柳病或其他恶疾者；⑥婚约订定后成为残废者；⑦婚约订定后与人通奸者；⑧婚约订定后受徒刑之宣告者；⑨有其他重大事由者。”第977条规定：“依第976条之规定，婚约解除时，无过失之一方，得向有过失之他方，请求赔偿其因此所受之损害。前项情形，虽非财产上之损害，受害人亦得请求赔偿相当之金额。”第978条规定：“婚约当事人之一方，无第976条之理由而违反婚约者，对于他方因此所受之损害，应负赔偿之责。”第979条规定：“前条情形，虽非财产上之损害，受害人亦得请求赔偿相当之金额，但以受害人无过失者为限。因订定婚约而为赠与者，婚约无效、解除或撤销时，当事人之一方，得请求他方返还赠与物。”从历史渊源来看，我国大陆和台湾地区同属中华民族的一部分，都有订立婚约的习俗，现行立法精神也大体一致，都认为婚约不具有强制力，不是结婚的必经程序。但我国台湾地区的法律对婚约作出了较为详细的规定，顾及了旧式传统，对民众订立婚约也采取了放任的态度；大陆地区的法律则对婚约无明文规定，流露出并不提倡的意思。我国大陆地区法律的这种做法虽然对民众的婚恋风俗起到了积极的导向作用，但是没有正视婚约现象的存在，也无法很好地处理因婚约产生的纠纷。如何在不承认婚约法律约束力的前提下对婚约作出规定，是今后的婚姻家庭立法需要考虑的地方。

第五节　事实婚姻与非婚同居

事实婚姻和非婚同居的双方当事人都不具备结婚的形式要件，这两种关系具有很多相似之处，两种制度体系也存在重叠的地方，当法律不承认事实婚姻的效力时，事实婚姻的当事人就成为一种非婚同居关系。因此很多学者建议将事实婚姻和非婚同居纳入同一法律体系进行规制。

一、事实婚姻

事实婚姻通常是指具备结婚实质要件的男女双方未经结婚登记即以夫妻名义同居生活，群众也认为其是夫妻关系的结合。当代许多国家都存在着事实婚姻，德国的同居婚、俄罗斯的事实婚姻、英美的普通法婚姻，都具有事实婚姻的性质，只是各国对其的解释、名称、法律对策并不相同，大致可概括为以下三类：

（一）承认主义

法律承认事实婚姻的效力。例如，英美法系国家认为普通法婚姻与正式婚姻一样，是婚姻的一种契约形式，因此只要当事人双方符合结婚的实质要件，并以夫妻名义同居生活，就会产生与法律婚同等的效力。

（二）相对承认主义

法律为事实婚姻设定某些条件，一旦具备便可转化为合法婚姻。例如，德国规定同居婚姻持续一定的时间后才可产生法律效力。《德国民法典》第1310条规定配偶双方已表示愿意缔结婚姻，且配偶双方自那时起已作为夫妻同居10年，或到配偶一方死亡时止至少已作为夫妻同居5年的，某些有瑕疵的婚姻也可以被予以承认。俄罗斯则只对一定时期内的事实婚姻予以承认。《俄罗斯联邦家庭法典》第169条规定，“俄罗斯联邦公民在伟大的国内战争时期，在被侵占的苏联领土内，并在户籍登记机关并未恢复前，依宗教方式缔结的婚姻”具有法律效力。

（三）不承认主义

法律不承认事实婚姻的效力。以日本为代表的国家强调结婚的形式要件，其立法对事实婚姻不予承认。《日本民法典》第739条规定：“婚姻，因按户籍规定进行的申报，而发生效力。”如果不进行结婚申报，即使举行了结婚仪式，该婚姻也不具有法律效力。

新中国成立后借鉴了苏联的相关法律，规定结婚必须采用登记的方式才能发生法律效力，但由于中国绝大多数的朝代都没有要求过男女双方结婚必须到国家有关部门进行登记，而是采用“六礼具备”的聘娶婚作为结婚的唯一方式，因此，举行结婚仪式仍然是大众选择的最普遍的一种结婚公示的方式，很多当事人甚至舍结婚登记而仅举行结婚仪式，所以事实婚姻在中国长期大量存在。我国法律对事实婚姻的效力认定经历了承认阶段、相对承认阶段到绝对不承认阶段的演变。到今天结婚仪式仍然受到民众极大的认可，因此现行法律对事实婚姻采取了补办登记的补救措施。《婚姻法》第8条规定：“要求结婚的男女双方必须亲自到婚姻登记机关进行结婚登记。符合本法规定的，予以登记，发给结婚证。取得结婚证，即确立夫妻关系。未办理结婚登记的，应当补办登记。”最高人民法院《关于适用〈中华人民共和国婚姻法〉若干问题的解释（一）》第4条规定：“男女双方根据婚姻法第8条规定补办结婚登记的，婚姻关系的效力从双方均符合婚姻法所规定的结婚的实质要件时起算。”根据这一解释，补办结婚登记具有追溯力。第5条规定：“未按婚姻法第8条规定办理结婚登记而以夫妻名义共同生活的男女，起诉到人民法院要求离婚的，应当区别对待：①1994年2月1日民政部《婚姻登记管理条例》公布实施以前，男女双方已经符合结婚实质要件的，按事实婚姻处理。②1994年2月1日民政部《婚姻登记管理条例》公布实施以后，男女双方符合结婚实质要件的，人民法院应当告知其在案件受理前补办结婚登记；未补办结婚登记的，按解除同居关系处理。”

根据以上的规定，我国目前对待事实婚姻采取了一定程度的承认态度，对1994年2月1日之前已经形成的事实婚姻予以认可，对1994年2月1日之后的事实婚姻则允许当事人进行一定程度的补救。对于不补办结婚登记的当事人，则认为他们之间的关系属于同居关系。因此说，事实婚姻是否被当成婚姻关系对待取决于法律的态度，如果法律承认，它就产生婚姻的效力，如果法律不承认它就属于非婚同居关系。

二、非婚同居

（一）非婚同居的概念和特征

非婚同居是指无配偶的当事人双方自愿建立的，以共同生活为目的的，持续稳

定的生活关系。随着思想观念的开放，近年来非婚同居现象在西方国家越来越普遍。据调查，1970 年美国非婚同居者约有 50 万对，1980 年约有 180 万对，1995 年增加到 220 万对，2004 年则达到 500 万对，各个年龄、各个阶层中都有一定比例的非婚同居者存在。非婚同居者生育现象也非常普遍。美国"国家婚姻项目"2005 年报告中称，2004 年 35% 的新生儿为非婚生，其中约 40% 为非婚同居者所生。非婚同居逐渐成为与婚姻并存的家庭生活模式，在北欧的许多国家，非婚同居现象更加普遍。在这样的背景下，国外很多国家先后建立了针对非婚同居关系的法律调整体系，例如法国、德国、英国、美国部分州、荷兰等国家都对非婚同居关系给予一定的法律保护。另有一部分国家虽然对非婚同居关系不予承认，不将其纳入法律的调整范围，但也改变了最初对非婚同居进行禁止和惩罚的态度。

非婚同居的主要特征有：①双方均无配偶且主观上自愿。非婚同居不能违反法律禁止性的规定，不能存在胁迫、非法限制人身自由等非自愿的情形，不能存在有配偶者与他人同居的情形。②双方持续地共同生活应该达到一定的时间。稳定性和持续性是非婚同居关系区别于其他暂时两性关系的一大特点，只有这样的同居关系法律才有调整的必要性。因此，如果只是短暂地、临时地住在一起，而没有共同的日常家庭生活则不属于同居关系。

（二）非婚同居的立法模式

在将非婚同居纳入法律调整范围的国家中，如何调整非婚同居，各国立法则有所区别，大致分为三种立法模式：

1. 属于事实婚姻的模式。很多国家都将欠缺形式要件但符合结婚实质要件的同居关系，当作是事实婚姻进行有条件的认可。其条件包括公开同居生活的年限、经济相互依赖的程度、是否存在性关系、共同居住的性质和范围、家庭义务的履行、公众对该关系的认识等。符合条件的双方当事人就会具有各种权利义务。《德国民法典》规定，结婚必须由结婚人在户籍官员面前声明相互结婚的意愿，但如果户籍官员已将婚姻登记于婚姻登记簿的，或者户籍官员已将结婚的提示登记于双方共同子女的出生登记簿的，双方同居生活达到一定的年限也视为婚姻。

2. 类似于婚姻的登记模式。一些国家和地区专门创设了独立于婚姻之外的制度，为当事人设立一种新的民事身份，法律为他们规定了明确的权利和义务，这种关系的建立类似于婚姻关系的建立，需要一定的实质要件和形式要件。美国部分州出台了《家庭伴侣关系法案》允许同居者通过登记享受类似夫妻享有的权益，例如以"非婚同居伴侣"的身份到医院探病，到监狱探监，享受商家原本提供给婚姻配偶的优惠等。法国在 2000 年后修改了民法典，允许两个异性或者两个同性的成年人为了共同生活签订非婚同居协议，并且进行登记。登记后的非婚同居者可以享受类似夫妻的税收优惠，可以享受与婚姻相同的休假、调动等雇员权利，相互间有互相帮助的义务，在同居期间的财产属于双方共有，债务要承担连带责任。但是非婚同居者不会产生夫妻关系中的忠实义务、抚养义务，不会产生法定继承权，不能共同收养子女，解除关系也比离婚要简单得多。

3. 区别于婚姻的不登记模式。有些国家，法律规定非婚同居者不需要进行登记，只要当事人具有共同生活的事实，就会自动进入法律的调整范围，适用范围非常广泛。这种关系不属于事实婚姻关系，仍然属于非婚同居关系，当事人之间的权利义务不及婚姻，获得的法律保障也不及婚姻。但该模式充分尊重了当事人不结婚的意愿，另一方面也维护了婚姻制度的权威性。这种模式下的法律主要侧重于对同居者财产关系的调整，尤其是关系终止时的财产分割，在可能产生不公平的结果时对当事人进行必要的救济。有些国家会专门针对非婚同居关系制定单行法，例如瑞典的《同居法》、挪威的《联合家庭法》等。英美法系国家则是通过分散的立法对这种非婚同居关系进行调整，例如英国、澳大利亚各州、加拿大某些省份等。有些国家支持非婚同居者之间签订“同居协议”，协议的内容可以排除夫妻之间的一些权利义务而进行自由约定。

（三）我国的非婚同居制度

我国法律最初对待非婚同居持否定态度，对于不构成事实婚姻的非婚同居关系一律称为“非法同居”，1989年12月13日，最高人民法院《关于人民法院审理未办结婚登记而以夫妻名义同居生活案件的若干意见》中，将不符合事实婚姻的同居关系一律认定为非法同居。短短15条的司法解释中先后11次使用了“非法同居”这一概念，其中第3条规定：“自民政部新的婚姻登记管理条例施行之日起，未办结婚登记即以夫妻名义同居生活，按非法同居关系对待。”从此，这一法律概念在中国长期存在。直到2001年12月最高人民法院《关于适用〈中华人民共和国婚姻法〉若干问题的解释（一）》中才放弃了“非法同居”这一概念，将相互之间没有婚姻关系的男女双方的共同生活称为“同居”，正式排除了其非法性。

目前随着思想的开放、经济的发展等原因，非婚同居现象在我国逐渐变得普遍，无论是农村还是城市、无论是年轻人还是老年人，非婚同居者的比例都大幅上升，大众对非婚同居行为也越来越宽容。涉及非婚同居的财产分割、遗产继承和子女抚养等纠纷也层出不穷。但是目前我国法律对非婚同居的规定尚不完善，在实践中处理非婚同居纠纷时，各地法院只能依据最高院在各个时期对事实婚姻所作出的规定。这些规定都是调整同居者财产关系的，对非婚同居者的人身关系则没有作出任何规定。

根据我国现行法律规定，未办理结婚登记而以夫妻名义共同生活的男女，起诉到法院要求离婚的，在1994年2月1日以前双方已经符合结婚实质要件的，按事实婚姻处理；1994年2月1日以后符合结婚实质要件的，可以补办结婚登记；未补办结婚登记的，按解除同居关系处理。对不以夫妻名义同居生活的男女，起诉到法院要求解除同居关系的，根据最高人民法院《关于适用〈中华人民共和国婚姻法〉若干问题的解释（二）》第1条的规定，如不涉及子女抚养和财产分割纠纷的，法院不予受理；对涉及子女抚养和财产分割纠纷的，法院该如何处理则没有具体的规定。

目前法院在处理非婚同居财产关系时，主要的法律依据还是1989年最高人民法院《关于人民法院审理未办结婚登记而以夫妻名义同居生活案件的若干意见》的规定，根据这些规定，我国非婚同居者不产生夫妻的权利义务，一方有随时离开对方的自由，感情破裂各奔东西时，共同财产只能按照一般财产纠纷处理，不能按照夫妻共同财产对待，一方死亡时另一方对其财产不享有继承权，一旦产生纠纷将无法获得相应的救济，其中的经济弱势一方如果发生意外事故则很可能会被对方抛弃而无法获得法律的帮助。共同生活的同居者也无法享受职工家属福利、住房待遇，所生子女在落户口、入托、上学时也会发生很多实际困难。

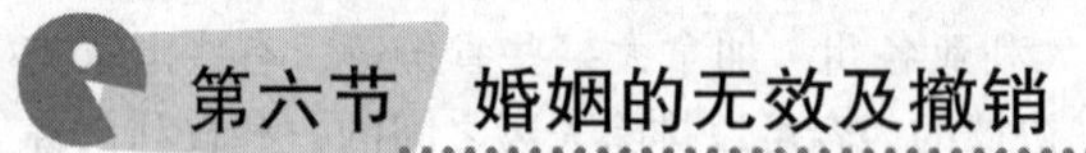

第六节 婚姻的无效及撤销

一、无效婚姻和可撤销婚姻的概念

无效婚姻是指因欠缺了婚姻成立的法定要件而不发生法律效力的男女两性的结合。无效婚姻制度起源于古代法，古巴比伦王国的《汉谟拉比法典》规定，事先未订立婚约的婚姻为无效婚姻；古罗马市民法认为违反结婚条件的婚姻不发生婚姻的法律效力；欧洲中世纪的寺院法为了补救不准离婚的制度，规定无法共同生活的男女基于一定的理由，教会当局会宣告其婚姻无效。当今世界各国的婚姻家庭立法中，无效婚姻也是一项必备的法律制度。

可撤销婚姻是指婚姻成立时欠缺了某些法定要件，请求权人通过法定程序请求解除而得以撤销的婚姻。无效婚姻和可撤销婚姻两者有一定的相似之处，都是对不完全符合结婚要件的违法结合的法律制裁措施，都只是一种不具有法律效力的民事结合，双方都已经以夫妻名义共同生活，以配偶身份相待，并且都欠缺结婚的法定要件，因而不具有法律效力。它们之间的区别则有以下几点：

1. 违反的法定要件不同。无效婚姻违反的是涉及公共利益的公益要件，而可撤销婚姻违反的是涉及个人利益的私益要件。尽管不同国家和地区对公益要件和私益要件的划分是不同的，但总体而言，无效婚姻比可撤销婚姻的行为危害程度更加严重。

2. 认定程序不同。可撤销婚姻不发生当然无效的后果，必须由当事人或者其他请求权人申请，依照法定程序对其进行撤销。而无效婚姻在有些国家则属于当然无效，不需要经过申请和认定，则当然产生婚姻无效的结果。但在某些采用宣告无效制的国家，无效婚姻也需要由当事人进行申请，由法定机关进行宣告，才会产生无效的法律后果，此时，无效婚姻和可撤销婚姻在认定程序上则不易区分。

3. 请求权人不同。无效婚姻的请求权人比较广泛，除了当事人本人以外，利害关系人、特定的组织都可以进行无效婚姻的宣告申请。而可撤销婚姻的请求权人一般只能为当事人本人。

4. 法律后果不同。大部分国家规定无效婚姻具有溯及力，无效婚姻自始无效，当事人无合法夫妻关系，财产为非婚姻财产，所生子女为非婚生子女；而越来越多的国家则从保护子女利益的角度规定，无效婚姻的宣告不影响子女的权利，只对当事人具有溯及力。例如，《瑞士民法典》第133条规定："婚姻被宣告无效的，即使婚姻当事人双方均为恶意，丈夫仍被视为子女之父亲；子女与父母间的关系准用离婚的有关规定。"少数国家规定无效婚姻无溯及力，仅从法院宣告之日起婚姻关系无效。可撤销婚姻则一般是从宣告撤销其婚姻时起，婚姻关系才加以解除。例如，《日本民法典》第748条规定："婚姻的撤销，其效力不溯及既往。"

二、国外的立法例

目前世界上对违法婚姻的处理方式有不同的立法体例，有的国家单采无效婚姻制度，有的国家单采可撤销婚姻制度，有的国家则无效婚姻制度与可撤销婚姻制度并存。

（一）单采无效婚姻制度的国家

在单采无效婚姻制度的国家里，对违背公益要件的婚姻和违背私益要件的婚姻都规定为无效婚姻，法国、意大利、俄罗斯都是这样的国家。其中，法国将违反公益要件的婚姻视为绝对无效，例如重婚、近亲属结婚的；将违反私益要件的婚姻视为相对无效，例如违反自愿原则的。绝对无效婚姻的请求权人包括当事人本人、利害关系人以及检察官，相对无效婚姻的请求权人则只能是当事人本人或特定范围内的人。意大利规定的无效婚姻则包括：未成年人结婚的、重婚的、近亲属结婚的、一方杀害对方配偶的、精神病患者结婚的、胁迫婚、误解婚等。

（二）单采可撤销婚姻制度的国家

德国在1998年修改了原有的规定，对违法婚姻不再进行无效和可撤销的区分，从此无论是违背公益要件的婚姻还是私益要件的婚姻，在德国都属于可撤销婚姻。享有撤销权的请求权人包括当事人本人、有管辖权的行政机关以及某些情形下的第三人。德国的可撤销婚姻无溯及力，自该婚姻被撤销时起不具有法律效力。根据相关规定，婚姻被撤销后适用有关离婚的规定，包括有关离婚扶养、子女抚养以及在不损害第三人利益的前提下婚姻财产的分割等，同时保护善意当事人一方的权益，对子女适用婚生子女的规定予以保护等。

（三）兼采无效婚姻制度与可撤销婚姻制度的国家

世界上采用无效婚姻制度与可撤销婚姻制度并存的国家有英国、日本、瑞士、意大利、巴西等，但在具体规定上这些国家又各有不同。例如，在违法婚姻的事由上，英国、瑞士将违反公益要件的婚姻规定为无效婚姻，违反私益要件的婚姻规定为可撤销婚姻；日本则只将欠缺结婚合意的婚姻以及未进行婚姻申报的婚姻规定为无效婚姻，其余的则属于可撤销婚姻。英国、日本规定无效婚姻具有溯及力，可撤销婚姻则无溯及力；瑞士则规定两者均无溯及力，一旦被确认均依照离婚的规定处理。

三、我国的无效婚姻与可撤销婚姻制度

相对于其他国家，我国的无效婚姻与可撤销婚姻制度起步较晚，在2001年《婚姻法》进行修改时才增设了无效婚姻和可撤销婚姻制度，填补了我国婚姻立法的空白。其主要规定包含婚姻无效和撤销的法定事由、请求权人、确认程序及法律后果等。

（一）引起婚姻无效与撤销的法定事由

我国《婚姻法》第10条规定："有下列情形之一的，婚姻无效：①重婚的；②有禁止结婚的亲属关系的；③婚前患有医学上认为不应当结婚的疾病，婚后尚未治愈的；④未到法定婚龄的。"根据这一规定，在我国有四种原因会引起婚姻无效：

1. 重婚的。我国施行一夫一妻制，法律明确规定禁止重婚，因此如果当事人一方已经有合法配偶又结婚的，则该婚姻不能产生法律效力，属于无效婚姻。由于目前世界上绝大多数国家都施行一夫一妻制，因此多数国家都将重婚作为婚姻无效的法定事由，例如，英国规定，在结婚时双方当事人其中一方已有合法的配偶，则其婚姻无效。有些国家则将重婚作为可撤销婚姻的事由，例如，《日本民法典》第732条规定："有配偶者，不得重婚。"第744条规定："对于违反第732条规定的婚姻，当事人的配偶或前配偶，亦可请求撤销。"

2. 有禁止结婚的亲属关系的。基于伦理道德和优生遗传的考虑，世界上很多国家都将这一原因作为婚姻无效的法定事由。我国法律规定禁止直系血亲和三代以内的旁系血亲结婚，违反这一禁止性的规定，其婚姻无效。《德国民法典》对一定范围内的血亲和姻亲之间的通婚也作了严格的限制，凡是违反这些禁令而结婚的，婚姻无效。英国、法国、瑞士、葡萄牙等国家都将其作为引起婚姻无效的法定事由。

3. 婚前患有医学上认为不应当结婚的疾病，婚后尚未治愈的。出于对当事人利益的保护以及为子孙后代的身体健康着想，患有禁止结婚的疾病的人是不可以结婚的，否则将影响国家和社会发展。因此有些国家在法律条文中明确规定患有某些疾病的人结婚，其婚姻无效。例如，《德国民法典》规定，结婚是在无意识状态或精神错乱者，其婚姻无效。《俄罗斯联邦家庭法典》规定，性病或者艾滋病患者的婚姻无效，因精神失常法院认定为无行为能力人的结婚无效。我国《婚姻法》规定，婚前患有医学上认为不应当结婚的疾病，婚后尚未治愈的，其婚姻无效。

4. 未到法定婚龄的。这一规定是与婚姻法中的结婚条件相适应的，双方如果未达法定婚龄，则不具有相应的婚姻行为能力，因此其婚姻无效。例如，《俄罗斯联邦家庭法典》认为，未达法定婚龄且未获得许可的婚姻无效；英国法律规定，婚姻双方当事人其中一方不满16岁，婚姻无效。《法国民法典》第184条规定，男未满18岁、女未满15岁的婚姻无效。《意大利民法典》规定，未成年人所缔结的婚姻是无效婚姻。

我国《婚姻法》第11条规定："因胁迫结婚的，受胁迫的一方可以向婚姻登记机关或人民法院请求撤销该婚姻……"据此，胁迫是我国可撤销婚姻的法定事由。

对该条中的“胁迫”一词如何理解，最高人民法院《关于适用〈中华人民共和国婚姻法〉若干问题的解释（一）》第10条第1款作出了解释：“婚姻法第11条所称的‘胁迫’，是指行为人以给另一方当事人或者其近亲属的生命、身体健康、名誉、财产等方面造成损害为要挟，迫使另一方当事人违背真实意愿结婚的情况。”其他违背婚姻合意的欺骗婚、误解婚、虚假婚等均未被包括在可撤销婚姻之内。考察国外的婚姻立法，在兼采无效婚姻制度与可撤销婚姻制度的国家，其可撤销婚姻的事由比我国规定的要宽泛很多，《日本民法典》规定，未达法定婚龄的、重婚的、有禁止结婚的亲属关系的、因欺诈、胁迫而结婚的，其结合都属于可撤销婚姻。根据英国法律的规定，在婚姻缔结时一方患有传染性性病的、女方因第三方而怀孕的、因受到胁迫、错误、心智不健全而缔结的婚姻都属于可撤销婚姻。

（二）无效婚姻与可撤销婚姻的请求权人

我国最高人民法院《关于适用〈中华人民共和国婚姻法〉若干问题的解释（一）》第7条规定：“有权依据婚姻法第10条规定向人民法院就已办理结婚登记的婚姻申请宣告婚姻无效的主体，包括婚姻当事人及利害关系人。利害关系人包括：①以重婚为由申请宣告婚姻无效的，为当事人的近亲属及基层组织。②以未到法定婚龄为由申请宣告婚姻无效的，为未达法定婚龄者的近亲属。③以有禁止结婚的亲属关系为由申请宣告婚姻无效的，为当事人的近亲属。④以婚前患有医学上认为不应当结婚的疾病，婚后尚未治愈为由申请宣告婚姻无效的，为与患病者共同生活的近亲属。”此处所指的近亲属是指在法律上有权利义务关系的亲属，我国最高人民法院《关于贯彻执行〈中华人民共和国民法通则〉若干问题的意见（试行）》第12条规定：“《民法通则》中规定的近亲属，包括配偶、父母、子女、兄弟姐妹、祖父母、外祖父母、孙子女、外孙子女。”我国《婚姻法》规定了在各种情形下的配偶之间、父母子女之间、兄弟姐妹之间、祖父母外祖父母与孙子女外孙子女之间的权利义务关系，因此此处的近亲属应该包括配偶、父母、子女、兄弟姐妹、祖父母、外祖父母、孙子女、外孙子女。此处提到的基层组织通常指的是居民委员会、村民委员会、当事人所在的单位、工会、妇联等机构。

由于无效婚姻违反了婚姻中的公益要件，违法程度较重，因此请求权人的范围扩大到了当事人本人以外的利害关系人，而可撤销婚姻因为其违反的是婚姻中的私益要件，在我国主要就是没有形成结婚的合意，而是否形成合意，是否受到胁迫只有当事人本人最清楚，因此，我国最高人民法院《关于适用〈中华人民共和国婚姻法〉若干问题的解释（一）》第10条第2款规定：“因受胁迫而请求撤销婚姻的，只能是受胁迫一方的婚姻关系当事人本人。”

（三）确认无效婚姻与撤销婚姻的程序

根据最高人民法院《关于适用〈中华人民共和国婚姻法〉若干问题的解释（一）》第7、8条的规定，目前我国有权确认婚姻无效的机关只有人民法院，在2003年10月1日之前的《婚姻登记管理条例》曾经规定，婚姻登记机关有权依照行政程序宣告婚姻无效，但是2003年10月1日起施行的《婚姻登记条例》取消了这一规定，从此之后行政机关不再有权宣告婚姻无效。

与无效婚姻不同的是我国目前撤销婚姻的机关是人民法院和婚姻登记机关。《婚姻法》第11条规定："因胁迫结婚的，受胁迫的一方可以向婚姻登记机关或人民法院请求撤销该婚姻。……"依据这一规定，当事人可以自由选择是依行政程序还是依诉讼程序提出撤销婚姻的请求。但是根据《婚姻登记条例》第9条的规定，"因胁迫结婚的，受胁迫的当事人依据婚姻法第11条的规定向婚姻登记机关请求撤销其婚姻的，应当出具下列证明材料：①本人的身份证、结婚证；②能够证明受胁迫结婚的证明材料。婚姻登记机关经审查认为受胁迫结婚的情况属实且不涉及子女抚养、财产及债务问题的，应当撤销该婚姻，宣告结婚证作废"。据此，受胁迫的婚姻如果涉及子女抚养、财产及债务纠纷的，则只能选择诉讼程序。

（四）无效婚姻和可撤销婚姻请求权的行使期限

为了避免婚姻关系长期处于不稳定状态，保护各方当事人的利益，敦促权利人尽快行使权利，各国一般都会对无效婚姻和可撤销婚姻请求权的行使期限作出规定，一旦出现无效婚姻的阻却事由或者撤销婚姻的请求权期限届满，即不得再申请宣告该婚姻无效或申请对婚姻的撤销。我国最高人民法院《关于适用〈中华人民共和国婚姻法〉若干问题的解释（一）》第8条规定："当事人依据婚姻法第10条规定向人民法院申请宣告婚姻无效的，申请时，法定的无效婚姻情形已经消失的，人民法院不予支持。"因此，对于无效婚姻的认定，必须以无效原因的存在为前提，在婚姻无效的原因已经消失之后，例如未达法定婚龄的已经达到了，患病的已经治愈了，重婚的前婚已经解除了，此时就会出现无效婚姻的阻却事由，当事人不得再申请宣告该婚姻无效。同时，最高人民法院《关于适用〈中华人民共和国婚姻法〉若干问题的解释（二）》第5条规定："夫妻一方或者双方死亡后1年内，生存一方或者利害关系人依据婚姻法第10条的规定申请宣告婚姻无效的，人民法院应当受理。"换而言之，如果当事人没有在这一期限内及时行使权利，则该权利消灭。

我国法律对可撤销婚姻请求权的权利行使期限也作了规定，《婚姻法》第11条规定："因胁迫结婚的，受胁迫的一方可以向婚姻登记机关或人民法院请求撤销该婚姻。受胁迫的一方撤销婚姻的请求，应当自结婚登记之日起1年内提出。被非法限制人身自由的当事人请求撤销婚姻的，应当自恢复人身自由之日起1年内提出。"最高人民法院《关于适用〈中华人民共和国婚姻法〉若干问题的解释（一）》第12条规定："婚姻法第11条规定的'1年'，不适用诉讼时效中止、中断或者延长的规定。"据此，该1年的时间为除斥期间的规定，受胁迫的一方当事人在1年内不及时行使权利，就会发生权利消灭的法律后果，1年以后不能再提出撤销婚姻的请求，只能通过离婚的方式来解除两者之间的关系。

（五）无效婚姻和可撤销婚姻的法律后果

无效婚姻和可撤销婚姻的法律后果主要包括是否具有溯及力，以及因此而产生的当事人之间的关系及父母子女关系等效果。如何在否认这类婚姻的法律效力的基础上保护善意当事人以及儿童的合法权益，是现代各国法律越来越看重的问题。

1. 溯及力。《婚姻法》第12条规定："无效或被撤销的婚姻，自始无效。……"最高人民法院《关于适用〈中华人民共和国婚姻法〉若干问题的解释（一）》第13条规定："婚姻法第12条所规定的自始无效，是指无效或者可撤销婚姻在依法被宣告无效或被撤销时，才确定该婚姻自始不受法律保护。"据此规定，婚姻的无效和撤销在我国采用的是宣告制，当事人不能未经宣告和撤销而自行主张婚姻无效。并且我国无效婚姻和可撤销婚姻均具有溯及力，一旦被确认都属于自始无效。

2. 对当事人的后果。越来越多的国家为了保护善意配偶的利益，对无效婚姻和可撤销婚姻的效力予以部分认定。《法国民法典》规定，婚姻被宣告无效后，对善意的配偶一方或双方仍产生婚姻的效力；婚姻被撤销后，善意一方的当事人可以向恶意一方请求生活费，获得继承权。《意大利民法典》规定无效婚姻对善意配偶推定为有效。《瑞士民法典》则规定无效婚姻和可撤销婚姻不具有溯及力，其法律后果比照离婚的规定处理。《美国统一结婚离婚法》规定，无效婚姻对善意配偶推定其具有婚姻的效力。

我国《婚姻法》第12条规定："无效或被撤销的婚姻，自始无效。当事人不具有夫妻的权利和义务。同居期间所得的财产，由当事人协议处理；协议不成时，由人民法院根据照顾无过错方的原则判决。对重婚导致的婚姻无效的财产处理，不得侵害合法婚姻当事人的财产权益。……"最高人民法院《关于适用〈中华人民共和国婚姻法〉若干问题的解释（一）》第15条规定："被宣告无效或被撤销的婚姻，当事人同居期间所得的财产，按共同共有处理。但有证据证明为当事人一方所有的除外。"根据以上规定，我国并没有对善意当事人的保护措施，当婚姻无效或被撤销之后，当事人之间不具有夫妻的权利义务，不产生配偶的关系，一方与另一方的亲属之间不产生姻亲关系，不适用法律关于夫妻之间的监护、代理等规定。在财产关系方面不适用法定的夫妻财产制的规定，在婚姻被宣告无效或被撤销之后不享有补偿请求权和经济帮助请求权；一方死亡的，另一方不享有继承权；不能按照合法婚姻当事人离婚时的财产分割原则来分割财产。如果当事人对同居期间所得财产的处理有协议的，可以按照协议处理。某项财产如果不能够证明为当事人一方所有，则属于双方共同共有。

3. 对子女的后果。从各国的立法情况分析，无效婚姻最初是对禁止离婚的一种救济方式，后来演变成为对违法婚姻的一种制裁措施，发展到今天则越来越本着保护弱势当事人利益以及维护子女利益的角度进行规定。《法国民法典》规定，无效婚姻中的当事人双方无论是善意还是恶意，所生的子女都属于婚生子女，法院应按照离婚案件对行使亲权的方式作出裁判。《瑞士民法典》也规定，婚姻被宣告无效后，子女与父母之间的关系准用离婚的有关规定。按照英国法律规定，如果婚姻是在子女出生后被宣告无效的，则该子女应被视为婚生子女。我国《婚姻法》第12条规

定，婚姻被宣告无效或被撤销后，“当事人所生的子女，适用本法有关父母子女的规定”。虽然这一规定对此种婚姻下的子女并无明确的身份定位，但是该规定明确了此种情形下的子女的权益与婚生子女是相同的，在抚养、教育、监护、继承等方面与婚生子女有同等的待遇，任何人不能加以歧视和危害。

第七节 我国结婚制度的立法完善

一、现代结婚法律制度的发展趋势

随着社会的发展、科学技术的提高以及人权运动的兴起，人们的伦理道德观念逐渐发生变化，各个国家先后多次修改了家庭法的内容，以适应人们不断改变的婚姻家庭观念。根据各国家庭法的修改情况来看，现代结婚法律制度的发展趋势主要有以下几个方面：

在结婚的条件上，各国家庭法均强调婚姻的缔结以平等自愿为原则，将婚姻的自主权从父母或第三人手中归还给当事人双方，同时废除了一些较为严厉的或过时的结婚禁止性条件，例如，日本废除了禁止良贱结婚的规定，德国废除了禁止相奸者结婚的规定，英国废除了不许与异教徒结婚的规定等。在因欠缺结婚要件而导致婚姻无效或被撤销时，注重对善意配偶和子女利益的保护，规定婚姻被宣告无效或被撤销后，对善意配偶和子女仍产生婚姻的效力，从而最大程度地保护了善意配偶和子女的利益，缓和了无效婚姻和可撤销婚姻的法律后果。另一方面，从人权保护的角度出发，越来越多的西方国家改变了将婚外性行为和同性恋行为视为犯罪的观念，相继采取了不同的立法模式对非婚同居和同性关系给予一定程度的认可和保护。有些国家将同性婚姻纳入婚姻法的范畴进行调整，有些国家则设立专门的同性伴侣法或者同居伴侣法，使调整婚姻家庭关系的法律呈现多元化的趋势。

在夫妻关系上，改变了过去男女不平等的现象，追求实质性的男女地位的平等。进入现代社会之后，基于男女平等的原则，各个国家修改了原来立法中的夫妻人身关系以及财产关系的规定，取消了歧视女性的规定，将夫妻平等明确规定在法律条文中，使夫妻在家庭中的法律地位趋于平等。例如，《日本民法典》在第二次世界大战之后取消了妻随夫姓的规定，改为夫妻可以依结婚时的约定称夫姓或称妻姓。《德国民法典》废除了妻子以丈夫的住所为住所的规定。《法国民法典》删除了夫应保护其妻，妻应顺从其夫的规定。美国的州立法在子女姓氏的规定上，也由原来的从父姓，改为根据有利于子女的利益原则确定子女从父姓或者从母姓。在财产关系方面，现代各国相继删除限制已婚女性财产权的规定，废除妻子须将自己的财产交于丈夫管理的规定，改为夫妻各方对其个人财产均享有管理权、使用权以及处分权，对共同债务则需要承担连带责任，这样既能赋予夫妻双方平等的财产权利和财产义务，又维护了交易的安全，兼顾了第三人的利益。在充分贯彻夫妻地位平等原则的基础上，各国均开始加强对经济能力较弱的夫妻一方的保护，承认家务劳动的价值，以保护专门从事家务劳动、经济地位较弱的配偶一方的利益。在夫妻财产制的选择上，越来越多的国家采用了兼有分别财产制和共同财产制的双重复合制度，并允许夫妻对婚后财产进行自由约定，承认约定财产制有优先于法定财产制的效力，以最大限度地尊重夫妻对财产关系的选择。

二、完善我国结婚制度立法的建议

我国结婚法律制度在经历了数次立法变革后正在不断走向成熟与完善，但在各个方面仍然存在诸多弊端，通过与其他国家的比较可以看到，大陆法系与英美法系国家在结婚法律制度方面都有其各自的特点和优缺点，我们可以借鉴其他国家先进的经验，结合我国国情特点，从以下方面对我国的结婚法律制度进行完善。

（一）增加禁止结婚的亲属范围

禁止一定范围内的亲属结婚是世界各国的通例，我国婚姻法禁止直系血亲和三代以内的旁系血亲结婚，对其他亲属未加以明确规定。为了避免司法实践中出现无法可依的难题，有些学者建议婚姻法应该明确禁止下列亲属之间结婚。

1. 禁止拟制的直系血亲之间结婚以及禁止不同辈分的三代以内拟制旁系血亲结婚。我国《收养法》第23条第1款规定：“自收养关系成立之日起，养父母与养子女间的权利义务关系，适用法律关于父母子女关系的规定；养子女与养父母的近亲属间的权利义务关系，适用法律关于子女与父母的近亲属关系的规定。”据此可知收养关系一旦建立，就形成了养子女与养父母及其近亲属之间的拟制血亲关系，在法律上的权利义务等同于自然血亲，因而婚姻法禁婚亲的规定对拟制血亲同样适用；但是我国实际生活中和司法实践中并不禁止拟制的旁系血亲结婚，拟制兄妹结婚的事情也时有发生，这就使普通民众产生疑惑，法律的权威性也受到损害。因此有学者建议法律应明确规定禁止拟制的直系血亲结婚，禁止不同辈分的三代以内拟制旁系血亲结婚，这样既维护了社会公德，也保护了养子女的合法权益，同时规定即使收养关系解除后他们之间仍不得结婚，这也符合世界大多数国家的立法通例。至于相同辈分的拟制旁系血亲结婚，我国风俗尚可接受，因此只要彼此间没有三代以内的自然血亲的血缘关系，则允许其结婚。

2. 禁止直系姻亲之间结婚以及不同辈分的旁系姻亲之间结婚。直系姻亲之间虽然没有血缘关系，但我国的传统伦理道德认为长幼有序，尊卑有别，直系姻亲的结合有违公序良俗，也容易造成亲属秩序的紊乱，因此在我国古代法律中直系姻亲之间以及不同辈分的旁系姻亲之间是被禁止结婚的。禁止直系姻亲结婚也是世界各国的立法通例，许多国家的法律条文中都有明确的规定。因此，为了避免伦理秩序遭到破坏以及家庭成员关系的混乱，一部分学者建议我国法律明确禁止直系姻亲之间结婚以及不同辈分的旁系姻亲之间结婚。对相同辈分的旁系姻亲的结合，我国传统习俗并不反对他们的结合，因此只要彼此间没有其他结婚的禁忌则予以允许。

（二）明确禁止结婚的疾病范围，完善我国婚检制度

我国婚姻法规定“患有医学上认为不应当结婚的疾病”禁止结婚，但具体是哪

些疾病禁止结婚，《婚姻法》并没有作出明确规定，尽管1995年的《母婴保健法》中规定了一些不宜结婚的疾病，但一般群众无法从这种分散的立法中知悉和理解，司法机关也缺乏可操作性。2003年10月1日《婚姻登记条例》实施之后取消了强制婚检，婚姻登记机关的工作人员更加无法判断哪些人患有不适宜结婚的疾病，从而使得这一规定形同虚设。我国目前是新生儿出生缺陷和残疾的高发国家，这不但给家庭带来沉重的经济负担和心理痛苦，也给社会造成了较高的经济损失。某些传染性大、致死率高的疾病在我国的发病率也呈上升趋势。因此，为了防止疾病的遗传以及传染，一些学者建议我国组织相关部门进行研讨，在《婚姻法》中对不宜结婚的疾病进行规定。同时，为了更好地贯彻执行这一规定，提高出生人口的素质，建议我国进一步完善婚检制度，加大婚检的宣传力度，在全国范围内实行免费婚检，规范婚检行为，对婚检机构和人员建立资格准入制度，提高婚检质量，建立严格的保密制度，保护当事人的隐私。从而逐步使群众认识到婚检的重要性和好处，提高婚检率，降低新生儿出生缺陷。

（三）完善结婚登记制度

结婚登记是我国法定的唯一结婚程序，婚姻登记机关往往只对当事人提交的材料进行非实质性审查，在短时间内很难辨别真伪，并且整个结婚登记程序全由婚姻登记员一人操办，缺乏其他人员的协助和监督，不乏登记人员玩忽职守、徇私枉法的现象出现，违法婚姻获得结婚登记在我国每年都有发生。因此建立结婚登记公告制度，加强社会监督是非常有必要的。结婚公告制度是指当事人向婚姻登记机关提出结婚申请后，由登记机关向社会公示当事人即将结婚的事实，由有关利害关系人或知情人在公告期内提出对婚姻的异议，若公告期届满无人提出异议，则给予登记，发给结婚证；若有人提出异议，则有待进一步审查后再作出是否给予结婚登记决定的制度。结婚公告制度有利于保障一夫一妻原则的实行，保障第三人与结婚当事人的交易安全，杜绝违法婚姻的产生，因此目前世界上很多国家都在采用这一制度。我国可以借鉴国外的经验，从我国国情出发，由婚姻登记机关对当事人的结婚申请向社会进行公示，公示可采用设立网站、开辟当地报纸专栏或电视专栏、在当地有关部门设立专门的婚姻公告栏等方式进行，公示的期限以15天以内为宜。公告期满无人异议的才可办理结婚登记。除此之外，加强对婚姻登记人员的培训，严格岗位职责，尽快实行全国婚姻登记的网络化管理，也是完善婚姻登记制度的一个重要方面。

（四）完善夫妻人身关系制度

我国《婚姻法》对夫妻人身关系方面的规定过于简单，虽然法律条文中有关于夫妻同居义务、忠实义务的倡导性规定，但分则中并没有这两项义务的明确规定，使得离婚损害赔偿的依据性不强。因此在分则中规定夫妻有互相忠实的义务，互负同居义务，并增设同居义务的抗辩情形以及违反忠实义务和同居义务后的法律后果等，以增强法律的确定性、强制性和可操作性。

在日常家事代理权方面，由于我国没有明确这一法律制度，因此司法实践中人们很容易混淆日常家事代理与表见代理，使夫妻双方合法的利益得不到应有的保护。多数学者建议我国应在立法中将“日常家事代理权”这一概念明确下来，规定夫妻婚后在日常家事范围内互为代理人，互享代理权，夫妻一方就日常家事与第三人实施了法律行为的，他方对由此而产生的债务承担连带责任；并规定日常家事代理权的行使范围、代理效力以及对权利行使的限制等，以维护第三人的交易安全以及夫妻双方的合法权益。

（五）完善夫妻财产制

虽然我国婚姻法在修改的过程中对夫妻财产制进行了补充，但仍有诸多地方存在缺陷。在法定财产制方面，我国的立法不够精确，例如法定共同财产中的“工资、奖金”一项，按照我国有关规定，奖金是包含在工资总额之内的，[1]那么此处的奖金是指的何种奖金？是否各种名目的奖金都不加以区分的一律归夫妻共同所有？再如法定个人财产中的“一方专用的生活用品”包括的范围有哪些？该规定并没有区分当事人的家庭经济状况，以及该生活用品在家庭财产中所占的比重，一律归个人所有也并不合理。在约定财产制方面的规定也比较粗略，没有对约定的主体、范围、条件进行限制，也没有建立约定财产制的公示制度，不利于维护交易的安全。因此学者建议我国在法律条文中进一步细化法定共同财产的范围，对约定财产则规定只能由具有完全民事行为能力的合法夫妻为之，对财产的约定应当以书面的形式进行，除可以约定婚前婚后财产的所有权外，还可以约定财产的管理、使用、收益、处分权，以及家庭生活费用的负担和债务的清偿责任等。同时强调，实行约定财产制不能免除夫妻间的扶养义务和协助义务，以免婚姻当事人利用分别财产制规避法律责任。

（六）完善婚约制度

目前我国受风俗习惯的影响，实际生活中存在大量订婚的现象，在订婚的过程中一方会向另一方给付彩礼。随着生活水平的提高，彩礼的数额也不断增加，一旦婚约解除，订婚双方当事人很容易因此而产生财物纠纷。但是目前我国法律并没有对婚约作出规定，法院在审理此类案件时陷入了无法可依的困境。我国未来的立法中应从解决财物纠纷的角度对婚约问题进行规定，可以涉及以下几个方面：①订婚不是结婚的必经程序，是否订立婚约取决于当事人双方的自愿。②婚约不具有法律约束力，是否履行取决于双方的意愿，任何一方无权强迫对方履行婚约，不能依据婚约提出结婚之诉。③婚约可以解除，解除婚约只需要通知对方即可，无须通过法律程序，解除婚约不需要向对方当事人作出赔偿，当事人也不能约定在解除婚约时支付违约金；父母、家长代为订立的婚约无效，对当事人不具有约束力。④对订婚

〔1〕 参见国务院1989年《关于工资总额组成的规定》第4条的规定以及1993年劳动部《〈中华人民共和国企业劳动争议处理条例〉若干问题解释》第3条的规定。

的最低年龄作出限制，规定未成年人不得订婚。⑤对于解除婚约所导致的财物纠纷作出规定。解除婚约后，因订婚而给予的赠与物，一方可要求另一方予以返还，但赠与方对婚姻的不成立存在过错的除外。⑥明确婚约解除的损害赔偿。因期待结婚而支出的费用、所负担的债务以及影响其工作所遭受的损失，可在合理限度内予以赔偿；女方因怀孕做人工流产造成的身体损害，在解除婚约后可视情况主张精神损害赔偿。

（七）设立调整同居关系的法律制度

随着我国社会的发展，非婚同居现象大量存在，而事实婚姻也因为历史根源而长期存在，由此引发的社会问题不容忽视，因此我国应当设立调整同居关系的法律制度，以便预防和处理非婚同居以及事实婚姻而引发的纠纷，保护当事人及其子女的合法权益。在立法模式的选择上我国可以借鉴国外的经验，结合我国实际，采用区别于婚姻的不登记模式，只要符合一定的实质要件，共同生活达到一定的年限，即可成立非婚同居关系，对其中符合事实婚姻条件的当事人，如果双方自愿补办结婚登记的，可以转化为合法的婚姻关系，其婚姻的效力可自双方均符合结婚的实质要件时起算。在同居者的人身关系方面，同居者与相互的亲属间不建立亲属关系，不负有法定的同居义务和忠实义务，违反上述义务导致同居关系终止时不能要求对方承担责任。此外，非婚同居关系的当事人应该享有日常家事代理权，以便维护与第三人的交易安全。在生育收养方面，虽然生育权是个人的基本人权，但在我国目前严峻的人口形势下，对非婚同居者实行比夫妻更严格的生育调节政策更加符合我国的国情，子女的收养条件也应更严格为宜。在财产关系方面，允许当事人利用契约的方式对同居期间的财产进行约定，如果无约定，则适用分别财产制，同居期间的工资、奖金等收入归各自所有，共同劳动所得和共同出资购置的财产则按照一般共有财产处理，所欠债务也属于个人债务。当一方死亡后，同居伴侣不享有法定继承权，可以根据另一方的合法有效的遗嘱而成为受遗赠人。鉴于非婚同居的自由性，同居关系可以由双方协议解除，也可以依据一方的要求而解除。

（八）完善我国的无效婚姻和可撤销婚姻制度

2001年的《婚姻法》新增设了无效婚姻和可撤销婚姻制度，是我国婚姻立法的一大进步，但从具体内容来看还存在一些不足之处，亟待完善。

1. 扩大可撤销婚姻的范围。虽然世界各国对无效婚姻和可撤销婚姻的划分并不一致，但采用双轨制的国家一般都将违反公益要件的婚姻规定为无效婚姻，违反私益要件的婚姻规定为可撤销婚姻。其中违反结婚合意的婚姻即属于可撤销婚姻。但违反当事人合意的可撤销婚姻，我国婚姻法仅列举了胁迫婚一种，事实上违反当事人合意的婚姻并非只有胁迫婚，欺诈婚、误解婚、意思表示虚假的婚姻等都应包括在内，以体现法律对私人利益的保护。同时，鉴于对当事人意思表示是否真实比较难以认定，因此当事人一方以违背结婚合意为由提出撤销婚姻的请求时，一定要有充分的证据予以证明。

2. 对无效婚姻和可撤销婚姻中的善意配偶和子女进行保护。在无效婚姻和可撤销婚姻的法律后果上，我国并没有区分当事人主观上的善意和恶意，而是规定一律自始无效，这样的做法不利于对善意当事人和子女的保护。多数学者建议对婚姻被确认无效以及被撤销之后的法律后果进行区分，明确规定对子女产生婚姻的效力，不因为婚姻的无效而对子女产生任何不利影响。而对于婚姻中的善意当事人一方，如果其相信该婚姻为合法婚姻，则对该善意当事人一方发生婚姻的效力，可以请求另一方进行必要的经济帮助和经济补偿，以及在另一方死亡后享有继承权。同时建立无效婚姻和可撤销婚姻中的损害赔偿制度，若因恶意一方当事人的行为导致婚姻无效或被撤销，此时若给无过错一方造成财产或精神上的伤害时，则允许无过错的一方当事人向恶意一方当事人提出损害赔偿的请求。

3. 区分无效婚姻和可撤销婚姻的法律后果。我国法律规定并未区分无效婚姻和可撤销婚姻的法律后果，而是规定一律自始无效，这一理论来自于我国《民法通则》和《合同法》的相应规定。我国《民法通则》第58、59条规定，无效和被撤销的民事行为，从行为一开始就没有法律约束力。《合同法》第56条规定："无效的合同或者被撤销的合同自始没有法律约束力。……"虽然婚姻法对违法婚姻自始无效的规定，与民法通则及合同法在逻辑上相一致，但是婚姻关系并不是普通民事领域里的财产法律关系，其具有很强的身份性，不可能因其被依法撤销就能恢复原状，双方在共同生活中的身心结合及所生子女都是不可能消失的客观事实。另一方面，我国婚姻法的这一规定也抹杀了区分无效婚姻和可撤销婚姻的价值，既然无效婚姻和可撤销婚姻违反的法定要件不同，社会危害程度不同，那么其法律后果也应该有所区别。无效婚姻因为违反了社会公益要件，危害程度比较大，所以规定为自始无效，以体现法律的惩罚性；而可撤销婚姻因为其违法程度比较小，仅涉及个人之间的私益，规定为自始无效则属于惩罚过度，因此应从被撤销之日起无效。世界上其他实行双轨制的国家一般都规定无效婚姻具有溯及力，而可撤销婚姻不具有溯及力，只从被撤销之日起无效，这种做法既有利于保护善意当事人的合法权益，也体现了法律对两种违法婚姻的不同态度。

引例评析

本章案例涉及多个婚姻法律问题，首先是无效婚姻的问题，其次是彩礼返还的问题，最后是关于忠诚协议的效力问题。

第一，关于无效婚姻的问题。世界各国都有关于结婚年龄的规定，我国《婚姻法》第6条规定："结婚年龄，男不得早于22周岁，女不得早于20周岁。……"对于未达法定婚龄的婚姻的效力，有些国家规定其为无效婚姻，有些则规定其为可撤销婚姻。例如，《意大利民法典》第117条规定将未成年人缔结的婚姻视为无效婚姻的一种，《德国民法典》第1314条则规定，未达到成年年龄之前缔结的婚姻可以被撤销。我国《婚姻法》第10条规定未达法定婚龄的婚姻无效。案例中的张某燕在未达法定婚龄的情况下，通过伪造证件骗取了结婚登记，属于无效婚姻的一种。

为了避免使无效婚姻长期处于不稳定的状态，许多国家的法律都规定有无效婚姻请求权的行使期限，当婚姻无效的原因消失之后，权利人不得再申请宣告该婚姻无效。例如，《意大利民法典》规定，未成年人缔结的婚姻无效，但对父母或检察官提起的请求确认婚姻无效的请求，如果未成年人已经成年，或者已经怀胎，则予以驳回。我国最高人民法院《关于适用〈中华人民共和国婚姻法〉若干问题的解释（一)》第8条规定："当事人依据婚姻法第10条规定向人民法院申请宣告婚姻无效的，申请时，法定的无效婚姻情形已经消失的，人民法院不予支持。"本案中的当事人张某燕虽然在2004年结婚时未达法定婚龄，但是2006年3月张某燕已经达到结婚年龄，属于法定的无效婚姻情形已经消失，因此黄某林和张某燕之间已经形成合法有效的婚姻关系。

第二，彩礼返还的问题。对于如何处理婚约订立过程中支付的赠与物，很多国家都作出了明文规定，《德国民法典》第1301条规定："婚姻不缔结的，订婚人任何一方可以依关于返还不当得利的规定，向另一方请求返还所赠的一切或作为婚约标志所给的一切。婚约因订婚人一方死亡而被解除的，有疑义时，必须认为返还的请求应予排除。"《瑞士民法典》第94条规定："婚约双方的赠与物，在解除婚约时可请求返回；如赠与物已不存在，可依照返还不当得利的规定办理；因婚约一方死亡而解除婚约的，不得要求返回赠与物。"我国将订立婚约的过程中按照习俗支付的赠与物称之为彩礼，我国自古就有支付彩礼的习俗，随着生活水平的提高，目前彩礼的数额也在不断地增加，双方分手时，彩礼就会成为当事人争议的焦点。我国最高人民法院《关于适用〈中华人民共和国婚姻法〉若干问题的解释（二)》第10条规定："当事人请求返还按照习俗给付的彩礼的，如果查明属于以下情形，人民法院应当予以支持：①双方未办理结婚登记手续的；②双方办理结婚登记手续但确未共同生活的；③婚前给付并导致给付人生活困难的。适用前款第②、③项的规定，应当以双方离婚为条件。"本案双方当事人已经结婚并共同生活，黄某林的父母也没有因为支付彩礼而导致自己生活困难，因此本案中的彩礼不符合返还的条件。

第三，忠诚协议的效力认定。随着思想观念的开放和离婚率的上升，夫妻忠实义务开始受到广泛关注。世界上很多国家的法律都有关于夫妻忠实义务的规定，一方违反忠实义务时另一方可以诉请离婚，甚至要求损害赔偿。我国《婚姻法》第4条规定，"夫妻应当互相忠实，互相尊重……"；第32条将"重婚或有配偶者与他人同居的"视为准予离婚的法定情形；第46条规定，一方重婚或者有配偶者与他人同居导致离婚的，无过错方有权请求损害赔偿。因为很多婚姻当事人对自己的婚姻产生不信任感，因此夫妻忠诚协议在我们的生活中开始频繁出现，但在对忠诚协议的效力认定上，法学界和司法界均有不同观点，甚至出现了同案不同判的现象。有人认为夫妻忠诚协议与忠实义务相辅相成，应当认定其有效，有人则认为夫妻互相忠实属于道德领域，并且违反忠实义务的行为属于侵权行为，应以实际造成的损害来确定赔偿数额，而不能通过协议来确定。通说认为，签订夫妻忠诚协议的当事人意思表示必须真实自愿，内容不违反法律和社会公共利益，否则不具有法律效力。本案中黄某林与张某燕在忠诚协议中约定“张某燕有权随时检查黄某林的手机短信等内容，如果有不忠实于张某燕的行为，则黄某林无权提出离婚，否则必须净身出户”，该约定违反了黄某林的通信自由权，并且违背了离婚自由的原则，因此这一忠诚协议不具有法律效力。

本章小结

结婚法律制度在婚姻家庭立法中具有十分重要的地位，通过将我国的结婚法律制度与大陆法系和英美法系国家的结婚法律制度进行比较研究，可以看到我国的结婚法律制度仍然有许多需要完善的地方。其中国外有关结婚要件的规定，对结婚程序的规定，对非婚同居关系的保护方式，以及处理无效婚姻和可撤销婚姻的方法，对我国结婚制度的完善具有积极的借鉴意义。总体来说，我国结婚法律制度在结婚要件方面应该更加细化，对禁止结婚的亲属范围作出更加细致的规定，明确禁止结婚的疾病范围，完善我国婚检制度，体现我国的社会主义伦理道德，提高人口的出生素质；在结婚程序方面，借鉴国外的结婚公告制度，加强社会监督；在结婚效力方面，明确夫妻之间的同居义务、忠实义务以及日常家事代理权的规定，细化法定财产制与约定财产制的内容，以维护当事人的合法权益；从解决财物纠纷的角度对婚约问题进行规定；设立调整同居关系的法律制度对非婚同居、事实婚姻进行规范；对无效婚姻和可撤销婚姻中的善意当事人和子女的合法权益进行保护，以维护基本的公平、正义。

中国与其他的国家虽然具有不同的社会制度和历史文化传统，但是随着国际交往的日益紧密，不同国家的法律逐渐相互吸收、相互渗透，不断呈现趋同化的特点。通过研究国外的立法经验，对适合我国国情的结婚法律制度加以借鉴和吸收，制定出更适合我国国情的结婚法律制度，可以加快我国现代化法治建设的脚步。

习题

1. 婚姻的成立与婚姻的有效有哪些区别？
2. 我国婚姻法规定的结婚条件有哪些？
3. 如何正确处理婚约解除后的财物纠纷？
4. 我国法律是如何规定事实婚姻的？
5. 根据我国法律的规定，导致婚姻无效的原因有哪些？

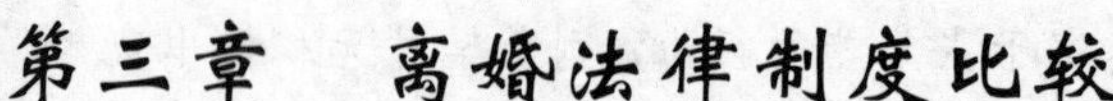

第三章 离婚法律制度比较

本章导语

离婚制度是婚姻家庭制度的一个重要组成部分。男女因为相爱而结婚，虽然希望白头偕老，但是生活的多变，使得婚姻的解除成为一个不可避免的现象。而任何一段婚姻的解体都将导致一个家庭的解体，此时离婚不仅仅涉及夫妻之间的利益，往往也涉及未成年子女及其他近亲属的利益。因此，我们需要有完善的离婚制度来引导和规范离婚行为，不仅要保护夫妻双方的利益，也要保护其他利害关系人的利益。

本章引例

王某斌和张某倩于2004年登记结婚。婚后初期感情尚好，2005年7月生育一子王某喆。2006年11月王某斌前往美国学习，2008年初起，在美国某软件公司任职，每月有较高的固定收入。自王某斌出国后，儿子王某喆均由妻子张某倩照料。王某斌出国后，曾数次回国探亲，张某倩也曾于2008年底带儿子王某喆前往美国探亲。在美国探亲期间，王某斌称因公事出差，于2009年2月回国，为儿子王某喆办妥出国手续，将以张某倩的名义所存的存款取走，把家中电器搬至其父母处，并将家中电话机报停。同年3月，张某倩和儿子王某喆从国外回来，家中只剩下一张结婚时的木床及娘家陪嫁时的箱子。同年4月，王某斌以夫妻长期分居两地，双方无法共同生活为由，向张某倩住所地所在区法院起诉离婚。张某倩不同意离婚。在人民法院审理此案过程中，张某倩发现自己怀孕。王某斌否认张某倩在国外探亲期间与其共同生活，并称系张某倩在国外与他人乱搞两性关系所致。为此，张某倩提出将孩子生下后做亲子鉴定。后经有关部门做思想工作，王某斌承认在妻子张某倩探亲期间与其有过夫妻性生活。此后，张某倩按照计划生育的有关要求做了终止妊娠手术。人民法院对此案作出不予受理的裁定。2011年5月，王某斌再次向原法院起诉离婚，要求张某倩搬出现住房，并要求自己来抚养孩子。张某倩坚决不同意，并要求王某斌将非法搬走的财产送回原处，如数归还取走的存款。此案虽经法院多次调解，但不能达成一致意见。此外，审理中法院查明：王某斌和张某倩婚后住房系王某斌婚前购置的，张某倩在本市无其他住房。

第一节 离婚概述

一、离婚的概念

离婚是指从法律上解除夫妻之间的婚姻关系。目前各国关于离婚的界定一般包括四个条件：①离婚双方当事人之间具备合法的婚姻关系，是法律认可的合法配偶。离婚解除的是当事人之间合法的婚姻关系，如果当事人之间本身不具备合法的婚姻关系，则只能是解除同居关系，而不是离婚。②在配偶双方生存期间提出。配偶一方或双方死亡的，婚姻关系自然终止，再无解除婚姻关系 的必要，所以离婚必须是在配偶双方生存期间提出。③离婚的目的是为了解除婚姻关系。④离婚要满足法律规定的条件，并依照法律规定的程序解除婚姻关系。

离婚制度区别于婚姻的无效和撤销。首先，从性质上而言，离婚制度解除的是合法的婚姻关系，而婚姻的无效和撤销否认的是自始不存在的婚姻关系。其次，从效力上而言，离婚从离婚之日起解除当事人之间的婚姻关系，而婚姻的无效和撤销中，婚姻关系是自始无效的。最后，申请的提出也存在差异，离婚的适格申请人是当事人本人，他人不能替代；婚姻无效和撤销的适格申请人是当事人、第三人或其他有关机关。

离婚制度区别于别居制度。别居是指婚姻双方暂时或永久地解除同居义务，但是维持婚姻关系的法律制度。别居作为一种制度产生于中世纪的欧洲基督教会法，别居制度创设的目的在于将其作为禁止离婚立法的补充手段和救济方式，在教会法时代禁止离婚，为了解脱那些不堪共同生活的夫妻，创设了别居制度。别居制度发展到现在，受到文化、宗教和习俗等因素的影响，更多的成了离婚的条件之一。如《德国民法典》第1566条在对婚姻破裂进行解释时，列举了“双方同意离婚的，夫妻别居已1年”的情形，可以证明婚姻破裂。此外，英国1969年的《离婚改革法》和1973年的《婚姻案件诉讼法》规定，夫妻任何一方都可以以婚姻关系无可挽回地破裂为理由向法院提出离婚的请求，同时又列举了能够证明已经破裂的5种事项，其中有关别居的就有2项：双方分居至少已经连续2年并且被告也同意离婚；双方分居至少连续5年。[1] 虽然别居制度与离婚制度存在密切的关系，有的国家把别居作为离婚的理由之一，但是离婚与别居制度的区别仍然非常明显。首先，在对夫妻人身关系的影响方面，夫妻在离婚后配偶关系解除；而别居期间，婚姻关系仍处存续状态 ，双方只解除同居义务不得另行结婚，否则构成重婚。其次，在抚养义务方面，离婚之后，配偶关系解除，当事人不再承担对对方的抚养义务；而别居期间夫妻仍有相互扶养的义务。最后，在继承权上，离婚之后，夫妻之间不再互相享有继承权；

---

〔1〕 白良德：“论别居制度”，载北大法律信息网，http：//article. chinalawinfo. com/article_ print. asp? articleid =1720. shtml，2014年6月8日访问。

但是别居期间夫妻间仍然相互享有继承财产的权利。

二、离婚制度的历史沿革

是否从立法上允许离婚，不同国家在不同的历史阶段，有不同的态度。总的来说，有两种截然不同的态度——禁止离婚主义和许可离婚主义。所谓禁止离婚主义，是指对离婚持反对和禁止态度，婚姻一旦缔结除非一方死亡否则不能解除。而与禁止离婚相对应的是许可离婚主义，许可离婚是指婚姻缔结后，在合法婚姻关系存续期间，如若满足法律规定的条件，婚姻双方当事人可以依照法定程序解除婚姻关系。历史上，大多数国家历来都奉行许可离婚的政策，少数地区主要是受到宗教教义的影响，在某个特殊时期奉行禁止离婚的政策。到了现代社会，即使少数奉行过禁止离婚主义政策的地区，也大多经历了婚姻法的改革，改用了许可离婚的政策。

（一）禁止离婚主义

禁止离婚主义盛行于欧洲的中世纪时期，其在立法上要求夫妻在生存期间无论出于何种原因，均不得离婚。该立法主要是受到基督教教义的影响。依据严格的基督教教义精神，男女之间的结合是神圣的，经过上帝的指引并得到上帝的祝福，因此，除非配偶一方或双方死亡，婚姻关系不能解除。

禁止离婚主义主张婚姻不可解除，其牺牲了个人的自由与幸福，不符合婚姻和家庭的本质需求，违背了社会发展规律，因此，禁止离婚主义受到了越来越多的质疑和批判。到了15、16世纪，在澎湃的宗教改革运动中，伴随着封建制度的瓦解，教会法逐渐没落，绝大多数国家也逐渐摒弃了禁止离婚主义立法，对离婚采取了更为包容的态度，从而导致了许可离婚主义的盛行。

（二）许可离婚主义

从整个离婚制度的历史沿革来看，禁止离婚主义并非一个主流和被广泛接受的制度，其仅仅在欧洲中世纪时期作为教会法推行的一项政策。其他更多的地区在更漫长的历史里，对离婚是持许可态度的。特别是到了资本主义社会，资产阶级家庭法学家提出了婚姻契约说，基于契约学说，认为婚姻既然是处于双方合意的一种民事契约，那么离婚就是表达个人自由的一种合乎逻辑的行为。1791年《法国共和国宪法》宣布："法律只承认婚姻是一种民事契约。"根据这种理论，国家承认在某种情况下婚姻是可以离异的。此后，几乎所有主要的资本主义国家都接受了这种民事契约观念作为离婚立法的根据，在法律上允许离婚，但须加以严格控制，并为此规定了离婚的法定理由，只有符合离婚的法定理由，才可诉请离婚，这被称为限制离婚主义。

就目前的婚姻法学界理论而言，仍有少数人赞同禁止离婚主义，归纳起来，禁止离婚的理由主有三种：①宗教说。该说认为夫妻乃天作之合，是神的意志，所以不能按人的意志而离婚。②道德说。其认为离婚有悖社会道德风尚，人们应当对婚姻持谨慎态度，所以离婚应当被禁止。③子女利益说。婚姻的解除不同于婚姻的缔结，一般情况下婚姻的缔结仅仅涉及婚姻男女双方当事人的利益，而婚姻一旦解除则会产生一系列利害关系人，其中最值得关注的是子女的利益，所以，保护未成年子女的利益当然成为禁止离婚的第三个理由。早期奉行禁止离婚原则的地区，主要是一些被宗教控制和深入影响的国家，因为该地区的主流宗教教义反对离婚，所以从立法上也禁止离婚。如在基督教教义的精神里，认为男女双方的结合是受到上帝的指引，并得到上帝祝福的神圣结合。因此除非配偶一方死亡而导致的婚姻解体，作为基督教徒的婚姻双方是不能擅自解除婚姻关系的。这点通过《新约全书·马太福音》第十章和第十九章的部分内容即可看出。例如在《新约全书·马太福音》第十九章记载，有法利赛人询问耶稣，是否出于什么缘故都可以休妻，耶稣答曰："夫妻并非二人分立，乃合为一体。上帝使之结合在一起者，不可人为拆散。"自公元10世纪开始，婚姻一旦成立便不可离异成为数百年里遵循不渝的神圣信条。此外，在《新约全书·马太福音》第十章记载："耶稣对他们说：凡休妻另娶的，就是犯奸淫，辜负他的妻子；妻子若离弃丈夫另嫁，也是犯奸淫了。"[1] 在基督教传入欧洲大陆国家后，禁止离婚为广大基督教民所奉行。随着罗马天主教会势力的扩张，到公元10世纪时禁止离婚主义几乎遍及整个欧洲。直到15、16世纪开始的宗教改革运动，才逐渐开始摒弃禁止离婚主义。这场宗教改革运动发生于欧洲从封建社会开始向资本主义社会过渡的时期，从宗教改革运动中发展起来的新教会及其领导人怀疑婚姻的神圣性和不可解除的原则，反对禁止离婚主义，并且宣称，婚姻是"世俗的事"，因此没有什么不可离异的必然性，应该尊重"人的权利"。此后，路德派和改革派君主以及瑞士的城市政府都开始直接的或通过他们的教会法庭和特别法院，准许人们离婚，其理由是通奸、虐待、欺诈以及其他不端行为。从此，中世纪欧洲的禁止离婚主义逐步为许可离婚主义所取代。期间虽然有个别王朝在某个阶段有所反复，但是最终大多数国家和地区都转向了实行许可离婚政策。

虽然许可离婚主义在立法上允许夫妻基于特定的原因解除婚姻关系，但是各国由于文化和习俗的差异，其许可离婚的立法又呈现不同的表现形态。具体而言，有以下三种情形：①专权离婚主义。立法虽然允许离婚，但是将离婚权利更多地赋予夫家或者夫本人，而妻本人没有离婚权或者离婚权受到极为严格的限制，所以其也称为男子专权离婚主义。这种制度是男子在政治上、经济上处于统治地位的必然结果。②限制离婚主义。立法规定夫妻双方均享有离婚请求权，但法律对离婚条件加以限制的立法主张，即法律明确规定离婚的理由，只有符合法律规定的离婚理由才准许离婚，故而又称其为"有因离婚"。③自由离婚主义。即根据夫妻双方或者一方当事人请求离婚的意愿，无论当事人有无过错，只要婚姻关系破裂的，均准予离婚的立法主张。

现在各国很少再对离婚进行限制，大多将离婚自由作为离婚法的基本原则，但是立法在保障离婚自由的同时也要强调，离婚自由并非婚姻当事人绝对的自由。婚

---

[1] 马可福音，10：11～12。

姻自由是婚姻法的基本原则之一，包括了结婚自由和离婚自由。作为婚姻的缔结者，夫妻双方既然能够自由决定婚姻的成立，那么当然也能够自由决定婚姻的解除。然而婚姻关系的解除区别于婚姻关系的缔结，结婚在更多情况下仅仅涉及婚姻双方当事人的利益，所以只要双方意愿一致即可满足合意的结婚条件而缔结婚姻。但是婚姻的解除往往还会涉及家庭中未成年子女的权益保护，从这个意义上说，我们很难肯定夫妻之间享有绝对的离婚自由权。事实上，从现实生活中的大量离婚案例看来，由于未成年人不具备完全民事行为能力，不能有效保护自己的权利，在父母感情破裂而离婚之后，子女往往比离婚当事人受到的伤害更大，离婚对未成年子女的不利影响也更严重。因此，作为离婚事件中的弱势群体，未成年子女更需要婚姻法的特别保护。但是现有的法律给予了父母足够的信任，将父母视为未成年子女利益的当然代言人，而事实上父母离婚时，极有可能伤害未成年子女的人身权利和财产权利。因此，我国现有的离婚制度对未成年子女的利益保护还远远不够，为了保护未成年子女的利益，我们必须对离婚进行适当限制。

三、离婚的限制

（一）古代的离婚限制制度

即使是许可离婚主义，关于离婚，也加有不同的限定条件。历史上限制离婚主义主要体现在对离婚主体和离婚原因的限制方面。关于离婚的主体，在奴隶社会和封建社会，大多数国家虽然允许离婚，但是对于女性的离婚权利却多有限制。例如我国始行于西周，盛行于漫长封建社会的“出妻”制度，就是专门赋予男性的离婚权利，在妻子一方符合其中一种条件时，丈夫及其家族便可以要求休妻（即离婚）。从其内容来看，主要是站在丈夫及其家族的角度并考虑其利益，没有兼顾妻子一方的利益。在《汉谟拉比法典》中也有专门的规定赋予丈夫离弃妻子，包括妻子与人通奸、不生育以及浪费家财等行为。此外，在伊斯兰（古兰经）教义中也有关于休妻的记载：“先知啊！当你们休妻的时候，你们当在她们的待婚期之前休她们，你们当计算待婚期，当敬畏真主——你们的主。你们不要把她们从她们的房里驱逐出门，她们也不得自己出门，除非她们做了明显的丑事。这是真主的法度，谁超越真主的法度，谁确是不义者。你们不知道，此后，真主或许创造一件事情。”[1] 综上，在人类社会发展初期，男尊女卑社会，明确规定丈夫一方（男性）的离婚主动权，剥夺和漠视女方主动结束婚姻关系的权利。这些关于离婚主义的限制，体现了丈夫专权的离婚观，是夫权的体现之一。

（二）现代的离婚限制制度

在现代社会，绝大多数国家都实行离婚自由的原则。婚姻自由不仅包括结婚自由，也包括离婚自由。马克思在《论离婚法草案》中深刻指出：“在自然界中，当任何存在物完全不再符合自己的职能时，解体和死亡自然而然地就会到来，当一个国

〔1〕古兰经，65：1。

家离开了国家的观念时，世界历史就要决定其是否还值得继续保存的问题。同样一个国家也要决定在什么条件下现存的婚姻不再成为婚姻。”恩格斯也指出：“如果感情确实已经破裂或者已经被新的热烈的爱情所排挤，那就会使离婚无论对于双方或对社会都成为幸事了。这只会使人们省得陷入离婚诉讼的无益的泥污中。”我们不希望离婚的一方处于无法律保护的状态，而这种保护主要是体现在子女的抚养、住房和财产分割上。因此，到目前为止，绝对的自由离婚主义原则是不存在的。离婚虽然导致了家庭的解体，但是能将当事人从无爱的家庭生活中解脱，所以不能简单禁止离婚，要从立法上规范离婚的条件和程序，适当地对离婚作出限制和约束，来保护利害关系人的合法利益，维护社会的公平和稳定。

由于离婚将导致婚姻关系解除的后果，直接影响婚姻当事人的权利的享有和义务的承担，因此在各个历史时期离婚都是一国婚姻家庭法的重要内容。当然，由于各国法律形态、文化传统、风俗习惯、宗教信仰等各方面的差异，关于离婚的具体规则也有所差异。纵观现代各国离婚制度的发展历史，大多数国家的立法均注重保护离婚中弱势群体的利益而对离婚作出了一定的限制。弱势群体权利的保障既是人权制度的重要组成部分，也是当前婚姻家庭法研究的一项重要内容。不仅仅是在社会上，即使是在婚姻家庭生活中，女性和儿童往往也处于弱势地位。妇女作为社会的主体，受到生理和心理条件的限制，与男性相比较而言，往往在家庭中处于弱势地位，因此妇女的个人权益必须受到重视，尤其是其婚姻家庭权利应该得到有效保障。同样，未成年子女由于自我保护能力的欠缺，其合法权益往往容易受到侵害，现代国家大多在离婚制度上作出各种限制，来保护妇女和儿童的合法权益。

四、离婚的种类

古罗马时期离婚制度就已经相当完备，离婚方式也多样，早期法律把片意离婚规定为丈夫的特权，后来又为片意离婚规定了各种法定理由。最终罗马法上已经出现了三种离婚方式，分别是强制离婚、协议离婚和片意离婚。罗马离婚法对后世各国尤其是大陆法系国家的离婚立法有着深远广泛的影响，但是随着女性权益保护理念和人权保护理念的发展，大多数国家和地区都摒弃了强制离婚方式。现代国家大多根据离婚态度的不同可以将离婚分为片意离婚和合意离婚。我国《婚姻法》也根据离婚程序的不同，将离婚分为非诉离婚和涉诉离婚。此外，根据解除婚姻关系的现实方式不同，可以将离婚分为协议离婚和判决离婚。如果当事人将离婚请求提交法院，在法官的主持下还可以就离婚进行调解，在法官主持下达成的协议离婚，虽然称为涉诉离婚，但却是协议离婚的方式。本章将根据解除婚姻关系的现实方式不同，主要介绍协议离婚和判决离婚这两种不同的离婚方式。

五、我国古代的离婚制度

一切法律史的研究都表明是运用比较法的一种作业。因此，从某种意义上来说，研究某一法律制度的历史，本身就是对该制度的一种纵向的比较方法。[1] 因此，研究离婚制度，有必要考察我国离婚制度的历史沿革。考察我国的婚姻家庭发展史可以发现，我国是一个历史悠久的文明古国，有着自己独立的婚姻家庭制度起源和沿革，有着相对完整并通行于世的离婚制度。虽然离婚与我国传统的婚姻家庭观念不符（中国古代传统的婚嫁观念是白头偕老、百年好合，从礼教上提倡从一而终、不离不弃），但是我国古代无论是礼教上还是法律上并不禁止离婚。虽然我国古代法律上没有离婚的概念，但是仅仅是不使用离婚这个词，取而代之的是绝婚、离弃、休妻、出妻等用语。在中国封建社会，离婚的形式和内容都具有多样性和丰富性。封建统治者已经清楚地看到了家庭秩序对维护社会稳定和统治长久的重要性，因此统治者为结婚和离婚规定礼教和法律的条件，将结婚和离婚都纳入管理的范畴。一方面，在结婚方式中漠视买卖婚，大力推崇聘娶婚，通过明媒正娶、六礼具全的条件，为婚姻设定条件，要求结婚必须得到社会认可；另一方面，同样也对离婚提出条件，离婚也要符合礼教和法律规定的条件，才能被社会认可。我国历史上出现了出妻制度、和离制度和义绝制度三种离婚模式，下文将主要介绍我国传统的三种离婚模式。

（一）七出制度——丈夫离婚权

在男权社会，为了维护家长和男性的地位，结合婚姻家庭生活的实际现实，统治者制定了出妻制度。即在女子有不顺父母、无子、淫、妒、恶疾、多言、窃盗这七种行为时，丈夫可以休掉妻子，与妻子解除婚姻关系。这种出妻制度不同于现代的离婚制度，出妻制度仅仅规定了男方的主动权，但是没有规定女方提出解除婚姻关系的理由。具体而言，古代丈夫遗弃妻子有七条理由，叫“七出”。《孔子家语·本命》：“七出者，不顺父母，出；无子，出；淫僻，出；嫉妒，出；恶疾，出；多口舌，出；窃盗，出。不顺父母者，谓其逆德也；无子者，谓其绝世也；淫僻者，谓其乱族也；嫉妒者，谓其乱家也；恶疾者，谓其不可供粢盛（操办祭品）也；多口舌者，谓其离亲也；窃盗者，谓其反义也。”这是“七出”一词及其内容的最早记载。“七出”又叫“七去”，见《大戴礼记·本命》、《烈女传·宋胞氏女宗》，又叫“七弃”，见《公羊传·庄公二十七年》何休注，所称有异，但内容基本相同。“七出”的确立，当不迟于汉代。《唐律疏义》载有七出明文，说明至少到唐代，按照七出条款遗弃妻子，不仅合礼，而且合法。其规定了以下七种具体的休妻理由：

1. 不顺父母。古代以“顺”为妇德之首，要求妻子顺从封建长辈，来维持大家族的和谐。如若对公婆不顺从或侍奉不周到，则成为出妻的理由。这种判断标准非常主观，成了男权社会里维护家长和男性的地位的尚方宝剑。《礼记·内则》说：“子甚宜其妻，父母不悦，出。”其意思是即使夫妻感情深笃，但公婆看不顺眼，仍要休妻。此外，很多民间故事和历史故事也体现了这种判断标准的主观性给女性带来的巨大伤害。如《孔雀东南飞》中写到了焦母逼迫其子焦仲卿“出妻”的故事，

---

〔1〕［德］K. 茨威格特、H. 克茨：《比较法总论》，潘汉典等译，法律出版社2003年版，第10页。

以致焦、刘双双殉情，依据的就是“不顺父母”。又如，宋代陆游与前妻唐琬伉俪情深，只因陆母不喜唐琬，迫于母命难违，陆游与唐琬被迫离异。陆游至晚年仍为此憾恨难已，悲愤而题《钗头凤》于墙壁。

2. 无子。此外，在古代社会决定一个国家国力的强弱，无疑与该国人口的多少有着直接的关系，所以官方将鼓励生育作为一条基本政策。而对于家庭来说，保障对祖先的祭祀是婚姻的重要目的，因此男性后代对一个家族至关重要，子嗣的延续流传也是维持宗族家庭的条件。古代男子娶妻主要目的是为了生子继宗，夫妻婚后不育，则不能满足家族的需要。此外，由于男权观念的盛行及科学知识的缺乏，如果婚后无子，将责任全部推卸于女方。所以即使妻子并无其他过错，但在“不孝有三，无后为大”的宗法观念支配下，男方可以“无子”为由，休妻另娶或纳妾生子。

3. 嫉妒。在中国封建社会，男权社会里，男子除了妻子之外，还可以拥有诸多妾，这样就导致了家庭关系的复杂性。此外，合家而居，父母在不分家的传统下，也导致了大家族同居共财的现象。在如此复杂的大家族里，男子认为嫉妒是乱家的主要原因之一，因此，为了家庭的和睦，男子对女性提出了不得妒忌的要求。同样，该标准的主观性太强，也成了迫害女性的理由。

4. 多口舌。多口舌一般是指女子说话啰嗦，在家庭里搬弄是非，插手家庭事务。《公羊传》为“口舌弃，离亲也”即爱说话，好唠叨。封建时代大家庭里成员很多，关系复杂，为了维护大家庭的和谐，防止女性之间离间亲情，因此将多舌作为出妻的理由之一。此外，古代强调“女子无才便是德”，以顺从为行为准则。妇女结婚后被剥夺了独立人格，她的责任是谨慎侍奉公婆、丈夫、舅姑，抚育子女，操持家务。如果对家庭事务发表独立见解，或按自己意愿行事，则被斥为“多口舌”，而男方可据此与她离异。

5. 淫。《公羊传》称“淫佚弃，乱类也”。禁止女性与其他人通奸，封建社会认为此种情况会导致宗族关系混乱，因此古代认为淫是休妻的当然理由。由于淫会导致家族血缘的紊乱，因此伦常纲要不能容忍妻子与他人通奸的行为，而且将这一标准提高，即使仅仅是与其他异性过于亲密的行为，也会被视为出妻的理由，而且得不到“三不去”规则的保护。此外，礼教和法律虽然对女性提出忠贞的严格要求，而对男性却极其宽容，要求女子严守贞操，而对男子的淫乱通常是宽容的。

6. 有恶疾。恶疾一般说的是瘖、聋、痢一类的病，也指难以治愈的疾病。古代夫妻之间任何一方患有麻风一类的恶性传染病，法律允许离异。将恶疾作为休妻的理由有三：①有恶疾者不能奉宗庙。对此，《公羊传》记载为“恶疾者，不可奉宗庙也”。②有恶疾者可能会给家庭带来风险。封建社会的大家庭里，父母不分家，家庭成员众多，一些传染性的恶疾可能会传染其他家庭成员，因此，统治者会毫不犹豫地牺牲女性权利保护家庭。③有恶疾者可能不能生育，会给承续香火带来危险。恶疾者不利于生育和养育后代，所以恶疾作为了出妻的理由之一。

7. 窃盗。窃盗除了包含窃取他人的财产之外，还包括妻子自主地处分夫家财产

的行为。《礼记·内则》规定："子妇无私货，无私畜，无私器，不敢私假，不敢私与。"即不允许积攒私房，即使接受他人的馈赠，也要交给公婆，可见古代女性不仅在人身上没有独立的尊严，在财产方面也没有独立地位。最多只能是辅佐丈夫，其行为不能从经济方面得到认可和保护。

除"七出"外，古代在离婚制度方面又有"三不去"的规定。据《大戴礼记·本命》载："有所取（娶），无所归，不去；与更三年丧，不去；前贫贱，后富贵，不去。""三不去"的意思是，妻子因娘家无人，没有归处不能被休；和丈夫共同守过公婆丧事的妻子不能被休；娶时男方贫贱，后来富贵，不能被休。《唐律》中也有类似的规定。三不去制度看是对女性权益的保护，实质上仅仅是对出妻制度的纠正和调和。究其目的，仍然是为了维护男尊女卑的封建伦常，引导女性在婚后愚忠于夫家、忍辱负重，以此换来未来生活的保障。

（二）义绝制度

义绝并不是独立的离婚制度，而是一种刑事案件附带的民事的法律后果。所谓义绝指的是夫妻双方恩断义绝，即夫妻之间，或者夫妻一方与他方的一定亲属间，或者双方的一定亲属间发生了法律所指明的相互侵害，如殴斗、相杀等犯罪事件，在追究犯罪人刑事责任的同时，夫妻关系必须解除。义绝有三个特征：①义绝是当然的离婚理由。义绝情形出现时，当事人不仅违反了刑律，也背离了古代婚姻的礼制基础。因其动摇了夫妻关系和家庭关系稳定的基础，无论是律法还是礼教都不允许当事人的婚姻关系继续下去的。②义绝具有强制性，合当义绝而不绝者要受到处罚。这与七出制度相异，七出制度仅仅是赋予丈夫解除婚姻关系的主动权，妻子有七出的情形，丈夫并非一定要休妻，其有选择的权利。而对于义绝，当绝不绝者，要承当法律责任。如《唐律》规定，"若不离者当处徒刑一年"。徒刑指一定时期内剥夺犯人人身自由并强制其劳役的一种刑罚。当然，不同的历史时期，对义绝的惩罚性规定略有差异。到了元明清时期规定，"若当离不离者杖八十"。③义绝内容有较为明确的限制。以唐律为例，义绝包括以下内容：夫殴妻之祖父母、父母；夫杀妻之外祖父母，叔伯父母，兄弟，姐妹，姑；妻殴夫之祖父母和父母；妻杀伤夫之外祖父母，叔伯父母，兄弟，姑，姐妹；妻与夫之缌麻以上亲，若妻母奸，妻欲害夫者；夫妻双方的祖父母，父母，外祖父母，叔伯父母，兄弟，姑，姐妹等自相杀。除了上述内容之外，其他的家属之间的伤害行为不是义绝的内容。

（三）和离制度

和离制度是我国封建社会一种允许夫妻通过协议自愿离异的法律制度。但在男尊女卑的封建社会里，妇女受着传统的"三从四德"和贞操观念的严重束缚，很难真正实现其离婚的愿望。现实中的和离，事实上是一种协议休妻或"放妻"的制度，往往成为男方为掩盖"出妻"原因，以避免"家丑外扬"而采取的一种变通形式。

综合而言，古代离婚制度有以下几个特征：①古代尚无现代意义上的协议离婚。就"七出"制度而言，事实上是一种男方强制离婚制度，是否离婚取决于丈夫及其家长的意志，女方只能被动接受，无法体现女方的意愿。显然，这是以夫权和家长权为中心的离婚制度。②“七出”的出发点是维护夫权与家长权。七出制度是我国古代最主要的离婚制度，这种制度是为保障丈夫特权制定的。丈夫遗弃妻子，理由有七种之多，而且这些理由都非常主观，男方找出离婚的原因易如反掌。而对于女性而言，不仅缺乏离婚自由的保障，离婚后的利益也缺乏保障。③离婚还可以体现第三方的意愿。现代离婚制度一般考虑婚姻当事人双方的意愿，利害关系人不能就婚姻关系的解除表达独立的意见，而在古代离婚制度里，男方家长的意愿起到了很重要的决定作用。男方家长甚至有权直接决定儿子婚姻关系的解除，这是封建家长制在离婚制度上的反映。④“三不去”从道德主义出发，对离婚有所限制，看似对已婚妇女的保护，但是这种保护的程度有限，而且这种保护本身是对女性的一种误导，只有顺从于礼教制度，才能换来以后可能的保护。

第二节 协议离婚

由于离婚涉及个人和家庭的利益，也关乎社会道德风尚和社会的稳定，所以关于离婚的方式，各国都有条件和程序的要求。但是不同的离婚方式对离婚条件和程序的规定有所差异。所以考察离婚制度，首先应该在区分不同离婚方式的前提下来进行。如前文所言，就离婚的方式而言，目前世界上两大法系中主要有两种：一是协议离婚，二是诉讼离婚。本节将首先介绍协议离婚。

一、协议离婚的概念和特征

（一）协议离婚的概念

协议离婚也称为两愿离婚，双方自愿离婚，是指婚姻关系因双方当事人的合意而解除。很多国家在立法中明确规定婚姻当事人可以通过协议方式离婚，如《韩国民法典》第834条规定：“夫妻可以通过协议离婚。”再如《日本民法典》对协议离婚也作出了明确的规定，其第763条规定“协议离婚，夫妻可以以其协议离婚”。并在其第764~769条对协议离婚的准用、申报、法律后果（包括子女和财产处理）等作出了进一步的规定。我国《婚姻法》中称作双方自愿离婚，在第31条规定，男女双方自愿离婚的，准予离婚。双方必须到婚姻登记机关申请离婚。婚姻登记机关查明双方确实是自愿并对子女和财产问题已有适当处理时，发给离婚证。

并非所有的国家都认可协议离婚，部分国家婚姻的解除只能通过裁判的方式进行。英美法系很多国家只有诉讼离婚一种方式，美国的大多数州的家庭法对诉讼离婚规定了严格的条件和程序，规定离婚必须通过法院进行。即使双方合意一致离婚，也要经过法庭裁判，不允许采取协议的方式离婚。再如澳大利亚因其沿袭了英国立法例，不认可协议离婚方式。大陆法系的德国和瑞士两国的离婚方式也是单采诉讼离婚方式，如德国离婚法就不承认协议离婚，法律规定“只在经婚姻一方或双方申

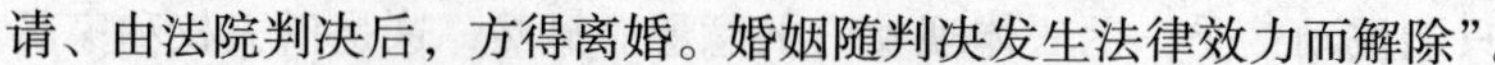

请、由法院判决后，方得离婚。婚姻随判决发生法律效力而解除”。

还有的国家要求协议离婚需要得到法院的认可才能有效。例如韩国民法规定，协议离婚应该经过家庭法院的确认。

（二）协议离婚的特征

协议离婚与诉讼离婚相比具备如下特点：

1. 程序简易、便捷。协议离婚只需要双方的共同意愿即可达成，不需要第三方或其他外界力量的介入，也没有繁琐的程序要求，相比较诉讼离婚，协议离婚更加简易便捷。

2. 离婚协议易于当事人自觉遵守和履行。因为协议离婚完全由离婚当事人根据自己的意愿决定，最大限度地尊重了当事人的意愿，所以在协议的遵守与执行方面也较少地遭受当事人的抵触。

3. 避免了讼累，缓解了婚姻当事人的仇视和敌对情绪。协议离婚当事人通过协商决定婚姻关系的存续，子女和财产等后继问题的处理，避免了在法庭上激化双方的矛盾。此外，一国的司法资源是有限的，特别是我国这样的人口大国，协议离婚依据当事人的意愿达成，不用借助法院的介入即可解除婚姻关系，避开了司法的介入，能够节约社会资源。

（三）协议离婚的条件和程序

关于协议离婚的条件，主要体现在三个方面：首先，离婚主体及其意思表示上。其次，就离婚所引起的法律后果作出一致的安排。如《韩国民法典》规定，协议离婚的条件是双方当事人对离婚具有合意，并且对子女的亲权问题和共同财产的分割问题达成一致意见。最后，还要求不具备协议离婚的排除性条件。即夫妻不得提出协议离婚申请的法定事由。

关于协议离婚的程序，主要是指当事人自愿解除婚姻关系的程序。至于协议离婚的具体程序，不同的国家和地区有不同的规定，下文第四部分有详细介绍，此处不再赘述。

二、协议离婚的分类

依据不同的分类标准，可以将协议离婚分作不同的种类。综观各国的法律规定，对协议离婚大致有以下两种分类：

1. 以认可离婚的机关或适用程序为标准，协议离婚分为行政协议离婚和诉讼协议离婚。行政协议离婚是经过行政程序办理的协议离婚，其中的行政机关包括户籍机关（如日本、蒙古）、民事机关（如墨西哥、我国澳门地区）、其他行政机关（如丹麦、挪威）。而诉讼协议离婚是由法院通过审判程序办理的协议离婚。它又分作两种情况：①当事人的离婚协议须经法院审批（如法国的情况）；②当事人的离婚协议须经法院裁决（如奥地利的情况）。

2. 以达成合意的方式为标准，协议离婚又可以分为三类：一是由当事人双方共同申请的离婚。即当事人先对全部离婚问题达成合意，然后提出申请。二是一方提出离婚问题的要求，另一方予以承诺的离婚。三是调解离婚。这种类型有两种情况：①一方当事人要求离婚，经调解双方就全部离婚问题达成合意；②双方当事人都同意解除夫妻人身关系，经调解双方又对其后果达成合意。

三、协议离婚的条件

协议离婚允许当事人自由解除婚姻关系，但是一方面离婚条件和程序过于简单可能导致轻率离婚，另一方面婚姻关系的解除不仅仅关系到当事人的重大利益，也关系到利害关系人的利益，婚姻当事人可能为了共同利益而损害他人的利益。因此，在认可协议离婚方式的国家，其立法无一例外地对协议离婚规定了严格的适用条件。

（一）必要性条件

1. 须具备民事行为能力。协议离婚要求当事人必须具备完全民事行为能力，最常见的是从年龄上要求当事人是成年人，未成年人采取协议的方式解除婚姻关系应得到法定代理人之同意。如“我国台湾地区民法典”第1049条规定，“夫妻两愿离婚者，得自行离婚。但未成年人，应得法定代理人之同意”。也有的国家罗列了不具备完全民事行为能力的情形，如精神机能失常或因其他原因处于受监护状态，来排除协议离婚方式的适用。以《法国民法典》为例，其规定：“倘夫妻一方因疾病、残疾、年老体弱而精神机能失常时，或因其他原因处于受监护状态时，任何双方同意的离婚诉请均不得提出。”

2. 口头或书面提出申请。协议离婚要得到法律的认可，一般要求当事人口头或书面提出明确的申请。如《墨西哥民法典》第272条规定，“要求夫妻双方应以断然、明确的方式声明他们希望离婚”。至于是否需要双方亲自到场，各国立法态度不一，大多数国家为了保障当事人的权利均要求夫妻双方亲自到场。例如，我国《婚姻登记条例》要求就比较严格，需要婚姻双方亲自到场，向民政机关提出书面申请。《法国民法典》第281条也要求夫妻双方到场，“夫妻共同亲自至其所在区域民事法院院长前或代行职务的审判员前，经双方邀请的两名公证人到场，向院长或审判员声明其意思”。

3. 向有权机关提出申请。各国和地区规定的协议离婚管辖机关不同。有的规定协议离婚必须向民政机关提出，如我国《婚姻登记条例》要求婚姻双方向民政机关提出书面的离婚申请。再如“我国台湾地区民法典”第1050条规定，两愿离婚，应以书面形式向户政机关为离婚之登记。有的国家规定协议离婚必须向法院提出。《法国民法典》规定，夫妻就离婚后果达成的协议由法院判决加以批转。也有的地区根据不同的情况赋予离婚当事人选择申请机关的权利。如《中国澳门地区民法典》将离婚分为合意司法离婚和争议司法离婚。合意司法离婚类似于协议离婚，但是澳门地区的两愿离婚有两种途径：如果双方有未成年子女，则必须向有管辖权的法院提出离婚申请；如果双方无未成年子女，则可以直接向民事登记机关提出离婚申请。

4. 对法律后果作出一致的安排。关于离婚的法律后果主要是子女抚养人的确定问题和财产处理问题。关于未成年子女直接抚养人的确定，由其父母双方协商解决，但是特殊情况下，公权力机关是可以介入的。以日本为例，《日本民法典》第766条是关于子女监护人的裁定规定："①父母协议离婚时，关于子女监护人及有关监护的其他必要事项，亦其协议确定，协议不成或不能协议时，由家庭法院确定。②认定子女的利益所需时，家庭法院可以变更子女的监护人，或命令就监护实行其他相当处分。前两款规定，于监护范围之外，不变更父母的权利义务。"《法国民法典》第280条也将子女照管人的确定作为了首要内容，其规定："夫妻两方同样负责以书面证明以下三点的协议：①婚姻中所生的子女，在考验期间宣布离婚后，要由何方照管；②在考验期间，妻应迁出并居住于何一房屋；③在同一期间，如妻无足够收入供给自己的需要，夫应对妻支付的数目。"

关于财产的处理问题，也是协议离婚的主要内容之一。关于财产分割的方式和内容，遵从离婚当事人的意愿。《日本民法典》第768条是关于财产分与请求的规定："①协议离婚的一方，可以向对方提出财产分割请求；②当事人就前款财产分与协议不成或不能协议时，可以请求家庭法院以处分代替协议，但是，自离婚之时起经过2年时，不在此限；③于前款情形，家庭法院应考虑当事人双方协力取得的财产额及其他有关情事，决定是否分与、分与额与方法。"

大多数国家的离婚协议主要涉及子女抚养人的确定和共同财产的分割，但是还有个别国家和地区，因为有结婚后妇从夫姓的习俗，因此可能会涉及姓氏的变更问题。对于协议离婚与姓氏的问题，《日本民法典》第767条规定："因结婚而变更姓氏的夫或妻，因协议离婚而恢复婚前姓氏。依前款规定恢复了婚前姓氏的夫或妻，自离婚之日起3个月内，依户籍法规定申报后，可以称离婚之际所称的姓氏。"

（二）限定性条件

目前大多数国家对于协议离婚都没有特别条件的限制，但是有的国家也存在过一些限制性的条件：①规定双方不得有未成年子女，如苏联和蒙古。②双方结合须届满一定时间。如《法国民法典》第276条规定："离婚协议，非于结婚2年后不应准许。"再如荷兰、墨西哥规定1年，比利时规定2年，而英国则规定，自结婚之日起未满3年前，非现行取得特许不得申请离婚。③双方达到一定年龄。如《法国民法典》第275条规定："如夫不满25岁，或妻不满21岁，夫妻的离婚协议，不应准许。"再如比利时立法规定，夫妻双方须年满23周岁才能提出离婚。④其他限定条件。如《法国民法典》第278条规定："夫妻的离婚协议，在任何情形，如未依结婚章第150条规定经父母或其他直系尊血亲许可者，不得成立。"

四、离婚的程序

（一）协议离婚主管机关

如前文所言，协议离婚与诉讼离婚相比较而言，不仅条件简单，程序也简单。但是各国出于保障公平和安全的考虑，大多将离婚协议纳入国家监督的范畴，加强对协议内容的审查，以防止当事人滥用权利，损害配偶或其他利害关系人的利益。目前世界各国关于协议离婚的主管机关主要有以下几种：

1. 户政机关。从目前各国和地区的立法实践来看，户政机关是最常见的协议离婚主管机关，大多数国家通过户籍法的规定进行离婚登记，如《日本民法典》第739条规定："协议离婚须经夫妻双方以口述形式，依户籍法的规定到户籍登记机关办理申报后，即发生效力。"其他通过户籍机关进行离婚协议登记的还有蒙古等。再如"我国台湾地区民法典"第1050条规定："两愿离婚，应以书面为之，有二人以上证人之签名并应向户政机关为离婚之登记。"此外，对于涉诉离婚中，经法院调解或法院和解达成协议者，"我国台湾地区民法典"第1052条规定："离婚经法院调解或法院和解成立者，婚姻关系消灭。法院应依职权通知该管户政机关。"

2. 其他民事机关。也有一些国家由民事机关进行离婚协议的登记，通过行政官员批准当事人达成的离婚协议。如《墨西哥民法典》婚姻编第272条规定，夫妻双方自愿离婚，应亲自到其住所地的民事登记官员面前申明，由民事官员制作一项纪录，载明他们的离婚请求，并在15日内传唤双方前来确认上述纪录，如果当事人双方表示同意，民事登记处官员就应宣布他们离婚。再如丹麦由州长处理，挪威由郡都处理。

3. 司法机关。有些国家规定离婚协议须经法院审批或裁决，由司法机关主管。如韩国要求协议离婚只能在家庭法院进行，法国也作出了类似规定，要求离婚协议必须经过法院批准。《法国民法典》第230条规定："如果夫妻双方共同请求离婚，无须说明其原因，夫妻双方仅应将涉及离婚后果的有关问题达成协议，再由法院裁决批准。"

（二）离婚的申告

虽然我国《婚姻法》关于协议离婚没有规定申告程序，其他国家也较少采取离婚申告制度，但是韩国的离婚申告制度值得关注。韩国的离婚申告由申告人在从家庭法院收到离婚确认书之日起3个月内向其户籍地或者住所地的户籍部门提出。《韩国民法典》第836条规定："协议离婚必须经过家庭法院的确认之后，根据《户籍法》规定进行申告。双方当事人应在两名成年人证明的前提下以书面形式提出离婚申告。"

（三）审查和批准

对于当事人提交的申请，由有权机关予以受理，并根据具体情况决定是否批准。例如《日本民法典》第765条规定："离婚申报的受理，①对于离婚申报，非于认定其离婚不违反第739条第2款及第819条第1款的规定及其他法令后，不得受理。②离婚申报即使违反前款规定而被受理，离婚亦不因此而妨碍其效力。"再如韩国于1977年增设了法院对于离婚协议的审查责任，其目的都是防止当事人滥用离婚自由权。

五、我国的协议离婚制度

（一）现有立法对协议离婚的规定

协议离婚在我国又称两愿离婚或登记离婚，我国《婚姻法》中称作双方自愿离

婚，指婚姻关系因双方当事人的合意而解除的离婚方式。《婚姻法》第31条规定，男女双方自愿离婚的，准予离婚。双方必须到婚姻登记机关申请离婚。婚姻登记机关查明双方确实是自愿并对子女和财产问题已有适当处理时，发给离婚证。根据《婚姻法》、《婚姻登记条例》的规定，协议离婚应符合规定的下列几个条件：

1. 离婚当事人具有合法的婚姻关系。以协议离婚方式办理离婚的，仅限于依法办理了结婚登记的婚姻关系当事人。要求申请协议离婚的双方当事人必须是办理过结婚登记的合法婚姻关系当事人，凡无结婚证或夫妻关系证明书的登记离婚申请人，婚姻登记机关均不受理。协议离婚的当事人双方应当具有合法夫妻身份。不包括未婚同居和有配偶者与他人非法同居的男女双方，也不包括办理结婚登记的"事实婚姻"中的男女双方。《婚姻登记条例》第12条规定办理离婚登记的当事人有下列情形之一的，婚姻登记机关不予受理：①未达成离婚协议的；②属于无民事行为能力人或者限制民事行为能力人的；③其结婚登记不是在中国内地办理的。所以，未办理过结婚登记的男女申请离婚登记的，婚姻登记机关不予受理，其间发生的有关身份关系的纠纷，以及涉及子女、财产问题的争议，可以诉请人民法院处理。

2. 离婚当事人应当具有完全民事行为能力。所谓完全民事行为能力，是指能对离婚法律行为的法律后果承担民事责任的能力，《民法通则》规定，年满18周岁、精神状况正常、能完全辨认其行为及其后果的公民是具有完全民事行为能力的人。只有完全民事行为能力人才能独立自主地处理自己的婚姻问题。凡不具备完全民事行为能力的人，只能由其代理人按诉讼离婚的方式提出，解决婚姻关系问题。一方或者双方当事人为限制民事行为能力或者无民事行为能力的，即精神病患者、痴呆症患者，不适用协议离婚程序，只能适用诉讼程序处理离婚问题，以维护有完全民事行为能力当事人的合法权益。

3. 须为离婚当事人的真实意思表示。双方自愿是协议离婚的基本条件，协议离婚的当事人应当有一致的离婚意愿。这一意愿必须是真实而非虚假的，必须是自主作出的而不是受对方或第三方欺诈、胁迫或因重大误解而形成的，必须是一致的而不是有分歧的。对于一方要求离婚的，婚姻登记机关不予受理，只能通过诉讼离婚解决争议。登记离婚最重要的条件是夫妻双方自愿离婚，这种自愿的行为是排除一切外界的阻挠、干涉，完全发自内心的自愿行为。因此，双方必须亲自到婚姻登记机关递交申请，陈述理由。非自愿的，而是被对方采取威逼、胁迫手段签订的协议，则财产分割等协议内容无效。

4. 离婚当事人对子女和财产问题达成协议。"对子女和财产问题已有适当处理"是协议离婚的必要条件。如果双方虽然都同意离婚，但却不能对离婚后的子女和财产问题达成一致意见、作出适当处理的，就无法通过登记程序离婚，只能通过诉讼程序离婚。

一方面要求对子女问题有适当处理。离婚不仅涉及夫妻双方的利益，还会涉及其他亲属的利益，特别是对未成年子女的影响最大。由于未成年子女无法对父母的离婚提出反对意见，而其本身又缺乏自我保护的能力，所以我国婚姻法要求夫妻在通过协议的方式解除婚姻关系时，必须对子女作出适当的安排。包括未成年子女直接抚养人的确定，子女的抚养费和教育费的负担和给付，探望事项的安排，等等。

另一方面要求对财产问题有适当处理。即在自愿公平的原则下，对夫妻共同财产作合理分割；在保护弱者权益，物尽其用的原则下对生活困难的另一方作出妥善安排，给予适当的帮助；此外，还要求对共同债务的清偿作出适当的处理。

5. 离婚当事人必须亲自办理离婚登记。离婚将导致家庭的解体，并将改变夫妻双方及其他利害关系人的原有生活状态，对相关人的影响非常重大。由于协议离婚程序相对简单，为了避免协议离婚中的欺诈和欺骗行为，保护弱势群体的利益，我国婚姻法要求协议离婚双方必须亲自到婚姻登记机关共同提出登记离婚申请。同时依据《婚姻登记条例》的规定，办理离婚登记的内地居民应当出具下列证件和证明材料：包括本人的户口簿、身份证；本人的结婚证；双方当事人共同签署的离婚协议书等。在程序上尽量严格，给予当事人足够的保障。

规定协议离婚考虑期制度。在法国，协议离婚有法定考虑期的限制。“如果夫妻双方坚持离婚意愿，法官应当指出，他们应在3个月的考虑期限之后重新提出离婚申请；如在考虑期届满后6个月内未重新提出离婚申请，原来的共同离婚申请即失去效力。”在英国，当事人的婚姻关系不可挽回地破裂之后，有法定的反省和考虑期间。1996年《家庭法》规定：“作出声明后，为促使当事人考虑下列事项，应当给予当事人双方一定期间：①反省婚姻关系是否可以挽救及是否有机会和解；②考虑对将来的安排。”“反省和考虑期为9个月，自法院收到声明后第14日起计算。”韩国法律规定的离婚考虑期，从听取法院提供的有关离婚内容的介绍之日起起算。法律规定的离婚考虑期具体为：有未成年子女（包括怀孕）的为3个月；有到成年未满1个月至3个月的未成年子女时，为子女的成年日期；有到成年还有不到1个月的子女或没有子女等其他情形时为1个月。[1]

（二）现行协议离婚制度的缺陷

我们现有的协议离婚制度并未关注未成年子女的利益保护，其缺陷主要体现如下：

1. 现有的协议离婚制度缺乏对未成年子女利益的保护。《婚姻法》关于协议离婚条件的现有规定中，少有顾及未成年子女的意愿与利益，子女的利益难以在父母离婚时得到尊重与考虑。所谓“协议离婚”，我国现行《婚姻法》条文中并无这一概念，只是将离婚区分为“双方自愿离婚”和“一方要求离婚”。但是广义协议离婚主要着重于“协议”的方式，既包括夫妻双方一开始就协商一致，通过行政登记程序离婚；也包括先由一方提出，经人民法院调解而实现合意的离婚。本书所称“协议

---

〔1〕姜海顺：“韩国协议离婚立法对中国的启示”，载《延边大学学报（社会科学版）》2010年第5期。

离婚”也是广义上的理解。对于协议离婚，《婚姻法》第31条规定：“男女双方自愿离婚的，准予离婚。双方必须到婚姻登记机关申请离婚。婚姻登记机关查明双方确实是自愿并对子女和财产问题已有适当处理时，发给离婚证。”此外，《婚姻登记条例》第13条规定：“婚姻登记机关应当对离婚登记当事人出具的证件、证明材料进行审查并询问相关情况。……”可见当事人到婚姻登记机关申请离婚，婚姻登记机关仅仅有查明双方离婚的意愿和子女及财产的处理意见的责任，并不对协议内容进行实质审查。同样，对于在法官调解下的协议离婚，如果当事人能够在法官的调解下对子女和财产问题达成一致意见，法院一般也不干涉当事人关于子女和财产的处理意见，只要双方达成一致意见即可离婚。上述协议离婚的条件虽然涉及未成年子女的安排，但是上述制度存在以下三个问题：

（1）“适当处理”的标准难以把握。按照现行婚姻法的规定，父母对子女问题已有适当处理，即可离婚，至于适当处理的标准是什么却语焉不详。而事实上只要离婚父母双方协商一致，婚姻登记机关的工作人员和法官一般不会具体考察该协议是否有利于子女成长和生活。由此可见，在司法实务中，婚姻登记机关的工作人员和法官显然是把“离婚双方当事人（父母）同意”等同于“对子女问题已有适当处理”。此处同样体现了传统文化“父慈子孝”观念对立法的影响，立法者在假设父母对于子女之爱的基础上充分相信父母，认为夫妻当然会为了子女利益合理处理离婚问题。但现实中存在以下两种可能：一是父母的确可能在离婚问题上会为了未成年子女利益而充分考虑，但问题是，即使父母有爱子之心，却不一定能够正确选择最适合子女成长的子女抚养方案和财产分配方案；二是并非所有的父母都会将子女利益置于自已利益之前优先考虑，为了一已之利、一已之愤而利用子女作为谋取利益或发泄愤怒的工具的案例在现实生活也不少见。所以“适当处理”的标准过于粗糙。

（2）婚姻登记机关缺乏实质审查的条件。我国目前是由民政局的婚姻登记处负责办理离婚登记。如果要求婚姻登记机关对协议离婚的条件进行实质审查，涉及两个困难：一个是婚姻登记机关是否有调查的权限，另一个是婚姻登记机关是否有进行实质审查的能力。就目前而言，婚姻登记机关工作人员的数量、调查能力和精力有限，让其对离婚协议进行实质审查并不现实。

（3）法院亦较少审查离婚协议内容。法院的离婚调解书一般根据离婚当事人的协议制定，法官较少对离婚协议内容的合理性进行审查，以判断是否符合未成年子女利益的保护。所以在司法实践中，法院虽然有调查的权限，但是离婚双方当事人如果在法院的调解之下能够对子女的抚养和财产分割达成一致意见，法院基本上不会对协议内容进行实质审查，也不会具体判断当事人的协议内容是否侵害了未成年子女的利益。由此可见，就目前的协议离婚制度而言，法官并未重视未成年子女利益的保护，也未曾对离婚协议是否有利于未成年子女的成长作出特别判断。

2. 夫妻共同财产的分割制度未充分考虑到未成年子女的利益。我国有“同居共财”的大家庭传统，要求“父母在堂，别蓄私财”。历代法律对于同居卑幼不得家长的许可而私自擅用家财皆有刑事处分，按照所动用的价值而决定身体刑的轻重。[1]这种家长责任制，一方面是基于传统儒家对家庭伦理的构想，另一更重要的方面则是出于政府管理实践中的便利考虑。虽然我国法律上早已经确定了自然人独立的人格与自由，但是传统文化对家庭观的影响依然深远。我国现行立法对未成年子女财产性质的界定和保护呈空白状态就是一个例证。特别是在家庭内部，未成年子女财产的确认和保护一直未曾引起法律界的关注。首先，关于未成年子女财产性质界定并不明确。未成年子女的财产是否独立于其他家庭的财产并需要获得特别的保护，婚姻法并无明确的说明。究其原因，作为未成年人，子女由于缺乏劳动能力，一般很少拥有财产。但是随着社会的发展，越来越多的未成年人拥有自己的财产，例如未成年子女接受的赠与，未成年子女从事力所能及的劳动所得等。但是另一方面，由于未成年子女缺乏独立的认识能力和判断能力，即使拥有自己的财产也需要有人代为管理，未成年子女的日常生活大多由父母在照顾与负担，所以未成年人取得的财产未曾得到特别的关注与保护。其次，在夫妻双方离婚时，分割的往往并非绝对的夫妻共同财产，有时候也包括未成年子女的财产。但是婚姻法关于离婚时财产的分割并未特别关注未成年子女财产的保护。《婚姻法》第 39 条第 1 款规定：“离婚时，夫妻的共同财产由双方协议处理；协议不成时，由人民法院根据财产的具体情况，照顾子女和女方权益的原则判决。”根据该条规定，父母协议离婚时，关于财产的分割只需要离婚当事人双方协商一致即可，不需要考虑未成年子女的利益；而在协议不成时，法院才根据财产的具体情况，按照顾子女和女方权益的原则判决。

3. 直接抚养人的确定没有充分考虑到未成年子女的利益。现有的协议离婚制度在确定未成年子女的直接抚养人时缺乏子女的充分参与，没有充分考虑子女的意愿。当然，由于未成年人的心智并不成熟，其表达意愿的能力有限，所以大多数国家的立法和司法实践对于未成年子女的意愿和选择持相对承认的态度。父母离婚时如果关于未成年子女直接抚养人的确定存有争议，子女的意愿只起参考作用，不能单独作为决定因素。我国对于未成年子女的意愿也采取相对参考的态度，最高人民法院在《关于人民法院审理离婚案件处理子女抚养问题的若干具体意见》第 5 条规定：“父母双方对 10 周岁以上的未成年子女随父或随母生活发生争执的，应考虑该子女的意见。”这里存在两个问题：第一个问题，能否考虑 10 周岁以下的未成年子女的意见。每个孩子的发育状况不一样，而且不同时代孩子的心智发育状况也会发生变化，10 周岁以下的孩子也有一定的分析问题的能力和表达意愿的能力。而且随着教育和生活水平的提高，儿童的心智开发得越来越早，10 周岁以下的未成年人已经能够一定程度地表达其意愿，如何体现 10 周岁以下孩子的意愿是立法需要关注的问题之一。第二个问题，如何保障未成年子女的表达意愿的权利？如何能既尊重未成年子女的意愿表达权，又能避免未成年人心智不成熟带来的缺陷，寻求两者平衡是未

[1] 瞿同祖：《中国法律与中国社会》，中华书局 2003 年版，第 16 页。

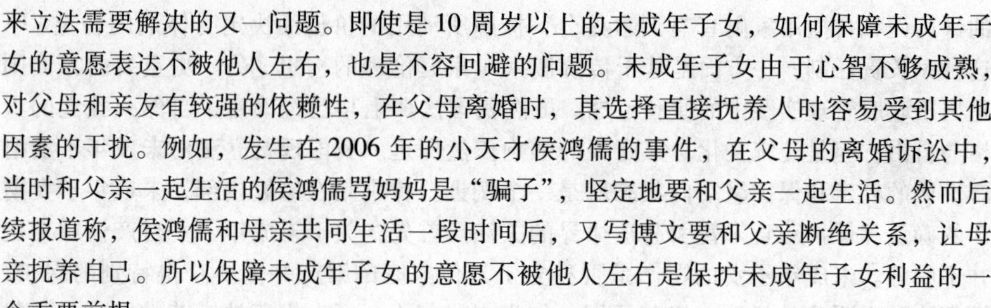

来立法需要解决的又一问题。即使是10周岁以上的未成年子女，如何保障未成年子女的意愿表达不被他人左右，也是不容回避的问题。未成年子女由于心智不够成熟，对父母和亲友有较强的依赖性，在父母离婚时，其选择直接抚养人时容易受到其他因素的干扰。例如，发生在2006年的小天才侯鸿儒的事件，在父母的离婚诉讼中，当时和父亲一起生活的侯鸿儒骂妈妈是“骗子”，坚定地要和父亲一起生活。然而后续报道称，侯鸿儒和母亲共同生活一段时间后，又写博文要和父亲断绝关系，让母亲抚养自己。所以保障未成年子女的意愿不被他人左右是保护未成年子女利益的一个重要前提。

4. 在抚养费的确定和监管方面没有考虑到未成年子女的利益。如何对抚养费的支配进行监管是离婚制度中保护未成年子女利益的重要内容。《婚姻法》第37条规定：“离婚后，一方抚养的子女，另一方应负担必要的生活费和教育费的一部或全部，负担费用的多少和期限的长短，由双方协议；协议不成时，由人民法院判决。关于子女生活费和教育费的协议或判决，不妨碍子女在必要时向父母任何一方提出超过协议或判决原定的数额的合理要求。”该规定因为过于简单粗糙而导致了诸多争议的产生。有学者指出，现行婚姻法对父母离婚后，抚养费如何真正落实和运用到子女身上，以及抚养费被直接抚养子女一方侵占或挪用缺乏明确、具体的规定和保护措施。掌握子女抚养费的一方也因无法律的约束和不受有关部门的监督，可以随心所欲地支配使用。抚养费也可能根本就没有用到子女的抚养教育上，而可能用于满足父母自己的需求，甚至是一些不良的需求，这样势必影响未成年子女的健康成长和基本需求，侵害未成年子女的合法权益。[1] 由于儿童是限制民事行为能力人或无民事行为能力人，不能通过自身的行为实现全部的权利主张。在一般民事生活中，儿童的主体地位通过父母的代理行为得以实现。对此，本书认为，在离婚所涉及的各种法律关系中，儿童的利益与父母的利益可能存在着冲突，父母的代理行为有可能侵害儿童的利益，因此应当由公正的机构和组织对父母的代理权利进行限制和监管。

（三）完善协议离婚中未成年子女利益保护制度之构想

现实生活对孩子的伤害不仅来源于社会外部，也来源于家庭内部，而在离婚制度中，单纯依靠情感和道德的力量不足以保护未成年子女的利益，所以离婚监督机制的缺乏是我国目前未成年人保护制度的一块硬伤。我们需要在肯定“父慈子孝”的伦理观之外，完善未成年子女家庭利益保护的外部监督机制，在父母离婚时为未成年子女提供有效的权利保护途径。

1. 建立子女利益代表人制度。子女利益代表人制度是源自英美法系国家的一种儿童保护制度，子女利益代表人在家庭案件诉讼中不受父母、法官等任何人的影响，

---

〔1〕张伟：“论儿童最佳利益原则——以离婚后未成年子女最大利益保护为视角”，载《当代法学》2008年第6期。

独立代表未成年子女的利益。事实上子女利益代表人制度不仅适用于家庭案件的诉讼中，也可以在协议离婚制度中予以借鉴。预先设定父母是未成年子女的最佳利益保护者并赋予父母当然的法定代理权迎合了人类基本感情的需要，也是各国立法的通例。未成年子女由于欠缺完全行为能力，不能自由地表达自己的意愿，无法保护自己的合法权益，所以法律规定了父母对其未成年子女的监护权和法定代理权。的确，从人类淳朴的感情本能而言，父母无疑是未成年子女的最佳保护人。但是这只是人类社会的普遍现象而绝非全部内容，来自于家庭内部的父母对未成年子女的伤害并不少见。特别是当父母离婚时，离婚双方如果冲突激烈、矛盾激化，有些时候往往会改变或暂时改变父母爱护子女的心理，甚至为了报复对方而利用子女而置子女利益于不顾。传统观点看重血缘关系，认为家族、家庭、父母、亲情对未成年子女而言是不可替代的，也无法想象父母之外是否还可能存在更适合代表未成年子女利益的其他人。但事实上父母并不能绝对地保障未成年子女的利益，将未成年子女的利益保护绝对地依赖于父母，会使得离婚登记机关和法院被动接受父母对子女的安排方案，这样并不能绝对有效地保护儿童利益。离婚时夫妻本人并不适合担任其未成年子女的利益代表人，我们需要一个更为公正、公开、民主的未成年子女利益代表人制度。

立法的理念和精神往往可以接受借鉴，但是具体的制度实施和保障却必须要充分考虑到各国的具体国情。在我国，由谁来担任子女的利益代表人是监督制度实施上的难题。我国《未成年人保护法》第6条第1款规定："保护未成年人，是国家机关、武装力量、政党、社会团体、企业事业组织、城乡基层群众性自治组织、未成年人的监护人和其他成年公民的共同责任。"第8条规定："共产主义青年团、妇女联合会、工会、青年联合会、学生联合会、少年先锋队以及其他有关社会团体，协助各级人民政府做好未成年人保护工作，维护未成年人的合法权益。"上述规定包括了诸多社会团体及民间组织保护未成年人的责任，但是该规定却缺乏具体的保护措施和责任规划，导致了现有未成年子女利益保护工作的空虚性。就我国目前未成年人利益保护的现状而言，现实中以下四类机构和组织事实上承担着保护未成年子女的利益的具体工作：①未成年子女的尊辈亲友；②当地村民委员会和居民委员会；③人民调解委员会和妇联组织等团体机构；④法院和各地离婚登记机关。在这四类主体中，人民调解委员会和妇联组织等团体机构，以及法院和离婚登记机关等国家机关，虽然具有调查的便利和职业上的威信，但是这类组织距离未成年人的生活较为疏远，不能及时、全面了解未成年子女的生活状况，也不能保证对单个家庭和单个未成年子女的时间和精力付出。相比较而言，未成年子女的尊辈亲友，以及未成年人住所地的村民委员会和居民委员会更适合担任未成年子女的利益代表人。乡土社会，一旦父母离婚，可以由未成年子女的尊辈亲友，以及未成年人住所地的村民委员会和居民委员会共同担任未成年子女的利益代表人。这两类组织可以在功能上互补，亲友更有专注的精力关心家庭和家族内的卑亲属的生活与教育问题，但是往

往会受到感情的影响不能更为公正地处理问题。而未成年人住所地的村民委员会和居民委员会往往更为公正，但是并不能如同未成年人的亲友一样将全部的精力奉献于单个家庭和单个的未成年人。所以在我国协议离婚制度中，引入子女利益代表人制度，并由未成年子女的尊辈亲友，以及未成年人住所地的村民委员会和居民委员会共同担任未成年子女的利益代表人，可以在父母离婚时和离婚后监督抚养费的支付和使用情况，并对直接抚养人养育子女的行为进行监督。

2. 设立离婚协议的实质审查制度。快捷方便的协议离婚有其不可避免的弊端，那就是不能兼顾保护未成年子女的利益。因此，很多国家对离婚协议采取了一定的限制和监督措施，如瑞士和法国等国家要求离婚协议须经法院或有权行政机关的审查确认。还有的国家走得更远，要求有权机关有撤销或者驳回协议离婚的权利。我国传统社会推崇“父母之命，媒妁之言”的聘娶婚制度，在森严的等级制度和封建礼教影响下，子女并没有结婚的权利。受“男尊女卑”的影响，女性往往没有离婚的自由。新中国成立后，将婚姻自由作为婚姻法的一项最为重要的基本原则。但是我国现行的婚姻自由政策过于强调婚姻当事人结婚自由和离婚自由的权利，却忽视了其他利害关系人权益的保护，特别是离异家庭中未成年子女利益的保护。根据现有的法律规定，只要夫妻双方关于子女抚养和财产分割达成一致意见即可自由离婚，婚姻登记机关和法院并不对离婚协议的内容进行实质审查。如果不对离婚协议内容进行实质审查，那么该如何判断父母的离婚协议是否侵犯了未成年子女的利益呢？因此建议设立离婚协议的实质审查制度。关于实质审查的主体，由婚姻登记机关和法院来共同担任，通过行政程序办理的协议离婚，应当由婚姻登记机关进行实质审查；而离婚案件起诉到法院后，在法官调解下的离婚协议由负责调解的法官进行实质审查。实质审查的内容应该包括并不限于以下内容：一是审查夫妻共有财产分割是否侵犯了未成年子女的利益；二是审查直接抚养人的确定是否符合子女的最佳利益；三是子女利益代表人的选择是否符合子女的最佳利益。

第三节 裁判离婚

裁判离婚与协议离婚不同，协议离婚只需要双方当事人的合意即可，无需过问离婚的原因；而裁判离婚更多的时候是关于婚姻的解除出现了争议。此时，在何种情形下司法机关应该判决当事人离婚，往往成了争议的焦点所在。

一、裁判离婚概述

（一）裁判离婚的概念

裁判离婚也称判决离婚，指对于一方或双方提出的离婚请求，由法院作出肯定或否定的裁判。裁判离婚和协议离婚均为目前各国离婚的主要方式，但是协议离婚的方式并没有得到世界各国的普遍认可，有的国家只允许通过诉讼的方式解除当事人之间的婚姻关系。然而，几乎所有国家都对裁判离婚作出了明确的规定。

（二）立法原则

近现代社会的离婚制度具有限制离婚主义的特征，其间出现了由“有责主义”向“无责（目的）主义”和“破裂主义”发展的趋势。

1. 过错主义。过错主义又称“过错离婚主义”或“有责离婚主义”。它是以夫妻一方的过错行为作为对方请求离婚理由的近代立法原则。过错离婚主义的合法性依据是婚姻契约理论，婚姻被视为男女双方关于婚姻问题自愿达成的一个综合契约。在一方或双方有过错、违反婚姻契约的义务和道德的有责原因时，可以申请终止该婚姻契约。因此，在奉行过错主义立法原则的时代，离婚被认为是对被告过错行为的一种制裁和惩罚手段，同时作为对无过错方的一种解救措施。与这种观念相适应，在离婚立法上各国采取过错主义，把一方的过错行为作为对方请求离婚的理由。在奉行过错主义立法原则的国家认为，在夫妻违反婚姻契约时，婚姻契约是可以解除的。综合起来，各国法律规定的可以作为离婚理由的过错行为主要有通奸、遗弃、虐待、重婚、嗜毒、犯罪等。此外，夫妻一方提请离婚时，还需要提供适当的证据以证明对方配偶存在过错，从而才可获取法庭离婚判决。现代国家很少有单独采取过错主义作为离婚立法原则的，一般是将过错原则和破裂主义相结合。除了证明夫妻感情破裂之外，如果夫妻一方能证明另一方有法定过错的，法院可以推定为感情破裂而判决离婚。

2. 目的主义。近年来，过错主义立法原则逐渐地遭受了质疑，因为有些夫妻没有过错行为，既没有违反婚姻义务也没有超越道德行为的准则，甚至是非出于当事人的主观过错，如一方患精神病、生理缺陷、重大不治之症、生死不明达一定年限等。但是因为这些非夫妻一方的主观过错或有责行为的原因，却客观地导致了夫妻无法继续共同生活。所以，苏联等国家采取了目的主义的立法原则，其规定只要法院确认当事人婚姻关系破裂，夫妻无法继续共同生活，家庭对于双方、子女和社会都已失去意义时即可根据任何一方请求判决离婚，而不规定引起婚姻破裂的原因。如《瑞士民法典》第141条规定，配偶一方患有精神病，致使他方无法继续维持婚姻生活，并且该病已持续3年，经专家鉴定为不治之症的，他方可以随时诉请离婚。

3. 破裂主义。破裂主义指夫妻双方感情破裂，无法维持共同生活，夫妻一方或双方均可要求离婚。随着女性权利意识的反省、人权道德观念的普及，在各国的离婚法改革中，人们对离婚问题采取了越来越宽容的态度，离婚不再被认为是以制裁和惩罚过错方为目的，而将离婚视为摆脱不幸婚姻，重新追求个人幸福和人生价值的手段。因此，绝大多数国家在离婚立法上抛弃了传统的过错主义原则和目的主义原则，转而采取破裂主义立法原则。有人用了一个可怕，然而却是合适的比喻来说明离婚与婚姻破裂的关系：“离婚是死亡婚姻的葬礼，而不是婚姻死亡的原因，为防止破裂而否定离婚就好比为害怕死亡而禁止举行葬礼一样。”英国法律委员会曾提出，现代离婚法的目的应该是：“维持而不是破坏婚姻的稳定性，但是，如果婚姻已

经不幸破裂并且不可挽回的话，就应该让那个空有其表的法律外壳被摧毁，不过要做到最大限度的公平，最小限度的痛苦、烦恼和难堪。”换句话说，只要双方的婚姻关系已经完全破裂，无论有无过错，哪一方都可以获准离婚。造成婚姻关系破裂一方的任何过错，应该与获准离婚无关。

破裂主义则以婚姻关系的破裂作为离婚的客观依据。英国是较早单独采取破裂主义的国家，根据1996年《英国家庭法》，“婚姻已破裂至无可挽回之程度”是唯一的离婚理由，并且只有在法定情形下，婚姻才可以视为彻底破裂。它对欧洲各国离婚法改革产生过重大影响，欧洲各国离婚法自21世纪60年代后半期以来是以1969年英国离婚法修正为契机，而迈向另一新纪元。破裂主义已成为世界离婚立法的主流趋势。世界上许多国家都将婚姻关系破裂或不和谐作为离婚的法定理由或法定理由之一。我国立法也采取破裂主义，《婚姻法》第32条第2款规定：“人民法院审理离婚案件，应当进行调解；如感情确已破裂，调解无效，应准予离婚。”

（三）立法形式

综观世界各国的离婚立法关于离婚法定理由的规定，主要采用了三种不同的立法体例：①具体列举离婚的法定理由，不具备列举的法定离婚理由的不得离异；②概括地规定离婚的法定理由，同时列举几种情形作为判断是否具备离婚法定理由的依据；③仅概括地规定离婚的法定理由并不列举具体情形。

1. 列举主义。列举主义是指法律明文列举理由作为准予离婚的依据，不符合法定理由的离婚之诉，法院不予受理，但原告提出的离婚理由一经证实即可获准离婚，如《墨西哥民法典》列举的离婚理由达17条之多。这种立法方式一方面限制了个人的离婚自由；另一方面，从司法中排除了法官自由裁量的余地，将法官变成了准予离婚的橡皮图章，使得国家对离婚的干预，在司法过程中无从实现。如《瑞士民法典》第137～142条均是对离婚原因的规定，以及《墨西哥民法典》第267条对离婚原因的列举等。“我国台湾地区民法典”第1052条也规定了判决离婚之事由：“夫妻之一方，有下列情形之一者，他方得向法院请求离婚：①重婚。②与配偶以外之人合意性交。③夫妻之一方对他方为不堪同居之虐待。④夫妻之一方对他方之直系亲属为虐待，或夫妻一方之直系亲属对他方为虐待，致不堪为共同生活。⑤夫妻之一方以恶意遗弃他方在继续状态中。⑥夫妻之一方意图杀害他方。⑦有不治之恶疾。⑧有重大不治之精神病。⑨生死不明已逾3年。⑩因故意犯罪，经判处有期徒刑逾6个月。”

2. 概括式。概括主义即法律不具体列举离婚理由，而以婚姻破裂无可挽回，夫妻关系无法继续维持为概括性离婚理由。如1968年《苏俄婚姻家庭法典》第33条规定：“如果法院确认夫妻双方已无法共同生活和维持家庭，应准予离婚。”再如美国统一结婚离婚法、罗马尼亚、蒙古等国家的家庭法，也采取了概括式立法对离婚原因作出规定。概括式立法方式的优点是有利于立法的稳定，缺点是由于其不能向当事人和法官提供一个清楚的离婚标准，对当事人而言可能导致以婚姻破裂为由的离婚权利滥用。对法官而言，操作性差，法官对婚姻破裂的认定完全可能受到自己对离婚观念的影响，而造成同一离婚案件不同法院，甚至不同法官审理结局迥异的司法不公正现象。

3. 混合式。概括与列举相结合，既列举可以提起离婚之诉的某些理由，又用一个相对抽象的伸缩性规定加以概括，以弥补列举的不足。如《日本民法典》第777条对离婚原因作出如下规定："夫妻一方，以下列各项情形为限，可以提起离婚之诉：①配偶有不贞的行为；②被配偶恶意遗弃时；③配偶生死不明时；④配偶患强度精神病且无康复希望时；⑤有其他难以继续婚姻的重大事由时。"混合式立法一方面扩大了离婚自由，另一方面又使离婚较列举主义更为严格，这就将当事人的离婚自由和国家对离婚的干预有机结合在一起，使判决离婚制度的功能得以有效发挥，是一种比较理想的立法模式。《韩国民法典》对于离婚的原因也采取了混合式立法，其概括式原因表述为"无法继续维持婚姻关系"，接着在第840条又规定了几项具体事由，包括不贞行为；恶意的遗弃；配偶或其尊亲属受到不当的待遇；自己的直系尊亲属受到配偶的不当待遇；3年以上生死不明的；以及其他无法继续维持婚姻关系的。此外，我国现行婚姻法也采取了混合式立法，在《婚姻法》第32条第2款概括性的规定："人民法院审理离婚案件，应当进行调解；如感情确已破裂，调解无效，应准予离婚。"此外，在第3~4款列举了五种具体情形："有下列情形之一，调解无效的，应准予离婚：①重婚或有配偶者与他人同居的；②实施家庭暴力或虐待、遗弃家庭成员的；③有赌博、吸毒等恶习屡教不改的；④因感情不和分居满2年的；⑤其他导致夫妻感情破裂的情形。一方被宣告失踪，另一方提出离婚诉讼的，应准予离婚。"

二、关于离婚法定理由的比较研究

与判决离婚的立法原则相适应，近几十年来，各国法定离婚理由也发生了很大的变化，立法机关在授权法院受理和判决离婚案件的同时，对于离婚理由的规定也趋向广泛和宽松。当代外国法律中判决离婚的理由加在一起达几十种之多，其中以下列几种最为常见。

（一）英国

英国教会法也曾经禁止离婚。16世纪，宗教改革运动兴起，英格兰的许多宗教改革家力倡婚姻应视为国家规范的民事合同。18世纪以后，国会以国家立法形式解除某一具体婚姻关系。法定离婚理由就男方而言是妻子的通奸，就子女而言是妻子的通奸，就女子而言是丈夫的通奸加其他过错行为。抗辩事由是原告方自己也有过错，男女双方有逃避婚姻神圣义务的共谋或串通。

1923年《婚姻诉讼法》规定任何一方均可以他方通奸为由诉请离婚，但仅可以此为由诉请离婚。1937年《婚姻诉讼法》扩大了法定离婚理由的范围，规定配偶任何一方可基于他方的虐待、遗弃连续达3年或3年以上、不能治愈的精神病且于起诉时已连续看护、治疗5年而获准离婚。抗辩事由是原告方亦有过错，对被告方的过

错有共谋或宽恕，在离婚问题上存在交易。第二次世界大战后，英国离婚制度长期坚持的离婚过错原则遭到强烈的批评，于是1951年以Morton为主席的结婚和离婚皇家委员会调查当时的离婚法，该委员会的报告坚决赞成保留过错原则。1969年公布的《修订离婚法》，其主要内容就是废除原规定的各种离婚理由，而代之以只有一条理由，即婚姻关系破裂到不能挽救的地步。但这项法律考虑到离婚中妇女往往发生经济困难，一直到1971年才实施。但是，法律责成原告要以一定的实施来证明婚姻确已破裂，而在法律列举的5项事实中有3项正是被告的过错行为。可以看出，英国立法建立在两个相互矛盾的原则上。法律这样规定依然没有完全摆脱过错主义的传统，而是采取了折中的办法。1973年《婚姻诉讼法》沿袭了1969规定的法定离婚理由，但规定自离婚之日起3年内不得向法院提起离婚诉讼，对提起离婚诉讼期限的规定遭到众人批评。于是1984年《婚姻家庭程序法》规定自结婚之日起1年不得向法院提出离婚诉讼，且此障碍为绝对的障碍，即法院没有自由裁量权，但并不禁止以在特定期间内发生的事情为由提起离婚诉讼。尽管如此，英国法学界仍对现行的离婚法给予了较多的批评，他们主张应对现行离婚理由的规定予以修改：①婚姻过错的概念和其他暗示争议的因素必须消除；②虽然婚姻无可挽回地破裂作为唯一离婚理由仍应予以保留，但对婚姻无可挽回地破裂应以明确的、客观的标准加以证实。明确、客观的标准系且仅系1年以上的分居事实。

（二）美国

在殖民地时期，南方各州普遍沿袭英国传统，不存在绝对即无条件离婚，分居也很少见。20世纪50年代以后，对统一结婚离婚法的要求显得更加强烈。终于，在1971年由美国州法律全国统一委员会公布了《美国统一结婚离婚法》。这部法律是参考性的，作为推荐给各州采纳、修改或另作解释的一个蓝本。该法规定的可以离婚的唯一理由，就是法庭认为婚姻关系确已破裂到无可挽回的地步。到1981年为止，除了伊利诺斯州和北达科他州以外，美国各州几乎都准许配偶在双方均无过错的情况下离婚。这种无过错离婚制度至少有四种模式，这些法律模式在各州之间差别很小。有些州如夏威夷州仅采取一种无过错离婚模式，即把婚姻关系无可挽回地破裂作为离婚的唯一理由；也有一些州同时还采取了其他几种无过错离婚的模式。但仍有许多州依然保留了传统的过错原则，把它作为一种可供选择的离婚理由。

（三）法国

法国现行离婚法是1975年颁布并于1976年1月生效的，新法在放宽离婚理由的同时，为力图避免使离婚程序“戏剧化”，把双方互相同意和共同生活破裂作为单独的法定离婚理由。前者是指只要双方合意并就离婚后的有关问题达成协议，就可以向法院诉请离婚，无须说明理由。合意离婚作为一种独立离婚方式的出现，是法国离婚立法上的一项重大改革，反映了当今法国人在离婚观念上的变化。由于现实的原因，新法律在放宽离婚理由的同时，仍然保留了因夫妻一方过错而离婚的规定，即任何一方得以归咎于对方的过错事件，只要该事件已构成一再违反婚姻义务和责任，以致使同居生活成为不堪忍受，就可以诉请离婚。

（四）德国

1900年的《德国民法典》是从自由资本主义向帝国主义过渡时期的产物，亲属编中关于离婚的规定也比《法国民法典》更加明确和具体，但仍保留了不少中世纪家长制的残余，维护着男女在离婚权利方面的不平等地位。该法典规定的法定离婚理由是：配偶一方企图杀害他方；配偶一方严重违反婚姻义务；有不名誉或不道德的行为，致他方不能期待继续维持婚姻关系者；重大的虐待。

1970年，联邦德国法律界代表大会上，绝大多数代表同意实行破裂主义的离婚原则，但是主张以一定时期的别居作为“婚姻破裂”、“家庭解体”的推定方法，这样可以防止将“婚姻是破裂的结论仅取决于法官的内心理性”。1977年7月1日起生效的《联邦德国民法典》，即采纳了这种意见。该法规奉行“破裂主义”，即可以请求离婚的唯一理由是婚姻破裂。认定婚姻破裂的标准应包括“分居”的客观情况和双方不愿再重新共同生活的主观意思。法律规定，如果婚姻双方分居1年并且双方均申请离婚或申请相对人同意离婚，则推定婚姻破裂；如果夫妻双方3年来一直分居生活，则推定婚姻破裂。为了防止离婚请求人滥用破裂主义而损害未成年子女的利益或另一方配偶的利益，法律对“破裂主义”的离婚制度又作了三项例外规定：①婚姻双方分居未满1年的，原则上不准离婚。②虽然婚姻已经破裂，但基于特别理由，为了维护该婚姻所产生的未成年子女的利益有维持婚姻必要的，不得离婚。③虽然婚姻已经破裂，但由于特殊的情况，离婚对反对离婚的配偶过于苛刻，且权衡离婚请求人的利益而有维持婚姻的必要的，不得离婚。

（五）日本

在“家制度”下，基于家族主义的观念，失败的婚姻被认为是“异己分子”侵入了本家族，是其女不合家风，因此，对“异己分子”逐出家族是当然的事。从这一角度讲，明治家庭法在“家制度”的范围内，确保了离婚的可行性。但既然是被逐出家庭的“异己分子”，自然毫无权利可言，也无财产可分，对于离婚的女子来说，离婚就是一场噩梦，人财两空，且精神上受到极大的伤害。这种完全无视妇女的合法权益，带有强烈的封建意识的离婚制度，遭到根本否定是理所当然的。战后家庭法的离婚制度原则上采用“破裂主义”，但在判例上，不承认有责配偶者的离婚要求；若离婚对象是精神病患者，按规定必须对其今后的治疗、生活等作出具体安排后，才准予离婚，所以，实质上该国采取的是消极破裂主义。但是在实际生活中，破裂主义的原则却没有得到真正地贯彻，或者说离婚制度出现了极端的不平衡，即家族法规定的两种离婚方式：协议离婚和裁判离婚的比例严重失调。在所有离婚的人数中协议离婚占90%，通过调解、裁判离婚的仅占10%，特别上裁判离婚还不到1%。因此在日本民法界，不少有力人士主张应该彻底贯彻破裂主义（即采取单意离婚制），简化离婚手续，以符合世界的潮流。其理由是协议离婚实质上是限制了离婚的自由，不符合破裂主义的原则。

三、裁判离婚制度

（一）裁判离婚的程序

离婚诉讼必须向有管辖权的法院提出。而有的国家是建立了专门的家庭法院管辖包括离婚在内的婚姻家庭案件。如根据《澳大利亚家庭法》第 39 条的规定，受理婚姻诉讼案件的法院为家庭法院、州法院或特别区域的最高法院。此外，在其第 39 条第 1A 款规定，联邦治安法院也可受理部分婚姻诉讼案件。澳大利亚的家庭法院行使婚姻家庭案件的司法管辖权，联邦家庭法院及其以下的联邦司法机构所作的判决是不具有判例效力的。再如德国有专门的家庭法院，是在其初级法院中设置了家庭法院（也称家庭法庭），专门管辖有关婚姻（离婚）、亲权或亲子间与夫妻间的抚养、夫妻财产制等各种案件。离婚之诉由夫妻共同居所地的家庭法院管辖。家庭法院可以根据离婚配偶一方的要求，对婚姻的解除和离婚后果问题包括赡养、监护、夫妻财产分割等同时作出判决，只在特殊情况下允许分案处理。也有的国家设有专门的家庭法院。例如，在我国离婚案件和其他民事案件一样都参照民事诉讼法的规定，没有特别地域管辖和级别管辖的例外。

（二）调解制度

调解制度分为法庭外的调解和法庭内达成的调解，此处主要探讨法庭内达成的调解。调解制度在婚姻家庭领域的适用，有利于缓解矛盾，消除敌意，更利于案件的妥善解决。很多国家在离婚程序中都有调解的相关规定，但是各国受到文化习俗和法律习惯的影响，调解制度有所区别。以日本为例，如果当事人提出离婚诉讼，可能以下面两种方式结案，调解离婚和判决离婚。所谓的调解离婚，指的是在离婚诉讼中要求离婚的当事人，向家庭裁判所申请调解。如果当事人未申请调解而直接提出离婚之诉，法院应裁定移送家庭进行裁判所调解或依职权裁定将该案移送至家庭裁判所调解。在家庭裁判所的离婚调解中，若当事人之间达成了离婚的合意，经调解委员会审查，认为协议内容合理而记载于调解书中时，调解离婚即成立，发生与判决同等的效力。如果经过家庭裁判所的调解仍不能成立离婚的，家庭裁判所认为必要时，可听取调解委员会的意见，从双方当事人的利益出发，在不违背当事人申请的意思表示前提下，依职权进行离婚审判。在调解离婚不成立，且未进行审判离婚，或虽经审判离婚，但因当事人提出异议而使审判离婚失效时，当事人可向普通法院提起离婚诉讼。我国的离婚调解制度也非常有特色，在离婚案件中非常重视调解的作用，甚至将法庭内的调解作为判决离婚的必经程序。如我国《婚姻法》第 32 条第 1 款规定："男女一方要求离婚的，可由有关部门进行调解或直接向人民法院提出离婚诉讼。"

（二）裁判离婚的条件——关于婚姻关系破裂的认定

如前文所述，离婚法经历了有责主义向破裂主义转化的过程，现代国家大多抛弃了单独的有责主义立法，转向以婚姻彻底破裂、家庭实际解体作为离婚的理由。但是破裂主义立法有两个较大的争议：其一，是感情破裂抑或是婚姻破裂？其二，什么情况下可以认定为感情破裂?

对于第一个问题，各国立法态度不一，有的国家将破裂主义表述为婚姻破裂，例如《德国民法典》。也有的国家将破裂主义表述为感情破裂，如我国《婚姻法》。我国国内学界对该问题的意见各异，但是大多人认为感情带有主观性，应将“夫妻感情破裂”改为“婚姻关系破裂”。其理由包括以下几点：①从婚姻法的调整对象来看，感情关系并非婚姻法的调整对象，婚姻关系才是婚姻法的调整对象。②从常理上而言，感情并非所有婚姻关系处理的基础。我国目前对结婚条件的要求是自愿，而非感情，有的婚姻其成立的基础并非是感情，但却是自愿的，当然也就是合法的。③感情的标准过于主观，不好把握。夫妻感情是当事人内心的感受，包括法官在内的外人难以从外部识别和判断，在司法实践中缺乏可操作性。④德国等立法经验丰富的国家都适用的是婚姻关系破裂的用语，我国使用感情破裂的用语难以和世界接轨。当然，对该问题也有截然相异的意见，认为我国《婚姻法》关于“感情破裂”的用语并无不当，认为“夫妻感情破裂”与“婚姻关系破裂”没有实质区别，感情破裂是导致婚姻关系破裂的基础。既然立法已经相对稳定，广大人民已经接受了感情破裂的表达，没有必要修改。我们认为，这两种观点都有可取之处，但是从用语的严谨方面而言，婚姻关系破裂比感情破裂更适宜，建议未来《婚姻法》修订时，将第 32 条处的“感情破裂”修改为“婚姻关系破裂”。

对于第二个问题，如何认定婚姻关系破裂，各国和地区立法有不同的规定。大多数把婚姻关系破裂规定为离婚的重要理由之一；有的还同时规定引起婚姻破裂的原因，如“我国台湾地区民法典”第 1052 条具体列举了十项理由，包括重婚；与配偶以外之人合意性交；夫妻之一方对他方为不堪同居之虐待、夫妻之一方对他方之直系亲属为虐待，或夫妻一方之直系亲属对他方为虐待，致不堪为共同生活；夫妻之一方以恶意遗弃他方在继续状态中；夫妻之一方意图杀害他方；有不治之恶疾；有重大不治之精神病；生死不明已逾 3 年；因故意犯罪，经判处有期徒刑逾 6 个月确定。也有的仅仅从原则上确定，婚姻破裂、夫妻共同生活不复存在，并且无法恢复，是离婚的唯一理由，如《德国民法典》的规定。此外，还有一些国家和地区虽然以婚姻关系破裂到无可挽回作为离婚的唯一理由，但需以一定期限的分居或一方的过错行为作为破裂的事实证明，如英国、澳大利亚、加拿大、新加坡和美国一些州。

四、我国的裁判离婚制度

在我国裁判离婚是指对于夫妻一方或双方提出的离婚请求，由法院作出肯定或否定的裁决的离婚制度。我国《婚姻法》第 32 条第 2 款明确规定：“人民法院审理离婚案件，应当进行调解；如感情确已破裂，调解无效，应准予离婚。”这一规定是我国离婚制度中判决离婚的法定理由，也是人民法院处理离婚纠纷的基本原则。此外，《婚姻法》第 32 条第 3 款和第 4 款规定，有下列情形之一，调解无效的，应准予离婚：实施家庭暴力或虐待、遗弃家庭成员的；重婚或有配偶者与他人同居的；有赌博、吸毒等恶习屡教不改的；因感情不和分居满 2 年的；其他导致夫妻感情破裂的情形。一方被宣告失踪，另一方提出离婚诉讼的，应准予离婚。上述条款将法定离婚条件予以具体化，从而使各级人民法院有了明确的认定夫妻感情确已破裂的统一标准。可见，我国确立了抽象概括与具体列举相结合的裁判离婚表述模式，这不仅增加了抽象性的概括规定，也增强了我国离婚法律规范的科学性和可操作性。

关于夫妻感情确已破裂的认定方式，根据我国司法实践的经验，认为一般可以从婚姻基础、婚后感情、离婚原因和关系现状等四个方面进行综合分析评判：①婚姻基础。就是看双方在结婚时的感情状况。以爱情为基础的自由婚姻，基础是牢固的；不是以爱情而是以金钱、地位、权势、容貌为基础的结合，以及草率结合或包办、强迫、买卖婚姻，基础则是不牢固的。上述问题反映着婚姻基础的质量。婚姻基础的质量，必然会对婚后感情和离婚原因产生直接或间接的影响。②婚后感情。所谓看婚后感情，就是要对双方结婚后的感情状况作全面的分析。婚姻生活具有多方面的内容。婚姻当事人的思想道德品质、工作状况、生活作风、性格习惯、子女教育、家务参与、夫妻生活以及与其他家庭成员间的关系等，都会不同程度地反映到夫妻感情上，对夫妻感情产生影响。夫妻的婚后感情可分为三个不同的层次，即和睦、一般及不和睦。婚后感情和婚姻基础是既有联系，又有区别的。一般说来，婚姻基础好的，婚后感情也容易好；反之亦然。但在某些情况下，也可能出现与此相反的变化。例如，包办婚姻或草率结婚的，也有可能在婚后的共同生活中建立起感情来；婚前有相当感情基础的，也可能因一方在婚后出现的不良行为而导致双方感情恶化。③离婚原因。看离婚原因，就是要找出引起离婚纠纷的主要矛盾。离婚的原因有单一、多重之分，有真实、虚假之别。因此，一定得查明产生离婚纠纷的真正原因。只有这样，才能有针对性地做好调解工作，才能正确地估计离婚原因与夫妻感情是否破裂之间的内在联系。④夫妻关系的现状和有无和好的可能。这是在上述三看的基础上对婚姻现状和发展前途所作的估计和预测。它决定着调解工作的方向，也为最后判决提供了依据。看婚姻关系的现状，就是看产生离婚纠纷之后，夫妻矛盾是否激化以及激化的程度。判断有无和好可能，既要看夫妻感情的实际状况，也要看双方当事人的态度，包括坚持不离婚的一方有无争取和好的愿望及实际行动。

第四节　离婚的效力

离婚的效力是指离婚所引起的各种法律后果，无论是协议离婚，还是判决离婚，只要符合法律的规定，势必会引起一系列的法律后果。从各国立法实践来看，主要是两个方面的影响：一个是对亲属身份关系上的影响；另一个是对亲属财产关系上的影响。

一、离婚对亲属身份关系的效力

(一) 夫妻身份关系的消灭

离婚在亲属身份关系上的效力首先体现在夫妻之间身份关系的消灭上，一旦离婚，婚姻关系即告终止，夫妻双方不再对对方承担配偶间的义务。夫妻解除夫妻间同居及忠实的义务，双方享有再婚的权利。如《墨西哥民法典》第266条规定："离婚解除了婚姻义务，从而使配偶双方得以自由再婚。"《法国民法典》第263条规定："已经离婚的夫妻如愿意复婚，必须重新结婚。"其他方面如姓氏权，都回归自由。《日本民法典》第767条规定："因结婚而变更姓氏的夫或妻，因协议离婚而恢复婚前姓氏。依前款规定恢复了婚前姓氏的夫或妻，自离婚之日起3个月内，依户籍法规定申报后，可以称离婚之际所称的姓氏。"

(二) 对姻亲关系的效力

离婚对姻亲关系是否产生影响，各国态度不一。有的国家规定姻亲关系因离婚而消灭，如《日本民法典》第728条规定："姻亲关系因离婚而消灭。但因夫妻一方死亡而解除婚姻关系时，姻亲关系并不必然消灭……"而我国立法回避了这一问题，对此并无明确的规定。

(三) 对血亲关系的效力

血亲关系的产生是因为出生的事实，而非婚姻关系或其他原因，因此离婚不会对自然血亲关系产生影响。对该问题，各国和地区立法比较统一。如"我国台湾地区民法典"第1055条关于离婚时子女之监护规定如下："夫妻离婚者，对于未成年子女权利义务之行使或负担，依协议由一方或双方共同任之。"再如《韩国民法典》第909条规定："父母离婚时，双方可以约定亲权人；协议不成时，由家庭法院依申请，指定亲权人。"离婚并不会对血亲关系产生影响，但是会根据子女利益的需要指定直接抚养的亲权人，这已经成为目前各个国家和地区的通例。

离异父母与子女之间的亲子关系有两类：一类是父母与成年子女的关系；另一类是父母与未成年子女的关系。无论是哪一类亲子关系，均不受父母离婚的影响，这是目前世界的通例。但是对于后一类亲子关系，由于涉及未成年人的利益保护，受到了各国立法的特别关注。一方面，确定了子女最佳利益的基本原则；另一方面，对子女的直接抚养人的确定、抚养费的金额确定和给付方式、探望的规定等作出了详尽的规定。

1. 离婚法引入了未成年人保护法中的"子女最佳利益原则"，充分尊重未成年子女的意愿，在父母离婚时，充分保护未成年子女的利益。从目前各国立法规定来看，现代国家大多认为离婚不仅仅是个人私事，其效力将会对双方、子女和社会产生影响。因此，许多国家对离婚规定了必要的限制性条款，以维护婚姻关系的稳定，或者保障弱势家庭成员的利益。《法国民法典》第289条规定："……法官在对何方照管子女及行使亲权的方式作出裁决时应考虑到：①夫妻间已签订的协议……③未成年子女的意见，如有必要听取其意见，而听取意见对其又无不便之处。"《美国统一结婚离婚法》第402条规定："法庭应使有关监护的决定符合子女的最大利益。法庭要求考虑所有有关事实，包括：①子女的父母一方或双方在监护问题上的愿望；②子女在监护人选问题上的愿望……法庭不必考虑所提出的与子女无关的监护人的行为。"在协议离婚制度中坚持儿童最佳利益原则，首先要保障儿童表达自己意愿的权利。对此联合国《儿童权利公约》也特别申明儿童有权表达自己的意见，此后不少国家响应公约的号召，也在立法中明确了未成年子女表达意愿的权利。很多英美法系国家，如英国、澳大利亚等为保障子女最大利益的实现，均在其家庭法中规定了在决定与子女利益相关的事项时，应根据子女的年龄和理解力听取子女的意见。英国1985年的 *Gillick v. West Norfolk and Wisbech Area Health Auhtority* 一案更是具有里程碑意义的判例，其承认子女在与自身相关的判决中应当拥有极大的发言权。[1] 因此，在离婚制度中尊重和保障未成年子女表达意愿的权利是当前各国家庭立法的趋势所在。我国受"父为子纲"儒家思想的影响，未成年子女的独立人格不被认可，反映到离婚制度中来，我国目前的离婚制度除了在确定子女直接抚养方时需要适度征求子女的意见之外，其他事项的选择时极少考虑子女的意愿。这是"父母本位"立法思想的反映，将离婚子女直接抚养方的确定视为与父母利益攸关的子女归属问题，而没有将其视为与子女利益攸关的亲子关系问题。毕竟离婚协议不同于一般的契约，只要契约双方同意即可。所以我们应该明确的是，在父母离婚时，虽然未成年子女本身并没有权利干涉父母的婚姻自由（离婚自由），只能被动接受父母离婚的事实；但是这并不意味着子女没有任何表达意愿的权利，父母有责任为了未成年子女的健康成长作出合理的安排以及利益的让步。因此，离婚制度不仅应当平衡婚姻当事人利益，也应该保护未成年子女的利益，最大程度的尊重未成年子女的意愿。

2. 对于父母离婚后未成年子女的权益保护，在细节之处也予以详尽的保护。"我国台湾地区民法典"第1055条对离婚时子女之监护作出规定，夫妻离婚者，对于未成年子女权利义务之行使或负担，依协议由一方或双方共同任之。未为协议或协议不成者，法院得依夫妻之一方、主管机关、社会福利机构或其他利害关系人之请求或依职权酌定之。前项协议不利于子女者，法院得依主管机关、社会福利机构或其他利害关系人之请求或依职权为子女之利益改定之。行使、负担权利义务之一方未尽保护教养之义务或对未成年子女有不利之情事者，他方、未成年子女、主管机关、社会福利机构或其他利害关系人得为子女之利益，请求法院改定之。前三项情形，法院得依请求或依职权，为子女之利益酌定权利义务行使负担之内容及方法。法院得依请求或依职权，为未行使或负担权利义务之一方酌定其与未成年子女会面交往之方式及期间。但其会面交往有妨害子女之利益者，法院得依请求或依职权变更之。

我国《婚姻法》第37条第1款也对离异家庭里未成年子女的物质生活保障作出

---

〔1〕 冉启玉："英美法'儿童最大利益原则'及其启示——以离婚后子女监护为视角"，载《河北法学》2009年第9期。

了规定，确定了父母离婚后子女生活费和教育费的承担原则，“离婚后，一方抚养的子女，另一方应负担必要的生活费和教育费的一部或全部，负担费用的多少和期限的长短，由双方协议，协议不成时，由人民法院判决”。虽然现实生活中也会出现离异父母一方拒付和拖欠生活费用和抚养费用的情形，但事实上随着经济逐步发展和生活水平逐渐提高，大多数离异家庭里的未成年子女的生活费用和教育费用等物质条件是可以通过立法得到保障的。

3. 引入共同监护制度，合理解决子女直接抚养人的确定问题。关于父母离婚对未成年子女的影响，很多国家的各类组织都进行过深入的调查研究，研究结果大多表明，离婚不利于未成年子女身心健康。例如，美国一项对离婚与孩子关系的跟踪调查研究显示，父母离婚对子女的负面影响大于正面影响，而且这种影响是全方位的，包括心理、行为、学业、健康、人际关系、婚恋观念等，甚至父母的离婚还会代际相传，增加子女自己婚姻变动的危险。有证据表明，在单亲家庭中长大的女孩，比双亲而又稳定的家庭中长大的女孩做未婚妈妈的可能性高3倍；单亲家庭的孩子结婚后的离婚率高两倍。因此有人提出了共同监护的抚养方式，即离婚或分居的父母双方可以通过共同抚育方式来照顾其未成年子女的生活。这种模式并不将子女的抚养权固定赋予父母一方，最大限度地满足未成年人关于父母亲情的需要，符合未成年人的内心需要，值得尝试与深入研究。

4. 我国婚姻法应当在离婚制度中增加子女利益保护的相关规定，全面保护未成年子女的合法权益。未成年子女在家庭中的财产权利受法律保护，父母离婚时，只能分割夫妻共有财产，不能分割子女的财产。财产是未成年子女生存和发展的基本保障，特别是父母离异时对未成年子女独立财产权利的确认，以及父母离异后对未成年子女财产的保护措施，尤其重要。虽然我国婚姻法仅仅对夫妻之间的共同财产和个人财产作出了列举性规定，并没有关于未成年子女财产的专门列举性规定，但是未成年子女当然拥有独立的财产权。对于未成年子女所有的财产，父母仅仅有代管的权利，无论父母的婚姻继续抑或解除，父母均不可随意处分子女的财产。现实生活中，父母关系正常时，与父母一起共同生活的子女虽然普遍没有劳动能力和收入来源，但是父母大多能尽到抚养教育子女的义务。如果未成年子女有一定的财产，一般由父母共同代管，很少会有侵害未成年子女财产利益的问题发生。可是一旦父母离婚，未成年子女的财产利益受到侵犯的可能性就会大大提高。其表现在，父母离婚时可能会将未成年子女的财产作为夫妻共有财产予以分割；也有可能父母离异后，直接抚养孩子的一方不正当管理未成年子女的财产，甚至挥霍未成年子女的财产，侵害未成年人的利益。所以，即使法律承认未成年子女的财产权利，未成年子女财产权利的实际行使往往也存在诸多的障碍。所以，我们必须明确未成年子女的财产权利，并在立法中建立规范的离婚监督制度来保护未成年子女的利益。

二、离婚对夫妻财产关系的效力

离婚在对夫妻人身关系产生影响的同时，对夫妻之间的财产关系也产生着影响。

其体现在夫妻共同财产的分割，以及离婚损害赔偿、离婚补偿和经济帮助方面。

（一）共有财产的分割

财产的分割是离婚效力的主要方面，离婚争议更多的是围绕着共有财产的分割展开的。现代国家在夫妻共有财产的分割方面大多遵循着男女平等，保护弱者，尊重当事人意愿的规则进行。如《德国民法典》第39条规定："婚约解除后，共同财产应予以分割。如双方不能达成分割的一致协议，则由法院在考虑到各方总的生活条件的情况下进行分割。"但是受到各国文化传统和法律习惯等因素的影响，各国关于离婚财产分割的具体规则有所差异。

在大陆法系国家，以德国为例，关于离婚财产分割的规则非常详细，甚至有专门供养补偿条款，当然这与德国国内完善的社会福利体系和强大的工会有关。按《德国民法典》的规定，关于离婚后夫妻财产的分割，采取的是净益平衡原则，即只要是婚后取得的财产都归夫妻双方共同享有。但是，在德国，职工的养老津贴等社会福利非常丰厚，如果离婚，女性将失去这一隐形利益，所以，为了保障未参加社会劳动，但对家庭有贡献的妇女在离婚之后也能获得养老津贴等社会福利的期待权，德国特别设立了"供养补偿制度"。根据该项制度，婚姻双方当事人中的一方在婚姻期间所得的养老金、退休金、残疾及失业等津贴的期待权，依据"净益平衡原则"由夫妻双方均等享有，在离婚时女性可以得到补偿。而在日本，其关于离婚时夫妻财产的分割非常注重保护女性的权益，这与日本女性在家庭中的经济地位有关，立法需要为女性提供离婚后的生存保障。《日本民法典》第768条规定："当事人协商决定财产是否需要分割及分割的数额和方法；若协商不成，当事人可向家庭裁判所请求处理。家庭裁判所将考虑当事人双方共同获得的财产额及其他有关情事，决定是否分割以及分割的数额和方法。家庭裁判所考虑的情况包括：夫妻共同生活的时间，夫妻的收支情况，夫妻生活的状况、职业、互相协助的程度，一方是否因结婚而退职失去收入来源，结婚当时或婚姻存续期间一方对另一方的赠与，一方不贞或有其他原因。"按照这条规定，在日本无论是协议离婚还是判决离婚，当事人中的任何一方均可以请求他方分割财产。在财产分割中，如当事人之间不能达成协议时，可以请求家庭法院处理。但是自离婚之日起经过2年者不在此限。而且对于财产是否需要分割以及分割的数额和方法，由当事人协商决定；若协商不成，当事人可向家庭裁判所请求处理。

在英美法系国家，对离婚共同财产分割的规定又有所不同。以英国为例，其最值得我国借鉴的是，在离婚时对未成年子女的特别保护。英国婚姻法要求法庭在离婚案件中应该首先考虑未满18周岁儿童的权益。这也是英国离婚制度中对未成年子女的利益的特别保护的另一表现。另外，法官在处理离婚案件的财产分割时，还应考虑到的标准包括：①财产来源；②财产需求；③婚姻期间的生活标准；④双方年龄和婚姻时间；⑤残疾；⑥贡献；⑦品性；⑧损失利益；⑨自我谋生能力。而在美国，其对夫妻财产的分割强调当事人的意愿与协议，当然这与美国国内婚前财产协议的普及有关。在美国，各州夫妻双方在离婚前就财产处理自行达成协议并签署相关协议书的情形非常普遍，这些婚前或者婚后达成的协议内容就包括了共同财产的分配，以及婚姻中债务的承担问题。至于离婚时作为共同财产分割的范围及分配原则，根据《美国统一结婚离婚法》规定，如果没有婚前或婚后的协议，结婚后双方获得的所有财产推定为共同财产，离婚时双方对共同财产均享有不可分割的一半利益。但是下列财产除外，包括由赠与所得的财产或第三人死亡时留给夫妻一方而非双方的财产；由其个人财产交换所得的财产；根据判决、婚姻财产协议或其他书面协议确定为个人财产的财产；个人财产的自然增值；对个人财产损害的赔偿；对个人人身伤害的赔偿。

（二）离婚赔偿制度

离婚赔偿制度指因夫妻一方的重大过错致使婚姻关系破裂，并对无过错方的财产或精神造成损失，导致婚姻关系破裂离婚时，过错配偶对无过错配偶所受的物质和精神方面进行的损害赔偿。不少国家都对离婚赔偿制度作出了明确的规定。《瑞士民法典》第150条第1项规定，因离婚，无过错的配偶一方在财产权或期待权方面遭受损害的，有过错的一方应支付合理的赔偿金。

对于离婚赔偿制度的构成要件：

1. 关于离婚赔偿制度的适用场合。有的国家立法明确规定，离婚赔偿制度仅仅适用于裁判离婚。《墨西哥民法典》第288条规定："离婚损害赔偿仅适用裁判离婚的场合。"还有的国家立法将离婚赔偿制度也适用于协议离婚的情形，如《法国民法典》。

2. 关于离婚赔偿的提出，大多数国家都规定，离婚赔偿只能由无过错方提出。如《法国民法典》第266条规定，在因一方配偶单方过错而宣告离婚的情况下，该方对另一方受到的物质上与精神上的损失，得受判处负损害赔偿责任。但是，另一方配偶仅在进行离婚诉讼之时，始得请求损害赔偿。我国婚姻法也规定只有无过错方有权提出离婚损害赔偿。

3. 关于离婚赔偿制度的赔偿范围，大多数国家和地区规定既包括物质损害，也包括精神损害。如"我国台湾地区民法典"第1056条（判决离婚之损害赔偿）规定，夫妻之一方，因判决离婚而受有损害者，得向有过失之他方，请求赔偿。前项情形，虽非财产上之损害，受害人亦得请求赔偿相当之金额。但以受害人无过失者为限。前项请求权，不得让与或继承。但已依契约承诺或已起诉者，不在此限。

我国《婚姻法》第46条对离婚损害赔偿制度作出了规定，"有下列情形之一，导致离婚的，无过错方有权请求损害赔偿：①重婚的；②有配偶者与他人同居的；③实施家庭暴力的；④虐待、遗弃家庭成员的"。根据该条规定，在我国只有无过错方才能提出离婚损害赔偿，而且无过错方只能在离婚时提出。至于是否限于在诉讼离婚时才能提出该赔偿要求，我国立法并未明确提及。此外最高人民法院《关于适用〈中华人民共和国婚姻法〉若干问题的解释（一）》第28条规定的"损害赔偿"，包括物质损害赔偿和精神损害赔偿。涉及精神损害赔偿的，适用最高人民法院《关于确定民事侵权精神损害赔偿责任若干问题的解释》的有关规定。第29条规定，承担《婚姻法》第46条规定的损害赔偿责任的主体，为离婚诉讼当事人中无过错方的配偶。

（三）经济帮助

经济帮助，许多国家称为抚养金、赡养费，是指离婚时一方生活困难的可以以请求对方给予一定的物质帮助。虽然离婚后夫妻关系不复存在，相互之间也不再具有扶养关系，但是很多国家和地区仍然规定了经济帮助制度。如《法国民法典》规定："如共同生活破裂而宣判离婚时，采取主动离婚的一方完全负有救助之责。""我国台湾地区民法典"第1057条规定了赡养费相关事项："夫妻无过失之一方，因判决离婚而陷于生活困难者，他方纵无过失，亦应给与相当之赡养费。"

关于获得经济帮助的条件，各国规定并不一样。如日本将离婚后的对困难一方的帮助称为扶养，并明确规定了获得扶养费的条件：①规定了弱势一方获得抚养费的前提条件，即将基于夫妻财产清算和损害赔偿获得的财产计算在内，弱势一方配偶依然陷入生活困难；②对对方配偶的财产状态作出最低要求，即要求对方的财产状况可以承担；③对给付的扶养费的数额作出规定，法院在确定扶养费的数额过程中，要综合考虑具体各项条件，主要是弱势一方的困难大小和对方的资力；④关于扶养费的给付方法，扶养费的给付方法多样，双方可以根据实际情况选择，可以一次性地给付本金，也可以分期给付本金，还可以选择给付物品。

德国也有完善的离婚后对配偶的扶养制度。德国法律规定，如果婚姻一方在离婚后不能独立地负担自己的生活，则该方可以在离婚时依照下列规定向婚姻另一方提出生活费的请求权。德国的扶养制度比较严格，弱势一方如果在离婚时要向对方提出生活费的请求权，首先必须满足以下几个条件之一：①因照管子女无法工作而要求对方支付一定的生活费。②弱势一方因年老不能谋求适当的工作要求对方支付一定的生活费。③弱势一方因疾病或残疾不能谋求适当的工作要求要求对方支付一定生活费。④弱势一方因暂时无法就业在获得适当职业之前的生活费。⑤出于公平理由要求对方支付一定生活费。德国的扶养制度还明确限定了离婚后给付生活费的标准和范围，对于生活费的标准根据婚姻持续期间的原有的生活状况确定，其他的还有关于购买适当的疾病保险的费用、为获得适当就业而付出的进修教育费用、购买适当的养老保险以及丧失就职或就业能力保险的费用等。德国关于生活费的给付方式和日本一样可以由当事人选择，可以一次性补偿，也可以定期按月预缴。此外，还规定了生活费请求权的终止，如权利人重新结婚或死亡，则生活费请求权终止；如义务人死亡，则给付生活费的义务由义务人的遗产继承人承担。

英国也有独立的扶养费制度。离婚时，如果配偶一方和子女陷入生活困难，法庭可以要求扶养人配偶支付享有的生活费扶养其配偶和子女，以保障其基本的家庭生活。如果抚养人拒绝，法庭在离婚诉讼和其他诉讼中可以发布命令，督促对方提供扶养费。当然，这种离婚扶养并不是无期限的，如果被扶养一方再婚，那么扶养方的扶养义务终止。如果被扶养方一直未婚，生活一直没有改善，则扶养费需要支付至被抚养方死亡。最后，关于扶养费的确定，需要参考诸多因素，包括离婚前家庭原来的生活水平，婚姻双方当事人的经济状况和身体状况，婚姻双方当事人各自对家庭财产作出的贡献，包括在照管子女等方面作出的贡献等。

澳大利亚也有完善的离婚扶养制度的规定，值得我国借鉴。其婚姻法第八章规定了申请配偶扶养的条件：如果夫妻离婚时，一方当事人没有足够的能力维持自己的生活，或有下列情形之一时，法院可以根据当事人一方的申请，作出由他方给付扶养费的决议：①由于其正在照顾、管束未满18周岁的婚生子女；②由于其年龄或体力、脑力下降的因素，无法获得适当的、有报酬的职业；③其他适当的理由。这种扶养以他方有扶养能力为前提。

我国《婚姻法》第42条规定："离婚时，如一方生活困难，另一方应从其住房等个人财产中给予适当帮助。具体办法由双方协议；协议不成时，由人民法院判决。"根据该条规定，一方只有在生活困难，而对方有帮助能力时，才能得到离婚时的经济帮助，而且这种帮助不限于金钱内容，可以是住房或其他。至于帮助金额的确定，立法并无明确规定，需要法官行使自由裁量权来决定。

我国的夫妻扶养义务制度需要进一步完善。夫妻之间由于双方的婚姻关系而产生相互帮助和扶养的义务，一旦离婚，夫妻之间相互扶养的义务就不复存在了。因此，夫妻中的一方当事人可能会因为离婚而丧失生活保障，陷入生活困苦的境地。离婚扶养制度正事为了弥补离婚可能给当事人带来的不利后果而产生，从性质上来讲，虽然离婚解除了男女双方的婚姻关系，但是离婚扶养制度是夫妻扶养关系的延续，是婚姻关系存续期间扶养义务在离婚后的一种延伸。这种帮助和扶养制度是离婚自由的经济保障，有利于保护婚姻中经济上弱势一方的利益，不至于弱势一方因为担心离婚后生活困难，而忍耐一段痛苦不堪的婚姻。我国虽然有关于离婚后经济帮助的规定，但是该规定稍显抽象。因此，我国未来的婚姻家庭立法应当完善经济帮助制度，在立法上规定离婚时没有足够能力维持自己生活的一方，可以请求他方给付扶养费，并列举具体的可以申请经济帮助的情形，为家庭经济地位处于弱势一方解除后顾之忧。因此只有完善夫妻扶养制度，才能真正保障离婚自由。

引例评析

本章引例是关于离婚的一个综合案例，涉及裁判离婚的条件，夫妻共同财产的分割，子女直接抚养人的确定。对于本案中男方于2009年4月提出离婚之诉，人民法院裁定不予受理是合理的。因为，女方在怀孕期间，男方不得提出离婚。女方提出离婚的，或人民法院认为确有必要受理男方请求的，不在此限。本案系男方提出离婚，且不存在确有必要受理男方请求的情况。婚姻自由是现代文明社会立法普遍遵循的规则，人不仅有结婚的自由，也有离婚的自由。但是婚姻自由不是绝对的，各国出于文化传统、习俗、宗教等各方面的原因，对离婚的限制条件规定并不一样，但是保护女性和弱势群体的利益是普遍遵循的规则。因此，为了保护女性的利益，我国《婚姻法》第34条规定，女方在怀孕期间、分娩后1年内或中止妊娠后6个月内，男方不得提出离婚。当然，保护女性和弱势群体的地位，不能限制当事人离婚的自由，因此对于王某斌的第二次离婚诉讼请求，法院应判决王某斌张某倩夫妻双方离婚，因为，二人因感情不和分居已满2年，应视为感情确已破裂，经法院多次调解无效，应准予离婚。可见，在判决离婚制度中要注意利益的平衡。至于本案中未成年子女王某喆的抚养问题，判决归女方张某倩抚养为宜。首先，在男方王某斌求学期间，子女随母亲生活时间较长，改变生活环境对子女健康成长明显不利。其次，从本案中男方王某斌的所作所为来看，其个人品质不佳，不利于子女身心健康。因男方王某斌每月有较高的固定收入，抚育费可按其月总收入的20%~30%的比例给付。抚育费应定期给付，有条件的可一次性给付。抚育费的给付期限一般至子女18周岁为止，或至子女独立生活时为止。但如果存在法定的特殊情形，给付期限可适当缩短。此外，在夫妻共同财产的分割方面，男方王某斌擅自搬走的家中电器及取走女方名下的存款，应认定为夫妻共同财产，但在分割时，应归女方所有。因为夫妻分居两地分别管理、使用的婚后所得财产，应认定为夫妻共同财产。在分割财产时，各自分别管理、使用的财产归各自所有。且男方王某斌离婚时，存在转移夫妻共同财产的情形，因此，分割夫妻共同财产时，可以少分或者不分。当然，住房应归男方王某斌所有。因为，住房是男方婚前购置的，为其婚前个人财产。但由于女方在本市无其他住房，如女方要求暂住，法院可判决女方暂住，但一般不超过2年，如女方租房居住经济上确有困难的，享有房屋产权的一方可给予一次性经济帮助。

本章小结

婚姻是人类生活的重要组成方面，现代文明国家保障婚姻自由，既包括结婚的自由，也包括离婚的自由。结婚并不是简单的1+1=2数学公式，男女的结婚一方面会对婚姻当事人产生诸多法律效力，另一方面还会有子女的出生。因此，离婚自由并不是绝对的，要考虑到各类主体之间的利益平衡，力求公平公正。一部完美的离婚法势必要给予人最大的自由，一部文明的离婚法还要给予婚姻中的弱者最大程度的保护，所以离婚法实质上是一部利益平衡法。首先，在要保障当事人的婚姻自由。男女之间因为爱而结合，无论是那个国家传统的文化都希望婚姻当事人白头偕老、相伴终生。然后生活有着变化性，人性也有恶的一面，所以不是所有的婚姻都能善始善终。与其他社会关系不同，婚姻关系以感情为基础，失去了感情基础，就失去了赖以维系婚姻关系的生命线。所以立法应当允许当事人依法解除婚姻关系，使当事人有机会再次追求自己的幸福，寻找适合的人生伴侣，所以离婚自由原则是保障人权的主要手段。正如列宁在十月革命后所讲，离婚自由并不会使家庭关系瓦解，相反可以使家庭在文明社会的民主基础上得到巩固。但是在保障当事人婚姻自由的同时，要兼顾他人的利益，因此判决离婚的条件、离婚的效力等都是离婚制度非常重要的内容，离婚制度需要依靠这些规则来保护婚姻中弱势群体的利益，平衡当事人之间的利益。

习题

1. 论述《法国民法典》关于裁判离婚条件给我国未来立法的启示。
2. 论述《德国民法典》关于夫妻帮助权的规定给我国未来立法的启示。
3. 论述《日本民法典》在夫妻共同财产分割方面对我国未来立法的启示。

第四章　亲子法律制度比较

本章导语

日本学者我妻荣先生曾言："人由于有父母子女的关系，从而发生各种各样法律上的效力……" 亲子关系是社会关系中最为基础和重要的关系之一，因此我们需要在立法上规范亲子关系，引导建立和谐的亲子关系。在我国，受到"父慈子孝"、"礼教治家"等传统文化的影响，我国家庭法律极少涉及亲子关系的规范，即使在现代法治社会，人们也是更关注于来自社会外部对未成年人的伤害，而漠视家庭内部亲子关系的完善。因此我们需要在结合我国国情的前提下，科学地借鉴其他国家的成功立法经验，完善我国的亲子法立法。

本章引例

2012年6月17日，网友叶叶到厦门鼓浪屿旅游，却意外发现令人吃惊的一幕。当时天空下着中雨，在鼓浪屿中华路公厕的正对面，一名婴儿却被放在路旁的泡沫箱里乞讨，没有任何遮雨措施。当时一位路过的大妈看不下去，便将自己的雨伞留给婴儿，不料这伞很快被旁边的一名女子扔开。当地有目击者称，这名女子经常将婴儿一人扔在那里不管，直到大家收摊时才来带走孩子，她是为了故意制造悲惨的气氛，让大家多给钱，才故意把雨伞给扔掉的。该网友对婴儿的遭遇感到很愤怒，婴儿遭如此虐待，会不会是拐卖而来？网友报警后，警察来了20秒钟左右，便撤离了现场。警方称这名女子系厦门本地人，其与婴儿之间为母子关系，早在2012年4月，就有网友在鼓浪屿发现这个孩子，并将孩子照片发到微博，希望有人救助。随后，当地民警为婴儿和带他乞讨的女子做了DNA亲子鉴定。鉴定结果证实，孩子并非被拐儿童，两人是亲生母子关系。虽然警方曾多次对其进行教育、劝导，但女子均不听劝。无奈，民警已将情况反馈给相关主管部门。后来，记者致电厦门市民政局收养登记处，一名工作人员却告诉记者："如果你觉得这个母亲虐待了孩子，可以打110报警，警察会处理这个事情。" 类似的未成年人遭受来自家庭内部伤害的案例并不少见。例如《广州日报》2010年3月4日社会新闻版块报道，9龄女拒上补习班被父当街打死；2011年10月13日，因大意父母不尽监护职责，致未成年子女死亡的小月月事件等。通过上述案例，我们不难看出，目前亲子关系的立法空白给未成年人利益的保护制造了巨大的障碍。

该案曾经在网络上引起了广泛的讨论，如何才能保证未成年子女的利益，从婚姻法的角度，我们必须首先明确下列问题：亲权是权利抑或是义务？亲权的内容包括哪些？父母的亲权能否被剥夺？在什么情况下经过什么样的法律程序，父母的亲权可以被剥夺？父母的亲权被剥夺后，谁来对未成年子女进行监护？唯有解决了上述问题，才能真正保护未成年人，使其免受来自于家庭内部的伤害。

第一节 亲子关系概述

梁启超先生曾言："少年智则国智，少年富则国富，少年强则国强，少年独立则国独立，少年自由则国自由，少年进步则国进步，少年胜于欧洲则国胜于欧洲，少年雄于地球则国雄于地球。"青少年是国家的希望，民族的未来。因此，我们需要在充分考虑传统文化对婚姻家庭制度影响的前提下，借鉴其他国家成熟的经验，完善现有亲子规范，重构未成年子女利益保护制度，并增强规则的生命力和适应力。

一、亲子关系的概念

亲子关系，又称父母子女关系，作为家庭法律关系的核心内容之一，在法律上一般是指父母和子女间的权利、义务关系。从内涵上说，包括人身关系和财产关系两个方面；从外延上理解，包含具有血缘关系的亲生父母子女之间的关系和没有血缘关系而由法律拟制的父母子女之间的关系。亲子关系的种类繁多，首先根据父母与子女之间是否有血缘关系，可以将亲子关系分为自然血亲的父母子女关系和拟制血亲的父母子女关系。

在父母子女权利义务关系中，父母对未成年子女在人身和财产方面以教养保护为目的，以保护教养未成年子女为目的的亲权为其核心内容。所谓亲权，是指父母对未成年子女在人身和财产方面进行管教和保护的权利和义务。亲权具有以下特征：①亲权既是权利又是义务，其内容是权利义务的综合体。亲权作为父母与未成年子女间的身份权，一方面父母有对未成年子女进行教养的权利，未成年子女必须服从父母的教养与保护，其他人也要尊重父母对未成年子女的教养权；另一方面，亲权同时还是一种义务，父母必须履行对未成年子女进行教养和保护的义务。因此，亲权不得抛弃、非法转让或非法剥夺。②亲权的对象限于未成年子女。当子女成年后，其即脱离父母的保护，享有完全的民事行为能力，父母对子女的亲权即消失。③亲权的主体具有专属性，为父母所专有，只能为父母所专有。除未成年人父母以外的其他任何人对未成年人享有亲权，仅限于教育、保护未成年子女的目的。

二、亲子法的历史沿革

（一）欧洲亲子法的历史沿革

亲权是大陆法系国家特有的制度，亲子法源于古老的罗马法和日耳曼法，内容体现为亲子关系中双方之间的权利义务关系。亲权制度的形成经历了三个阶段。

1. 亲权法的萌芽时期。亲权概念产生之初更多的是体现为家族中的成年男子

（家长）对其子女单方面享有的一项绝对性的有支配力的权力，很少涉及子女利益的保护。在罗马法中被称为家父权。此外在日耳曼法中家父权也在很大程度具有保护家长权力的意义。在英美法系国家虽然亲权与监护不分，也没有亲权的独立概念，但是其监护概念范围广泛，包括了亲权，有关于亲权的实质内容包含在了监护制度里面。无论是大陆法系国家还是英美法系国家，在其亲权（监护）制度形成之初，都是侧重于保障家长对未成年子女的保护和控制权利，是权力的体现。早期家父权制度虽然得到了当时社会的普遍接受，但是罗马法最开始仅仅是单纯依靠道德约束最初的家父权。一方面家长享有绝对实务权力，另一方面家长的权力单纯受到道德的约束。这样不可避免地出现家长权的滥用现象。虽然在《十二铜表法》以前就对家长权有过零星的限制，例如，由罗慕洛创立的限制遗弃权的法律规定，必须抚养所有的长子和长女，而另一项法律禁止杀死3岁以下的幼儿，除非是在有5位邻居证明的情况下杀死残体儿或怪胎，还有法律禁止出卖已获准娶妻的家子等。以后，在共和国时代，又借助于监察官和护民官干涉家父权的滥用，在帝国时代皇帝也曾经亲自干涉家父权的滥用。[1] 这些对家父权的限制并没有普遍的意义，仅仅是个别条文的适用。所以仍然不能否定早期家父权的道德规范性。

2. 亲权法的发展阶段。这一时期的亲权虽然有别于现代亲权，还是体现了浓烈的家长权气息，但是值得一提的是，其对家父权作出了普遍和系统的限制。这一时期人们开始关注家父权的限制并非一个偶然的现象，其有着深刻的社会原因。一是希腊文明和基督教精神的影响，尤其是基督教精神的影响。二是人人平等法学观念的影响。滥用家父权的现象不断增多，针对市民法过于强调家父的绝对权力而产生的不合理现象这一情况，法律理论也有所转变，法律承认家父权是一种特权，但也应当负担一定的义务，家长不得滥用其权力。

3. 现代意义上的亲权制度。各国现代意义上的亲权，一般是指父母双方基于其身份，对未成年人子女以教养保护为目的权利义务的集合。学界一般认为亲权具有以下几点特征：①权利义务相统一。从大陆法系国家现代亲权法的规定来看，亲权不再是一种单纯的权力，也不是权利或权利义务的统一，而是一种权利与义务统一性的亲权。亲权具有权利义务的双重性，亲权不但是父母享有的民事权利，而且是父母的法定义务。②行使亲权的主体是父母双方。亲权作为民事权利，是一种利他的民事权利，亲权是专为保护未成年子女的利益而存在，父母基于身份依照法律规定而享有的权利，正是为了保护教养未成年子女。③亲权是身份权。亲权是父母基于其身份，依法律规定而当然发生的，亲权只存在于父母与其未成年子女之间，以特定的人身关系为前提。④亲权的对象是未成年子女，亲权的目的是为了满足子女权益保护的需要。亲权是以保护教养未成年子女为目的，以对未成年子女的人身保护

---

〔1〕［意］桑德罗·斯奇巴尼选编：《婚姻、家庭和遗产继承》，费安玲译，中国政法大学出版社2001年版，第5～9页。

和财产保护为内容，因而亲权的行使以监护子女必要的范围且符合子女的利益为限。在我国，现行法律法规没有关于亲权的明确界定，1986年制定的《民法通则》没有相关的亲权制度，只是在相关条文中将监护涵盖了未成年人和成年精神病人相关权利的保护，婚姻法也无亲权的明确规定。但是“父母有保护和教育未成年子女的权利和义务”，这说明我国民事立法虽然没有使用“亲权”这一称谓，但法律本身已经包含了亲权制度的相关内容。

（二）我国亲子法的历史沿革

亲权制度在罗马法和日耳曼法的父权制度的基础上发展而来，在我国，与古罗马同时代的中国古代宗法社会同样存在父权和家长权制度。在封建家族和家庭内部，以族长和家长为首，对内统率整个家族和家庭成员，族长和家长对家族和家庭内部成员有教令权、生杀权、主婚权。家长对全家财产有支配权、处分权，卑幼不得擅自动用。对外族长和家族能够代表整个家族和家庭。同样地，家长权更多地赋予父亲（男子）一方，母亲的家长权仅仅处于替代和补充地位。但是，由于民族文化和民族传统的差异，中国古代的婚姻家庭法在表现形式上具有自身的特点。其最大的特点在于受到礼法和政策的影响，包括亲权制度在内的有关婚姻家庭的规定详于礼而略于法。历代统治者对婚姻家庭关系的调整崇尚礼法并用，以礼为主，以法为辅。其“父为子纲、夫为妻纲、君为臣纲”的礼教规则被推崇为封建伦常的基本支柱，成为婚姻家庭立法的指导思想和基本原则。第二个特点就是时间的漫长性。第三个特点就是家长权的绝对权威性。我国古代亲属法崇尚绝对的家长权力，家长对家族和家庭成员具有不可动摇的统治力。亲权的限制和剥夺则很少有体现。我国古代礼制的基本原则为“亲亲”、“尊尊”，孝乃百行之首、百善之先，父权至上的价值观一直占据主流。子女不享有个人权利，父母有权教令、惩戒，限制自由，甚至买卖、杀害子女。子女不享有财产权，别籍异财属“十恶”重罪。这种思想一直影响了漫长的封建社会。直到国民政府时期，1930年国民政府修订民法亲属篇，才在亲权制度中出现了对家长权力的限制和未成年子女利益的保护。

三、亲子关系的种类

（一）自然血亲的父母子女关系

所谓自然血亲的父母子女关系，一般是指父母和子女之间具有遗传学上的血缘关系。而根据父母之间是否有法律认可的合法婚姻关系，又可以将与父母有血缘关系的子女关系分为婚生子女和非婚生子女。所谓婚生子女，是非婚生子女的对称，一般指在父母的婚姻关系存续期间受胎或出生的子女。而非婚生子女，则是婚生子女的对称，一般是指没有婚姻关系的男女所生的子女。

（二）拟制血亲的亲子关系

拟制血亲的父母子女关系包括继父母及继子女之间的亲子关系和养父母及养子女之间的亲子关系。

在继父母子女关系中，继子女一般是指夫与前妻或妻与前夫所生的子女，而继

父母一般是指父之后妻或母之后夫。继父母子女关系产生的原因有两种：一种是由于父母一方死亡，他方再行结婚，再婚对象与自己子女之间形成继父母子女关系；另一种是父母离婚后，父或母再行结婚而在再婚配偶与自己子女之间形成的继父母子女关系。但是继父母与继子女之间的关系较为复杂，根据继父母与继子女之间是否形成了抚养事实，可以将继父母与继子女之间关系再分为形成了抚养事实的继父母子女关系和没有形成抚养事实的继父母子女关系。如果父或母再婚后，未成年的或未独立生活的继子女与继父母长期共同生活，继父或继母对其进行了生活上的抚养和教育，或者继子女的生父或生母负担其生活费和教育费的一部或全部，但继子女与继父或继母长期共同生活，继父或继母对继子女进行生活照料和教育，则属于形成了抚养事实的继父母子女关系。而父或母再婚时，继子女已成年并已独立生活，或者父或母再婚后，未成年的或未独立生活的继子女未与继父母共同生活或未受其抚养教育的，则属于是没有形成抚养事实的继父母子女关系。继父母与继子女是因婚姻而派生出的一种亲属，其性质属于姻亲，彼此间本无法定权利义务，继父母与继子女发生权利义务的条件，是继父母与继子女间形成了实际的抚养教育关系，彼此才产生等同于父母和亲生子女的权利义务。我国婚姻法对继父母与继子女之间形成抚养教育关系认定的要件未予规定。实践中一般是根据继父母对继子女在经济上尽了抚养义务（对继子女给付生活费、教育费的一部或全部），或者生活上尽了抚养教育义务（与未成年继子女共同生活，对其生活上照料、帮助，在思想品德、学业上对继子女关怀、培养）等来认定。如果在继父和母亲或继母与父亲实行共同财产制的情况下，以夫妻的共同财产来支付全部或主要抚养费的；或在继父与母亲或继母与父亲实行约定财产制的情况下，以继父和母亲或继母和父亲的共同生活费来支付全部或主要抚养费的，就符合“受其抚养”的条件。即使未成年的继子女为家庭生活提供了力所能及的劳动也是如此。我国《婚姻法》第 27 条规定：“继父母与继子女间，不得虐待或歧视。继父或继母和受其抚养教育的继子女间的权利和义务，适用本法对父母子女关系的有关规定。”因此，首先，无论继父母与继子女间是否形成抚养教育关系，他们相互之间都不得虐待和歧视。这是社会主义尊老爱幼、民主平等新型家庭关系的要求。其次，继父母与继子女之间是否发生法律规定的父母子女间的权利和义务，应根据他们是否形成抚养教育关系来确定。未形成抚养教育关系的继父母与继子女之间属于姻亲关系，他们之间无法律规定的父母子女间的权利与义务，即他们之间只是一种名义上或称谓上的父母子女关系，继父母因未抚养教育继子女，不享有受继子女赡养扶助的权利；继子女因未受继父母的抚养教育，不负赡养扶助继父母的义务。已形成抚养教育关系的继父母与继子女属于法律上的拟制血亲，他们之间具有与自然血亲的父母子女相同的权利和义务。与此同时，该继子女与没有和他共同生活的另一方生父或生母的关系仍然存在，他们之间的自然血亲父母子女关系并不因未在一起共同生活而消除。这样，此类继子女就具有双重法律地位，即一方面其和自己的生父母保持着父母子女间的权利和义务，另一方面其和抚养教育自己的继父或继母又形成拟制血亲父母子女间的权利和义务。因此，其享有双重权利，负有双重义务。也就是说，其既有受生父母抚养教育的权利，又享有受形成抚养教育关系的继父母抚养教育的权利；其既负有赡养扶助生父母的义务，又负有赡养扶助形成抚养教育关系的继父或继母的义务。并且，其享有的继承权也是双重的。其既享有继承生父母遗产的权利；又享有继承形成抚养教育关系的继父或继母遗产的权利。已形成抚养教育关系的继父或继母（如有自己的生子女）也具有双重的法律地位，即一方面其与自己的生子女保持着父母子女间的权利和义务，另一方面其与受自己抚养教育的继子女又形成拟制血亲父母子女之间的权利和义务。因此，其也享有双重权利，负有双重义务。也就是说，其既负有抚养教育生子女的义务，又负有抚养教育形成抚养教育关系的继子女的义务；其既享有受生子女赡养扶助的权利，又享有受形成抚养教育关系的继子女赡养扶助的权利。并且，其享有的继承权也是双重的。其既享有继承生子女遗产的权利，又享有继承形成抚养教育关系的继子女遗产的权利。

养父母子女关系也是法律拟制的亲子关系的一种。收养是指通过一定法律程序，将他人的子女当作自己的子女加以抚养，使原来没有直系血亲关系的人们产生了法律拟制的父母和子女关系的法律行为。在收养关系中收养他人子女的为养父母，被他人收养的为养子女。收养的成立是养父母养子女亲属关系发生的唯一途径，合法收养关系对收养和被收养人间以及被收养人与其生父母间的人身关系和财产关系发生一系列法律效力。收养必须符合一定的条件，履行法定的手续，才能合法有效，才能受到法律的确认和保护。合法有效的收养能够在养父母以及近亲属与养子女之间产生拟制的直系血亲关系。根据《收养法》第23条的规定，自收养关系成立之日起，养父母与养子女的权利和义务关系，适用法律关于父母子女关系的规定；即收养人与被收养人之间形成法律拟制的直系血亲关系，养子女从此取得了与婚生子女完全相同的法律地位。收养关系成立的同时，养子女与生父母以及近亲属间的权利和义务关系消除。随着养子女与养父母之间建立起拟制血亲关系，养子女与生父母及其他近亲属之间的权利和义务关系即行消除，也就是说，收养关系的建立，不仅使养子女与生父母之间的父母子女关系消除，而且其效力涉及养子女与其祖父母、外祖父母及兄弟姐妹关系的消除。之所以这样规定，主要是为了稳定收养关系，有利于养子女在新的生活环境中与养父母及其近亲属建立起和睦亲密的家庭关系，也使各方当事人法律上的权利和义务更为明确。

（三）父母与人工生育的子女之间形成的亲子关系

人工生育子女是指根据生物遗传工程理论，采用人工方法取出精子或卵子，然后用人工方法将精子或受精卵胚胎注入妇女子宫内，使其受孕所生育的子女。人工生育子女在现代科学技术条件下，主要有以下几种：①同质人工授精。同质人工授精是指采用不同形式使丈夫的精子和妻子的卵子经医疗技术手段，实施人工授精，由妻子怀孕分娩生育子女。②异质人工授精。异质人工授精是用丈夫以外的第三人

提供的精子（供精）与妻子的卵子，或用丈夫的精子与妻子以外的第三人提供的卵子（供卵），或同时使用供精和供卵实施人工授精，由妻子怀孕分娩生育子女。对子女而言，便有两个父亲或母亲：一是供精或供卵者，为子女生物学上的父亲或母亲；一是生母之夫或生父之妻，为社会学意义上的父亲或母亲。③代孕母亲。代孕母亲是指用现代医疗技术将丈夫的精子注入自愿代替妻子怀孕者的体内受精，或将人工授精培育成功的受精卵或胚胎移植入自愿代替妻子怀孕者的体内怀孕，等生育后由妻子以亲生母亲的身份抚养子女。代孕母亲生育的子女也有同质和异质之分，但共同特征是由妻子以外的一位妇女代替怀孕分娩。关于人工生育子女的法律地位，在夫妻关系存续期间，双方一致同意进行人工授精，所生子女应视为夫妻双方的婚生子女，父母子女关系适用《婚姻法》的有关规定，据此，只要夫妻双方协议一致同意进行人工授精的，不论所生子女是否与父母具有血缘关系，均应视为夫妻双方的婚生子女。2001 年 2 月 20 日发布的《人类辅助生殖技术管理办法》自 2001 年 8 月 1 日起施行，其第 3 条规定，人类辅助生殖技术应当在医疗机构中进行，以医疗为目的，并符合国家计划生育政策、伦理原则和有关法律规定，禁止以任何形式买卖配子、合子、胚胎。医疗机构和医务人员不得实施任何形式的代孕技术。所以实施人工生育技术的目的，是利用医学技术为不孕的夫妇提供生育的协助。而接受人工生育的主体，应当是已婚的不孕夫妇。凡夫妻实施人工生育达成协议的，所生的子女即为婚生子女，其亲子关系适用亲权的法律规定。

第二节 婚生子女与非婚生子女

一、婚生子女的概念和法律地位

婚生子女是指婚姻关系存续期间妻子所生育的子女。有的国家和地区对婚生子女作出了明确的界定，如《韩国民法典》第 844 条规定："妻子在婚姻关系存续期间受胎的推定为婚生子女。"再如，"我国台湾地区民法典"第 1061 条规定，"称婚生子女者，谓由婚姻关系受胎而生之子女"。父母具有合法的婚姻关系时，子女基于出生的事实即可确定其婚生子女的身份。而在依法确立婚姻关系前或婚外行为所生的子女，如非法同居、婚前性行为、姘居、通奸乃至被强奸后所生的子女，都是非婚生子女。因此，婚生子女具备以下几个特征：①父母之间必须存在有效的婚姻关系。无婚姻关系、婚姻关系无效、婚姻关系被撤销，所生子女也不能视为婚生子女。②生育的行为是发生在婚姻关系存续期间。先生育子女，后缔结婚姻关系，先前出生的子女不能视为婚生子女。同样，夫妻离婚后，因为不再存在婚姻关系，如果再受胎所生子女，也不属婚生子女。③所生子女和父母具有血缘关系。须为生母之夫的血统，即受胎为生母丈夫所为。倘若是因丈夫之外的男人致其受胎，则所生子女不属婚生子女。

二、婚生子女的推定

婚生子女的推定是指在何种情况下，可以推定子女为婚生子女。子女是否在婚姻关系存续期间受孕或出生，是推定子女是否婚生的标准。关于婚生子女的推定，各国和地区法律一般采用下列推定方式：

1. 以受胎的时间为标准来推断婚生子女。在婚姻关系存续中受胎的，母之夫即为子女之父；夫妻在受胎期间未同居者除外。例如，“我国台湾地区民法典”第1063条对婚生子女之推定采取了受胎的标准，“妻之受胎，系在婚姻关系存续中者，推定其所生子女为婚生子女”。接着在第1062条又明确规定了受胎期间的认定，“从子女出生日回溯第181日起至第302日止，为受胎期间。能证明受胎回溯在前项第181日以内或第302日以前者，以其期间为受胎期间”。此外，《德国民法典》也规定，子女出生前的第181日至第302日为受胎期；夫妻在受胎期同居者，所生子女为婚生子女。《法国民法典》也有类似规定，以子女出生前的第180日到第300日为受胎期；结婚达180日以上所生的子女，婚姻终止后300日以内所生的子女，均为婚生子女。

2. 以出生的时间为标准来推断婚生子女。《苏俄婚姻和家庭法典》规定，如父母处于婚姻状态，则婴儿的出生，由父母的结婚证加以确定。符合这一规定的子女即为婚生子女，夫在妻受胎期间未与之同居，是提出否认非婚生子女之诉的事实根据。

3. 将受胎和出生时间均作为推断婚生子女的标准。《日本民法典》第772条是对婚生性推定的规定：“①妻于婚姻中怀胎的子女，推定为夫的子女。②自婚姻成立之日起200日后或自婚姻解除或撤销之日起300日以内所生子女，推定为婚姻中怀胎的子女。”再如《韩国民法典》第844条规定：“婚姻成立之日起200日后或婚姻关系终止之日起300日内出生的可推定为婚生子女。”依此标准，婚姻中受胎或出生的子女都推定为婚生子女。

我国婚姻法没有对婚生子女的推定作出规定，但是为了保护未成年子女的最佳利益，未来的立法建议采取最为宽松的模式，将婚姻期间受孕和出生都作为推定婚生子女的标准。

三、婚生子女的否认

子女婚生性的否认，即当事人依法享有否认婚生子女是自己亲生子女的诉讼请求权的制度。实践中一般由丈夫证明在受胎期间内，未与妻子有同居行为，来依法否认子女是自己的亲生子女的制度。母亲与子女之间的亲子关系可以依据生育这一自然事件来认定，但是受到人类生理条件的限制，父亲不能因子女的出生即认定存在自然血亲关系，因此父亲的身份只是依据法律上的推定，子女婚生性的否认权主要赋予丈夫。虽然各国婚姻法都要求夫妻相互之间承担忠实的义务，但是在现实的婚姻家庭生活中，婚外性行为等违反忠实义务的行为不可能因为法律和道德的反对而杜绝。而且现实生活中也的确存在不少婚外性关系所生的子女，这些子女从法律上可以推定为婚生子女，但是从生理学上而言，这类子女并非丈夫的亲生子女。既然父亲身份只是一种法律上的推定，那么这种身份也可能被相反的事实所推翻，因此在设立婚生子女推定的同时，应允许提出对婚生子女的否认。通过认定子女与父亲之间血缘的真实性，使法律推定的亲子关系与事实相一致，来保护当事人的权益，实现法律的公平正义。在罗马法时期，就将子女区分为婚生子和私生子。如果子女在结婚第 7 个月以后或更确切地说在结婚第 182 天以后并且自婚姻解除之日起 10 个月以前出生的，则被推定为婚生子女，否则，如果丈夫否认是其后代，就必须证明这种亲子关系。[1] 这就是婚生子女否认制度的萌芽和起源，此后的欧洲大陆国家普遍设立婚生子女的否认制度。

现在虽然很多国家和地区的法律在规定婚生子女推定制度的同时，还规定了婚生子女的否认制度。但是由于婚生子女的否认制度可能会给子女带来不利后果，所以为了保护未成年人的利益，以及婚姻中无过错方的利益，避免无辜人受到伤害，各国和地区关于婚生子女的否认制度都有严格的条件限制：

1. 关于婚生性否认的原因。婚生性否认的原因是指丈夫可以基于哪些理由来否认妻子所生子女和自己没有血缘关系。关于婚生子女的否认原因有概括主义和列举主义的立法模式，大多数国家均采取概括主义，即不列举具体的原因，规定只要提供足以推翻子女为婚生的证据即可。关于子女非婚生性的证据多样，最常见的具有直接证明力的是医学鉴定结论。其他证据，如丈夫在妻子受胎期间没有同居的事实、丈夫有生理缺陷无生育能力等，也可以成为婚生性否认的证据。

2. 关于否认权人的规定。谁有权否认子女为非婚生子女，一般情况下，丈夫享有否认权。但是子女是否也享有否认权，不同的国家有不同的规定，有的国家规定只有丈夫享有否认权，如《日本民法典》第 774 条规定，“对于子女婚生性的推定，夫可以否认子女为婚生”。而有的国家规定丈夫和子女均享有否认权，《瑞士民法典》第 256 条规定，“否认父权推定之诉，可由夫或子女提出；夫对子女及其母有诉权，子女对其母及夫有诉权；但夫同意第三人使妻子怀孕的，则不享有否认婚生子女的诉权”。还有的国家将婚生子女的否认权也赋予妻子一方，如韩国。我国法律对此并未作明文规定，未来的立法是否需要对否认权人加以限制，根据我国的实际情况，建议作出以下规定：在婚姻关系存续期间，只有丈夫和子女有否认权，其他人包括母亲、子女生父或其他利害关系人均不可以提出否认之诉。

3. 关于否认权的时效和限制。不同的国家和地区有关否认权时效的期限规定长短不同。有的规定为 1 个月，有的规定为 90 天，有的规定为 6 个月，有的规定为 1 年，如《日本民法典》第 777 条关于婚生否认之诉的提起期间，规定“否认之诉，应自夫知悉子女出生时起 1 年内提起”。还有的规定请求撤销父亲身份的期限为 2 年。如“我国台湾地区民法典”第 1063 条对婚生子女之推定的否认作出了规定，妻之受

---

〔1〕［意］彼德罗·彭梵得：《罗马法教科书》，黄风译，中国政法大学出版社 1992 年版，第 156 页。

胎，系在婚姻关系存续中者，推定其所生子女为婚生子女。前项推定，夫妻之一方或子女能证明子女非为婚生子女者，得提起否认之诉。前项否认之诉，夫妻之一方自知悉该子女非为婚生子女，或子女自知悉其非为婚生子女之日起2年内为之。但子女于未成年时知悉者，仍得于成年后2年内为之。韩国也将起诉期限规定为2年，丈夫或妻子为起诉人时，在知道子女出生之日起2年内；禁治产人可以从取消禁治产宣告之日起2年内提起；丈夫和妻子的尊亲属和卑亲属从丈夫与子女死亡之日起2年内起诉。此外，关于诉讼时效的起算，各国规定也不尽相同。大多数国家规定从知悉需要行使权利时开始，个别国家规定否认权于子女出生时否认权人在出生地为起算时间，如出生时不在出生地的，以其返回出生地时起算等。我国婚姻法目前对否认权的时效没有明文规定，参照民法关于时效的相关规定，建议未来立法对否认权的时效作出如下规定，从权利人知道或应当知道子女为非婚生生子女之日起算，2年不行使否认权的，否认权消失。

4. 婚生子女否认的法律后果。大多数国家都规定，婚生子女的否认须以诉讼方式行使，并经法院裁决确认之后，才能否定婚生子女的推定，否认权人自行否认不发生法律效力。一旦否认之诉胜诉，子女则丧失婚生资格，为非婚生子女。如果否认之诉败诉，则应推定该子女为夫妻双方的婚生子女。在我国的司法实践中，丈夫如果否认子女为婚生子女，可向人民法院提起确认之诉。诉讼中丈夫负有举证责任，其需证明在其妻受胎期间，双方没有同居的事实，或能够证明其没有生育能力，必要时人民法院也可委托有关机构进行亲子鉴定。

四、非婚生子女的认领和准正

生育是一种事实行为，婚姻之外出生的子女情形多样。例如，未婚男女所生的子女，已婚男或女与配偶以外的第三人发生性行为所生的子女，无效婚姻当事人所生的子女，可撤销婚姻当事人所生育的子女，妇女被强奸或诱奸所生的子女等，虽然与其父母具有血缘关系，但是从法律上来讲，其身份均属于非婚生子女。所谓非婚生子女，就是指上述没有合法婚姻关系的男女所生的子女。不同的国家关于非婚生子女有不同的称呼，如韩国民法将非婚生子女称为婚姻外之子。关于非婚生子女的法律地位，在不同国家的不同历史时期，因宗教、道德和习俗等不同而有所差异。在奴隶和封建社会时期，世界各国普遍对于非婚生子女采取歧视的态度，非婚生子女的利益保护有所欠缺。如1804年的《法国民法典》第335条规定，乱伦或通奸所生子女的非婚生子女的利益不能通过认领得到保护。第338条规定即使得到生父的认领，非婚生子女也不能取得婚生子女的权利。第757条还限制了非婚生子女的继承份额，规定如果父母有婚生子女时，非婚生子女的权利为婚生子女应继份的1/3。到了资本主义阶段，随着“天赋人权”、“自由平等”等观点的普及，各国立法逐步关注非婚生子女的利益保护。现代大多数国家都从立法上赋予了非婚生子女与婚生子女同等的保护，同时规定了相关的准正条款。如1919年的《德国宪法》中，列入了改善非婚生子女待遇的条款。1926年，英国颁布了《准正法》。1923年，《法国民法

典》对有关非婚生子女的原则规定作了重要修改，非婚生子女的法律地位较前有所提高。不少国家都允许通过准正和认领的程序，使非婚生子女婚生化。

非婚生子女可以转化为婚生子女，其转化方式之一就是非婚生子女的准正。所谓准正，是指因为父母的结婚从而使得非婚生子女取得婚生子女资格的制度，非婚生子女的准正是为了使得非婚生子女取得与婚生子女相同的法律地位，以保护非婚生子女的利益。准正制度起源于罗马法，到了现代各国，将尊重正式婚姻与保护非婚生子女的理念相连结，大都设立了准正制度，但各国的具体规定，略有区别。有的国家和地区规定，仅以生父母结婚为准正的要件。如《德国民法典》第1719条规定，“生父同生母结婚者，非婚生子女成为婚生子女”。比利时的民法典、秘鲁的家庭法、我国台湾地区的亲属法等都有相似的规定。有的国家规定，以生父母结婚和认领为准正的双重要件。如《日本民法典》第789条规定准正的条件有：①父认领的子女，因其父母结婚而取得婚生子女的身份。②婚姻中的父母认领的子女，自认领时起，取得婚生子女的身份。③前两款规定，准用于子女已死亡情形。瑞士、法国的民法典，也都采用此种制度。我国婚姻法对非婚生子女的准正未作规定，但是在司法实践中，生父母在子女出生后补办结婚登记的，该子女便可视为婚生子女。关于准正的效力，根据世界大多数国家和地区的民法典的规定，两种准正均使非婚生子女取得婚生子女资格，如“我国台湾地区民法典”第1064条规定：“非婚生子女，其生父与生母结婚者，视为婚生子女。”但准正的效力发生时间则有所不同。有的国家规定从父母结婚或法院宣告为婚生子女之日起算，如《法国民法典》第332条。有的则规定有溯及力，自子女出生之日起就发生婚生效力，如《瑞士民法典》第259条、《日本民法典》第784、789条和《德国民法典》都是这样规定的。

非婚生子女可以转化为婚生子女的另一种方式是非婚生子女的认领，所谓认领，是指通过法律程序使非婚生子女转化为婚生子女的制度。关于非婚生子女的认领，该权利大多赋予生父一方，如“我国台湾地区民法典”第1065条对非婚生子女之认领作出规定：“非婚生子女经生父认领者，视为婚生子女。其经生父抚育者，视为认领。非婚生子女与其生母之关系，视为婚生子女，无须认领。”关于认领的对象，大多数国家立法规定既包括未成年子女，也包括成年子女。如《日本民法典》第782条规定，成年子女的认领，①父对胎内子女，亦可认领。于此情形，应经母作出承诺。②父或母对已死亡的子女，以有该子女的直系卑亲属情形为限，亦可认领。于此情形，该直系卑亲属为成年人时，应经其承诺。认领以是否出于生父的意思为标准可以分为任意认领和强制认领两种。任意认领是指生父承认自己为该非婚生子女的生父，并自愿对其承担抚育义务的法律行为。强制认领是指当非婚生子女的生父不自动认领时，有关当事人可诉请法院责令其认领的制度。这种认领也称为生父的寻认或搜索。强制认领的原因主要包括：未婚女子所生的子女，经生母指认的生父不承认孩子是他所生；已婚妇女与第三人通奸所生的子女，经生母指认的第三人不承认孩子是他所生。基于以上两种原因，生母可向法院提起确认非婚生子女生父之诉。关于强制认领的诉讼时效，各国和地区的规定很不一致。有的为1年，如《瑞士民法典》第263条；有的为2年，如《法国民法典》第340条；有的为3年，如比利时；有的为5年，如荷兰、芬兰等，“我国台湾地区民法典”也规定为5年。美国多数州的法律则规定，认领请求权无诉讼时效限制，生母在怀胎或分娩后的任何时期，皆可随时起诉。这一规定含有公法性质。此外强制认领诉讼时效的起算，一般是从子女出生时开始。强制认领与自愿认领所产生的效力基本相同，主要是使非婚生子女取得婚生子女的身份与资格，享有婚生子女的权利和义务。

五、我国相关制度的完善

（一）婚生子女的推定和否认制度

我国目前缺乏婚生子女的推定和否认制度，学界理论上和司法实践中有关婚生子女的认定标准不统一，也缺乏统一的婚生子女的否定标准。从目前世界各国的立法实践看来，为了保护子女的利益，各国对婚生子女采取的认定标准将越来越宽松。为了保护未成年子女的最佳利益，建议我国未来的立法采取最为宽松的模式，将婚姻期间受孕和出生都作为推定婚生子女的标准。无论是在婚姻关系存续期间受胎或在婚姻关系存续期间出生的子女，都推定为婚生子女。考虑到人类生命孕育的期限性，还建议将离婚次日起300天内出生的子女推定为婚生子女。

关于婚生子女的否认制度，建议我国未来的立法赋予丈夫和子女有否认权，只要能够提供亲子鉴定的证明、无生育能力的证明、受胎期间没有同居事实的证明等，即可在知道或应当知道非婚生的事实之日起2年内行使否认权，否认子女的非婚生性。

（二）非婚生子女的准正和认领制度

同样，我国目前也无非婚生子女的准正和认领制度。在现代法治社会，我们一方面提倡建立合法的婚姻关系，提倡夫妻之间相互忠实。另一方面，我们又必须现实地承认，道德的力量不能约束所有的婚外性行为，所以立法不能回避对非婚生子女的保护。从目前世界各国的立法实践来看，大多数国家都针对非婚生子女规定了完善的准正和认领制度。建议我国未来的立法增设非婚生子女的准正制度，如果非婚生子女的父亲和母亲在子女出生后，依法缔结了合法的婚姻关系，那么推定从子女出生之日起取得婚生子女的身份。

建议我国未来的立法增设非婚生子女的认领制度，将非婚生子女的认领分为自愿认领和强制认领。如果父亲自愿认领非婚生子女，那么子女从出生之日起取得婚生子女的身份。如果生父不愿意承认自己为该非婚生子女的生父，并拒绝对其承担抚育义务的法律行为，当事人可以申请人民法院强制认领。为了保护未成年子女的最佳利益，在子女成年之前，强制认领无诉讼期限的规定。

第三节 亲 权

一、亲权的概念

亲权是指以父母对未成年子女的教养保护为目的，在其人身和财产方面权利义务的统一。包括我国在内大多数国家立法都没有对亲权的概念作出明确的界定，而是直接规定亲权的内容，如《日本民法典》第1084条规定："子女应孝敬父母。父母对于未成年之子女，有保护及教养之权利义务。"与亲权最相近的概念为监护权，英美法系国家没有区分亲权和监护权，监护权则涵盖了亲权的内容。但是在大陆法系国家，大多数都将亲权与监护权区分开来。我国学界关于亲权与监护权的关系存在两种不同的理解，第一种观点认为亲权与监护权并无实质区别，只是称呼的不同。第二种观点认为，亲权与监护权是两种不同的制度。监护与亲权在性质、主体、内容和对象等方面都存在着重要的区别。本书认为，尽管亲权与监护制度存在某些联系甚至类似之处，但是作为民法中两种不同的制度，亲权制度与监护制度在功能、渊源中有很多相似之处，但两者不能互相包含，两者有着明显的不同：①权利的产生基础不同。亲权因为子女出生或收养或父母再婚而自然产生，但是限于二代以内的直系血缘关系或法律拟制的二代以内的直系血缘关系而产生。而监护权产生的基础并不限于二代以内的直系血缘关系人之间。监护权产生的基础并不限定于血缘和婚姻关系，三代以内的直系和旁系亲属也可以称为监护人，此外，其他组织和个人也可以成为监护人。②法律目的和法律限制不同。亲权的基础是建立于血缘纽带之上的亲子关系，具有深厚的情感因素。亲权的行使是把基于父母子女之间的自然伦理关系用法律的形式固定下来，因而法律对亲权法律关系中的父母推定为善意，这是亲权制度的基础。正是因为法律对父母行使亲权持一种善意的信任，因而在亲权基本原则上较为宽松和随意；而监护则受到法律限制较多，虽然大多数情况下监护人与被监护人之间也存在某种亲属关系，但这种亲属关系较之亲子关系更为疏远，所以法律对父母之外的监护人持谨慎态度，对监护规则也进行了严格的限制。③权利主体不同。亲权是父母基于特定的身份享有的一项专属权利，反映了亲属关系中的亲子关系，所以亲权关系人范围狭小，限于父母子女之间。亲权只能由未成年人的父母行使。而监护权的主体广泛，对未成年人的监护则是由除父母以外的第三方通过一定的法律规定的程序来行使。我国的监护仅仅要求必须是完全民事行为能力人，具有监护能力。④权利的对象不同。监护的对象远远大于亲权，它不仅包括对未成年人的监督和保护，还包括对无民事行为能力和限制民事行为能力的精神病人的监督保护。亲权设定的对象是处于亲权保护之下的未成年人，不包括年满18周岁的无民事行为能力人和限制民事行为能力人。

综上，亲权是否应该独立于监护权存在，不同国家的立法规定不一样。对于我国而言，是否要模仿法国、德国、日本等国家建立亲权制度，还是继续坚持将亲权作为监护权的一部分，该问题在2001年《婚姻法》第一次修订前曾经引起了广泛的争论，然而正反两方均没有充分的能够说服对方的理由，导致了2001年《婚姻法》修订时对亲权问题的回避。亲子关系作为婚姻家庭法律关系中的一个主要组成部分，亲权规范的缺失势必影响婚姻家庭制度的完善。目前大陆法系国家大多将亲权制度独立于监护制度，英美法系国家虽然没有独立的亲权制度，但是关于未成年人利益的保护一直也是婚姻家庭领域的立法重点。因此，我国未来的婚姻家庭立法应该设立独立的亲权制度，以更好地保护未成年的家庭权益。

此外，本书将亲权的比较研究置于亲子法部分，而关于监护的比较研究则另外置于单独的章节。

二、亲权的主体

（一）传统亲权制度中亲权的主体

行使亲权的主体是亲权人。亲权的主体经历了从绝对亲权到相对亲权，父亲单独享有亲权到父母双方共享亲权，从父亲享有绝对亲权到相对亲权的过程。

1. 亲权的主体经历了绝对亲权到限制亲权的过程。早期各国的法律（包括罗马法在内）对于“家父权”的行使基本上没有限制。家父权的专制色彩非常浓重，家父对家长享有绝对的控制权，其不仅对家庭财产拥有绝对的控制权利，而且对包括家子在内的子女的身体也拥有相当广泛的几乎不受限制的权利。这在讲究身份的古代社会，绝对的父权是合法的，甚至是必须的，为实现社会的公共目的和秩序，人们之间的关系很多时候靠身份来维持，维护家庭和谐必须赋予家子绝对的控制力，所以早期家父权是专制的和绝对的。但是后来人们逐渐认识到不加限制的家长权是危险的，因为缺乏监督经常会使得未成年子女受到伤害，而对于毫无自我保护能力的未成年人而言，这个危险也是不人道的。所以从20世纪开始，《法国民法典》和《德国民法典》率先对亲权的行使进行限制和监督，此外还对父母不当行使亲权规定了明确的惩罚性措施，使得亲权限制和亲权剥夺成为近现代家庭立法和未成年人保护立法中一项非常重要的内容。例如《德国民法典》第1666条曾规定，亲权人对子女利益造成损害，而父（母）又不愿、不能制止损害时，可由监护法院采取措施制止损害，也可由法院剥夺其父母的亲权，待损害消除时，恢复亲权。同时第1666a条规定，亲权的剥夺有子女人身照顾权、子女财产管理权的单独剥夺，也有二者一并剥夺。《日本民法典》第836条规定，当父（母）滥用亲权或有显著劣迹时，家庭法院可根据子女的亲属或检察官的请求，宣告其丧失亲权。但当前述情况消灭时，家庭法院可依法撤销失权宣告。在英美法系国家立法中，虽然亲权与监护权不分，亲权和监护权行为统称为监护，但是在其立法中有诸多类似于亲权剥夺的规定。如《法国民法典》第378-1条规定：“（1996年7月5日第96-604号法律）父与母，因虐待子女，或者因经常酗酒，明显行为不轨或者有犯罪行为表现，或者因对子女不予照管或引导，使子女的安全、健康与道德品行显然受到危害时，可以在任何刑事判决之外，被完全撤销亲权。在对其子女已采取教育性救助措施后，父与母在超过 2 年的时间内故意放弃行使与履行第 375－7 条规定的权利与义务者，得同样被完全撤销亲权。”第 444 条规定：“明显行为不轨的人以及公认不诚实，一贯失职或无能力管理事务的人，得被排除或撤销其负担监护任务。”

2. 亲权的主体经历了父亲独享到父母齐享的过程。亲权制度早期萌芽来源于父权制度和家长权制度，其设计之初是家长权专门为男性家长设立的。在男女地位不平等的早期社会，家长权将父亲视为是未成年子女的法定的当然监护人。以拿破仑时代的亲权规则为例，在家庭中男性家长处于绝对的领导和统治地位，一般由男性家长来决定家庭的最大事件，包括对子女的财产和人身权利的处置。而且一旦父母离婚，父亲是未成年子女的当然监护人，至于母亲只有在父亲死亡的情形下才可以成为未成年子女的监护人。此外，此时母亲的监护权多有限制，仅仅承担监护未成年子女的义务，并不享有亲权。《德国民法典》与《法国民法典》同样选择了监护与亲权并列的制度，对未成年人与成年人分别规定了监护制度。

（二）现代亲权制度规定的亲权的主体

如前所述，封建社会大多数地区的女性在社会各个领域都处在与男性不平等的地位，包括在家庭中亲权的享有，女性也处于与男性不平等的地位。随着欧洲封建文化对人类精神的束缚逐渐松动，妇女解放运动逐渐开展开来，人们发现，作为人类生活的另外一个领域，在家庭生活中，女性同样应当享有与男子同等的权利。赋予女性与男性同等的社会和生活地位，也有利于人类文明的进步和家庭的和谐幸福。特别是在家庭领域，由于女性和男性体现出来的性格、思维和行为的差异，未成年子女需要这两种不同的家长角色的关爱与教育，剥夺母亲对未成年子女的亲权，是不符合人类心理和人伦常情的。一个家庭中，未成年子女如果能够得到父亲和母亲共同关爱与教育，更有助于子女的心理健康和成长，同时也更利于家庭的和谐。随着妇女解放运动的开展，男女平等在各个方面都得到了发展与支持，反映在家庭方面，现代各国和地区大多数都规定男女之间平等的家庭地位。父亲和母亲都是亲权的主体，亲权也发展成为由父亲和母亲共同享受和承担的权利与责任。如“我国台湾地区民法典”第 1089 条规定：“对于未成年子女之权利义务，除法律另有规定外，由父母共同行使或负担之。父母之一方不能行使权利时，由他方行使之。父母不能共同负担义务时，由有能力者负担之。父母对于未成年子女重大事项权利之行使意思不一致时，得请求法院依子女之最佳利益酌定之。法院为前项裁判前，应听取未成年子女、主管机关或社会福利机构之意见。”

1. 婚生子女的亲权人。如果父母双方健在且有正当夫妻关系，则父母均为亲权人，得共同行使亲权，应以其共同的意思决定亲权的行使，如果意见分歧，则应相互协商，合理解决。父母虽处于婚姻关系存续之中，但一方由于种种原因不能行使亲权的，如一方死亡或受死亡宣告、一方行为能力受限制、一方长期外出、下落不明、重病、受刑或亲权被停止，应以他方为单独亲权人。父母离婚时，则应以子女的最大利益为依据来确定父母一方或双方为亲权人。

2. 非婚生子女的亲权人。具体包括：①未经过生父认领的非婚生子女，其亲权大体上由生母一方单独行使。②经生父认领的非婚生子女的亲权归属，有的以生母为亲权人，如《日本民法典》第818条规定，有的以生父生母均为亲权人，如我国《婚姻法》第25条的规定。

3. 对于经准正取得婚生子女资格的非婚生子女，由父母共同行使亲权。如未经生父认领，原则上以母为亲权人；如经生父认领，究竟以谁为亲权人，各国和地区规定不一。《德国民法典》第1736条规定以父为单独亲权人；《日本民法典》第818条规定原则上以母为亲权人，但可以协议或裁判确定父为亲权人；“我国台湾地区民法典”第1065条规定，生父生母均为亲权人：如经准正取得婚生子女资格，则父母均为亲权人。

4. 关于养子女的亲权人，完全适用上述婚生子女的亲权人规则。对于养子女，应以养父母而不是以亲生父母为亲权人，其规则与上述婚生子女的情况相同。如《日本民法典》第818条规定：“亲权人为：①未达成年的子女，服从父母的亲权。②子女为养子女时，服从养父母的亲权。③父母于离婚中，亲权由父母共同行使。但是，父母一方不能行使亲权时，则由他方行使。”

5. 与继父（母）形成抚养教育关系的继子女的亲权人，根据《婚姻法》第27条第2款的规定，继父或继母和受其抚养教育的继子女间的权利和义务，适用本法对父母子女关系的有关规定。在我国，由于承认已形成抚养教育关系的继父母子女关系为拟制血亲关系，对继子女而言，生亲与继亲均为亲权人，但是生亲另一方与子女的法律关系依《婚姻法》第29条之规定并未消灭，所以也是亲权人。此外，继亲将配偶他方的子女收为养子女时，生亲与养亲均为亲权人。生亲另一方与子女法律关系消灭，不为亲权人。

三、亲权的对象

与亲权的主体相适应，亲权的对象范围也很广泛，包含了婚生子女、非婚生子女、形成了抚养事实关系的继子女、养子女及人工生育子女。

但是亲权的对象是否包括成年子女？成年子女一度也被包括在了亲权的对象里。不仅未成年人应服从亲权，成年人也应服从亲权。如旧《日本民法》第877条规定，子女成年兼自立始不服从亲权。故子女虽已成年，若仍在其父母之家而待其抚养，尚不能脱离亲权，仍为亲权之对象。在现代民主社会里，亲权制度的对象不能包括成年子女，亲权的对象只能是未成年人。在我国封建社会，成年子女很多时候也要受到父母的监护。在人身权方面，关于婚姻的选择，要遵从“父母之命媒妁之言”，父母对成年子女的婚姻有选择的权利。此外，父母还往往能左右子女婚姻的解除，不顺父母者的媳妇将可能被丈夫休妻。在财产方面，我国传统也有“父母在不分家”的传统，将成年子女的财产视为父母的财产之一部分。但是在现代民主法治社会，亲权的对象不能包括成年子女。

四、亲权的内容

亲权的内容决定了父母与未成年子女之间的权利义务关系，因而是亲权制度的核心。当今世界各国普遍认为，亲权应包括对未成年子女人身上的权利义务与对未成年子女财产的权利义务。具体而言，包括哪些种类的人身照顾权和财产照顾权，却存在多种理解和多种立法模式。有学者将亲权的内容具体到各项非常基本的内容，认为亲权包括身心上的育养教化权、奖惩权、财产管理权、姓名设定权、住所指定权、法律行为补正权、法定代理权、失踪和死亡宣告申请权八种权利。[1] 也有学者从较为宏观的角度讲，亲权分为人身照顾权和财产照顾权，然后再具体区分亲权的内容。也有学者借鉴英国1898年《儿童法》，将亲权概括为三项：①拥有儿童身体的权利，但是其行使不能对抗儿童本人的意愿，要遵循儿童最佳利益原则。第三人要拥有儿童的身体要获得儿童父母的同意，必须通过收养或寻求居住裁定才能实现。②控制和制定儿童的抚养权利、控制儿童教育的权利，管束儿童的权利。例如宗教选择权、接受儿童服务的权利、管理儿童财产的权利、代理儿童的权利、未成年人的婚姻同意权、与儿童接触的权利。③在义务方面，照顾儿童的义务及代子女承担经济上惩罚的义务等。我们认为，亲权的内容包括以下几个方面：

（一）抚养教育权

抚养教育权一般是指父母对子女人身方面的权利和义务，包括对未成年子女的保护和教育两方面。抚养教育权在我国台湾地区民法上也称为“保护教养权”。在内容上都是指父母对未成年子女人身方面的保护和教育的权利和义务。具体而言，抚养教育权应当包括以下具体内容：

1. 父母对子女有抚养、保护和教育的权利和义务。

（1）父母对子女有抚养的权利和义务。抚养指父母在经济上对子女的供养和在生活上对子女的照料，包括负担子女的生活费、教育费、医疗费，等等。一方面，抚养义务是父母对未成年子女所负的最主要的义务，其目的是为了保障未成年子女的生存和健康成长。法律规定的父母对未成年子女的抚养义务是无条件的，无论父母之间的婚姻关系是否合法存在（例如非婚生子女），也不论父母的经济状况如何，也不论父母与子女之间的感情联系是否密切，任何情况下父母都必须对未成年子女履行抚养义务。即使父母之间解除婚姻关系，离婚后的父母，无论经协议或判决后，未成年子女的直接抚养权归属于哪方，另一方也不因此而免除其对子女的抚养义务。另一方面，如果父母不履行对子女的抚养义务，致使未成年子女（或者不能独立生活的成年子女）的受抚养的权利受到侵犯时，子女有权向父母追索抚养费。对于父母拒不履行抚养义务，恶意遗弃未成年子女的行为，情节严重，构成犯罪的，其父母可能会被追究刑事责任。

（2）父母对子女有保护的权利和义务。保护是指父母应保护未成年子女的人身健康和人身安全，防止和排除来自自然界的损害以及他人的非法侵害。法律要求父母对未成年子女的保护义务包括两个方面：一方面是保障未成年子女的人身健康和

---

〔1〕 张俊浩主编：《民法学原理》，中国政法大学出版社1991年版，第162页。

安全。另一方面是保护未成年子女，防止未成年子女遭受来自他人和社会的伤害。

(3) 父母对子女教育的权利和义务。教育指父母在思想品德、学业上对子女的关怀和培养。教育子女是父母一项重要的职责，包括积极的引导和适度的管教。积极的引导是指父母或者其他监护人应当尊重未成年人接受教育的权利，必须使适龄的未成年人按照规定接受义务教育，不得使在校接受义务教育的未成年人辍学；父母或者其监护人应当以健康的思想、品行和适当的方法教育未成年人，引导未成年人进行有益身心健康的活动，预防和制止未成年人吸烟、酗酒、流浪、聚赌、吸毒、卖淫。管教一般是指父母按照法律和道德规范的要求，采用适当的方法对未成年子女进行管理和教育的权利和义务。保护和教育未成年子女是有效地保障子女身心健康和财产安全的重要手段，父母是未成年子女的法定监护人和法定代理人；当未成年子女的人身或财产权益遭受他人侵害时，父母有以法定代理人的身份提起诉讼，请求排除侵害，赔偿损失的权利；当未成年子女脱离家庭或监护人时，父母有要求归还子女的权利，发生拐骗子女行为时，父母有请求司法机关追究拐骗者刑事责任的权利；在未成年子女对国家集体或他人造成损害时，父母有承担民事责任的义务。

2. 子女交还请求权。从常理而言，亲权人必须将未成年子女处于自己的看护支配下，才能行使或履行抚养、保护和教育未成年子女的权利和义务，因而从保护教育权派生出了两项亲权人身权的内容，即交还子女请求权和未成年人的居住场所指定权。因此亲权在人身方面的体现除了包括父母对未成年子女的抚养、教育和保护之外，还包括未成年子女的交还请求权等。亲权享有人对于非法扣留、拐骗和拐卖未成年子女而使其脱离父母之人，有权请求不法掠夺或扣留其子女之人交还子女。从现有立法而言，大多数国家并没有明确规定亲权人享有子女交还请求权。但是由于未成年子女缺乏自我照看能力，需要得到父母的人身照看，而如果子女不能在父母的现实看管之下，亲权的抚养保护和教育职能就无法实现，所以子女交还请求权显然是亲权不可缺少的内容。可见，为了保护未成年子女的安全，使父母尽到抚养保护和教育的责任，在立法上明确亲权的该项内容是有意义的，而且现实中大多数国家的理论学说及司法判例也都承认子女交还请求权的存在。

一方面，我们应该肯定子女交还请求权的现实意义，另一方面，由于理论研究的缺乏和立法界定的缺失，在司法实践中我们需要慎重对待子女交还请求权的认定。首先，明确子女交还请求权行使的条件。亲权人在何种情况下方能主张交还子女请求权？我们认为，交还子女请求权只发生于未成年人无意思能力或其被强留或被强夺的情形下。如果子女有意思能力或有识别能力，则不发生交还子女请求权的法律效果。具体而言，在司法实践中认定子女交还请求权的行使条件应该满足主观和客观两个条件：①客观条件，未成年人必须现实地离开了亲权人。②主观条件，未成年子女离开亲权人并非出于未成年人自己的意愿。其次，完善交还子女请求权的司法保护方法。在司法实践中，法院裁判发生法律效力后，有关义务人主动履行者，有之；拒不履行者，亦为数不少。对后者，当事人可依据民事诉讼法的规定，申请

人民法院对拒不履行裁决者采取适当的惩罚。唯对人身的执行与对财产的执行有别，特别是对交还子女案件的执行更应认真而慎重。基于对未成年人身心及人格的考虑，防止引起未成年人惊吓或恐惧，造成不必要的损害，应尽力避免强制执行。事实上，民事诉讼法的确禁止将人身作为法院执行的客体，即执行标的只能是财产。对具有人身性质的案件的执行，最好是做好被执行人的思想工作，尽量晓之以法、以理，如仍不见效，可分情况对被执行人处以罚款、司法拘留，甚至追究被执行人拒不执行生效裁判的刑事责任，而不能为图方便、图省事，以诉讼法所禁止的方法执行。交还子女请求权系监护权之保护教育权派生出的权能之一，其目的在于保障监护人对未成年人的保护教育权的行使。在执行上应有别于财产执行，不能采用强制执行的方法。[1] 最后，要防止子女交还请求权的滥用就必须要明确实现权利的条件。虽然各国并未明确子女交还请求权的概念和内容，但是一般情况下，亲权人要实现子女交还请求权，应当具备以下几个条件：①主张子女交还请求权的权利人必须是亲权人，也就是未成年子女的父母。需要注意的是，子女交还请求权的权利主体并不限于未成年子女的父母，对于其他不享有亲权但是享有监护权的主体也享有子女交还请求权。例如父母不在了，未成年人的其他监护人祖父母外祖父或其他近亲属等也享有子女交还请求权。②此处的子女限于未成年子女。成年子女交还请求权应该从广义上理解，如果子女被非法扣留、拐骗和拐卖过程中未死亡，那么显然亲权人可以向不法分子主张子女交还请求权；如果子女死亡，亲权应该是消灭了，但是此时父母基于亲权应该继续享有子女交还请求权。例如2006年4月13日，沈阳市民李志东夫妇迎来了女儿的降生，可是孩子仅存活一天就死了。中国医科大学司法鉴定中心对女婴的病理鉴定认为，系新生儿胎粪吸入导致呼吸循环障碍而死亡。后来女婴家属和接生医院打起了医患纠纷官司。经过3年诉讼，沈阳市中级人民法院认为，医院以送交火葬场火化的方式处理了死婴遗体，未保留骨灰，该行为导致原告夫妇无法对死者进行悼念，侵害了原告夫妇的亲权，使原告夫妇因此遭受精神损害，医院应当承担民事赔偿责任。2009年8月，法院判决被告医院赔偿原告44万余元。

3. 居住场所指定权。与子女交还请求权类似，居住场所指定权也是亲权抚养保护和教育权派生的权能之一。为了实现保护教养未成年子女的目的，各国民法均赋予亲权人指定子女居住场所之权利。子女应在亲权人指定的居所或住所居住，未经父母允许，不得在他处居住。《预防未成年人犯罪法》第19条规定，未成年人的父母或者其他监护人，不得让不满16周岁的未成年人脱离监护单独居住。第16条第2款规定，未成年人擅自外出夜不归宿的，其父母或者其他监护人、其所在的寄宿制学校应当及时查找，或者向公安机关请求帮助。收留夜不归宿的未成年人的，应当征得其父母或者其他监护人的同意，或者在24小时内及时通知其父母或其监护人、所在学校或者及时向公安机关报告。

---

〔1〕 陈界融："论交还子女请求权的司法保护"，载《法律适用》2000年第7期。

4. 惩戒权。亲权人在必要范围内，可惩戒其子女。通过告诫、体罚、禁闭、减食等必要手段以达成保护教养目的。至于必要的程度，应依子女家庭环境、子女性别、年龄、健康、性格以及过失之轻重等因素加以确定。父母行使惩戒权超越必要范围，可能会构成惩戒权的滥用，这样可能成为剥夺亲权之事由。

5. 身份行为、身上事项之同意权及代理权。具体包括：①身份行为之代理权。身份行为具有专属性，与特定主体不可分离，原则上不得代理，但在法律有特别规定时，亲权人可代未成年子女为身份行为。②身份行为之同意权。限制民事行为能力之未成年人实施有关亲属身份变更方面的行为，应征得亲权人同意。如申请认领宣告、同意他人收养其成为子女、协议终止收养等。③身上事项之决定权与同意权。如决定生病子女休学、同意动手术等。

6. 暂时的姓氏决定权。子女姓氏是身份关系的标志。子女姓氏通用原则：①婚生子女以父母的婚姻姓氏为姓氏，非婚生子女以生母的姓氏为姓氏。②婚生子女的姓氏可以随父姓，也可以随母姓，由双方协定，协议不成时，由监护机关指定。

亲权制度不仅包括现有的人身关系，也不限于保护和教育的概括性权利义务规定，还应该有亲生子女推定、亲生子女推定的否认、婚姻关系外所生子女的认领、子女姓名决定权、居所决定权、日常事务决定权、教育权、未成年子女返还请求权、惩戒权、探视权等比较具体的权利义务规定。

(二) 财产照顾权

亲权产生于未成年子女与其父母之间，其内容广泛，除了包括上述的人身权之外，还包括财产权的内容。在早期家长制时代，子女其本身就是家长的私有财产，所以子女根本就没有自己独立的财产。后来随着人权的发展与进步，各国和地区在通过立法赋予未成年人独立的人格权的同时，也赋予了未成年人独立于父母的财产权，如“我国台湾地区民法典”第1087条规定了子女之特有财产，“未成年子女，因继承、赠与或其他无偿取得之财产，为其特有财产”。但是未成年人心智不健全，欠缺管理能力，不能有效地管理其财产，因此需要父母辅助或代理行使相关财产权利。具体而言，财产照顾权包括以下内容：

1. 财产管理权。财产管理，是保存或增加财产价值的行为。“我国台湾地区民法典”第1088条规定了子女特有财产之管理权，“未成年子女之特有财产，由父母共同管理。父母对于未成年子女之特有财产，有使用、收益之权。但非为子女之利益，不得处分之”。但是父母在管理子女财产时，应尽到何种程度的注意义务，各国和地区立法有不同的规定。瑞士、法国民法规定应尽善良管理人之注意，德国、日本、韩国民法规定应与处理自己事项为同一注意。也有国家和地区对此无明确立法规定，如我国大陆和我国台湾地区，究其原因，中华民族崇尚父慈子孝的家庭关系，极度相信父母对子女无私的情感，所以鉴于父母子女间亲密的身份关系，法律尽量不介入亲子关系（特别是财产方面），而提倡道德的约束力量。

2. 财产使用权。亲权人对其未成年子女财产在不毁损原物的情形下享有使用的权利。除使用权外，有的国家和地区还承认父母之收益权。如“我国台湾地区民法典”第1088条规定，父母对于未成年子女之特有财产，有使用、收益之权。再如《日本民法典》第828条规定：“子女达成年时，行使亲权人应从速进行管理计算。但是，子女养育及财产管理的费用，视为与子女财产的收益抵消，即收益之剩余应属于父母。”但是也有的国家立法上否认父母的收益权，如《德国民法典》第1649条规定：“子女财产之收益第一应充财产管理费，次充子女之给养，还有剩余，可作为自己及子女之未成年并未结婚之兄弟姐妹给养之用。”《瑞士民法典》第319条规定：“父母应将子女财产的收益用于子女的抚养、教育及职业培训，并可在合理的限度内，用于家务费用。结余仍归入子女财产。”我国立法对此无明确规定，但是为保证未成年人的最佳利益，亲权人享有的权利限于财产使用权，不应该包括收益的权利。

3. 财产处分权。财产处分权是指亲权人对其未成年子女在财产上为必要处分的权利。由于财产的处分直接关系到未成年子女的利益，因此各国关于亲权人的财产处分权多有限定。如“我国台湾地区民法典”第1088条规定：“未成年子女之特有财产，由父母共同管理。父母对于未成年子女之特有财产，有使用、收益之权。但非为子女之利益，不得处分之。”再如《日本民法典》第826条规定，对于行使亲权的父母与其子女利益相反的行为，如果子女将财产卖与亲权人、对父母债务由子女充当保证人等行为，亲权人既无代理权也无同意权，应请求家庭裁判所为其指定特别代理人，由该特别代理人行使代理权或同意权。依我妻荣先生之见解，亲权人不遵守此规定，构成无权代理，对子女不生效力，唯子女可于成年后追认。此外，德国民法也有类似的规定，禁止父母代理子女为赠与，并且规定对于土地或土地上之权利等行为应经家庭法院批准。我国立法对此没有明确的规定，但是为了保护未成年人的最佳利益，建议未来的立法规定，若亲权人非为子女利益而处分其财产时，该处分行为无效。

（三）继承权

所谓继承权，是指继承人依法享有的继承被继承人遗产的权利。父母和子女之间是人类最亲近的关系，因此，几乎所有的国家和地区均规定父母和子女之间互为第一顺序的继承人。《日本民法典》第887条规定：“被继承人的子女为继承人。”“我国台湾地区民法典”第1138条规定，遗产继承人，除配偶外，依下列顺序定之：①直系血亲卑亲属。②父母。③兄弟姊妹。④祖父母。《法国民法典》也对子女的继承权作出了规定，而且在第913条对子女的继承份额也作出了明确的规定。我国《继承法》第11条规定：“被继承人的子女先于被继承人死亡的，由被继承人的子女的晚辈直系血亲代位继承。代位继承人一般只能继承他的父亲或者母亲有权继承的遗产份额。”因此，子女和父母互为第一顺序的继承人。

五、亲权行使的原则

亲权的行使所遵从的原则，大致经历了从保护父权到保护未成年子女的变化。

人类社会早期，“父本位”和“家本位”思想影响着家庭成员间关系的建立，父母与未成年子女之间是抚养与被抚养、占有与被占有的关系。未成年子女往往被视为家父的私有财产，是权利的客体而非主体。这个时期，亲权更多体现为对父权和家长权的保护。随着社会的发展和法制的进步，理性启蒙和个性解放的人权观得到发展与尊崇，儿童人格的独立和儿童权利的保护得到了普遍关注，儿童最佳利益原则也由此产生，并逐渐成为亲权行使的基本原则。

1959 年《儿童权利宣言》中最早出现了儿童利益最大化的概念，并将儿童利益最大化原则作为了一项保护儿童权利的国际性指导原则。该宣言规定，儿童应受到特别保护，并应通过法律和其他方面而获得各种机会与便利，使其能在健康而正常的状态和自由与尊严的条件下，得到身体、心智、道德、精神和社会等方面的发展。在为此目的而制定亲子法时，应以儿童的最大利益为首要考虑。一出生就与父母生活在一起，父母对未成年子女的保护、教育、养护责任是不可推卸的，亲权制度的设计完全应该以未成年人利益最大化为出发点和最终归宿；1989 年第 44 届联合国大会通过了《国际儿童公约》，在公约中确定了国际公认的“儿童利益最大化原则”和“儿童利益优先原则”。我国既是公约的起草国又是公约的缔约国，无论是从国内因素还是国际因素来说，我国都应在未成年人民事权益保护立法中确立未成年人利益最大化原则。大多数国家和地区都禁止亲权的滥用，如“我国台湾地区民法典”第 1090 条规定：“父母之一方滥用其对于子女之权利时，法院得依他方、未成年子女、主管机关、社会福利机构或其他利害关系人之请求或依职权，为子女之利益，宣告停止其权利之全部或一部。”同样，《日本民法典》第 834 条规定：“①父或母滥用亲权或有显著劣迹时，家庭法院因子女的亲属或检察官的请求，可以宣告其丧失亲权……③因行使亲权的父或母管理失当而危及子女财产时，家庭法院因子女的亲属或检察官的请求，可以宣告其丧失管理权。”子女最佳利益原则渗透未成年人利益保护的各个方面，是保护未成年人利益最为主要的基本原则。

引例评析

传统伦理道德只是为亲子关系预设了一个理想的模式，但是生活并不沿着预设的轨道延续。现实社会中，未成年人遭受来自于父母的伤害的案例并不少见，有的父母并不慈爱，有的父母并不无私，有的父母爱子但是表达爱的方式却不当，这些都给未成年人的安全带来了隐患。我国亲子法的立法空白给未成年人利益的保护工作带来巨大的障碍。因此我们需要完善亲子立法，才能有效保护未成年人利益。

但是剥夺父母的亲权，需要将未成年子女重新安排由他人暂时或长期照顾。没有社会保障制度的保障，无法切实保护未成年子女的利益，单纯的立法保护不足以给未成年子女建立安全的成长环境，因为父母的亲权被剥夺后，我们需要为未成年子女寻求新的监护人。在我国当今社会保障体制并不健全的情形下，无法确定具体接收部门，因此贸然剥夺父母等的监护资格，是不现实的。所以亲权剥夺对社会保障法、收养法等相关法律提出了新的要求。国家应提供相应的制度规则和经费保障，

唯有如此，亲权的剥夺制度才能保障未成年子女的最佳利益。

本章小结

人类生命和文化的传承和繁衍，离不开新生命的孕育，任何国家的儿童都是全世界的未来。未成年人由于心智不健全，缺乏自我约束能力和自我保护能力，是我们社会中的弱势群体，因此需要特别的保护与引导教育。在我国，受传统观念的影响，法律较少介入亲子关系领域，现行《婚姻法》关于亲权的规范过于抽象简单，而且很多地方还存在着诸多立法空白。既缺少“子女最佳利益原则”的原则性规定，也缺乏亲生子女的推定、否认、认领等具体规则的设立。此外，未成年人利益的保护不能单独地依靠立法的完善，还需要成熟的社会配套机制，因此立法的借鉴要充分考虑到本国的具体国情。由此可见，未来的亲子法立法者任重道远，即要借鉴其他国家和地区的成熟经验，又要考虑到法律移植的本土适应性。

习题

1. 论述《日本民法典》中的亲子规范对我国未来亲子立法的借鉴意义。

2. 论述我国传统文化对亲子观念的影响及传统文化和民族心理在未来亲子立法中的重要性。

3. 论述亲权剥夺的立法规制。

第五章 扶养法律制度比较

本章导语

扶养制度对于保障老幼病残等弱势群体的生活，维护婚姻家庭关系以及社会的和谐稳定，具有举足轻重的意义。本章主要阐述了扶养的概念和特征，介绍了扶养的要素和分类，分析了扶养制度的基本规定，具体阐述了广义的扶养，主要包括父母子女之间的扶养、夫妻之间的扶养、祖孙之间的扶养以及兄弟姐妹之间的扶养。

本章引例

2007年，张某与钱某结婚。婚后双方因性格不合，夫妻关系恶化。2010年，张某与钱某分居，并书面约定：互不承担扶养义务，各自的收入归各自所有。2012年，钱某患重大疾病，需要动手术，医疗费共计十余万元。钱某因无力支付，故要求张某承担其医药费，但是张某以双方有书面约定在先，因此拒绝支付钱某的医疗费。钱某遂向法院起诉，要求张某承担其医药费。

第一节 扶养概述

扶养制度是婚姻家庭法的一项重要的法律制度，对于保障老幼病残等弱势群体的生活，维护婚姻家庭关系以及社会的和谐稳定，具有举足轻重的意义。婚姻家庭法调整的是一定范围的亲属之间的扶养关系，一般主要涉及夫妻之间、父母子女之间、祖父母、外祖父母与孙子女、外孙子女之间以及兄弟姐妹之间的相互扶养。关于扶养的规定，各国法律一般首先确定扶养义务的存在，并对处分扶养权利义务的行为予以限制；在确定扶养的范围和顺序之后，进而规定扶养标准、扶养方式、扶养变更和抚养终止等方面的内容。由于世界各国在社会历史、文化背景和风俗习惯等方面的差异，因此各国对于扶养的界定和相关法律的规定也不尽相同。

一、扶养的概念和特征

（一）扶养的概念

所谓扶养，是指根据法律的规定，特定的亲属之间经济上相互供养、生活上相

互扶助、精神上相互慰藉的法律关系。接受扶养的人为扶养权利人，提供扶养的人为扶养义务人。在学理上，根据扶养义务人和扶养权利人之间辈分的不同，扶养有广义的扶养和狭义的扶养之分。广义的扶养是指一定范围的无辈分区别的亲属之间经济上相互供养、生活上相互扶助、精神上相互慰藉的法定权利义务关系。广义的扶养没有辈分的区别，包括三种具体形态：长辈亲属对晚辈亲属的抚养、平辈亲属之间的扶养以及晚辈亲属对长辈亲属的赡养。狭义的扶养则仅指平辈亲属之间经济上相互供养、生活上相互扶助、精神上相互慰藉的法定权利义务关系。如无特别说明，本教材所称的扶养是指广义的扶养。

世界上多数国家的立法采用广义说，将亲属之间的法定的相互供养、相互扶助和相互慰藉的权利义务关系统称为扶养。也有的国家称之为赡养，还有的国家根据义务人的辈分，分别称之为抚养、赡养以及扶养，但就其本质而言，其实是完全相同的。我国《婚姻法》采用狭义说，其根据抚养权利人和扶养义务人的辈分不同，将扶养分为抚养、扶养以及赡养。具体而言，我国《婚姻法》将父母对子女和祖父母、外祖父母对孙子女、外孙子女的供养、扶助和慰藉的义务称为抚养；将夫妻之间、兄弟姐妹之间的供养、扶助和慰藉的义务称为扶养；将子女对父母以及孙子女、外孙子女对祖父母、外祖父母的供养、扶助和慰藉的义务称为赡养。而我国《继承法》、《民法通则》、《合同法》、《刑法》等法律又都统称为"扶养"，其"扶养"属于广义的扶养。基于此，在法学研究和法律适用方面，应当按照广义的"扶养"来理解，而在具体的亲属关系中，则不妨分别指称。

综观世界，仅有少数国家和地区在立法中明确规定了扶养的概念，如《菲律宾共和国家庭法》第 194 条第 1 款规定："扶养是根据相应的家庭财产维持生存、居住、衣着、教育和交通所必需的一切。"《中国澳门地区民法典》第 1844 条第 1 项规定："扶养系指为满足受扶养人生活需要之一切必须供给，尤其在衣、食、住、行、健康及娱乐上之一切必须供给。"我国大陆地区的法律对扶养也未予以定义。对于扶养这个众所周知的词语，人们在日常生活中往往是从一种非法律意义上理解的，认为其是一种具有道德义务性质的经济上的帮助或者救济。

需要特别说明的是，此处所讲的扶养是指法定扶养，其不同于协议扶养和遗嘱扶养。法定扶养是指依据法律的强制性规定而产生的扶养权利义务关系。法定扶养限于法律规定的一定范围的亲属之间。法定性和身份属性是法定扶养最重要的特征。协议扶养是指基于合同而产生的扶养权利义务关系。这是一种约定的扶养关系而非法定的扶养关系。例如，没有法定扶养义务的遗赠人与受遗赠人之间订立遗赠扶养协议，受遗赠人基于该协议而对遗赠人承担扶养义务，就属于这种情况。遗嘱扶养是指基于遗嘱所附义务而产生的扶养。例如，立遗嘱人在遗嘱中规定其遗嘱继承人或者受遗嘱人承担扶养义务。协议扶养和遗嘱扶养统称为"基于法律行为的扶养"，其与基于亲属身份关系的法定扶养大相径庭，不属于婚姻家庭法所调整的扶养。

此外，法定扶养也不同于公法上的国家扶助（如社会保障制度中规定的社会救济)；同时还不同于具有道德义务性质的社会扶助（如社区帮助或者邻里互助）。无论国家扶助还是社会扶助，都不属于婚姻家庭法中的扶养。

（二）扶养的特征

作为一种民事法律关系，婚姻家庭法所规定的一定范围的亲属之间的扶养，不同于一般的民事法律关系，也不同于国家扶助或者社会扶助，其具有以下特征：

1. 扶养的法定性。什么范围的亲属之间存在扶养关系、扶养权利义务的具体内容以及扶养的顺序和条件等都由法律予以明确规定；如果符合法律规定的情形，则必然产生扶养的权利义务关系，具有强制性。此即扶养的法定性。当事人之间只能就享有权利和履行义务的具体方式进行约定，而不得自由选择和变更权利义务的性质及范围。在现代社会，世界各国一般都会根据其亲属模式、家庭结构以及社会保障水平等客观要求，在立法中通过强制性规范直接明确地规定亲属之间的扶养关系。例如，有些国家根据当事人之间的亲属关系的亲疏远近的不同，将扶养义务分为生活保持义务和生活扶助义务，规定对于哪些人之间存在生活保持义务，哪些人之间存在生活扶助义务，这也是扶养的法定性的体现。由此可见，扶养关系的法定性包括扶养主体的法定性、扶养内容的法定性、扶养顺序的法定性以及扶养条件的法定性等。即使在社会保障体制比较健全的发达国家，一定范围的亲属之间的扶养关系的法定性依然存在。

2. 扶养具有身份属性。扶养具有鲜明的身份属性，这种身份属性主要表现在扶养关系的主体双方必须是具有法定的亲属身份的人。扶养是一定范围的亲属之间产生的私法上的权利义务关系，须以法定的亲属身份为前提和基础。换言之，扶养只能发生在法定的亲属之间。非亲属之间根据合同（如遗赠扶养协议）而产生的扶养关系，属于合同之债，不是婚姻家庭法所调整的扶养关系。非亲属之间基于道德义务而产生的扶养关系，也不是婚姻家庭法所调整的扶养关系，只能由道德调整。

3. 扶养具有人身专属性。作为以亲属身份关系为前提的权利义务关系，扶养具有人身专属性，只能在法定的亲属之间形成扶养关系。在扶养关系存续期间，扶养权利人所享有的权利为专属权利，与人身密不可分，如扶养请求权，只能由扶养权利人本人享有，因此不得继承、转让或者抵销。有些国家和地区甚至还规定不能抛弃扶养权利。而扶养义务人所承担的义务为专属义务，与人身密不可分，因此不得转移或者抵销。即使扶养权利人对扶养义务人负有债务，扶养义务人也不能以自己的扶养义务和对扶养权利人享有的债权主张抵销。无论是禁止继承、转让或者抵销扶养权利，还是禁止转移或者抵销扶养义务，对于保障扶养权利人的合法权益都具有十分重要的意义。

关于对扶养主体处分扶养权利义务的限制，从如下各国和地区的立法例中可窥一斑。《德国民法典》第1614条第1款规定："不得抛弃对将来的扶养。"《俄罗斯联邦家庭法典》第6条第1款规定："扶养费不得以其他的抗辩抵销。"《意大利民法典》第447条规定："给付抚养费、扶养费、赡养费的请求权不得转让。给付抚养

费、扶养费、赡养费的义务人不得对权利人主张抵销，即使对逾期未付的抚养费、扶养费、赡养费也不得主张抵销。”《日本民法典》第 881 条规定：“受扶养的权利，不得处分。”《埃塞俄比亚民法典》第 816 条规定：“生活费债款，在不违反第 2、3 款之规定的前提下，不得转让或扣押。甚至在到期前，它们可被转让给对生活费受益人提供了生活需要的福利机构。它们可被对生活费受益人提供了为其生活所需之物的人扣押。”《中国澳门地区民法典》第 1849 条规定：“①受扶养人权利不得放弃或让与，但可不请求提供扶养及可放弃已到期之扶养给付。②扶养债权不可查封，扶养义务人亦不得以抵销方式解除扶养债务，即使有关给付已到期亦然。”

4. 扶养权利义务的一致性和对等性。对于依附于身份关系的扶养关系而言，其权利义务的配置和运行具有一致性。如前所述，广义的扶养是指一定范围的亲属之间根据法律的规定而产生的经济上相互供养、生活上相互扶助、精神上相互慰藉的权利义务关系。由此可见，一定范围的亲属之间的扶养权利义务是相互的，无论是父母子女之间、配偶之间、兄弟姐妹之间，还是祖父母、外祖父母与孙子女、外孙子女之间，皆互享扶养权利、互负扶养义务，这体现了扶养权利义务的一致性和对等性。

当然，在现实生活中，由于扶养主体的自身条件、扶养能力和扶养需求的不同，这种权利义务关系可能会出现明显的扶养时间错位、扶养程度差异乃至权利义务的单向性等现象，从而导致扶养权利义务的不一致性和不对等性。但这是由于现实生活中的偶然性因素使然，与扶养权利义务本身所具有的一致性和对等性是并行不悖的。

二、扶养的意义

作为一种法律关系，扶养经历了一个历史沿革的过程。在古代，由于亲属团体中实行宗族统治和家长制，家长独掌家庭财产的管理权以及处分权，支配家族内所有成员的劳作，并保障所有家庭成员的生活。亲属之间的扶养最初属于礼教的范畴，是习俗和道义上的责任，而非法律上的义务和责任。后来，为解决因道义上有扶养义务而拒绝扶养的问题，许多国家开始创设一定范围的近亲属承担扶养义务的制度，并由慈善机构对不能维持生活者给予救济。随着经济的发展，家族制开始衰败，以夫妻、父母子女为核心的家庭成为社会的基本细胞，近亲属之间的扶养成为家庭法律规范调整的核心，其他亲属之间的扶养则主要由道德和习俗调整。

随着现代社会的发展，亲属之间的扶养和社会救济已经不能满足、不能维持生活者之需要，扶助贫困者亦成为国家的义务，许多国家都设立了社会保障制度。但是在现阶段，养老育幼、扶助贫困者的任务仍将主要由家庭承担。扶养制度正是实现婚姻家庭这种职能的可靠保障，同时也是维护家庭关系，促进社会和谐稳定之必需。他山之石，可以攻玉。对外国婚姻家庭法中的扶养制度进行比较研究，借鉴其有益经验，有助于我国扶养制度的日臻完善。

三、扶养的要素和分类

（一）扶养的要素

扶养关系是婚姻家庭法所调整的一定范围的亲属之间的一种民事法律关系。和其他民事法律关系一样，扶养关系也由主体、内容和客体三个要素共同构成。

扶养关系的主体，是指在扶养关系中享受权利和承担义务的人。扶养关系的主体包括双方：一方是享有扶养权利的人，被称为扶养权利人；另一方是承担扶养义务的人，被称为扶养义务人。

扶养关系的内容，是指扶养主体享有的权利和承担的义务。一方面，包括扶养权利人享有的受扶养的权利以及扶养请求权；另一方面，包括扶养义务人承担的扶养义务。换言之，扶养关系的内容包括扶养权利和扶养义务两个方面，前者是扶养权利人应当享有的权利；后者则是扶养义务人应当承担的义务。

扶养关系的客体，是指扶养权利和扶养义务所共同指向的对象，亦即扶养义务人履行扶养义务的行为。一般情况下，扶养义务由扶养义务人自觉履行。只有在扶养义务人不履行义务时，需要扶养的扶养权利人才行使扶养请求权，要求扶养义务人履行法定的扶养义务。

（二）扶养的分类

婚姻家庭法中的扶养可以从不同的角度进行分类。

根据扶养主体之间辈分的不同，可将扶养分为长辈亲属对晚辈亲属的抚养、平辈亲属之间的扶养、晚辈亲属对长辈亲属的赡养。

按照扶养的方式的不同，可将扶养分为共同生活（供养、扶助和慰藉）的扶养与不共同生活而给付扶养费的扶养。

根据扶养义务内容的不同，可将扶养分为经济上的供养、生活上的扶助以及精神上的慰藉。

按照扶养的条件及程度的不同，可将扶养分为生活保持义务和生活扶助义务。

值得一提的是，将扶养分为生活保持义务和生活扶助义务的法律典范是《瑞士民法典》。《瑞士民法典》将扶养义务分为两种：一种是夫妻之间、父母子女之间的生活保持义务，另一种则是其他亲属之间的生活扶助义务。夫妻、父母子女是现实的全面生活共同体，而且互负共生存的义务。换言之，为维持对方的生活，纵须牺牲自己亦义无反顾、在所不惜，此即所谓的“生活保持义务”。而相较之下，其他亲属之间的扶养，仅有偶然补助作用而已，而且其扶养也不必牺牲自己，仅有余力时，始为扶养为已足，此乃所谓的“生活扶助义务”。

日本法学家中川善之助早在1928年就撰文认为，扶养应当分为生活保持义务与生活扶助义务。他主张将夫妻之间和父母对未成年子女的扶养称为生活保持义务，而将其他直系血亲之间、兄弟姐妹之间和其他亲属之间的扶养称为生活保持义务。他提出，夫妻之间、父母对未成年子女的扶养是为维持自己的生活（家庭生活）所必须履行的义务；而这种义务是无条件的，是需要作出自我牺牲的，即有所谓“即

使是最后的一片肉、一粒米也要分而食之的义务”。[1] 由此可见，所谓的生活保持义务是指夫妻之间、父母对未成年子女之间的扶养，是无条件的、义务人必须履行的义务，是一种无条件的在扶养人与被扶养人之间必须保持同一生活水平的扶养，又称为“共生义务”。而所谓的生活扶助义务是指除夫妻之间、父母对未成年子女以外的其他法定的亲属之间的扶养，是有条件的，只有在一方无力独立生活而他方有扶养负担能力时才履行的义务。换言之，扶养义务人仅在不降低与自己的社会地位、身份相当的生活水平限度内履行扶养义务。[2]

总而言之，在立法上根据亲属关系的不同情况，规定不同的扶养条件，确定不同的扶养程度，将扶养分为生活保持义务和生活扶助义务，有助于督促扶养义务人更好地履行扶养义务，有利于保护扶养权利人的合法权益。在理论上承认两者的区别，有助于对婚姻家庭法中关于扶养义务的规定作出合理的解释。

第二节 扶养制度的基本规定

一、扶养的范围和要件

（一）扶养的范围

扶养的范围又称扶养关系主体的范围，是指扶养关系当事人的范围。具体而言，扶养的范围是指扶养的权利义务关系在哪些亲属之间发生，亦即法律明确规定的相互存在扶养权利义务关系的具有亲属身份的主体范围。由于各国风土人情的差异，各国法律规定的扶养范围也不尽相同。除夫妻之间、直系血亲之间的扶养关系为各国普遍规定外，多数国家还包括最近的旁系血亲在内，例如日本、古巴、秘鲁等；有的国家还包括直系姻亲，例如法国。在直系血亲之间有的包括外祖孙在内，有的则不包括。关于旁系血亲的范围也不完全相同。

综观世界，扶养范围的立法模式包括两种。一种为统一型：以亲系、亲等以及行辈等亲属的基本分类为依据，一般以一个条文统一规定扶养的范围。例如，《德国民法典》第1601条规定：“血亲负有相互给予扶养的义务。”《瑞士民法典》第328条第1款则规定：“直系尊血亲及卑血亲以及兄弟姐妹间，互负扶养义务。”除上述国家以外，日本、埃塞俄比亚以及我国台湾地区、澳门地区均采这种统一型的立法模式。另一种为分散型：以亲属的具体名称为依据，一般以数个条文分别规定不同的亲属之间相互具有扶养的义务，而相互具有扶养义务的亲属的总和即为扶养的范围。例如，法国、俄罗斯、意大利等国均采此种立法模式。

我国扶养范围的立法模式也采用分散型的立法模式。具体而言，我国《婚姻法》

---

〔1〕 杨大文主编：《亲属法》，法律出版社2003年版，第284页。

〔2〕 陈苇主编：《外国婚姻家庭法比较研究法》，群众出版社2006年版，第510页。

第20、21、28、29条分别规定了夫妻、父母子女、祖孙以及兄弟姐妹之间的扶养义务。

关于扶养的范围，各国立法例一般限定于直系血亲之间、夫妻之间、一定范围内的旁系血亲之间。具体而言，各国法律关于一定亲属范围的扶养关系，主要包括如下几个方面：

1. 直系血亲之间。直系血亲不分自然血亲或拟制血亲，不分男系或女系，不分是否共同生活，不问亲等之远近，均有相互扶养的义务。这是扶养的主要范围。各国法均有规定，但对直系血亲规定的范围不同。例如，《法国民法典》第203条规定："夫妻基于结婚的事实，负有共同抚养、教育其子女的义务。"第205条规定："在父母或者其他直系尊亲属有受扶养的需要时，子女应负扶养的义务。"《意大利民法典》第147条规定："婚姻使夫妻双方负有根据子女的能力、爱好、抱负，养育和教育子女的义务。"《日本民法典》第877条规定："①直系血亲及兄弟姐妹之间，有相互扶养的义务；②有特别情形时，家庭法院可以于前款规定情形之外，使三亲等内的亲属之间亦负扶养义务。"

2. 夫妻之间。夫妻为配偶关系。多数国家立法规定了夫妻之间互负扶养的义务。例如，根据《德国民法典》第1360条的规定，婚姻双方相互之间负有义务，以其劳务或财产为家庭提供适当的生活费；如果婚姻一方承担家务，则以其劳务为家庭提供生活费的义务在通常情况下即通过从事家务而得到履行。夫妻扶养家庭的义务当然包括夫妻相互扶养的义务。

3. 兄弟姐妹之间。众所周知，兄弟姐妹为旁系血亲。很多国家的法律未规定兄弟姐妹之间的扶养关系，但是意大利、日本、我国等一些国家则规定了兄弟姐妹之间的扶养关系。整体而言，兄弟姐妹不论全血缘或半血缘（即同父异母或同母异父）、婚生子女或者非婚生子女、养子女与继子女相互之间均有扶养的权利义务关系。但是堂兄弟姐妹之间以及表兄弟姐妹之间不在此限。《日本民法典》第877条规定："①直系血亲及兄弟姐妹之间，有相互扶养的义务……"

4. 女婿和岳父母之间、儿媳和公婆之间。虽然女婿和岳父母之间、儿媳和公婆之间为直系姻亲关系，但是有的国家规定，在岳父母、公婆有受扶养的必要时，女婿对岳父母、儿媳对公婆负有扶养的义务。例如，《法国民法典》第206条规定："女婿和儿媳，在同样的情形下，对岳父母和公婆亦负有扶养的义务。"《意大利民法典》第433条规定："承担给付抚养费、扶养费、赡养费义务人的顺序如下：……④女婿和儿媳；⑤公婆和岳父母……"《比利时民法典》第207条规定："女婿和儿媳在同样的情况下，对岳父母和公婆负有赡养的义务……"

（二）扶养的要件

扶养的要件是指扶养关系成立的条件。亲属之间的相互扶养，除了父母对未成年子女的扶养是无条件的以外，其他亲属之间的扶养均为有条件的扶养。扶养的要件包括以下两个方面：

1. 扶养关系成立的前提必须是扶养权利人有符合法定条件的受扶养的需要。扶养权利人以不能维持生活及无谋生能力为限。因此，有生活来源且有生活自理能力的人，不享有扶养权利。各国和地区法律一般均有此规定或者对扶养权利人有明确的限制。例如，《法国民法典》第205条规定："在父母或者其他直系尊亲属有受扶养的需要时，子女应负扶养的义务。"《意大利民法典》第438条规定："不能维持自己的生活开支并且在非常需要的情况下，才能提出给付抚养费、扶养费、赡养费的请求。"《埃塞俄比亚民法典》第812条规定："除非主张履行生活保持义务的人的确需要，并且处于不能自食其力的状况，不存在此等义务。""我国台湾地区民法典"第1117条第1项规定："受扶养权利者，以不能维持生活而无谋生者为限。"

2. 扶养义务人须以有扶养能力为限。如果扶养义务人自顾不暇，不能维持自己的生活，没有扶养他人的能力，则应免除其扶养的义务。例如，《法国民法典》第209条规定："如扶养义务人与扶养请求人情况变更，致一方无力再行负担，另一方不再需要此种给付之全部或一部时，得请求免除扶养义务或减少给付数额。"《德国民法典》第1603条规定："由于其负担的其他义务而不能够在不危害其自己的适当的生活费的情况下为他人提供生活费的人，不负有提供生活费的义务。"《意大利民法典》第440条规定："开始给付抚养费、扶养费、赡养费以后，如果义务人或者权利人的经济状况发生了变化，则司法机关可以根据具体情况作出终止、减少或者增加抚养费、扶养费、赡养费的决定。"

二、扶养的顺序

扶养的顺序是指扶养人和被扶养人各有数人时，法律规定的义务人和权利人的先后次序，亦即何人应当先履行扶养义务或者应当先扶养何人的先后次序。扶养的顺序包括扶养义务人的顺序和扶养权利人的顺序两个方面。具体而言，扶养义务人的顺序是指在扶养义务人有数人时，确定扶养义务人履行扶养义务的顺序，可以避免多个义务人推卸扶养义务的履行。而扶养权利人的顺序是指在扶养权利人为多人、而义务人的经济能力不足以负担对全体权利人的扶养义务时，确定权利人享有扶养权利的顺序。

当扶养权利人只为一人时，没有确定扶养之先后顺序的必要。但是如果在扶养义务人有数人时，确定扶养义务人履行扶养义务的顺序，可以避免多个义务人推卸扶养的义务；而如果扶养权利人有数人时，扶养义务人的经济能力不足以负担对全体权利人的扶养义务时，则需要确定其优先受扶养的顺序，从而实现多个权利人行使扶养请求权的法定化。法律确定扶养顺序的一个重要作用就是顺序优先原则的适用。所谓顺序优先原则，是指在扶养的法律关系中，顺序在前的人先于顺序在后的人享有扶养请求权或者负担扶养义务。例如，在扶养权利人的顺序中，顺序在先的权利人优先于顺序在后的权利人享有扶养请求权。只有在顺序在前的权利人不存在或者不需要扶养的情况下，顺序在后的权利人才可享有扶养请求权。

关于扶养顺序的规定，各国法律不尽一致。有的国家采列举主义，有明确的规定，例如德国；有的国家采概括主义，作了原则性的规定，例如日本；而有的国家的法律没有明文规定，例如法国。有些国家和地区既规定了扶养义务人的顺序，也规定了扶养权利人的顺序，例如德国、意大利、日本、我国台湾地区等；而有些国家和地区则仅规定了扶养义务人的顺序，没有规定扶养权利人的顺序，例如瑞士、埃塞俄比亚、我国澳门地区等。

关于扶养的顺序，各国和地区的法律规定如下：

（一）扶养义务人的顺序

根据《德国民法典》第1606条和第1608条的规定，晚辈直系血亲先于长辈亲属负担生活费义务；在晚辈直系血亲之间和长辈亲属之间，近亲属先于远亲属承担责任。同一亲等的数名亲属之间，按其收入和财产的比例以份额方式承担责任。照管未成年的未婚子女的父母一方，通常即以对子女的照料与教育作为对其缴付子女生活费的义务的履行。如果一名亲属基于法律关于生活费义务的界限的规定不负担生活费义务，则由其后承担责任的亲属提供生活费，并且需要生活费者的配偶先于其亲属承担责任。但是，若配偶在考虑到其所负担的其他义务时，不能够危害其自身的适当的生活费而提供生活费，则亲属先于配偶承担责任。根据上述规定，德国的扶养义务人的顺序可排列如下：配偶、直系卑亲属、直系尊亲属、近亲先于远亲承担义务；同亲等的扶养义务人有数人时，依收入和财产状况分担义务。

《意大利民法典》第433条规定："承担给付抚养费、扶养费、赡养费的义务人顺序如下：①配偶；②婚生子女、准正子女、私生子女、养子女，在上述子女死亡的情况下，近卑亲属，近自然血亲卑亲属；③父母，在父母死亡的情况下，近尊亲属；近自然血亲尊亲属；养父母；④女婿和儿媳；⑤公婆和岳父母；⑥同父同母的兄弟姐妹和同父异母、同母异父的兄弟姐妹；同父同母的兄弟姐妹先于同父异母、同母异父的兄弟姐妹承担义务。"第441条规定："如果在同一顺序上有数名义务人，则每个义务人都应当根据自己的经济状况按比例承担给付义务。如果被请求履行给付抚养费、扶养费、赡养费义务的先行顺序义务人没有给付能力或者只能承担部分给付义务，则由后一顺序义务人承担全部给付义务或者补充给付义务。如果义务人对给付抚养费、扶养费、赡养费的标准、分担比例、支付方式没有达成合意，则由司法机关根据具体情况确定。"

《日本民法典》第878条规定："负扶养义务者有数人时，关于应实行扶养者的顺序，如当事人之间协议不成或不能协议时，由家庭法院确定。受扶养的权利者有数人，而扶养义务人的资力不足以扶养其全体时，关于应受扶养者的顺序，亦同。"

"我国台湾地区民法典"第1115条规定："负扶养义务者有数人时，应依左列顺序定其履行义务之人：①直系血亲卑亲属；②直系血亲尊亲属；③家长；④兄弟姊妹；⑤家属；⑥子妇、女婿；⑦夫妻之父母。同系直系尊亲属或同系直系卑亲属者，以亲等近者为先。负扶养义务者有数人，而其亲等同一时，应各依其经济能力，分担义务。"第1116条之一规定："夫妻互负扶养之义务，其负扶养义务之顺序与直系

血亲卑亲属同，其受扶养权利之顺序与直系血亲尊亲属同。”

关于同一顺序数个同亲等的扶养义务人如何承担对扶养权利人的扶养义务，各国和地区法律主要有两种不同的规定：

一种规定是数个同亲等的扶养义务人对扶养权利人承担按份义务，但是各扶养义务人之间承担连带责任，例如德国、意大利、我国台湾地区。《德国民法典》第1606条第3款规定：“同一亲等的数名亲属当中，按其收入和财产的比例以份额方式承担责任。”《意大利民法典》第441条规定：“如果在同一顺序上有数名义务人，则每个义务人都应当根据自己的经济状况按比例承担给付义务。”“我国台湾地区民法典”第1115条第3款规定：“负扶养义务者有数人，而其亲等同一时，应各按其经济能力分担义务。”

另一种规定是数个同亲等的扶养义务人虽然按份额负担扶养义务，但同时对扶养权利人承担连带责任，例如埃塞俄比亚、我国澳门地区。《埃塞俄比亚民法典》第819条规定：“当数个人有义务提供债权人的生活保持时，后者可以向他们中的任何人主张生活保持。”《中国澳门地区民法典》第1851条规定：“①由多人负扶养义务时，各人按作为受扶养人之法定继承人所占之份额比例承担责任；②按上述方式承担扶养义务之人中之一人不能履行应负之责任时，其负担由其余义务人承担。”

（二）扶养权利人的顺序

《德国民法典》第1609条规定：“倘若需要生活费者为数人并且生活费义务人不能够向所有人提供生活费，则本法第1603条第2款所指的子女优先于其他子女，子女优先于其余晚辈直系血亲，晚辈直系血亲优先于长辈亲属，长辈亲属之间近亲属优先于远亲属。配偶同于本法第1603条第2款所指的子女；配偶优先于其他的子女和其余的亲属。如果已经离婚或婚姻已被撤销，则享有生活费权利的婚姻一方优先于本款第1句所指的其他子女以及优先于生活费义务人的其余亲属。”由此可见，德国的扶养权利人的顺序可排列为：配偶、其他子女、其他直系卑亲属、直系尊亲属，同系亲属之间以亲等近者为先。

《意大利民法典》第442条规定：“当数人对同一义务人享有请求权，而该义务人的经济状况又不能同时满足每个权利人的需要时，由司法机关根据亲等的远近、权利人各自的处境，以及权利人是否有可能请求前一顺序的义务人承担给付义务等情况作出适当的决定。”

《日本民法典》第878条规定：“负扶养义务者有数人时，关于应实行扶养者的顺序，如当事人之间协议不成或不能协议时，由家庭法院确定。受扶养的权利者有数人，而扶养义务人的资力不足以扶养其全体时，关于应受扶养者的顺序，亦同。”

“我国台湾地区民法典”第1116条规定：“受扶养权利者有数人，而负扶养义务者之经济能力，不足扶养其全体时，依左列顺序定其受扶养之人：①直系血亲尊亲属；②直系血亲卑亲属；③家属；④兄弟姊妹；⑤家长；⑥夫妻之父母；⑦子妇、女婿。同系直系尊亲属或直系卑亲属者，以亲等近者为先。受扶养权利者有数人而其亲等同一时，应按其需要之状况，酌为扶养。”第1116条之一规定：“夫妻互负扶养之义务，其负扶养义务之顺序与直系血亲卑亲属同，其受扶养权利之顺序与直系血亲尊亲属同。”

三、扶养的标准和方式

（一）扶养的标准

所谓扶养的标准，是指扶养义务人对扶养权利人履行扶养义务应当达到的程度或者水平。很多学者习惯于将扶养的标准称为扶养的程度。其实两者的内涵是一样的。法律确立扶养的标准，有利于保障扶养权利人受扶养权的实现。不同的扶养权利人有不同的扶养需要，而不同的扶养义务人又有不同的扶养能力。正如我国台湾学者戴火辉、戴东雄教授所言，“当实行扶养义务之时，扶养权利人希望充裕；反之，扶养义务人希望微薄，乃人之常情。故应有一定标准，以杜争议”。

许多国家都在立法中规定了扶养的标准，以规范扶养权利人和扶养义务人之间扶养义务履行的程度或要求之标准。一方面保障扶养权利人在行使扶养请求权时，其扶养需要能够达到法定扶养标准之水平；另一方面也限定扶养权利人的扶养请求过高，而使得扶养义务人因履行扶养义务而遭受过度的利益损害。如果扶养权利人提出超出法定扶养标准的扶养请求，义务人可以拒绝或者对抗超出法定扶养标准的那部分，从而使自己的负担限定在法律规定的范围之内。因此多数国家和地区的法律确定扶养标准时，主要考虑扶养权利人的扶养需要和扶养义务人的扶养能力两个方面，例如《法国民法典》、《瑞士民法典》、《意大利民法典》以及《中国澳门地区民法典》等。而有的国家的法律则规定，除了考虑扶养权利人的扶养需要和扶养义务人的扶养能力外，还要考虑其他因素，如《日本民法典》还规定了其他事情。“我国台湾地区民法典”规定还须考虑扶养义务人的身份因素。还有的国家确定扶养标准的主要根据是当事人的社会地位。例如，《德国民法典》规定扶养标准的确定主要根据扶养权利人的社会地位；《埃塞俄比亚民法典》规定扶养标准的确定根据双方当事人的社会地位和当地习惯；《俄罗斯联邦家庭法典》则规定确定扶养费的具体数额时应当考虑双方的物质和家庭状况以及其他应当考虑的利益。总之，各国法律中关于扶养标准的规范，均是与扶养权利人的扶养需要和扶养义务人的扶养能力相结合来确定的。

关于扶养的标准，各国和地区的立法例如下：《法国民法典》第208条规定：“扶养费仅按请求人的需要与负担人的财产比例给予。”《德国民法典》第1610条规定：“应予提供之生活费的标准按照需要生活费者的社会地位确定。生活费涵盖全部生活需要，包括为从事一项职业所需的适当的预先培训费用，对于需要接受教育的人还包括教育费用。”《意大利民法典》第438条规定：“抚养费、扶养费、赡养费应当根据请求人的实际需要和义务人的经济状况按比例支付，其数额不应超出请求人的必要生活费用，但是应当与请求人的社会地位相适应。”《比利时民法典》第208条规定：“赡（抚）养费应与请求受赡（抚）养人的需要和赡（抚）养义务人的财产相称。”《埃塞俄比亚民法典》第807条规定：“有生活保持义务的人得根据利害关系人的社会地位和当地习惯，以体面的方式向其债权人提供食品、住宿、衣物和健康照料。”“我国台湾地区民法典”第1119条规定：“扶养之程度，应按受扶养权利者之需要与负扶养义务者之经济能力及身份定之。”《中国澳门地区民法典》第1845条规定：“①所提供之扶养应与扶养人之经济能力及与受扶养人之需要相称。②定扶养程度时，亦应考虑扶养人能否维持自我生活。”

（二）扶养的方式

所谓扶养的方式，是指扶养义务人履行扶养义务所采取的方法以及形式。法律规定扶养的方式，一方面有利于引导扶养义务人选择履行扶养义务的方式，另一方面可作为衡量、判断扶养义务履行的标准。例如，在扶养权利人和扶养义务人就如何履行扶养义务发生争议时，法定的扶养方式是法院裁判的根据。

根据各国和地区法律的规定，主要包括两种方式：①支付现金或实物进行扶养；②把被扶养人接到家中扶养。至于具体采用哪种方式，可由当事人协议确定，达不成协议时，一般由法院确定。

各国法律关于扶养方式的规定不尽相同。《德国民法典》规定以扶养费为扶养的主要方式；从法律规定的精神看，《俄罗斯联邦家庭法典》也以给付扶养费为扶养的主要方式；而其他大部分如法国、意大利、比利时、埃塞俄比亚、我国澳门地区等都规定了支付扶养费和将扶养权利人接至家中供给生活所需两种扶养方式。例如，《意大利民法典》第443条规定：“义务人有权选择给付抚养费、扶养费、赡养费的方式，或者用支票定期给付，或者将权利人接到自己家中抚养或赡养。司法机关也可以根据情况确定给付抚养费、扶养费、赡养费的方式。在紧急情况下，司法机关可以在数名义务人中临时指定一人承担全部给付义务。司法机关的这一指定不阻碍履行了全部给付义务的义务人对其他义务人享有追索权。”《瑞士民法典》第292条规定：“父母坚持不认真履行抚养义务，或推断其可能潜逃、廉价出售或抛弃财产时，法官可命令其为子女今后生活的扶养费提供相当的担保。”《菲律宾共和国家庭法》第204条规定：“扶养义务人有权选择下列扶养方式之一履行扶养义务：支付固定的扶养费或将被扶养人接到家里扶养。采用后一种扶养方式有道义上或法律上障碍时，该扶养方式无效。”此外，有的国家或者地区的法律规定，当事人之间可以协议选择扶养的方式，协议不成时，由法院确定或者由亲属议定。例如，《日本民法典》第879条规定：“关于扶养的程度或方法，当事人之间协议不成或不能协议时，由家庭法院考虑扶养权利人的需要、扶养义务人的资力及其他有关情形后予以确定。”“我国台湾地区民法典”第1120条规定：“扶养之方法，由当事人协议定之。不能协议时，由亲属会议定之。”

四、扶养的变更和终止

（一）扶养的变更

扶养的变更是指扶养的顺序、标准和方式的变更，即扶养当事人一方或者双方在经济等状况发生变化时，当事人均有权请求变更原扶养协议或判决。在扶养权利人和扶养义务人协议确定扶养标准或者经法院判决确定扶养标准后，可能会因为据以确定原扶养标准的客观情况发生了变化，从而导致扶养权利人的扶养需要也会发生相应变化。当事人请求变更以情况发生新的变化为条件，否则不得请求变更。请求变更扶养的内容包括增加、减少原定数额或者免除原协议或原判决。法国、日本、古巴、秘鲁等国均采此规定。以下主要就扶养费的增加和扶养费的减少两种情况展开阐述。

1. 扶养费的增加。导致扶养费需要增加的原因主要包括两种情况：①社会经济状况的变化，例如，由于通货膨胀、物价上涨从而导致扶养费需要的增加，如我国台湾地区学者史尚宽先生所说"社会经济状况发生重大变动，一般人日常生活所必需之费用急剧增加，致以前判定之数额显然不足"即属此种情况；②扶养权利人本人身体健康状况的变化，例如，扶养权利人因身体健康状况恶化从而导致扶养需要增加。上述两种情况都要求扶养义务人在扶养能力的限度内提高扶养标准，增加扶养费。

2. 扶养费的减少。在扶养权利人和扶养义务人协议确定扶养标准或者经判决确定扶养标准后，扶养权利人的扶养需要有可能减少，例如，通货紧缩、物价下降、扶养权利人在疾病痊愈后独立生活能力增强等。反过来说，扶养义务人的扶养能力也有可能降低，例如扶养义务人因失业、财产受损等导致经济状况恶化。根据各国法律的一般规定，因扶养义务人的经济能力降低，不足以给付扶养权利人的全部扶养需要的，义务人可以请求减少扶养给付，降低扶养标准，从而减轻扶养义务人的负担。

各国和地区立法均支持扶养费请求的增加或者减少。例如，《瑞士民法典》第286条规定："因子女的需要，或因父母的财力，或因生活费用等情况发生变更，法官可命令立即提高或降低抚养费。在上述情况发生重大变更时，应父母中一方或子女的申请，法官可重新确定抚养费的数额或取消抚养费。"《意大利民法典》第440条规定："开始给付抚养费、扶养费、赡养费以后，如果义务人或者权利人的经济状况发生了变化，则司法机关可以根据具体情况作出终止、减少或者增加抚养费、扶养费、赡养费的决定。司法机关还可以因权利人的无节制的或者应当受到谴责的行为削减上述费用。"《菲律宾共和国家庭法》第202条规定："前条所称扶养费可以根据被扶养人的需要和扶养人的财力或收入的增减做相应调整。"《中国澳门地区民法典》第1853条规定："扶养给付经法院定出或经利害关系人通过协议定出后，如导致定出有关给付之实际情况发生变化，则可视乎情况而将已定出之扶养给付减少或增加，又或使其他人提供扶养给付。"《法国民法典》第209条规定："如扶养义务人与扶养请求人情况变更，致一方无力再行负担，另一方不再需要此种给付之全部或一部时，得请求免除扶养义务或减少给付数额。"

我国《婚姻法》第37条规定："离婚后，一方抚养的子女，另一方应负担必要的生活费和教育费的一部或全部，负担费用的多少和期限的长短由双方协议；协议不成时，由人民法院判决。关于子女生活费和教育费的协议或判决，不妨碍子女在必要时向父母任何一方提出超过协议或判决原定数额的合理要求。”“我国台湾地区民法典”第1120条规定：“扶养之程度及方法，当事人得因情事之变更请求变更之。”

（二）扶养的终止

所谓扶养的终止，是指由于一定的法律事实的出现，导致当事人之间的扶养权利义务关系消灭。根据各国和地区法律的规定，扶养关系终止的原因主要包括以下几种情况：

1. 当事人死亡。不论扶养权利人还是扶养义务人死亡，由于当事人之间的身份关系消灭，因此扶养均告终止。例如，《意大利民法典》第448条规定：“给付抚养费、扶养费、赡养费的义务，即使义务人是因执行判决而履行给付义务的，同样因义务人的死亡而终止。”《俄罗斯联邦家庭法典》第120条规定：“给付扶养费协议规定的扶养义务，因一方死亡、该协议的效力期限届满或者依该协议规定的原因终止。依照司法程序索取的扶养费的给付，因下列原因终止：……扶养费受领人或者应给付扶养费的人死亡。”

2. 当事人之间身份关系的解除。扶养的权利义务依一定的身份关系而存在，而当身份关系因为一定的原因消灭时，如夫妻离婚，公婆和儿媳，岳父母和女婿之间的姻亲关系消除等，当事人之间的扶养义务关系也归于消灭。例如，《俄罗斯联邦家庭法典》第120条规定：“依照司法程序索取的扶养费的给付，因下列原因终止：……无劳动能力需要帮助的原夫妻一方——扶养费受领人再婚；……”《法国民法典》第206条规定：“女婿和儿媳，在同样的情形下，对岳父母和公婆亦负有扶养的义务。但此项义务因下列情形而终止：①岳母或婆母再婚时；②产生姻亲关系的夫妻一方及其与他方在婚姻中所生的子女均死亡时。”《意大利民法典》第434条规定：“公婆、岳父母给付抚养费的义务以及女婿和儿媳给付赡养费的义务在下列情况下终止：①有权请求给付抚养费或赡养费之人再婚；②赖以产生姻亲关系的配偶、他们共同生育的子女以及子女的卑亲属全部死亡。”《比利时民法典》第207条规定：“女婿和儿媳在同样的情况下，对岳父母和公婆负有赡养的义务，但以下场合，此项义务终止：①岳母或婆婆已再婚；②该姻亲关系的夫妻一方及其另一方在婚姻中所生子女均已死亡时。”

3. 扶养的要件消灭。扶养的要件消灭是指扶养关系成立的条件消灭，包括扶养权利人之需要不存在，或者扶养义务人之能力完全消失以及子女成年等情形。扶养权利人能够独立生活而不再需要扶养、扶养义务人无力履行扶养义务等都会构成扶养义务的消灭。例如，《瑞士民法典》第277条规定：“父母的抚养义务至子女成年时终止。子女此时尚未完成合理教育的，父母得在其条件许可的限度内，继续履行抚养义务，直至相应的教育得以正式结束。”《法国民法典》第209条规定：“如扶养义务人与扶养请求人情况变更，致一方无力再行负担，另一方不再需要此种给付之全部或一部时，得请求免除扶养义务或减少给付数额。”《俄罗斯联邦家庭法典》第120条规定：“依照司法程序索取的扶养费的给付，因下列原因终止：子女成年或者未成年子女在其达到成年年龄之前拥有了完全行为能力；向其索取抚养费的子女被收养；法院认定扶养费受领人恢复劳动能力或者其需要帮助的情况终止；无劳动能力需要帮助的原夫妻一方——扶养费受领人再婚；扶养费受领人或者应给付扶养费的人死亡。”“我国台湾地区民法典”第1118条规定：“因负担扶养义务而不能维持自己生活者，免除其义务，但受扶养权利者为直系血亲尊亲属或配偶时减轻其义务。”

以下将具体阐述广义的扶养，主要包括父母子女之间的扶养、夫妻之间的扶养、祖孙之间的扶养以及兄弟姐妹之间的扶养。

第三节　父母子女之间的扶养

父母和子女是最近的直系血亲，为家庭法律关系的核心。父母子女之间的关系又称为亲子关系。在亲子关系中，除了亲权这一最重要、最核心的内容以外，父母子女之间的扶养也属于很重要的内容。从义务的角度而言，父母子女之间的扶养包括父母对子女的抚养义务以及子女对父母的赡养义务两个方面。

一、父母对子女的抚养义务

父母对子女的抚养是指父母在经济上对子女的供养、在生活上对子女的照料以及在精神上对子女的慰藉，包括负担子女的生活费、教育费和医疗费等。抚养义务是父母对子女所负的最主要、最基本的义务，目的在于保障子女的生存和健康成长。有些国家的法律规定，父母对子女的抚养义务既包括父母对未成年子女的扶养义务，也包括父母对不能维持生活或者不能独立生活的成年子女的抚养义务，例如俄罗斯、中国等。有的国家则规定，父母对子女的抚养义务仅限于未成年子女；如果子女成年，即终止父母对子女的抚养义务，如美国。有些国家则未明确规定是否包括成年子女，例如法国、意大利等。

各国法律均规定了父母对未成年子女的抚养义务。例如，《法国民法典》第203条规定：“夫妻基于结婚的事实，负有共同抚养、教育其子女的义务。”《意大利民法典》第147条规定：“婚姻使夫妻双方负有根据子女的能力、爱好、抱负，养育和教育子女的义务。”根据《德国民法典》第1602条的规定，未成年的未婚子女即使拥有财产，仍然可以以其财产收入和劳动所得不能够维持生活向其父母要求生活费。根据《瑞士民法典》第278条的规定，在婚姻关系存续期间，父母按婚姻法的有关规定承担对子女的抚养义务；在夫妻一方对其前婚所生子女履行抚养义务时，夫妻他方应以适当的方式给予合作。根据我国《婚姻法》第21条的规定，父母不履行抚

养义务时，未成年子女有要求父母付给抚养费的权利。

父母对未成年子女的抚养是生活保持义务。如前所述，生活保持义务又称“共生义务”，是指一种无条件的在扶养人与被扶养人之间必须保持同一生活水平的扶养。这是一种为维系家庭共同生活而由法律强制规定的无条件的扶养义务。在这种扶养义务中，扶养义务人是否具有扶养能力的判断标准为：扶养义务人在维持自己的基本生活需要之后，是否有剩余的经济能力或者劳动能力；如果扶养义务人在为扶养权利人提供扶养之后，仍能维持自己的基本生活需要，扶养义务人即为有扶养能力，反之即为无扶养能力。例如，《德国民法典》第1603条规定：“由于其负担的其他义务而不能够在不危害其自己的适当的生活费的情况下为他人提供生活费的人，不负有提供生活费的义务。如果父母处于上述状况，则父母对其未成年的未婚子女负有均衡地使用一切可支配的资金于自身及子女的义务。”

父母对未成年子女的抚养具有如下特点：①抚养义务的无条件性。父母对未成年子女的抚养是无条件的，属于生活保持义务的范畴。一旦子女出生，无论父母经济条件和劳动能力如何，也不论主观意愿如何，均必须依法承担抚养义务，即使降低自己的生活水平、牺牲自己的事业发展和生活享受，也必须首先保障子女的生存和生活。②抚养内容的复合性。抚养属于亲权的一部分，是父母对未成年子女的法定义务。父母对未成年子女的抚养涉及子女身心成长、发展的全过程，是全方位的抚养，既包括悉心关怀、照料子女，为子女营造安全、健康、幸福的生活条件和氛围；也包括负担子女所必需的生活费、教育费和医疗费等一切费用，确保子女的健康成长和发展。③抚养时间的长期性。子女从出生到成年乃至具有独立生活能力是一个漫长的过程，对父母的依赖性最强，因此对父母而言，抚养未成年子女是长期性的义务。

有些国家规定了特殊情况下父母对成年子女的抚养义务，例如俄罗斯、瑞士、中国等。由于目前社会经济发展水平的局限性，社会对公民个体的综合保障机制不健全，再加上公民个人在生理、心理、学习及就业等方面存在很大差异，对于很多公民而言，成年并不意味着具有劳动能力；具有劳动能力也不代表具有独立的经济来源和生活能力。鉴于此，在一定条件下，父母对成年子女尚需依法应当承担抚养义务。例如，根据《俄罗斯联邦家庭法典》第85条的规定，父母应当抚养其无劳动能力的需要帮助的成年子女；在无给付抚养费协议时，无劳动能力的成年子女的抚养费金额，由法院根据双方物质和家庭状况以及双方其他应被考虑的利益，确定按月应给付的固定货币数额。在没有协议和有特别情况（无劳动能力的需要照顾的成年子女患重病、伤残、为看护他们须雇人而支付的费用和其他状况）时，法院可确定父母各方分担因上述情况引起的额外开支。父母分担这类开支的方式和金额，由法院根据父母和子女的物质和家庭情况以及其他应注意的双方利益，确定按月应给付的固定数额的货币。根据《瑞士民法典》第277条的规定，父母对子女的抚养义务，到子女成年时终止；如果此时子女尚未结束合理教育的，父母可在其条件许可的限度内，继续履行抚养义务，直到子女相应的教育得以正式结束。我国《婚姻法》第21条第2款规定："父母不履行抚养义务时，未成年的或不能独立生活的子女，有要求父母付给抚养费的权利。"此处的"不能独立生活的子女"，根据我国最高人民法院《关于适用〈中华人民共和国婚姻法〉若干问题的解释（一）》第20条规定，"是指尚在校接受高中及其以下学历教育，或者丧失或未完全丧失劳动能力等非因主观原因而无法维持正常生活的成年子女"。

父母对成年子女的抚养义务是生活扶助义务，而且仅限于不能维持生活或者不能独立生活的成年子女。相对于生活保持义务而言，生活扶助义务是指一种有条件的，只有在一方无力独立生活而他方有扶养负担能力时才履行的义务。这是一种偶然的、例外的、相对的义务，其发生条件是只有在一方无力独立生活、他方有经济能力即扶养负担能力时才能够构成。在生活扶助义务中，判断扶养义务人是否具有扶养能力的标准为：扶养义务人在不降低与自己的社会地位、身份相当之生活水平时，仍有剩余的经济能力或者劳动能力履行该义务的，为有扶养能力；反之，如果扶养义务人必须降低与自己社会地位、身份相当之生活水平才能履行义务的，即为无扶养能力。正如我国台湾地区学者史尚宽先生在分析《瑞士民法典》的规定时所言，对于生活扶助义务，在权利人方面非按其身份，而以必要之生活维持为其限度；义务人方面应按其能力，以不因此而危害其经济存在为其限度，即自己生活不应因此而有重大恶化，然可期待其有多少能忍受之节约。

各国法律一般都规定，父母对非婚生子女的扶养，与对婚生子女相同；父母子女之间的扶养义务，适用于养父母子女。例如，英国1970年《婚姻诉讼和婚姻财产法》规定，父母有抚养未成年子女的义务；父母对子女的抚养责任，包括父母对婚生子女的抚养责任、对非婚生子女的抚养责任以及对养子女的抚养责任。至于继父母子女之间的扶养义务，各国法律多未予以规定。但也有少数国家有这方面的规定。例如，根据《俄罗斯联邦家庭法典》第97条的规定，曾经教育和抚养过自己的继子女且无劳动能力、需要帮助的继父母，如果他们不能得到其成年的有劳动能力的子女或者配偶（原配偶）的扶养，有权依司法程序请求有劳动能力并有必要赡养条件的成年继子女赡养。如果继父母教育和抚养继子女少于5年，或如果他们未以应有的方式履行教育或者抚养继子女的义务，法院有权解除继子女赡养其继父母的义务。又如，我国《婚姻法》第27条第2款规定："继父或继母和受其抚养教育的继子女间的权利和义务，适用本法对父母子女关系的有关规定。"

二、子女对父母的赡养义务

各国法律一般都规定了子女对父母的赡养义务，但也有个别国家未予规定，如英国。

从法律的角度而言，根据权利义务相一致的原则，任何公民都不能只享有权利而不承担义务。如果父母对未成年子女履行了抚养教育的义务，那么成年子女对父母就应当履行赡养扶助的义务。从道德的角度来说，百善孝为先。羊有跪乳之恩，鸦有反哺之义。《孔子家语·卷二·致思第八》云："树欲静而风不止，子欲养而亲不待。"可谓众所周知、耳熟能详。子女对父母应当常怀感恩之心。父母在世时，子女应当尽其所能孝敬老人，否则，子欲养而亲不待，让人情何以堪。

子女对父母的赡养是指子女在经济上对父母的供养、在生活上对父母的照料以及在精神上对父母的慰藉，包括负担父母的生活费和医疗费等。

子女对父母的赡养是生活扶助义务。和父母对未成年子女的抚养有所不同，子女对父母的赡养是有条件的，即父母必须有受赡养的需要，而子女须已成年，且不损及该成年子女的生活，并以其具有赡养能力为限。例如，《法国民法典》第205条规定："在父母或者其他直系尊亲属有受扶养的需要时，子女应负扶养的义务。"根据《俄罗斯联邦家庭法典》第87条和第88条的规定，有劳动能力的成年子女，应当赡养并关心其无劳动能力需要帮助的父母；除了赡养费外，对父母的额外开支，成年子女也要负担。如果成年子女不关心无劳动能力的父母和在特殊情况下（父母重病、伤残、须雇用他人看护而支付的费用和其他情况），法院可确定由成年子女分担因上述情况引起的额外开支。美国大多数州在其"亲属责任法规"中规定，成年子女对于需要赡养的父母应尽赡养义务，即有经济来源的成年子女在支付自己的家庭生活费用之后，有负担能力的，对于生活困难需要赡养的父母应当予以赡养；有数个子女的，共同承担赡养义务；如果子女不能提供具体帮助的，可以由代理机构提供服务，子女支付费用。美国有的州还规定，对负有赡养义务而不尽赡养义务的子女，要追究刑事责任。

我国《宪法》第49条第3款规定："……成年子女有赡养扶助父母的义务。"根据我国《婚姻法》第21条的规定，子女对父母有赡养扶助的义务；子女不履行赡养义务时，无劳动能力的或生活困难的父母，有要求子女付给赡养费的权利。我国《老年人权益保障法》第14条第1款规定："赡养人应当履行对老年人经济上供养、生活上照料和精神上慰藉的义务，照顾老年人的特殊需要。"第15条规定："赡养人应当使患病的老年人及时得到治疗和护理；对经济困难的老年人，应当提供医疗费用。对生活不能自理的老年人，赡养人应当承担照料责任；不能亲自照料的，可以按照老年人的意愿委托他人或者养老机构等照料。"第18条规定："家庭成员应当关心老年人的精神需求，不得忽视、冷落老年人。与老年人分开居住的家庭成员，应当经常看望或者问候老年人。"这条规定值得称道，体现了对老年人精神上的慰藉，属于精神层面的赡养。媒体形象地将之解读为，"常回家看看"被写进法律了。我国《老年人权益保障法》第19条也规定："赡养人不得以放弃继承权或者其他理由，拒绝履行赡养义务。赡养人不履行赡养义务，老年人有要求赡养人付给赡养费等权利。……"

第四节 夫妻之间的扶养

夫妻是指以共同生活为目的而依法缔结婚姻关系的男女双方。在婚姻关系存续期间，夫妻互为配偶。配偶在亲属关系中处于核心地位，具有举足轻重的作用。

夫妻之间相互扶养的权利和义务是配偶身份权的重要内容，也是配偶身份关系和婚姻共同体的物化表现。

夫妻之间的扶养是指夫妻之间在经济上相互供养、在生活上相互照料以及在精神上相互慰藉，包括负担彼此的生活费和医疗费等。夫妻是婚姻生活的共同主体，双方既享有相互受扶养的权利，也负有相互扶养的义务。有扶养能力一方必须自觉承担义务。如果一方违反扶养义务，另一方有索要扶养费的请求权。夫妻之间的扶养是婚姻内在属性和法律效力对主体的必然要求。

一、各国法律关于夫妻之间扶养的规定

各国对夫妻之间的扶养一般都有明确的规定。《法国民法典》第 212 条规定："夫妻负有相互忠实、帮助、救援的义务。"《意大利民法典》第 143 条第 2 款规定："依据婚姻的效力，夫妻间互负忠实的义务、相互给予精神和物质扶助的义务、在家庭生活中相互合作和同居的义务。"根据《意大利民法典》第 433 条的规定，在作为扶养义务人时，配偶处于第一顺序。根据《德国民法典》第 1360 条的规定，婚姻双方相互之间负有义务，以其劳务或财产为家庭提供适当的生活费。如果婚姻一方承担家务，则以其劳务为家庭提供生活费的义务在通常情况下即通过从事家务而得到履行。夫妻扶养家庭义务当然包括夫妻之间相互扶养的义务。根据《德国民法典》第 1609 条的规定，在作为扶养权利人时，夫妻一方与未成年子女处于同一顺序。根据《瑞士民法典》第 159 条的规定，男女双方结婚后，相互负有婚姻共同生活的义务，并且相互扶养。夫妻双方互负扶助义务。根据《日本民法典》第 752 条的规定，夫妻应同居，相互协力，相互扶助。根据《俄罗斯联邦家庭法典》第 89 条的规定，夫妻双方在物质上有相互扶助的义务。在拒绝该扶助，并且夫妻之间无给付扶养费协议的情况下，有权依照司法程序向拥有必要资金的另一方请求给付扶养费的人是：无劳动能力的生活困难的夫妻一方、怀孕的妻子和自共同的子女出生之日起 3 年内的妻子、照顾共同的不满 18 周岁的残疾子女，或者照顾自幼为一等残疾的共同子女的生活困难的配偶。我国《婚姻法》第 20 条规定："夫妻有互相扶养的义务。一方不履行扶养义务时，需要扶养的一方，有要求对方付给扶养费的权利。"

许多国家还明确规定了夫妻分居期间的扶养。例如，根据《法国民法典》第 303 条的规定，夫妻分居，相互救助义务仍然存在。宣告分居的判决或其后作出的判决，确定应当给予配偶所需的扶养金数额。此项扶养金不考虑过错在哪一方，作为扶养金债务人的一方配偶，如有必要，得援用第 207 条第 2 款的规定（在债权人本人严重违反对债务人的义务时，法官得解除债务人负担的扶养义务之全部或部分）。此项扶养金应当遵守有关扶养之债的规则。又如，根据《意大利民法典》第 156 条的规定，在宣告分居时，如果配偶一方没有适当的个人收入，法官可以为非分居责任人的利益，规定没有适当个人收入的配偶有权从另一方配偶处获取维持生活的必需费用，必需费用的数额由法官视具体情况和义务人的实际收入确定。又如，根据《德国民法典》第 1361 条的规定，分居生活中的生活费的范围和生活费的提供方式：①如果婚姻双方分居生活，则婚姻一方可以向婚姻另一方要求给予根据婚姻双方生活、就业及财产情况而为适当的生活费；因身体或者健康损害而产生的费用开支适用本法第 1360a 条。如果分居生活的婚姻双方处于离婚诉讼之中，则从进入诉讼程序之时起，购买一项适当的养老保险及丧失就职、就业能力保险的费用也属于生活费。②未就业的婚姻一方只在根据其个人情况，特别是在考虑到婚姻持续期间的情况下，因为以前曾经就业，并且根据婚姻双方的经济状况而可以如此期望的情形，方得被要求通过就业来自己赚取生活费。③持续性的生活费通过支付定期扶养金的方式提供。定期扶养金按月支付。义务人在权利人于一个月的中间死亡的情形，仍然负有支付当月的全额定期扶养金的义务。再如，根据美国的法律规定，分居期间，因为夫妻仍处于法定婚姻关系中，不能再婚，故夫妻双方均有权要求对方支付分居扶养费。在不同的州，分居扶养的内容有所不同。有的州规定分居扶养的救济方法仅以为妻子提供扶养费为限。在现代法律中，分居扶养的理论适用于双方，无论是妻子或者丈夫在分居期间均可以要求他方支付分居扶养费。

许多国家甚至将这种义务延伸至离婚以后。例如，根据《法国民法典》第 281 条和第 283 条的规定，在因共同生活破裂宣告离婚的情况下，主动提出离婚的一方完全负有救助责任。救助责任包括负担有病的一方配偶医疗所需的一切费用。救助义务，以扶养金形式履行。并且这种扶养金得根据夫妻各方的财力与需要加以变更。如作为扶养金债权人的一方再婚，扶养金当然停止给付。如扶养金债权人公开与他人姘居，扶养金之给付亦行停止。再如，根据《德国民法典》第 1569 ~ 1573 条以及第 1576 条的规定，如果婚姻一方在离婚后不能自己负担其生活费，则该方可以依照规定向婚姻另一方提出生活费请求权。提出生活费请求权的法定情形有以下几种：因照管子女而要求生活费；因年老而要求生活费；因疾病或者残疾而要求生活费；在获得适当就业之前的生活费；出于公平理由的生活费。又如，根据《瑞士民法典》第 152 条和第 153 条的规定，夫妻离婚后，如果无过错方因为离婚而致使生活陷入贫困，可以要求对方扶养。无过错的一方配偶，因为离婚急需救济，他方配偶虽无过错，仍对其承担给付与本人财产状况相符的扶养金的义务。法院判决或者双方约定以定期金方式支付扶养金的，该领取定期金的权利，在接受定期金一方再婚时丧失；因为需要救济而支付的定期金，在领取定期金的一方的需要不复存在，或已经显著减轻，或定期金的数额与义务人的财产状况相比不合理时，经义务人请求，可予以废除或者减少数额。再如，根据《俄罗斯联邦家庭法典》第 90 条的规定，夫妻离婚后，具备条件的原配偶可以获得扶养费。依照司法程序向拥有必要的该资金的原配偶提出给付扶养费的人为：怀孕的和自共同的子女出生之日起3年内的原配偶；照顾共同的不满1周岁的残疾子女，或者照顾自幼为一等残疾人的共同子女的生活困难的原配偶；在离婚前或者自离婚之时起1年内成为无劳动能力人的生活困难的原配偶；如果夫妻婚姻存续时间很长，自离婚之时起不超过5年已达退休年龄的生活困难的原配偶。再如，在美国，离婚后对原配偶的扶养费或者生活费，原则上根据需要而定，被认为是一种对没有独立生活能力的原配偶提供的必要的扶养的方法。扶养费通常被认为是一种暂时的措施，以帮助原配偶取得必要的教育和工作技能，以便使其成为自食其力者。

二、夫妻之间扶养的特点

1. 夫妻之间的扶养是以夫妻双方合法有效的婚姻关系为前提条件的。无论婚姻的实际情形如何，也不管夫妻的感情状况怎样，夫妻之间的扶养在婚姻关系存续期间一直存在且具有法律拘束力，因此是一种持续性的法律关系。许多国家甚至将这种义务延伸至离婚以后。

2. 夫妻之间的扶养是权利和义务的复合体，既是义务也是权利。夫妻双方互享扶养权利，互负扶养义务，因而不履行扶养义务的行为是一种侵权行为。夫妻一方向对方所负的义务，从接受者的角度而言，就是接受扶养的权利。夫妻之间的扶养权利和义务是平等而且相一致的。任何一方都不能只享有接受扶养的权利，而不承担扶养对方的义务。

3. 夫妻之间的扶养义务具有法律强制性。当夫妻一方没有固定收入和缺乏生活来源，或者无独立生活能力或者生活困难，或者因患病、年老等原因需要扶养，另一方不履行扶养义务时，需要扶养的一方有权要求对方承担扶养义务。当夫妻之间因履行扶养义务问题发生纠纷时，需要扶养的一方可以诉诸司法救济，以维护其权利。

4. 夫妻之间的扶养是无条件的，属于生活保持义务的范畴。夫妻之间的扶养既是双方当事人从婚姻缔结开始就共生的义务，也是婚姻或者家庭共同体得以维系和存在的基本保障，同时还是人类个体婚制形成以来婚姻一直承载的基本功能。在现代社会，虽然人格自由平等、经济独立淡化了夫妻之间身份的客观约束，但是夫妻之间的扶养仍是各国法律普遍确立的制度。

第五节 祖孙之间的扶养

祖孙关系是一种隔代直系血亲的亲属关系，包括祖父母与孙子女之间、外祖父母与外孙子女之间的关系。可以说，祖孙是除了父母子女之外最近的直系血亲。随着社会制度的变迁，虽然家庭结构已经由传统的直系家庭制向夫妻家庭制过渡，以夫妻关系和父母子女关系为中心的家庭已经成为主要的家庭模式，但是祖孙关系仍

然是现代家庭法所调整的一种权利义务关系，有其存在的必要性。

众所周知，从亲等的角度而言，祖父母与孙子女、外祖父母与外孙子女是二亲等的直系血亲。通常情况下，子女由父母抚养，而父母由子女赡养，祖孙之间不存在扶养关系。但是当出现某种客观原因，导致父母子女之间无法履行抚养和赡养的义务时，祖父母与孙子女之间、外祖父母与外孙子女之间就产生了扶养的权利义务关系。在现实生活中，祖孙共同生活、互相照料的情况司空见惯。在很多家庭中，孙子女、外孙子女是由祖父母、外祖父母抚养长大的；当祖父母、外祖父母需要赡养扶助时，孙子女、外孙子女也应当履行赡养的义务。综观各国的立法例，祖孙关系主要涉及扶养和继承。我国《婚姻法》和《继承法》也是如此规定的。在此，只探讨祖孙之间的扶养问题。

一、各国法律关于祖孙之间扶养的规定

各国法律一般都规定，祖孙之间不分男系亲、女系亲，均互相负有扶养的义务。例如，俄罗斯、德国、瑞士、日本、古巴、秘鲁、中国等国均有规定。

有的国家直接规定祖孙之间相互扶养的权利和义务。例如，根据《俄罗斯联邦家庭法典》第94条的规定，祖父母和外祖父母有抚养孙子女和外孙子女的义务。未成年的需要帮助的孙子女和外孙子女，如果不能得到其父母的抚养，有权依司法程序得到其有必要抚养条件的祖父母和外祖父母的抚养。成年的无劳动能力需要帮助的孙子女和外孙子女，如果不能得到其配偶（原配偶）或者父母的抚养，也享有同样的权利。而根据《俄罗斯联邦家庭法典》第95条的规定，孙子女和外孙子女有赡养祖父母和外祖父母的义务。无劳动能力需要帮助的祖父母和外祖父母，如果不能得到其成年的有劳动能力的子女或配偶（原配偶）的扶养，有权依司法程序请求有劳动能力的有必要赡养条件的成年的孙子女和外孙子女赡养。我国《婚姻法》第28条规定："有负担能力的祖父母、外祖父母，对于父母已经死亡或父母无力抚养的未成年的孙子女、外孙子女，有抚养的义务。有负担能力的孙子女、外孙子女，对于子女已经死亡或子女无力赡养的祖父母、外祖父母，有赡养的义务。"

有的国家则将具有祖孙关系的各主体，具体地列入了扶养义务人和权利人的顺序。例如，根据《德国民法典》的规定，晚辈直系血亲先于长辈亲属负担生活费义务；在晚辈直系血亲之间和长辈亲属之间，近亲属先于远亲属承担责任。同一亲等的数名亲属之间，按其收入和财产的比例以份额方式承担责任。《埃塞俄比亚民法典》第821条规定："各种债务人最终得按下列顺位承担产生于生活保持义务的责任：①第一顺位，配偶；②第二顺位，依亲等远近承担的诸亲等卑亲属；③第三顺位，依亲等远近承担的诸亲等尊亲属。"关于祖孙之间的扶养，各国一般规定，以未成年的孙子女、外孙子女为权利人的，祖父母、外祖父母则为义务人；而以成年孙子女、外孙子女为义务人的，祖父母、外祖父母则为权利人。

根据各国法律的规定，祖孙之间的扶养是有条件的。许多国家一般都规定，扶养权利人是未成年人或者是丧失劳动能力、生活贫困有扶养之必需的老年人；而扶养义务人须具有扶养能力。祖孙之间的扶养义务为生活扶助义务。

二、祖父母、外祖父母对孙子女、外孙子女的抚养义务

祖父母、外祖父母对孙子女、外孙子女的抚养是有条件的。一般情况下，祖父母、外祖父母在下列条件下有抚养孙子女、外孙子女的义务：

1. 祖父母、外祖父母有负担能力。所谓祖父母和外祖父母有负担能力，是指祖父母和外祖父母以自己的劳动收入和其他收入，满足自己、配偶、需要赡养的父母以及不能独立生活的成年子女的合理的生活、医疗等需要后仍有剩余或者降低生活水平之后有剩余。如果祖父母和外祖父母均有负担能力，可将其视为同一顺序的抚养义务人，应当根据祖父母和外祖父母的经济情况，使其合理分担抚养的义务。

2. 孙子女、外孙子女的父母已经死亡或者父母无力抚养。此处的死亡包括自然死亡和宣告死亡两种情况。所谓父母无力抚养，是指父母不能以自己的劳动收入和其他收入满足子女合理的生活、教育、医疗等需要。此处所说的父母，包括婚生子女的父母、非婚生子女的生母和经过认领的生父、养父母亦即有扶养关系的继父母。需要说明的是，根据我国收养法的规定，收养人应当具有抚养教育被收养人的能力，但是养父母在收养子女时具有抚养教育被收养人的能力，而在之后有可能由于某种原因丧失抚养教育被收养人的能力，所以此处的父母应当包括养父母在内。

3. 孙子女和外孙子女有受抚养的需要。孙子女和外孙子女是指祖父母、外祖父母的婚生子女的子女、经过认领的非婚生子女的子女、养子女的子女、有扶养关系的继子女的子女。所谓孙子女和外孙子女有受抚养的需要，一般是指孙子女和外孙子女未成年。但是有的国家并不以孙子女和外孙子女未成年为限，如俄罗斯、日本等。

需要注意的是，祖父母、外祖父母对孙子女、外孙子女的抚养义务，并不以双方共同生活为必要条件。

一般情况下，上述三个条件必须同时具备，才产生祖父母、外祖父母对孙子女、外孙子女的抚养义务。但是有的国家规定，在特殊情况下祖父母、外祖父母对成年的孙子女和外孙子女也有抚养义务。如前所述，根据《俄罗斯联邦家庭法典》第 94 条的规定，成年的无劳动能力需要帮助的孙子女和外孙子女，如果不能得到其配偶（原配偶）或者父母的抚养，也有权依司法程序得到其有必要抚养条件的祖父母和外祖父母的抚养。

三、孙子女、外孙子女对祖父母、外祖父母的赡养义务

孙子女、外孙子女对祖父母和外祖父母的赡养义务也是有条件的。一般情况下，孙子女、外孙子女在下列条件下有赡养祖父母、外祖父母的义务：

1. 孙子女、外孙子女有负担能力。所谓孙子女、外孙子女有负担能力，是指孙子女、外孙子女以自己的劳动收入和其他收入，满足自己、配偶、需要赡养的父母、未成年子女以及不能独立生活的成年子女的合理的生活、医疗等需要后仍有剩余或者降低生活水平之后有剩余。如果孙子女和外孙子女均有负担能力，可将其视为同一顺序的抚养义务人，应当根据孙子女和外孙子女的经济情况，使其合理分担赡养的义务。

2. 祖父母、外祖父母的子女已经死亡或者子女无力赡养。此处的死亡同样包括自然死亡和宣告死亡两种情况。所谓祖父母、外祖父母的子女无力抚养，是指祖父母、外祖父母的子女不能以自己的劳动收入和其他收入满足祖父母、外祖父母合理的生活、医疗等需要。

3. 祖父母、外祖父母需要赡养。具体是指祖父母、外祖父母无劳动能力或者生活困难需要帮助。

一般情况下，以上三个条件必须同时具备，相辅相成，才产生孙子女、外孙子女对祖父母、外祖父母的赡养义务，而且同样也不以双方共同生活为必要条件。但是有的国家并未规定"祖父母、外祖父母需要赡养"这一条件。例如，我国《婚姻法》第28条规定："……有负担能力的孙子女、外孙子女，对于子女已经死亡或子女无力赡养的祖父母、外祖父母，有赡养的义务。"

第六节 兄弟姐妹之间的扶养

兄弟姐妹是最近的同辈旁系血亲，一般包括同胞兄弟姐妹、同父异母或者同母异父的兄弟姐妹、养兄弟姐妹以及有扶养关系的继兄弟姐妹。众所周知，一般情况下，子女由父母抚养，而父母由子女赡养，兄弟姐妹之间不存在扶养关系。但是由于某种客观原因的出现，导致父母不能或者无力履行抚养义务时，兄弟姐妹之间就产生了扶养的权利义务关系。现实生活中，有些父母已经死亡的兄、姐将弟、妹扶养长大，同舟共济、相依为命；也有不少兄弟姐妹虽然已经各自结婚，但是依然同甘共苦、互相扶助，彰显手足之情。综观各国的立法例，兄弟姐妹之间的关系主要涉及扶养和继承。我国《婚姻法》和《继承法》也作了相关规定。在此，只探讨兄弟姐妹之间的扶养问题。

一、各国法律关于兄弟姐妹之间扶养的规定

综观各国的立法例，多数国家未规定兄弟姐妹之间具有扶养的义务，但有些国家规定了兄弟姐妹之间互负扶养义务，如瑞典、意大利、俄罗斯、瑞士、日本、古巴、中国等。《瑞士民法典》第328条规定："兄弟姐妹之间互负扶养义务，但仅限于没有此帮助而生活陷于贫困者。兄弟姐妹之间无充分财力时，不负扶养义务。无论全血缘或半血缘兄弟姐妹、婚生或非婚生兄弟姐妹、养兄弟姐妹或形成扶养关系的继兄弟姐妹间有互负扶养之义务。"《意大利民法典》第439条规定："兄弟姐妹之间只对非常必要的生活费用承担给付义务。如果请求人是未成年人，则这一费用还可以包括培养教育费。"根据《俄罗斯联邦家庭法典》第93条的规定，关于兄弟姐妹扶养未成年的兄弟姐妹和无劳动能力的成年的兄弟姐妹的义务，需要帮助的未成

年的弟、妹，如果不能得到其父母的抚养，有权依司法程序获得其有劳动能力的成年兄、姐的扶养。成年的无劳动能力的需要帮助的兄弟姐妹，如果不能得到自己有劳动能力的成年子女、配偶（原配偶）或者父母的扶养，也享有同样的权利。我国《婚姻法》第29条规定："有负担能力的兄、姐，对于父母已经死亡或父母无力抚养的未成年的弟、妹，有扶养的义务。由兄、姐扶养长大的有负担能力的弟、妹，对于缺乏劳动能力又缺乏生活来源的兄、姐，有扶养的义务。"另外，根据一些国家法律的规定，兄弟姐妹被列为第四顺序的扶养义务人，如《古巴家庭法》与《秘鲁家庭法》；而有的国家仅规定兄弟间的扶养义务，而未规定兄弟与姐妹之间、姐妹之间的扶养义务，如法国。有的国家仅规定了扶养人的范围，而未规定扶养人的顺序；有的国家则采取了双顺序的规定，如《德国民法典》、《日本民法典》均采取双顺序规定。同时，多数国家规定兄弟姐妹之间的扶养义务位于直系血亲之后。

需要说明的是，与祖孙之间的扶养义务一样，兄弟姐妹之间的扶养义务也是有条件的，属于生活扶助义务的范畴。

二、兄、姐对弟、妹的扶养义务

兄、姐对弟、妹的扶养是有条件的。一般情况下，兄、姐在下列条件下有扶养弟、妹的义务：

1. 兄、姐有负担能力。兄、姐一般包括同父母的兄、姐，同父异母或者同母异父的兄、姐，养兄、姐，有扶养关系的继兄、姐。所谓兄、姐有负担能力，是指兄、姐以自己的劳动收入和其他收入，满足自己、配偶、需要赡养的父母、未成年子女以及不能独立生活的成年子女的合理的生活、医疗等需要后仍有剩余或者降低生活水平之后有剩余。如果兄、姐数人均有负担能力，可将其视为同一顺序的扶养义务人，应当根据兄、姐的经济情况，使其合理分担扶养的义务。

2. 父母已经死亡或者父母无力抚养。此处的死亡包括自然死亡和宣告死亡两种情况。所谓父母无力抚养，是指父母不能以自己的劳动收入和其他收入满足子女合理的生活、教育、医疗等需要。

3. 弟、妹有受扶养的需要。弟、妹一般包括同父母的弟、妹，同父异母或者同母异父的弟、妹，养弟、妹，有扶养关系的继弟、妹。所谓弟、妹有受扶养的需要，一般是指弟、妹未成年。但是有的国家并不以弟、妹未成年为限，如意大利、日本等。

一般情况下，以上三个条件必须同时具备，才产生兄、姐对弟、妹的扶养义务，同时此义务的适用不以共同生活为必要条件。

三、弟、妹对兄、姐的扶养义务

弟、妹对兄、姐的扶养也是有条件的。一般情况下，弟、妹在下列条件下有扶养兄、姐的义务：

1. 弟、妹有负担能力。弟、妹一般包括同父母的弟、妹，同父异母或者同母异父的弟、妹，养兄、姐，有扶养关系的继弟、妹。所谓弟、妹有负担能力，是指弟、妹以自己的劳动收入和其他收入，满足自己、配偶、需要赡养的父母、未成年子女以及不能独立生活的成年子女的合理的生活、医疗等需要后仍有剩余或者降低生活水平之后有剩余。如果弟、妹数人均有负担能力，可将其视为同一顺序的扶养义务人，应当根据弟、妹的经济情况，使其合理分担扶养的义务。

2. 兄、姐有受扶养的需要。兄、姐一般包括同父母的兄、姐，同父异母或者同母异父的兄、姐，养兄、姐，有扶养关系的继兄、姐。所谓兄、姐有受扶养的需要，一般是指兄、姐缺乏劳动能力又缺乏生活来源，需要帮助。

一般情况下，以上两个条件必须同时具备，即可产生弟、妹对兄、姐的扶养义务，同时此义务的适用也不以共同生活为必要条件。但是有的国家还规定了“弟、妹由兄、姐扶养长大”这一条件。例如，我国《婚姻法》第29条规定：“……由兄、姐扶养长大的有负担能力的弟、妹，对于缺乏劳动能力又缺乏生活来源的兄、姐，有扶养的义务。”该规定体现了权利义务相一致的原则。

第七节 我国扶养制度的立法完善

一、现代扶养法律制度的发展趋势

随着现代婚姻家庭制度的完善，扶养法律制度在内容方面出现了新的发展趋势，主要表现在离婚时原配偶扶养的适用条件的完善以及强化对离婚扶养费执行的保障措施两方面。[1]

（一）离婚时原配偶扶养的适用条件更加具体

并非任何夫妻离婚时都可以要求对方扶养，只有符合一定条件的原配偶一方可以请求对方给付一定的扶养费。整体而言，英美法系国家和大陆法系国家的相关法律规定都很详细具体。由于离婚时的扶养主要是基于原夫妻间扶养义务的延伸，所以配偶双方的物质条件和家庭状况是确定是否给付扶养费以及给付数额的重要因素。尤其是《德国民法典》中对离婚一方的生活费的原则规定，值得我国借鉴。婚姻双方离婚后，只有在一方离婚后自己不能负担生活费时，才可以依照法律的规定行使生活费请求权。提出生活费请求权的情形包括：因照管子女而要求生活费；因年老而要求生活费；因疾病或残疾而要求生活费；在获得适当就业之前的生活费；出于公平理由的生活费。

（二）强化对离婚扶养费执行的保障措施

对离婚扶养费的执行，有些国家已经在立法中规定了行之有效的措施，主要是通过提供担保的方式保证扶养费的提供。值得称道的是，《俄罗斯联邦家庭法典》中

---

〔1〕 陈苇主编：《外国婚姻家庭法比较研究法》，群众出版社2006年版，第561～564页。

以专章的形式规定了“给付和索取扶养费的程序”，从而有效解决了扶养费的执行问题。该法规定，有给付扶养费义务的人所在工作单位的办公部门有扣除扶养费的义务；如果有给付扶养费义务的人的工作地点变更，则依据法院判决或经公证的给付扶养费的协议扣除扶养费的办公部门，有通知的义务。该法还规定了向应给付扶养费的人索取财产的途径和未及时给付扶养费时应承担的责任。

二、完善我国扶养制度立法的建议

（一）统一使用“扶养”一词

我国《婚姻法》根据扶养主体之间辈分的不同，将扶养分为抚养、赡养和扶养，而我国《继承法》、《刑法》则均使用“扶养”，导致各部门法中法律术语的使用不统一。如此一来，不仅破坏了法律术语的单义性，而且还破坏了其准确性，结果往往造成理解上的困难。从国外立法来看，绝大多数国家都采用广义的“扶养”一词。因此，为保证法律术语的统一性，与国际立法接轨，建议我国立法机关修改立法时将抚养、赡养、扶养统一改为“扶养”一词。

（二）专章规定扶养制度

我国《婚姻法》关于扶养制度的规定过于简略，对扶养的顺序、标准、方式、变更和终止等问题，或者未作规定或者语焉不详。我国立法机关宜借鉴国外立法经验，结合我国实际，增加专章规定扶养制度，主要内容包括扶养的主体、顺序、标准、方式、变更和终止、保障扶养义务履行的法律措施以及不履行扶养义务的法律责任等。

1. 扶养主体。我国《婚姻法》规定的扶养主体为父母子女之间、夫妻之间、祖父母、外祖父母与孙子女、外孙子女之间、兄弟姐妹之间。建议在“扶养”的专章规定中，增加直系姻亲之间有条件地扶养的立法规定，即直系姻亲之间互负扶养义务，但未形成扶养关系的继父母、继子女所涉及的直系姻亲除外。明确直系姻亲之间互负扶养义务的规定，有利于保障老弱病残等弱势群体的生活，促进家庭的和睦、稳定以及社会的文明进步。

2. 扶养顺序。扶养顺序宜采用列举主义和概括主义相结合的方式作出规定。

（1）扶养义务人的顺序。当扶养义务人有数人时，应当按下列顺序确定履行扶养义务人：配偶、成年子女、父母为第一顺序；成年的兄弟姐妹，祖父母、外祖父母，成年的孙子女、外孙子女为第二顺序；儿媳、女婿，公婆、岳父母为第三顺序。

（2）扶养权利人的顺序。当扶养权利人为数人，扶养义务人的能力不足以扶养全体的权利人时，应当按下列顺序确定接受扶养的权利人：未成年子女或者不能独立生活的成年子女、配偶、父母为第一顺序；未成年的弟、妹，兄、姐，祖父母、外祖父母，未成年的孙子女、外孙子女为第二顺序；儿媳、女婿，公婆、岳父母为第三顺序。

（3）同一顺序的扶养义务人有数人时扶养义务的承担。当同一顺序的扶养义务人有数人时，应当先由扶养义务人协商确定；协商不成的，可通过诉讼由法院根据扶养义务人的扶养能力确定。当同一顺序的扶养权利人有数人而扶养义务人的经济能力不足以扶养其全体时，应当首先扶养最需扶助、经济最困难者。

3. 扶养标准。应当明确规定夫妻之间的扶养、父母子女之间的扶养都是无条件的生活保持义务，而其他亲属之间的扶养都是有条件的生活扶助义务。同时，要与扶养义务人的扶养能力和扶养权利人的需要相适应，通常应当达到扶养权利人所在地的一般生活水平。

4. 扶养方式。可由权利人与义务人协商，或者采取共同生活的方式扶养，或者采取定期给付扶养费、定期看望、定期提供劳务帮助等方式扶养。

5. 扶养条件。

（1）建议修改现行《婚姻法》第21条第3款“子女不履行赡养义务时，无劳动能力的或生活困难的父母，有要求子女付给赡养费的权利”，将之修改为“子女不履行赡养义务时，父母有要求子女付给赡养费的权利”。换言之，子女对父母的赡养也应当是无条件的，不需要以“父母无劳动能力或者生活困难”为条件。唯有如此，才能体现权利义务相一致的原则，也有利于弘扬尊老爱老的传统美德。

（2）建议修改现行《婚姻法》第28条中的第二句“有负担能力的孙子女、外孙子女，对于子女已经死亡或子女无力赡养的祖父母、外祖父母，有赡养的义务”，将之修改为“有负担能力的孙子女、外孙子女，对于子女（包括部分或全部）已经死亡或子女（包括部分或全部）无力赡养的祖父母、外祖父母，有代位赡养的义务”。根据现行《婚姻法》第28条的规定，只有祖父母的子女已经全部死亡或全部无赡养能力，有负担能力的孙子女、外孙子女才有赡养的义务。其实这种规定是不合理的，因为根据《继承法》的规定，其父母先于其祖父母、外祖父母死亡的孙子女、外孙子女享有代位继承的权利，按照权利义务相一致的原则，则该孙子女、外孙子女也应当履行相应的代位赡养的义务。

6. 扶养的变更和终止。

（1）扶养的变更。扶养当事人一方或者双方在经济和生活状况发生变化时，双方当事人均有权提出请求变更原扶养协议或者判决。

（2）扶养的终止。凡有下列情形之一的，扶养关系终止：扶养权利人或者扶养义务人死亡的；扶养权利人或者扶养义务人相应的亲属身份关系解除的；扶养要件消灭的。

引例评析

本案的焦点是夫妻分居时互不承担扶养义务的约定是否有效。对此，在本案审理过程中有两种意见：一种意见认为，张某与钱某关于分居时互不承担扶养义务的约定合法有效；另一种意见认为，由于张某与钱某关于分居后互不承担扶养义务的约定违反法律的规定，因此无效。

后一种意见是正确的，理由如下：

第一，我国《婚姻法》第20条规定：“夫妻有互相扶养的义务。一方不履行扶养义务时，需要扶养的一方，有要求对方付给扶养费的权利。”该扶养义务不因夫妻分居而免除。在夫妻双方分居后，如果一方患病或者生活遇到困难，另一方仍然应当承担扶养的义务。

第二，我国《民法通则》第58条规定：“下列民事行为无效：……⑤违反法律或者社会公共利益的……”我国《合同法》第52条规定：“有下列情形之一的，合同无效：……⑤违反法律、行政法规的强制性规定。”在本案中，因为张某与钱某的约定违反了我国《婚姻法》的强制性规定，所以是无效的。

从比较法的角度而言，世界各国对夫妻之间的扶养一般都有明确的规定。许多国家甚至明确规定了夫妻分居期间的扶养。例如，根据《法国民法典》第303条的规定，夫妻分居，相互救助义务仍然存在。宣告分居的判决或其后作出的判决，确定应当给予配偶所需的扶养金数额。此项扶养金不考虑过错在哪一方，作为扶养金债务人的一方配偶，如有必要，得援用第207条第2款的规定（在债权人本人严重违反对债务人的义务时，法官得解除债务人负担的扶养义务之全部或部分）。此项扶养金应当遵守有关扶养之债的规则。又如，根据《意大利民法典》第156条的规定，在宣告分居时，如果配偶一方没有适当的个人收入，法官可以为非分居责任人的利益，规定没有适当个人收入的配偶有权从另一方配偶处获取维持生活的必需费用，必需费用的数额由法官视具体情况和义务人的实际收入确定。

本章小结

扶养是指根据法律的规定，特定的亲属之间经济上相互供养、生活上相互扶助、精神上相互慰藉的法律关系。在学理上，扶养有广义和狭义之分。广义的扶养是指一定范围的无辈分区别的亲属之间经济上相互供养、生活上相互扶助、精神上相互慰藉的法定权利义务关系。狭义的扶养则仅指平辈亲属之间经济上相互供养、生活上相互扶助、精神上相互慰藉的法定权利义务关系。扶养关系具有四个特征：①扶养的法定性；②扶养具有身份属性；③扶养具有人身专属性；④扶养权利义务的一致性和对等性。

由于各国在社会历史、文化背景和风俗习惯方面存在差异，因此对于扶养的界定和相关法律规定也不尽相同。世界上多数国家的立法采用广义说，将亲属之间的法定的相互供养、相互扶助和相互慰藉的权利义务关系统称为扶养。也有的国家称之为赡养，还有的国家根据义务人的辈分，分别称之为抚养、赡养以及扶养。关于扶养顺序的规定，各国法律不尽一致。有的国家有明确的规定；有的国家作了原则性的规定；而有的国家没有明文规定。有些国家既规定了扶养义务人的顺序，也规定了扶养权利人的顺序；而有些国家则仅规定了扶养义务人的顺序，没有规定扶养权利人的顺序。关于扶养的标准，各国法律一般都规定，夫妻之间的扶养、父母子女之间的扶养都是无条件的生活保持义务，而其他亲属之间的扶养都是有条件的生活扶助义务。各国法律关于扶养方式的规定也有差异，主要包括两种方式：一是支付现金或实物进行扶养；二是把被扶养人接到家中扶养。此外，各国法律一般都规定了扶养变更和终止的法定事由。

习题

1. 如何理解扶养的含义?
2. 简述扶养的特征。
3. 简述祖孙之间扶养的条件。
4. 兄弟姐妹之间是否相互负有扶养义务?
5. 直系姻亲之间是否应当相互负有扶养义务?

第六章 监护法律制度比较

本章导语

监护是一项重要的民事法律制度。设立监护制度的目的主要在于保护无民事行为能力人和限制民事行为能力人的合法权益，从而维护社会秩序的稳定。各国在理论上对监护的界定不一致，同时各国关于监护的法律规定也不尽相同。本章主要阐述了监护的概念和特征，介绍了监护的历史沿革和分类，分析了监护制度的具体内容，阐述了监护的变更、终止及其效力。

本章引例

近年来，由于监护人失职导致的未成年人的权益受侵害的恶性案件频发，引发了社会舆论的强烈关注。

2012年11月16日，5名男孩被发现死于贵州毕节市七星关区街头的垃圾箱内，舆论一时哗然。据了解，这5个孩子生前长期在外流浪，曾多次被当地警方送回家。这些孩子的父母大都外出务工或忙于农事，很少与子女交流。

2012年12月28日，在深圳龙岗坂田街道，郑军鹏用皮带教训6岁的儿子小豪，致其送院抢救无效身亡。

2013年5月，贵州省金沙县石场乡构皮村村民杨世海在长达5年的时间里，用毒打、开水烫头、钳子夹手、针扎手指、跪锯齿等方式对10岁的亲生女儿进行残忍虐待。2013年7月，金沙县人民法院以故意伤害罪判处杨世海有期徒刑1年零6个月。

2013年9月18日，南京中级人民法院以故意杀人罪，一审判处饿死女童的母亲、吸毒女乐燕无期徒刑。乐燕为两个女儿预留少量食物、饮水后，将她们置留家中主卧内，锁上大门离家吸毒玩乐，直至案发时都不曾回家，最终导致两女童在家中饿死。

据新闻报道，在我国广大农村地区，留守儿童成为因监护人失职而导致其权益受侵害的高发人群。

第一节 监护概述

监护制度是一项重要的民事法律制度，旨在保护无民事行为能力人和限制民事行为能力人的合法权益。由于各国社会历史、文化背景和风俗习惯的不同，因此对于监护的界定和相关法律规定也有差异。

一、监护的概念和特征

（一）监护的概念

监护是指依照法律规定，对特定自然人的人身权益和财产权益进行监督和保护的法律制度。在监护关系中，履行监督和保护职责的人为监护人；被监督和保护的人为被监护人。

在学理上，根据监护范围的不同，监护有广义的监护和狭义的监护之分。广义的监护是指对一切未成年人和无民事行为能力、限制民事行为能力的成年人的人身权益和财产权益进行监督和保护的法律规范的总称。一般情况下，父母是未成年子女的法定监护人。英美法系的很多国家采用广义的监护。我国《民法通则》也作了类似的规定，没有对不同的监护对象设置不同的制度，而是统一称为监护。狭义的监护是指对无父母或者父母不能照护的未成年人（即不在亲权保护下的未成年人）和无民事行为能力、限制民事行为能力的成年人的人身权益和财产权益进行监督和保护的法律规范的总称。广义的监护和狭义的监护的主要区别在于父母是否被法律视为监护人。狭义的监护排除了父母对未成年子女的人身权益和财产权益的监护，这是因为法律另设亲权制度对此种权利义务加以规定。大陆法系国家一般都是如此。换言之，狭义的监护制度是与亲权制度并行的，即父母对未成年子女监督和保护的法律规范，为亲权制度；对不在亲权保护下的未成年人以及无民事行为能力、限制民事行为能力的成年人的人身权益和财产权益进行监督和保护的法律规范，为监护制度。

关于监护的性质，学术界众说纷纭、莫衷一是，主要有权利说、义务说、权利义务一体说和职责说。本教材赞同职责说。通过对监护的概念进行分析，不难发现，监护人应当承担监督和保护被监护人的责任，是一种法定的职责。

（二）监护的特征

1. 监护的目的在于保护未成年人和其他无民事行为能力、限制民事行为能力的成年人的人身权益和财产权益，有利于社会秩序的稳定。这是监护制度最基本的、也是最终的目的。虽然无民事行为能力人和限制民事行为能力人具有与其他民事主体平等的民事权利能力，但是由于其民事行为能力存在缺陷，导致其难以独立行使民事权利和承担民事义务。为此，法律应当为其设定监护人，维护其合法的民事权益，彰显法律对弱势群体的人文关怀。

2. 监护关系的主体具有特定性。①被监护人特定，只能是未成年人和无民事行为能力、限制民事行为能力的成年人；②监护人特定，或者基于法律的直接规定，或者通过遗嘱或有指定权的社会组织在符合法定条件的人中指定；③监护监督人特定；④处理和解决监护问题的国家公权力机构特定，如监护法院、监护官署等。不过我国法律只规定了被监护人和监护人，实现了被监护人和监护人的特定化，对其他主体则未作规定。

3. 监护的基本内容是对被监护人的人身权利、财产权利进行保护和监督、管理，防止被监护人的合法权益受到非法侵害，保障被监护人的正常生活。其具体内容包括保护被监护人的人身安全，管理被监护人的财产，代理被监护人进行法律活动，承担被监护人致人损害的民事法律责任等。

4. 监护关系的内容具有法定性。众所周知，民法为私法，奉行意思自治原则，其规范多为任意性、授权性规范，但是监护制度属于例外情形，尤其是监护关系的内容，即监护人的权利、义务和职责多由法律加以明确规定和限制，监护制度带有强制性色彩。因为监护制度不仅直接关乎无民事行为能力人和限制民事行为能力人的人身权益和财产权益的实现，而且涉及第三人的利益，并产生相应的法律后果，对社会秩序也会产生一定的影响，所以监护关系的内容只能由法律直接加以规定，而不允许当事人自行约定或者任意改变法律的规定。

5. 监护制度的特征还体现在监护和亲权两者的区别上。在大陆法系的民法理论中，亲权和监护的界限十分明确。从法理上讲，对未成年人的监护是监护制度的核心，监护被视为亲权的延伸，但实际上自罗马法开始就严格区分监护和亲权。而英美法系国家对亲权和监护不加以区别，认为监护的职责本身就包含了亲权。现代各国的监护制度比较一致地认为，作为一种法律关系，监护是在特定条件下发生的，通常对未成年人设立监护，以无亲权者或者亲权人丧失亲权为依据。具体而言，作为保护未成年子女的人身和财产权益的一种手段，监护和亲权具有相同之处，但是也存在如下相异之处：①亲权的行使以存在亲子关系为基础，而监护则不然。②亲权是未成年人的父母依据亲子关系自然取得的权利，无须经法定程序，而且只有在特殊情况下才会受到限制；而监护权则必须经法定程序才能取得。③亲权人行使亲权时一般不需要设立监督机构予以监督，而监护人行使监护权必须接受监督机构的监督。④监护人在监护开始时，应当开具被监护人的财产清单，对被监护人的财产享有管理权，但不享有用益权；而亲权人行使亲权时则无此限制。⑤监护人因其监护活动可以请求获得一定的报酬，而亲权人不存在取得报酬问题。[1]

在我国，一方面，尽管我国相关法律制度中没有亲权的概念，但是却存在有关亲权的实际内容；另一方面，我国《民法通则》规定父母是未成年子女的第一法定监护人。由此可见，我国法律对亲权和监护是予以区别的，但是对父母和未成年子女的权利义务的规定，又使这种关系产生了亲权和监护权的重合，显得有些含糊

---

〔1〕 于静：《比较家庭法》，人民出版社2006年版，第230～231页。

不清。

需要说明的是，随着监护制度的不断发展，监护的性质也随之发生变化。监护制度发展到当代，已经从单纯的权利发展为权利和义务相结合，并以义务为中心内容的一种社会职责。例如，《德国民法典》第1836条规定："①执行监护为无偿的。②监护法院得批准给予监护人或出于特殊原因给予监护监督人适当的报酬。③仅在被监护人的财产以及监护事务的范围和意义证明给予报酬为合理时，始得作出上述批准。④对将来的报酬得随时变更或取消之。"该条还规定，不得批准给予青少年事务局或社团以报酬。虽然《法国民法典》、《日本民法典》也规定给予监护人一定报酬或者财产管理费用，但都作了极为严格的限制规定。

二、监护制度的历史沿革

监护制度起源于罗马法，是在家族制度的基础上出现的。它实际上是为了家族利益而设置的一种代行家长权的制度。在古罗马《十二铜表法》中的第五表"继承与监护"中，专门就监护问题作了规定。随着罗马帝国的发展，在《罗马法》中规定了监护和保佐、监护的内容、监护人的职责和法律责任、变更保佐人等事项。

监护制度的发展大致经历了四个阶段：第一阶段，它是为了家族利益而设立的代行家长权的、具有家长辅佐人、代表人性质的一项民事制度。第二阶段，随着宗族制和家长制的逐步瓦解，亲权和夫权逐渐独立于家长权之外。监护和保佐逐渐演变为一种社会的"公职"，对不在亲权之下的未成年人以及不在夫权之下的妻子开始设置监护人。这一时期的监护制度仍带有浓重的父权家族法的性质。第三阶段，近现代意义上的监护制度。此阶段的监护制度是随着资产阶级革命的胜利、近代工业化的发展以及商品经济的日益发达而逐步建立完善起来的。在此时期，很多国家开始逐步摒弃家长制度。随着监护人和被监护人财产的相对对立，未成年人的法律地位有所提高，男女不平等状况也在逐渐改变。第四阶段，监护制度进一步现代化。第二次世界大战留下了大量的孤儿，有力地推动了监护制度的发展。大多数国家修改了监护制度，废除了陈旧落后的条款，注重保护儿童和妇女的权益。但也有个别国家和地区保留了亲属会议制度以及男女不平等原则，导致其监护制度仍然具有较浓的封建色彩。

关于监护制度的地位，各国的立法有所不同。有的国家因为考虑到法律对监护人的主体资格要求，不一定强调必须和被监护人存在亲属关系，所以未将监护制度置于亲属法之下。但由于未成年子女的监护是亲权的补充和延伸，而对禁治产人的监护又往往以被监护人的配偶、父母、祖父母等亲属优先作为监护人，因此许多国家的立法便将监护列于亲属法中。例如，瑞士、日本均将监护列于民法亲属编中。当然仍有以英美为代表的英美法系国家未将监护制度编入婚姻家庭法，而是制定独立的单行法。

我国古代宗法思想严重，家庭统属于家长。在家长制极为发达的情况下，家族中若有未成年人或者无民事行为能力、限制民事行为能力的成年人时，也无须设置专职监护人。因此，在奴隶社会和封建社会，我国法律中并没有设立监护制度。直到清末进行法制改革时，依照德国、日本法例于1911年起草完成的《大清民律草案》，在第四篇亲属部分中规定了监护的内容："未成年人无行亲权人或行亲权人不得行其亲权时，须设监护人。""成年人受禁治产之宣告时，须置监护人。"该草案将亲权、监护、保佐作为对未成年人及禁治产人（即无民事行为能力、限制民事行为能力的成年人）的权益进行保护的民事法律制度。虽然这些规定仍具有浓重的封建色彩，但其却是我国监护立法的发端。我国监护法律制度是继受西方法学思潮，以德国、日本尤其是德国民事立法体系为蓝本制定的。1930年公布的旧中国民法典亲属篇专章规定了监护制度，将监护分为不在亲权下的未成年人的监护和禁治产人的监护，规定："未成年人无父母或父母均不能行使、负担对于其未成年子女之权利义务时，应置监护人。""禁治产人应置监护人。"并规定将亲属会议作为监护机关。

在我国现行的法律中，监护制度规定于《民法通则》的民事主体部分。作为公民民事行为能力的补充，它主要规定了对无民事行为能力人以及限制民事行为能力人设置监护人；监护职责是保护被监护人的人身、财产及其他合法权益。监护人履行职责的权利受法律保护，监护人不履行职责或侵害被监护人合法权益，应当追究其民事责任。法院可以根据有关人员或者有关单位的申请，撤销监护人的资格。

三、监护的分类

在学理上，根据不同的标准，可以对监护进行不同的划分。监护大致有以下几种分类：

1. 根据监护对象的不同，可将监护分为对未成年人的监护和对无行为能力、限制行为能力的成年人（即禁治产人）的监护。监护制度的主要内容是对不在亲权照管之下的未成年人设定监护，被视为亲权的补充和延伸。除了未成年人需要设立监护制度以保护其合法权益外，禁治产人也需要监护。由于禁治产人在行为自理能力和精神、意志方面均不具有正常人的水平，因而被法律视为无民事行为能力人或者限制民事行为能力人。

2. 根据监护设立的方式不同，可以分为指定监护、法定监护和选定监护。一般情况下，指定监护的效力优先于法定监护和选定监护。按照指定人的不同，指定监护又可分为遗嘱指定监护和监护当局指定监护。遗嘱指定监护是指未成年人的享有亲权的父母中一方先死亡，后死之父或者后死之母通过订立遗嘱的方式为未成年人指定监护人。有的国家明确规定实行遗嘱监护制度；有的国家则是通过对遗嘱指定的效力的确定，承认遗嘱监护制度。对于指定监护，有的国家只采用监护当局的指定方式；有的国家则虽也仅以监护当局的指定为有效，但规定应尊重被监护人的父母的意思，如瑞士、奥地利；也有的国家承认遗嘱指定的优先效力，只有在无合法遗嘱时才由监护当局选任，如法国、日本、英国、美国等。法定监护是指在未成年人的父母死亡又无合法的遗嘱监护人的条件下，由法律规定的当然监护人为法定监护人。各国法律普遍将最近的直系尊亲属规定为法定监护人。例如，《法国民法典》

规定，“如后死之父母未选定监护人时，对婚生子女的监护权即被授予亲级最近的直系尊亲属”。选定监护人包括由监护当局选定和由亲属会议选定两种情况。前一种由监护当局包括监护官署和监护法院选定监护人，实质上和指定监护中的监护当局指定监护是一致的，只不过使用选定、选任或者指定的措辞不同而已。因此，这里主要是指亲属会议的选定。而对于亲属会议，目前只有少数几个国家承认其存在。在这些国家中，一般规定只有在既无指定监护人又无法定监护人的情况下，才由亲属会议选定监护人。[1]

关于监护的设立，我国《民法通则》规定了法定监护和指定监护两种方式。但和前述监护设立方式有所不同。其他国家的立法侧重于指定监护，指定监护优先于法定监护，在没有指定监护的情况下才适用法定监护；而我国的立法正好与之相反，只有在因法定监护发生争议的情况下，才由有关组织指定监护人。

第二节 监护的内容

一、监护的开始与条件

监护的开始，是指具备了设立监护的条件并进入监护状态。和亲权不同，监护不是根据亲子关系自然发生的，而是依据法律规定的原因，符合法律规定的要件才能设立。

（一）对未成年人设立监护的原因

通常情况下，对未成年人的监护以无亲权人或者亲权人丧失亲权为发生监护的原因。大多数大陆法系国家的立法均持这一主张。一般情况下，对未成年人设立监护的原因主要有两个：

1. 失去亲权照顾下的未成年人需设立监护。失去亲权照顾下的未成年人，主要指未成年人无父母的情况。其中可能是子女出生时父母已经死亡，或者子女出生后父母死亡，也可能是父母下落不明等。在此情况下未成年子女无行使亲权人，即失去了亲权的照顾与管理，应当设立监护。

2. 对父母均不能行使亲权的未成年人需设立监护。在父母均不能承担对未成年子女行使亲权的责任时，应当为该未成年子女设立临时监护。父母均不能行使亲权，包括事实上的不能和法律上的不能。事实上的不能，如父母均失踪，或者由于子女上学、生活和父母的生活、工作地点不在一处，使父母子女相隔遥远，客观上不能直接行使亲权。法律上的不能，如父母均是禁治产人，或者父母是被依法宣告停止亲权、被剥夺亲权的人。

---

〔1〕于静：《比较家庭法》，人民出版社2006年版，第232~233页。

在上述情况下，各国所采取的立法形式有所不同：一种是列举式，亦即法律将发生监护的直接、间接原因分别列举。一般列举的原因包括：①未成年人的父母死亡、被宣告死亡或失踪。如《法国民法典》第373条、第390条的规定。②亲权人依法被剥夺亲权，或者是无民事行为能力、限制民事行为能力人（即禁治产人）。根据《美国统一结婚离婚法》第401条的规定，在父母遗弃、虐待、辱骂、不关心子女时，法院有权作出监护裁决。③未成年人无亲权人，例如弃儿、非婚生子女。另一种是概括式。例如，《瑞士民法典》第368条第1款规定："不在亲权管理之下的所有未成年人均须交付监护。"《日本民法典》第838条规定，"无人行使亲权时或行使亲权人无管理权时"，对未成年人的监护开始。

此外，还有关于委托监护的特殊情况。所谓委托监护，是一种因亲权人或监护人的临时行为而发生的委托代理监护行为。它不同于监护的设置，而只是民事代理行为的一种。它是指在亲权人或监护人因疾病等一定的客观原因不能行使代理权、同意权、管理权时，可以委托他人代行有关的职责，但委托所产生的后果仍由委托人承担；受委托人也并不因此取得监护人的资格，因此它只是有关委托监护的一种特殊情况，而不能被视为监护开始的原因。

我国监护立法对于监护开始的原因采用的是概括式。我国《民法通则》第16条第2款规定："未成年人的父母已经死亡或者没有监护能力的，由下列人员中有监护能力的人担任监护人：①祖父母、外祖父母；②兄、姐；③关系密切的其他亲属、朋友愿意承担监护责任，经未成年人的父、母的所在单位或者未成年人住所地的居民委员会、村民委员会同意的。"据此规定，未成年人的父母已经死亡或者没有监护能力是发生监护的原因。

（二）对禁治产人设立监护的原因

各国法律均规定，当成年人被宣告为禁治产人时，应当开始受到监护。关于何为禁治产人，各国法律都作了相关规定。例如，《法国民法典》规定，"成年人，如其个人功能衰退以致无法独自保障其利益者，得或在某一特别行为时，或以持续的方式，受法律保护。成年人，如因其挥霍、浪费或游手好闲，以致陷入贫困或影响履行家庭义务者，亦同样得受法律保护"。《德国民法典》规定，"有下列情形之一的得宣告为禁治产人：因精神病或精神耗弱致不能处理自己事务者；因挥霍浪费致自己或其家属有陷于贫困之虞，或危及他人安全者"。

我国《民法通则》第17条规定："无民事行为能力或者限制民事行为能力的精神病人，由下列人员担任监护人：①配偶；②父母；③成年子女；④其他近亲属；⑤关系密切的其他亲属、朋友愿意承担监护责任，经精神病人的所在单位或者住所地的居民委员会、村民委员会同意的。……"《民法通则》第19条则规定了无民事行为能力或限制民事行为能力的宣告制度。该条规定，"精神病人的利害关系人，可以向人民法院申请宣告精神病人为无民事行为能力人或限制民事行为能力人"。

从理论上讲，对禁治产人监护开始的时间应当在法律规定的发生监护的原因出

现时即开始。但在实际生活中，监护人开始履行监护职责的时间往往晚于监护原因的发生时间，因为一般总是在监护原因发生以后，才开始选定监护人。确定了监护人并由监护人正式进行监护活动时，监护才算正式开始。这中间存在两种情况：一种是事先指定了监护人，监护原因一旦发生，监护活动就可以直接开始。例如，《德国民法典》规定，"如能推定子女在出生时即需要监护人者，则在子女出生前得指定监护人，此项指定在子女出生时生效"。另一种是在监护的原因发生后开始选择监护人。则在监护原因发生和监护人开始进行监护活动之间存有一个时间差，在这个阶段被监护人的利益如何保障，各个国家也都规定了相应的措施。例如，《瑞士民法典》第386条第1款规定："如在决定监护人人选之前，有进行监护事务的必要时，监护官应依职权进行必要的处分。"

我国的《民法通则》及《婚姻法》中都没有对此加以规定，因此许多学者都认为应当加以明确规定。例如，学者杨大文认为，可规定在确定监护人之前，应由该被监护人的近亲属或住所地居民委员会、村民委员会请求监护官署（或者法院）指定监护人，代行监护职责，直至正式监护人开始履行监护职责为止。

二、监护人及其职责

监护人是具体履行监护职责的人，其义务包括对被监护人的人身及财产权益进行保护和管理，也包括照顾、管理和保护被监护人的生活，对被监护人进行管理和教育以及代理被监护人进行诉讼活动等。关于监护人的人数，《法国民法典》规定指定或者选任的监护以一人为原则，但是特殊情况下可以选数人；而《日本民法典》、《韩国民法典》则规定以一人为限。关于监护人及其权利与责任的法律规定，包括如下几个方面：

（一）监护人的种类

因产生的方法不同，监护人的类别也有所不同，大致包括三种：

1. 指定监护人。指定监护人又称遗嘱监护人，一般是指父母中后死亡的一方以遗嘱的形式指定的监护人。例如，《日本民法典》第839条第1款规定："对未成年人最后行使亲权的人可以以遗嘱指定监护人，但无管理权者不在此限。"《法国民法典》第397条规定："选择亲属或非亲属为监护人的个人权利……仅属父母中后死一方。"有的国家不实行遗嘱指定制度，而采用监护当局指定的方式。有的国家以监护当局的指定为有效，但是也规定应当尊重被监护人的父母的意思表示，如瑞士、奥地利等国家。有的国家则承认遗嘱指定的优先效力，只有在无合法遗嘱时才由监护当局选任，如法国、日本、英国、美国等国家。需要说明的是，采用遗嘱指定监护人的国家对遗嘱的有效要件均有严格的规定：①遗嘱人须享有亲权；②遗嘱人须是被监护人的父母一方中后死之父或者后死之母；③遗嘱的内容和订立程序必须合法。

我国《民法通则》规定了指定监护，但是没有规定父母有权以遗嘱的形式指定监护人。我国《民法通则》第16条第3款规定："对担任监护人有争议的，由未成年人的父或母的所在单位或者未成年人住所地的居民委员会、村民委员会在近亲属中指定。对指定不服提起诉讼的，由人民法院裁决。”据此，在我国，父母无权以遗嘱的形式为自己的子女指定监护人。实际上，作为和子女血缘关系最亲密的人，父母通过遗嘱指定自己信任的、对子女的成长有利的人担任监护人，有利于保护其子女的利益。

2. 法定监护人。所谓法定监护人，是指在一定情形下由法律直接确定的监护人。此处的情形是指未成年人的父母死亡且没有合法的遗嘱监护人。《法国民法典》第402条规定：“如后死之父母未选定监护人时，对婚生子女的监护权，即被授予亲级最近的直系尊血亲。”“我国台湾地区民法典”规定，在父母均不能行使、负担对于未成年子女的权利义务，或者父母死亡而无遗嘱指定监护人时，依下列顺序确定监护人：①与未成年子女同居的祖父母或外祖父母为共同监护人；②家长（管理家务，居于一家领导地位的人）；③不与未成年子女同居之祖父母或外祖父母；④伯父或叔父、舅父，如果有数个人时，以年长者为监护人。

我国《民法通则》第16条第1款规定：“未成年人的父母是未成年人的监护人。”由于我国法律没有规定亲权制度，因此未成年人的父母是未成年人的第一顺位的监护人。第16条第2款规定：“未成年人的父母已经死亡或者没有监护能力的，由下列人员中有监护能力的人担任监护人：①祖父母、外祖父母；②兄、姐；③关系密切的其他亲属、朋友愿意承担监护责任，经未成年人的父、母的所在单位或者未成年人住所地的居民委员会、村民委员会同意的。”第16条第4款规定：“没有第1款、第2款规定的监护人的，由未成年人的父、母的所在单位或者未成年人住所地的居民委员会、村民委员会或者民政部门担任监护人。”

3. 选定或选任监护人。所谓选定或选任监护人，是指由监护监督机构选定或者选任而产生的监护人。其实质意义为指定。《法国民法典》规定亲属会议有权选定监护人，并规定了亲属会议的组成，以及未成年人住所地治安审判员有召集亲属会议、选任监护人的权利。《德国民法典》规定由监护法院选择监护人。《日本民法典》规定，无指定监护人时，家庭裁判所应被监护人的亲属或其他利害关系人的请求，选任监护人。

（二）监护人的资格

因为监护人的职责是保护被监护人的人身以及财产权益，监护人的选择关乎被监护人的切身利益，所以各国对监护人的资格都作了严格的规定。但各国的立法例不尽相同。各国关于监护人资格的限制包括如下六种情况：①禁治产人不得担任监护人。禁治产人亦即无民事行为能力或者限制民事行为能力的成年人，其自顾不暇，故不得担任监护人。②未成年人不能担任监护人。因为未成年人本身为无民事行为能力人或者限制民事行为能力人，所以其不能担任监护人。③法院罢免的法定代理人或者保护人不得担任监护人。这类人之所以被法院罢免，是因为其有过错或者有不利于被监护人的行为。例如，被法院剥夺亲权的人自然不得担任监护人，以免对被监护人不利。④对被监护人提起或者曾经提起诉讼的人及其配偶和直系亲属，危及被监护人利益的人，不可为监护人。⑤破产人不可为监护人。破产人的财产不足，从保护被监护人的财产利益考虑，应当限制其作为监护人的资格。⑥去向不明的人不可为监护人。

我国《民法通则》对于监护人的资格未作规定。我国最高人民法院《关于贯彻执行〈中华人民共和国民法通则〉若干问题的意见（试行）》第11条规定：“认定监护人的监护能力，应当根据监护人的身体健康状况、经济条件，以及与被监护人在生活上的联系状况等因素确定。”该意见第14条规定：“人民法院指定监护人时，可以将民法通则第16条第2款中的1、2、3项或第17条第1款中的1、2、3、4、5项规定视为指定监护人的顺序。前一顺序有监护资格的人无监护能力或者对被监护人明显不利的，人民法院可以根据对被监护人有利的原则从后一顺序有监护资格的人中择优确定。被监护人有识别能力的，应视情况征求被监护人的意见。监护人可以是一人，也可以是同一顺序中的数人。”

此外，许多国家对于对监护人的拒任（即拒绝监护）或辞任（即退出监护）作出了规定。监护人由于智力、体力欠缺或其他客观原因而难以履行监护人的职责时，应当享有拒任或者辞任的权利。《法国民法典》第428条、《德国民法典》第1786条及《瑞士民法典》第383条规定了监护人的拒任权。俄罗斯、日本还对监护人的辞任权作了规定。不论监护人拒任或者辞任，都必须有正当理由；若无正当理由而拒任或辞任，则会受到处罚。对于监护人拒任，各国立法通常实行两种不同的原则，即任意原则和限制原则。根据《德国民法典》第1787条的规定，无正当理由而拒绝担任监护人者，应对因延误而发生的损害负责，监护法院可对其科以罚款。至于监护人的辞任，各国立法均许可有正当理由者辞任。

（三）监护人的职责

总体而言，监护人的职责是对被监护人的人身和财产予以监护。西方国家的法律基于监护权是亲权的延伸的理论，赋予监护人和亲权人相同的权利和义务，同时附加一些必要的限制。

1. 对被监护人的人身监护。监护人应当保护被监护人的身体健康，照顾被监护人的生活，确保被监护人的人身权利不受侵犯。

对未成年人，监护人还应承担对其教育管理的义务，在适当的情形下允许监护人适度惩戒未成年人，但惩戒权常常被要求获得主管机构的许可。在亲权和监护分离的国家，监护人可以获得和亲权人相同的权利义务，如德国。但有的国家也予以必要的限制，监护人对未成年人的人身监护，其权利义务和亲权人都相同，但某些较重大的行为须得到监护监督人的同意，如日本。各国法律关于对未成年人的人身监护的规定都比较概括，或者指明参照有关亲权的条款执行，主要涵盖如下几个方面：①保护未成年人的身体安全不受侵害，使其健康成长。②交还被监护人的请求权。当被监护人被诱骗、拐卖、绑架或者隐藏时，监护人享有请求交还被监护人的权利。③监督、教育被监护的未成年人。④指定被监护人的住所地。⑤为被监护人的法定代理人。⑥适度的惩戒权。在适当的情形下允许监护人适度惩戒被监护人，但惩戒权常常被要求获得监护监督人或者监护官署的许可。瑞士、日本、德国、法国等国家对此都作了相应的规定。例如，《瑞士民法典》第405条规定："被监护人为未成年人时，监护人对其有抚养及教育的义务，……为上述目的，监护人与父母有同样的权利，但应与监护主管官协同行使。"《日本民法典》第857条规定，"未成年人的监护人……和行使亲权人有同样的权利义务"，但在采取某些措施时，"如有监护监督人，须征得监护监督人同意"。

对禁治产人的监护，大致和对未成年人的监护相同。但是对禁治产人的监护，有些国家还专设了一些特别有针对性的规定。例如，侧重于人身监护上的治疗和养护责任，将对被监护人进行必要的医疗作为监护人的法定义务。例如，《日本民法典》规定了监护人对禁治产人的治疗、护养义务；而《德国民法典》则规定了对残疾者的保佐条款。

我国《民法通则》第18条对监护人的职责作了原则性的规定。该条第1、2款规定："监护人应当履行监护职责，保护被监护人的人身、财产及其他合法权益，除为被监护人的利益外，不得处理被监护人的财产。监护人依法履行监护的权利，受法律保护。"我国最高人民法院《关于贯彻执行〈中华人民共和国民法通则〉若干问题的意见（试行）》第10条则对监护人的职责作了具体的规定。该条规定："监护人的监护职责包括：保护被监护人的身体健康，照顾被监护人的生活，管理和保护被监护人的财产，代理被监护人进行民事活动，对被监护人进行管理和教育，在被监护人合法权益受到侵害或者与人发生争议时，代理其进行诉讼。"

2. 对被监护人的财产监护。作为监护制度的重要内容，各国法律都对被监护人的财产监护作了许多限制性规定，内容非常详细丰富。监护人对被监护人的财产监护主要包括如下几个方面：①对被监护人的财产出具财产清单。例如，根据《法国民法典》的规定，监护人自其知悉选任之日起10日内应当立即制作未成年人的财产清单。根据《日本民法典》的规定，监护人须从速着手调查被监护人的财产，要在1个月内结束调查，并制作财产目录。很多东欧国家在法律中都要求制定被监护人财产目录的规定。②管理财产。管理财产的范围及于被监护人享有所有权的一切动产和不动产。③使用和处分财产的权利义务。监护人的财产管理权不包括收益权，而且只得在为被监护人的利益时，才可使用被监护人的财产。处理被监护人的财产时，应当取得监护监督人或者监护官署的同意。禁治产人的财产首先须用于对其治疗的需要。④禁止受让财产的义务。监护人不得代理被监护人向他人为赠与财产的行为，不得为监护人自己或者监护监督人的利益使用被监护人的财产，不得代理被监护人和自己之间的民事行为等。⑤出具财产状况报告，包括结束监护任务时作出财产清算报告等。[1]

---

〔1〕 于静：《比较家庭法》，人民出版社2006年版，第240～243页。

3. 监护人的责任。所谓监护人的责任，是指因监护人不履行或者怠于履行监护职责给被监护人或者第三人的人身、财产和其他合法权益造成损失而应当承担的责任。因监护人的故意或者过失而导致被监护人受损害时，监护人须承担相应的法律责任。此乃各国监护制度公认的原则。

各国立法例关于监护责任的具体规制不尽相同。有的国家仅强调对被监护人造成财产损害时应负赔偿责任，至于非财产损害则不主张赔偿，如法国。《瑞士民法典》规定，监护人因故意或过失给被监护人带来损害时应负赔偿责任，而由于采取违法的司法保护措施导致被监护人受到损害时，官方应承担非财产损害赔偿责任，支付适当的抚慰金，然后再由官方去追究直接责任人的责任。[1] 有的国家对人身和财产两方面的内容不加区分地进行概括式规制。

有些国家为了防止监护人侵害被监护人的利益后无力承担责任，要求监护人提供担保，如意大利的监护法官根据监护财产的性质可以要求监护人向法院提供担保。在瑞士，由亲属会议进行亲属监护时，亲属会议成员必须向监护官厅提供担保。如果没有担保，则不能设立亲属监护。而在美国，在为老年人设置监护时，监护人必须签署一份金额由法院决定的信用保证书。在信用保证书中，监护人保证在金额限定的范围中补偿因其过失而造成的损害，保证书还要求具有两名以上在该国拥有不动产的人的签章，保证在监护人不能偿付的情况下由其偿还。

大多数国家的法律对向监护人提出的损害赔偿的给付之诉，都有诉讼时效的规定，但是参差不齐，甚至大相径庭。例如，《法国民法典》规定的诉讼时效为10年，《日本民法典》规定的诉讼时效为5年，而《瑞士民法典》规定的诉讼时效为1年。至于时效从何时起算，各国的规定也不一致。法国规定，自成年之时起算；瑞士规定，自经监护官署认可的结算送达或不认可通知之日起算；日本规定，自管理权消灭之日起算。

我国《民法通则》第18条规定，“监护人不履行监护职责或者侵害被监护人的合法权益的，应当承担责任；给被监护人造成财产损失的，应当赔偿损失。人民法院可以根据有关人员或者有关单位的申请，撤销监护人的资格”。此外，我国《侵权责任法》第32条规定：“无民事行为能力人、限制民事行为能力人造成他人损害的，由监护人承担侵权责任。监护人尽到监护责任的，可以减轻其侵权责任。有财产的无民事行为能力人、限制民事行为能力人造成他人损害的，从本人财产中支付赔偿费用。不足部分，由监护人赔偿。”

三、对监护的监督

对监护进行监督是实现监护目的的可靠保障。对保护被监护人的利益而言，监护监督机构是不可或缺的。世界各国关于监护监督机构的设置不尽相同。

---

〔1〕 李志敏主编：《比较家庭法》，北京大学出版社1988年版，第302页。

(一) 监护的权力机关

监护的权力机关是代表国家处理监护事务的机关，本身也是监护监督机关。国外监护的权力机关分为监护法院和监护行政官署两种。

以监护法院为监护权力机关的国家包括法国、德国、意大利、日本、美国等。在法国，相关的权力由监护法院行使。在父母任何一方死亡、无行为能力或者离婚分居时，监护法院即介入父或母对子女财产的“法定管理”中，行使监护监督权。如果没有法定监护人或者遗嘱监护人时，监护法院则会将监护权交给国家。在德国，由监护法院依职权指定监护人，被指定的人均应当接受指定。如果被指定的人无正当理由拒绝，监护法院则有权对其科以罚款，并要求其赔偿因拒绝而可能造成的损失。监护法院可以指定监护监督人，必要时也可以自己承担监督监护人的职责。在适当的时候，监护法院会考虑批准给予监护人适当合理的报酬。在意大利，监护的权力机关也是法院。意大利的每一个初审法院均设有负责监护、保佐事务的法官。该法官在接到设立监护的消息后任命监护人和监护监督人。如果亲权人已经指定监护人，则任命该指定监护人。如果亲权人没有指定监护人，则由该法官在未成年人的尊亲属或者其他的最近血亲和姻亲中挑选。该法官既可要求监护人对监护财产一职提供担保，也可为困难的监护人规定一些津贴；在监护人不堪重负又有适当替代人选时，还可以随时解除监护人的职责。在美国，法院是名副其实的监护权力机关，对监护事务介入较多，程序也非常繁琐。法院对是否有必要为无能力处理自己事务的老年人设置监护会召开听证会，并可要求监护人签署一份金额由法院决定的信用保证书。在整个监护过程中，由监护法官监督和指导监护人的行为。例如，在体罚未成年人时须经法院授权许可；在出卖或者抵押不动产时需要得到法官的同意等。此外，法官还可指定财产评估人对监护人报呈的财产清单进行核查；监护的变更以及终止都需要得到法院的认可。这都体现了国家对监护的积极干预。[1]

瑞士以监护行政官署为监护权力机关，设立的是监护官厅。俄罗斯以地方权力机关为监护权力机关，在得知未成年人处于无父母照管状态并调查证实后，应当对未成年人进行临时安置，并承担暂时监护人的职责。

在我国大陆地区，监护的权力机关是法院。我国《民法通则》第18条规定：“监护人应当履行监护职责，保护被监护人的人身、财产及其他合法权益，除为被监护人的利益外，不得处理被监护人的财产。监护人依法履行监护的权利，受法律保护。监护人不履行监护职责或者侵害被监护人的合法权益的，应当承担责任；给被监护人造成财产损失的，应当赔偿损失。人民法院可以根据有关人员或者有关单位的申请，撤销监护人的资格。”

(二) 亲属会议

亲属会议是早期资本主义国家民法中设置的一种处理家庭或亲属间事务的亲属

---

〔1〕 陈苇主编：《外国婚姻家庭法比较研究法》，群众出版社2006年版，第494～495页。

自治组织，一度曾广为流行，但是近年来许多国家已经相继废除，如德国和日本均已废除了亲属会议制度。目前只有少数国家和地区还保留这一制度，如法国、瑞士、秘鲁以及我国台湾地区。瑞士的亲属会议由监护官厅挑选的适于行使监护权的三名亲属组成，每届任期4年，担任监护人。但进行亲属监护的亲属会议全体组成成员必须对其监护义务的履行提供担保，无担保则不能设立亲属监护。监护官厅在亲属会议不履行义务或者因为被监护人的利益需要的情况下，可以随时废除亲属监护。随着工业化和城市化的推进，国家对未成年人以及社会上弱势者的关注和保护力度越来越大，加之客观上的困难，因此实际还保持亲属会议制度的国家和地区寥若晨星。我国大陆地区没有设立亲属会议制度。

（三）监护监督人

有权对监护人履行职责行使监督权的监护监督机构，除了监护权力机关（如监护法院或者监护行政官署）、亲属会议以外，还有监护监督人。和监护权力机关、亲属会议不同的是，监护监督人是自然人，而且是根据法律规定而设定或者由前二者选任而设定。监护监督人的职责是针对特定的监护人和被监护人而行使监护监督权，但是其没有对违反监护职责的监护人予以处罚或者变更的权利。法国、德国以及日本都确立了监护监督人制度，其主要职责一般主要包括：监督监护人的监护行为；代表被监护人对监护人所为的、损害被监护人利益的行为提起诉讼；在监护人欠缺时，请求法院选任监护人，处理紧急事务等。此外，有的国家还规定了监护监督人的任职资格和限制（一般排除监护人的配偶和直系血亲）以及产生程序等。

德国的监护监督人在对监护人履行监护职责的监督上，辅助监护法院，有违规行为应当及时向监护法院报告。法国的监护监督机构除了监护监督人以外，还有亲属会议以及民事裁判所。我国台湾地区的监护监督机构，只设有监护监督人和亲属会议，监护监督人由亲属会议选任，也向其负责。

无论监护监督机构怎样设置，监护监督人必定是有的。其原因在于监护监督人的设立视监护情况而定，非常灵活：可以设立也可以不设，可以设一人，也可以设数人。而且监护监督人的监督对象单一，是特定、具体的，因此监督人可以进行全面实际地监督。其他监护监督机构则无法做到这一点。我国大陆地区没有设立监护监督人制度，亟待完善。

第三节　监护的变更、终止及其效力

一、监护的变更及其效力

所谓监护的变更，是指监护人因为某种事由的出现不能继续担任监护人，而改由其他人继任监护人。这种变更是监护主体的变更，是在被监护人仍需继续监护的前提下发生的。如果被监护人已不需要对其继续进行监护，则是监护的终止，而非监护的变更。监护的变更必须不得对被监护人造成不利，并以对其有利的最大化来作为考量的基础。例如，美国的《儿童法案》第1条第3款规定了法院在决定作出、更改或者撤销某些法令时必须特别考虑的一些法定因素："①有关儿童的可确定的意愿和感受（要根据儿童的年龄和理解力考虑）；②儿童的物质、情感和受教育的需要；③生活环境的变化可能给儿童造成的影响；④儿童的年龄、性别、家庭背景以及其他相关的特性；⑤儿童已遭受的或者正在遭受的伤害；⑥法庭考虑有关问题时，儿童的父母或者其他法庭认为相关人能够满足儿童需要的能力；⑦有争议案件中儿童法赋予法庭的权力范围。"如果发生了监护诉讼，那么处理监护诉讼的原则，根据1989年《儿童法案》第1条第1款，当儿童抚养或者儿童财产管理有争议时，法庭需要考虑的最重要因素是儿童的幸福。

监护法律关系设立之后，可以根据一定的事由而发生变更，这些事由一般包括以下几种：

1. 监护人死亡或者丧失监护能力。监护人死亡导致监护法律关系变更的，应当重新设立监护人以继续维持监护法律关系。监护人丧失监护能力，是指监护人出现了不能继续担任监护人的消极情况。如此一来，对被监护人不利，需要新的监护人对其进行监护。

2. 监护人辞任。原则上监护是一种职责，不得辞任。但是如果监护人有正当理由，经过认可、批准，则可以请求辞任。但在得到同意、批准之前，监护人应当照常履行监护职责，不得懈怠。

3. 监护人的资格被撤销。监护人因为过错或者不称职，损害被监护人的利益而依法被宣告撤销监护资格的，即为监护的撤销，也称为监护的解除。撤销监护人资格的原因一般包括下列原因：有不正当行为及显著劣迹者；监护严重失职者；不能胜任其职务者；其他不适于继续担任监护人者。撤销监护人资格一般由监护监督人、被监护人的亲属或者检察官提出请求，由监护法院或家庭法院或监护行政当局，根据相关法律规定的条件和程序予以撤销。例如，我国《民法通则》第18条第3款规定："……人民法院可以根据有关人员或有关单位的申请，撤销监护人的资格。"这里的有关人员可以理解为有监护资格的其他人，有关单位可以理解为未成年人父母所在单位或未成年人住所地居民委员会、村民委员会或民政部门。监护人的资格被撤销后，应当依照法定的监护程序指定继任的监护人。

4. 由配偶担任未成年人监护人的，监护还可因婚姻的解除而变更。[1]

二、监护的终止及其效力

所谓监护的终止，是指构成监护法律关系的要件消灭。监护法律关系因为一定原因而产生，同时也会因为一定原因而终止。监护的终止包括两种情形：一种为绝对的终止，即出于被监护方原因的终止；另一种为相对的终止，即出于监护方原因

[1] 于静：《比较家庭法》，人民出版社2006年版，第244~245页。

的终止，但由于监护条件依然存在，所以相对的终止并非终止监护，而是发生监护职责的转移。

关于监护的终止，各国立法均作了明确的规定。例如，《法国民法典》和《日本民法典》都规定了监护人被解任及监护终止时监护人的妥善处理义务、监护人应进行的财产清算等事务。《德国民法典》规定了监护终止的条件、绝对终止和相对终止的要件、监护终止时和以后的法律义务、监护监督人职务的终止等内容。

各国监护制度关于监护关系绝对终止的原因主要包括：①被监护人已经成年而且具有完全民事行为能力。②被监护人死亡或者被宣告死亡。如果被宣告死亡的被监护人未死亡而归来，此期间又没有发生终止监护的其他原因时，则监护人应当继续履行监护职责。③被监护人被他人收养。④被监护人的父、母不能行使亲权的状况消失，恢复亲权。⑤丧失民事行为能力或者限制民事行为能力的宣告，因被监护人恢复了完全民事行为能力而被撤销。⑥成年被监护人由配偶担任监护人的，因离婚而终止监护。

各国关于监护关系相对终止的原因主要包括：①监护人死亡或者被宣告死亡。②监护人丧失监护能力。③监护人因正当理由辞去了监护职责。④监护人被撤销监护资格。

在监护相对终止后，监护发生转移，应当另设监护人，继续履行监护职责。关于在这种情况下监护人的监护责任何时消除的问题，各国立法规定不同。有的国家规定须经监护官署为监护人作解职的宣告，如瑞士；有的国家规定准用关于委任的规定，如日本；有的国家规定准用关于亲权消灭时的规定。各国法律一般都要求监护人的责任应当持续到新的监护人开始履行监护职责或者被监护人具有完全民事行为能力时止。

监护法律关系终止后，将发生法律上的后果。这种后果除了使被监护人脱离监护之外，主要是财产上的后果。监护关系终止导致监护人丧失对被监护人财产的管理权，应当立即对被监护人的财产进行清算，准备进行财产移交；如果监护人无此能力，则清算应由其代理人为之；如果监护人已经死亡，则应由其继承人为之，而且其继承人的这项义务并不因实行限定继承原则而免除。进行财产清算所需要的费用由被监护人承担。法国、瑞士、韩国等国均有此规定。

财产清算后，应当对现有财产及财产清单进行移交。监护关系绝对终止时，如果被监护人已经具备完全行为能力则交还本人；如果被监护人仍无完全民事行为能力，则应交给其亲权人，包括养父母管理；如果被监护人死亡，则应当交给其继承人。监护关系相对终止后，应当移交给新的监护人。《瑞士民法典》和《奥地利民法典》均有此规定。

监护人在管理时因管理不善或者过错而损害被监护人的财产利益的，应当承担损害赔偿责任，被监护人有要求赔偿的诉权和维护自己利益的权利。我国《民法通则》第18条第3款规定：“监护人不履行监护职责或者侵害被监护人的合法权益的，应当承担责任；给被监护人造成财产损失的，应当赔偿损失。人民法院可以根据有关人员或者有关单位的申请，撤销监护人的资格。”除此之外，我国关于监护终止的法律制度没有任何其他的规定。作为监护制度而言，这是不完整的，亟待完善。

第四节 我国监护制度的立法完善

一、现代监护法律制度的发展趋势

虽然现代各国监护制度在内容上不尽相同，各有其立法特点，但是在发展趋势上却有相同的地方。通过对各国监护制度发展的比较研究，可以发现，现代监护制度的发展趋势是：法律更全面地介入监护关系，更多地尊重被监护人的意志，更细致地区分被监护人的需求，为这些生活中的弱者提供更人性化的保护和支持，确保他们与其他人一样平等地实现法律赋予的权利。因此，把保护被监护人利益和尊重被监护人意愿相结合，作为对成年人监护的立法原则。

（一）根据被监护人不同的需求设计合理的监护机制

被监护人是生活和法律上均需要获得帮助的人，包括未成年人和行为能力有欠缺的成年人。由于年龄、智力状况、身体和精神状况的不同，他们对帮助的需要程度千差万别。简单地将这些人区分为禁治产人和准禁治产人，统统纳入单一的监护体系之中，难以真正实现对被监护人的保护和照顾。

一种趋势是更细致地区分不同的监护类型，以满足不同状态的需要。例如，1804年《法国民法典》将成年的被监护人区分为禁治产人和浪费人，分别设置监护人和裁判上的辅助人。而现行《法国民法典》则按照1968年的法令，根据需要保护的成年人的不同需求对其监护进行更细的划分，按照在民事生活中需要保护、需要持续代理和需要得到指导和监督的要求，分为司法保护、监护和财产管理。另外，日本对成年人监护的修改也体现了此种趋势，将过去的监护和保佐，细化为辅助、监护和保佐。

另外一种趋势则是简化监护设计，监护人的职责以被监护人的实际需求来确定。如德国，废止民事上之禁治产制度，为需要帮助的成年人（不论是心理还是身体方面的原因）依职权或依本人申请设立照管人。在奥地利，1983年废止民事行为能力剥夺令，法律将有一定辨识或判断能力的患有精神疾病或精神障碍的人，统称为“障碍者”。由于障碍者的状态不同，法律要求法院针对障碍者的不同情况，给予不同程度的弹性保护——“代办”。

（二）转变监护制度的职能，由他治转变为自治

受到传统家长制度的影响，并且因为过去民法上设置禁治产和准禁治产的目的本身就在于限制被监护人直接参与民事生活以维护交易秩序的安全，所以监护制度通常过分强调监护的职能和监护人的职权，采取全面接管式的监护方式。被监护人

的意志甚至尊严均不在法律考虑的范围以内，监护人实际上是为避免被监护人犯错而阻止其行为的约束者、管理者。近年来，每个个体的基本人权、人格尊严获得空前地重视，民事生活中弱者的权利和意志也受到越来越广泛地关注。反思接管式监护在实施监护过程中忽视被监护人的意志、简单化处理其需求的弊端，各国立法开始逐渐修改其监护法，将接管变为监督和照顾，在监护人的他治中加上被监护人的自治。上述改革在成年人监护制度中非常明显。例如在德国，照管人被要求在不违背被照管人利益的情况下应尽量满足被监管人的愿望。

（三）保护被监护人的利益，对监护人进行监督

为保护被监护人的利益，防止监护人利用管理地位损害被监护人的人身和财产权益，早在罗马法中就设置了相应的规则，如监护人只能监护管理财产，不得介入被监护人的人身照料。近代以来，各国通过监护法院、亲属会议、监护监督人等途径对监护人的行为进行监督和约束。到现代，监护法院代表国家公权力对监护事务的介入越来越深。亲属会议制度体现了一种家族内的事务由亲属自行处理、国家不多加干涉的立法主张，然而随着工业化、城市化的进程，国家对未成年人以及社会上弱势者的关注和保护力度越来越大，加之客观上的困难，所以实际还保有亲属会议的国家和地区很少，监护法院直接代替亲属会议履行决定监护和监督监护的职能。例如，德国和日本都废除了亲属会议制度。只有法国、瑞士、秘鲁以及我国台湾地区还保留此制度，但是即使保留，亲属会议的功能也大打折扣。例如在瑞士，亲属会议全体组成成员必须对其监护义务的履行提供担保，无担保则不能设立亲属监护。监护官厅在亲属会议不履行义务或者因为被监护人的利益需要的情况下，可以随时废除亲属监护。

现代的监护法院从设立监护人、约束和批准监护行为、解除监护等方面全面介入监护关系，和被监护人的利益有重大关系的行为通常要求得到监护法院的认可。多数国家通过法院决定和监督监护行为，这是现代监护立法的通例和趋势。[1]

二、完善我国监护制度立法的建议

通过对现代西方主要国家监护制度的比较研究，在总结现代监护制度发展趋势的基础上，建议我国立法机关在如下几个方面对现行监护制度予以完善：

（一）建立监护开始之前的司法保护

需要监护的成年人在我国分为无民事行为能力人和限制民事行为能力人。在确定并宣告成年人的行为能力欠缺之后，依法为其设置监护，但是立法并没有考虑在宣告之前此类成年人的利益应该如何保护。参考法国的“司法保护”、意大利的“临时监护”和“临时保佐”、德国的“假监护”等制度，立法可以规定，在受理认定无民事行为能力或限制民事行为能力案件时，为被申请人设立临时的监护人或者诉讼时特别的保护人，以改善欠缺民事行为能力人的状况，保护其合法利益。

---

〔1〕 陈苇主编：《外国婚姻家庭法比较研究法》，群众出版社 2006 年版，第 504～508 页。

（二）区分被监护人的不同状态，设立不同内容的监护制度

对欠缺民事行为能力的未成年人，我国只有监护一种制度。建议可以按照年龄将其区分为监护和保护。未成年人的行为能力以10周岁为分界点，不满10周岁的无行为能力之未成年人适用监护制度，10周岁以上的限制行为能力之未成年人适用保护制度。

对成年人的监护，也可以区分为监护、保护和管理。建议在民法监护制度中设置保护制度，将因高龄而无法全部或部分处理自己事务的老年人列为需要保护的对象，对这部分老年人的保护以辅助他们处理身体照料和财产管理为限，老年人不会因此而丧失行为能力，在必要情况下，保护人保留同意权及撤销权。

总体而言，对无行为能力人可以适用监护，限制行为能力的成年人可以适用保护，而对那些因高龄、身体障碍而难以自己管理自己事务的成年人，可以依其申请为其设置管理人，重大财产的处置必须经过管理人的同意方为有效。具体制度还可以进一步讨论，但是区分被监护人的需求，提供不同的照顾和关怀应当是改革的趋势。

（三）确立监护人的辞任权和报酬请求权

建议我国规定有如下事由时监护人可以要求辞任：监护人年满65周岁；有疾病或残疾难以正常履行监护职责；因照顾老人、小孩或者患病配偶，家务特别繁忙；除子女外已经承担一个以上监护责任的；现役军人或担任政府要职；担任除配偶、直系血亲之外的成年人的监护人已满5年等。

即使没有辞任的理由，如果被监护人有财产，监护人也应当可以根据实际情况向监护监督机构或者监护权力机构请求给予履行监护职责的报酬。

（四）设立行之有效的监护监督机制

在我国，法院有监督监护人履行监护职责的责任。但是这种监督只有在向其申请后才可能实现。我国并没有针对特定的监护人和被监护人而设立监护监督人制度。建议我国在修改监护制度时，设立监护监督人制度。除此之外，还必须对监督人的资格作出规定。与监护人有利害关系的亲属和朋友不能作为监护监督人。可以由律师担任监护监督人，以更好地保护被监护人的利益。

（五）增设监护终止的专节

我国《民法通则》除在第18条第3款中规定监护人因失职或给被监护人造成损害，法院可根据有关人员或有关单位的申请而撤销其资格外，没有任何其他的规定。作为完整的监护制度，监护终止的有关规定是一项不可或缺的内容。应当对我国的监护制度予以补充和完善。建议立法机关在监护一章中增设监护终止的专节，通过列举的方式规定监护终止的原因和监护终止后监护人的义务。

引例评析

本章引例全部都属于由于监护人失职导致未成年人的权益受到侵害的情形。根据我国《民法通则》第16条的规定，未成年人的父母是未成年人的监护人。我国

《民法通则》第18条规定，监护人应当履行监护职责，保护被监护人的人身、财产及其他合法权益。而在本章引例中，所有涉案未成年人的父母均为法定监护人，但均未依法履行监护职责，他们不但不保护被监护人的人身权益，反而侵害被监护人的人身权益，因此应当承担相应的法律责任。

通常认为，监护就是指民法上所规定的对无民事行为能力人和限制民事行为能力人的人身、财产及其他合法权益进行监督和保护的一项制度。设立监护制度的目的主要是为了保护无民事行为能力人和限制民事行为能力人的合法权益，从而维护社会的稳定。

我国《民法通则》第16条规定："未成年人的父母是未成年人的监护人。未成年人的父母已经死亡或者没有监护能力的，由下列人员中有监护能力的人担任监护人：①祖父母、外祖父母；②兄、姐；③关系密切的其他亲属、朋友愿意承担监护责任，经未成年人的父、母的所在单位或者未成年人住所地的居民委员会、村民委员会同意的。对担任监护人有争议的，由未成年人的父、母的所在单位或者未成年人住所地的居民委员会、村民委员会在近亲属中指定。对指定不服提起诉讼的，由人民法院裁决。没有第1款、第2款规定的监护人的，由未成年人的父、母的所在单位或者未成年人住所地的居民委员会、村民委员会或者民政部门担任监护人。"

我国《民法通则》第18条规定："监护人应当履行监护职责，保护被监护人的人身、财产及其他合法权益，除为被监护人的利益外，不得处理被监护人的财产。监护人依法履行监护的权利，受法律保护。监护人不履行监护职责或者侵害被监护人的合法权益的，应当承担责任；给被监护人造成财产损失的，应当赔偿损失。人民法院可以根据有关人员或者有关单位的申请，撤销监护人的资格。"虽然根据上述规定，如果监护人不履行监护职责或者侵害被监护人的合法权益，可以剥夺其监护权，但是在司法实践中缺乏可操作性，往往只是流于形式。

由此可见，应当尽快确立国家公权力对变更未成年人监护权的干预机制。可借鉴国外的先进经验，确立监护监督制度，设置监护监督人和监护监督机构，对未成年人的监护情况进行监督。监护监督机构是实现监护立法目的的保障，从其职责来看，是完成监护任务、保护被监护人利益不可或缺的一环。监督机构的设置有繁有简：法国的监护监督机构除监护监督人外，还有亲属会议及民事裁判所。德国的监护监督人在对监护人履行监护职责的监督上辅助监护法院，有违规行为应及时向监护法院报告。我国台湾地区的监护监督机构，只设有监护监督人和亲属会议，监护监督人由亲属会议选任，也向其负责。但无论怎样设置，监护监督人必定是有的。其原因在于监护监督人的设立非常灵活：可以设立、也可以不设，可以设一人、也可以设数人，视监护情况而定。监护监督人的监督对象单一，是特定的、具体的，因此监督人可以全面有效地监督，而监护监督机构则无法做到这一点。但是目前我国大陆地区的法律尚无关于监护监督人和监护监督机构的规定，不利于保护被监护人的合法权益。

本章小结

监护是指依照法律规定，对特定自然人的人身权益和财产权益进行监督和保护的法律制度。在监护关系中，履行监督和保护职责的人为监护人；被监督和保护的人为被监护人。在学理上，根据监护范围的不同，监护有广义的监护和狭义的监护之分。

监护的特征如下：首先，监护的目的在于保护未成年人和其他无民事行为能力、限制民事行为能力的成年人的人身权益和财产权益，有利于社会秩序的稳定。其次，监护关系的主体具有特定性。再次，监护的基本内容是对被监护人的人身权利、财产权利进行保护和监督、管理，防止被监护人的合法权益受到非法侵害，保障被监护人的正常生活。最后，监护关系的内容具有法定性。

根据不同的标准，可以对监护进行不同的划分。首先，依据监护对象的不同，监护可分为对未成年人的监护和对无行为能力、限制行为能力的成年人的监护。其次，根据监护设立的方式不同，可以分为指定监护、法定监护和选定监护。一般情况下，指定监护的效力优先于法定监护、选定监护。

监护的开始是指具备了设立监护的条件并发生监护状态。监护与亲权不同，不是根据父母子女身份关系自然发生的，而是依据法律规定的原因、符合法律规定的要件才能设立。通常情况下，对未成年人的监护以无亲权人或者亲权人丧失亲权为发生监护的原因。各国法律均规定，当成年人被宣告为禁治产人时，应当开始受到监护。

监护人的权利与责任，总的来说是对被监护人的人身监护和财产监护。因监护人的故意或过失而导致被监护人受损害时，监护人须承担相应的法律责任。这是各国监护制度公认的原则。

监护的变更是指监护人因某种事由不再或不能继续担任监护人，而改由其他人继任监护人。这种变更是在被监护人仍需继续监护的前提下，监护主体发生的变更；如果被监护人已不需要继续对其进行监护，则发生监护的终止。

习题

1. 如何理解监护的含义？
2. 简述监护的特征。
3. 简述监护的分类。
4. 论述监护的内容。
5. 论述监护的变更及其效力。

第七章 收养法律制度比较

本章导语

由于各国在社会历史、文化背景、民族传统、风俗习惯、伦理道德以及宗教信仰等多方面存在差异，因此各国法律在收养的成立要件、种类、效力等各方面的规定都不尽相同。本章主要阐述了收养的概念和特征，介绍了收养的历史沿革和类型，并着重分析了收养成立的条件以及收养的效力，同时探讨了收养的无效和撤销，阐述了收养终止的程序、条件和效力。

本章引例

经别人介绍，张某和李某于2006年举行婚礼，同居生活，并于2008年补办结婚登记。双方婚后因不能生育，于2010年以夫妻名义共同收养一名刚出生的女孩，取名小丽，但是一直未办理收养登记，也未给小丽办理户口登记。因夫妻双方感情不和，2012年5月，张某向法院起诉离婚。张某和李某都请求法院判决小丽跟随自己生活，并向对方主张抚养费。据调查，夫妻双方收养小丽时，均已年满30周岁，有抚养、教育子女的能力，而且未患有在医学上认为不应当收养子女的疾病。此外，小丽的生父母确实有特殊困难无力抚养小丽。

第一节 收养概述

收养制度是婚姻家庭制度的重要组成部分。由于世界各国在社会历史、文化背景、民族传统、风俗习惯、伦理道德以及宗教信仰等多方面存在差异，因此各国法律在收养的成立要件、种类、效力等各方面的规定都不尽相同。通过对各国的收养制度进行比较研究，可以取人之长、补己之短，吸取外国家庭法中收养制度的合理成分，借鉴其先进有益的立法经验，从而完善我国的收养制度。

一、收养的概念和特征

（一）收养的概念

收养是自然人根据法律的规定，领养他人的子女为自己的子女，设立法律拟制的亲子关系的法律行为。

收养行为主体包括收养人、被收养人和送养人。需要注意的是，被收养人也是收养行为的主体，而非收养行为的标的。基于收养制度的宗旨，只能将设立法律拟制的亲子关系作为收养行为的标的。

收养关系是基于收养行为的法律效力而发生的一种法律拟制的亲子关系。在收养关系中，存在双方当事人：收养人和被收养人。收养人为养父母，被收养人为养子女。作为收养关系的主体，拟制血亲的养父母子女之间具有和自然血亲的父母子女之间相同的权利和义务。需要说明的是，送养人是收养行为的当事人，其行为促成了收养关系的发生，但是送养人并非收养关系的当事人。

关于收养的概念以及立法目的，世界各国的法律规定大体上是一致的。例如，美国纽约州1982年《家庭法》第110条规定："收养是一方与另一方形成父母子女关系，并由此以父母身份享受权利和承担义务的法定程序。"特别值得一提的是，英国调整收养的幸福原则。英国1976年《收养法》第6条规定："作有关儿童收养的任何决定时，法院或收养机构应当考虑所有情况，首先考虑保护和提高整个童年期间儿童幸福的必要性；只要实际可行，应当查明儿童本人对决定的意愿和感受，并在顾及其年龄和理解力的基础上，对其给予充分的考虑。"《俄罗斯联邦家庭法典》第124条第1款规定："收养养子或者养女是安置无父母照管儿童的优先形式。"1985年《芬兰收养法》第1条规定，收养"应当是通过建立收养人与被收养人之间的父母子女关系而增进儿童的福利"。在我国婚姻家庭立法中，虽然对收养的概念未作界定，但是有关司法解释、司法实践以及理论学说对收养的定义和其他国家大同小异。其中占主导地位的观点认为，收养是根据法律规定领养他人的子女为自己的子女，从而建立拟制血亲的亲子关系行为。

（二）收养的特征

1. 收养是民事法律行为。拟制血亲的亲子关系有别于自然血亲的亲子关系，是基于收养这一法律行为而发生的。收养人和被收养人之间本来并无直系血亲关系，而是依照法律规定的条件和程序，以旨在设立亲子关系的意思表示为要素的收养行为，作为他们之间产生亲子关系的法律事实。收养行为引起亲属关系的变更，收养人和被收养人之间产生父母子女间的权利义务关系。由此可见，就其性质而言，收养是一种民事法律行为。

2. 收养是民事法律行为中的身份行为。和一般的民事法律行为不同，其目的是在收养人和被收养人之间设立法律拟制的亲子关系，同时终止被收养人与生父母之间的权利和义务。因此，就其性质而言，收养行为属于民事法律行为中的身份法律行为。收养是发生身份关系变更的民事法律行为，具有法定的拟制效力和解销效力：一方面，通过收养，收养人和被收养人之间产生法律拟制的亲子关系；另一方面，被收养人与生父母之间的权利和义务则因为收养的成立而终止。不仅如此，收养变更亲属关系及其权利义务的效力还依法及于父母子女以外的其他亲属。值得一提的是，日本民法始终视收养为一种缔结身份契约的法律行为。需要说明的是，被收养

人为收养人所收养后，其与生父母及其他亲属之间基于血缘联系而产生的自然血亲关系依然存在，终止的仅是法律上的权利义务关系，因此和自然血亲有关的法律规定，如禁婚亲等，不受收养的影响，仍然适用。

收养是身份法律行为，这是收养和寄养的主要区别。寄养是指父母因故不能和子女共同生活时，而委托他人（通常是亲友）代为抚养。被寄养的子女和受托人之间并未产生法律拟制的亲子关系，该子女仍是其父母的子女。换言之，在寄养的情形下，并未发生身份关系的变更，而只是父母抚养子女的方式发生了变更，父母子女之间的权利义务并未终止。此外，收养与国家设立的儿童福利机构或社会慈善机构依法收留、养育孤儿、弃婴或者流浪儿童也是不同的。后者是一种行政行为，由国家设立的儿童福利机构或社会慈善机构依法实施。国家设立的儿童福利机构或社会慈善机构收留、养育孤儿、弃婴、流浪儿童并不变更亲属之间的身份关系，上述收留、养育机构和被收留、被养育的孤儿、弃婴、流浪儿童之间并不产生亲子关系。

3. 收养行为主体的法定性。一般的民事法律行为对主体并无严格的条件限制，而收养是以设立法律拟制的亲子关系为目的，因此收养行为的主体必须符合法定条件。

（1）收养人、被收养人和送养人必须符合法律规定的资格和条件，否则不能产生收养关系。各国对此均作出了明确的规定。例如，《日本民法典》第 792 条规定："已达成年者，可以收养子女。"第 817 条之六还规定："成立特别收养，应经将为养子女者的父母的同意。但是，父母不能表示其意思时，受父母虐待、恶意遗弃或有显著害及养子女者利益之事由时，不在此限。"根据《德国民法典》第 1743 条的规定，一般情况下收养人必须年满 25 周岁，夫妻共同收养时，一方应满 25 周岁，另一方应满 21 周岁；夫妻一方在夫妻另一方因无行为能力或未满 21 周岁时，自身年满 21 周岁即可单独收养。《俄罗斯联邦家庭法典》第 127 条第 1 款规定："成年男女均可成为收养人，但以下人除外：①被法院认定为无行为能力的人或者限制行为能力的人；②被法院认定夫妻一方为无行为能力人或者限制行为能力人的夫妻；③由法院剥夺亲权或者限制亲权的人；④因不适当履行法律规定的义务，而被排除在监护人义务之外的人；⑤法院按照原收养人的过错取消收养的原收养人；⑥因身体状况不能实现亲权的人。某人患有的使其不能收养儿童、不能使儿童受监护、不能达到家庭收养目的疾病的种类，由俄联邦政府确定；⑦在确立收养时不具有保障被收养儿童生活必需的最低收入的人，该生活必需的最低收入由收养人所居住地域的俄联邦主体确定；⑧不具有经常居住地，以及不具有符合卫生和技术要求住所地的人；⑨在确立收养时具有对公民的生命或健康故意犯罪前科的人。"

（2）收养行为只能发生在非直系血亲的自然人之间，否则不具有任何意义。收养的目的是设立法律拟制的亲子关系，在本来就存在直系血亲关系的人之间，自然血亲的亲属关系已经客观存在，如果再允许收养，则会导致亲属关系的混乱。有的国家明确予以禁止。例如，《意大利民法典》第 293 条规定："禁止生父母对非婚生子女实行收养。”

4. 收养为要式法律行为。收养是法律拟制的亲子关系得以成立的重要途径，不仅涉及人身关系和财产关系，而且还关乎社会公共利益。因此，收养行为的成立除了应当具备法定的条件以外，还必须符合法定的形式。否则，不产生法律效力。

世界各国均将收养视为一种要式法律行为，即要求收养行为必须符合法定的形式才成立，从而产生法律效力。综观各国收养制度的立法例，对收养成立的形式要件的要求不尽相同，主要包括三种类型：①收养须依司法程序而成立；②收养须依行政程序而成立；③收养须依司法程序以及行政程序而成立。一般而言，收养依司法程序而成立的，收养当事人须向有管辖权的法院提交申请书和有关证件，经法院决定认可后，收养即告成立，如德国、埃塞俄比亚、美国；收养须依行政程序而成立的，收养当事人须向主管的行政机关申请并提供相关证件，经该行政机关审查批准后，收养即告成立，如日本、瑞士、中国；收养须依司法程序以及行政程序而成立的，则收养当事人须向有管辖权的法院提交申请书和有关证件，经法院决定认可后，还应当履行登记手续，如法国、俄罗斯、英国。

二、收养制度的历史沿革

收养制度是随着社会的发展而不断发展变化的，同时受经济、政治、文化、习俗和宗教等因素的影响和制约。

收养制度历史悠久、源远流长，早在原始社会末期便已为当时的习惯所确认。随着人类社会形态的更替，特别是家庭观念、家庭模式的转变，收养制度也完成了其社会功能的演进，从而为现代社会所继承，也被世界各主要国家以法律的形式予以确定，成为婚姻家庭制度的重要组成部分。

一般认为，按照其社会功能的演进过程，收养制度的历史大致可分为四个阶段：①“为族的收养时期”，即收养主要是为了本氏族的整体利益，在氏族社会中以补充人口、扩大规模为主要目的而收养外人为本氏族成员。②“为家的收养时期”，即为家族血统的延续而收养。奴隶、封建社会实行家长制，收养是为了满足家族利益，即家庭的延续和私有财产的继承，使没有子女的家族后继有人。在古罗马时期，收养的主要目的是传宗接代，《罗马法》就规定了完备的收养法规，收养的目的在于延续家族和继承遗产。③“为亲的收养时期”，即收养主要是为了养父母的利益。随着宗族制度的衰落和血统继续观念的淡化，收养的一个重要目的在于养老、防老。④“为子女的收养时期”，即收养侧重于为了养子女的利益，根据“保护养子女的最大利益”的原则完善收养制度。例如，长期以来一直不承认收养制度的英国，由于孤儿遍野、非婚生子女激增的社会现实，而不得不于1926年颁布了《收养法》。

我国古代的收养制度具有独特性，从属于宗法家族制度。收养的主要目的在于“传宗接代”，以祭祀不绝、宗嗣延续为其最高宗旨。“不孝有三，无后为大”的封建思想根深蒂固。因此，我国古代就确立立嗣制度，成为收养的一种特殊形式。立嗣又称“过继”，以宗祧继承、传宗接代为目的，它只限于男子无子时，立同族的子侄为嗣，女子不能立嗣。立嗣是我国旧社会民间较为普遍的收养方式，也是旧中国封建社会宗祧继承制度中的一项重要的内容，带有浓厚的男尊女卑的封建色彩，与现代法治文明社会中的收养具有本质的区别。新中国成立以后，彻底废除了立嗣制度。在我国的司法实践中，对立嗣采取的是具体情况分别处理对待的方法，对符合收养条件的，按事实收养对待；不符合条件的，法律不予保护。

收养制度的演变反映了人类社会文明的发展。不过并非所有国家都是自古就实行收养制度的。欧洲的一些国家，由于社会历史原因，直到中世纪还不承认收养制度，有的甚至直到20世纪20年代才开始承认收养制度。例如，英国长期以来不承认养子创度，直到1926年才颁布《收养法》。

三、收养的类型

根据不同的标准，可以对收养进行不同的划分。收养主要包括以下几种类型：

（一）共同收养和单独收养

根据收养人的数量的不同，可将收养分为共同收养和单独收养。共同收养是指夫妻双方一起收养子女的行为。绝大部分国家采用这种类型。单独收养是指收养人为一人的收养，包括无配偶的收养和已婚夫妻单方收养。单独收养主要是指无配偶的收养，即独身收养。例如，法国、德国及中国等都有此规定。

（二）完全收养和不完全收养

根据收养的效力的不同，收养可以分为完全收养和不完全收养。所谓完全收养，是指被收养人和生父母之间的权利义务关系完全终止，而和养父母之间发生完全相同于婚生父母子女之间的权利义务关系。许多国家采用单一的完全收养制度，如俄罗斯、日本、英国、美国、中国的收养即属于此类型。不完全收养又称简单收养，是指被收养人在与收养人设立亲子关系的同时，其和生父母之间仍然互相保留一定的权利义务，并未完全终止权利义务关系。少数国家采用单一的不完全收养制度，如意大利的收养即属于此类型。我国古代的“兼祧”也属于不完全收养的范畴。

值得一提的是，有些国家的收养制度同时采用完全收养和不完全收养两种类型，允许当事人自由选择，如法国、德国、阿根廷等国。

（三）法定收养和事实收养

根据收养是否依法成立，可将收养分为法定收养和事实收养。法律收养是指按照法律所规定的实质要件和形式要件而成立的收养。这是世界各国普遍认可的收养类型。所谓事实收养，是指符合法律规定的实质要件，但是欠缺法律规定的形式要件的收养。事实收养欠缺法律规定的形式要件，当然是不符合法律要求的。因此，现代各国一般都不承认事实收养。不过我国对1992年《收养法》施行以前形成的事实收养原则上予以承认，因为在《收养法》施行以前，我国收养无法可依。

（四）国内收养和涉外收养

根据收养是否含有涉外因素，可将收养分为国内收养和涉外收养。涉外收养，又称跨国收养或者国际收养，是指含有涉外因素的收养，既包括收养主体之涉外，即收养当事人中至少有一方为外国人或者无国籍人，也包括作为民事法律事实的收养行为之涉外，即收养行为发生在国外。国内收养是指不含有涉外因素的收养。国内收养是收养的主要类型。

随着社会的发展，涉外收养日渐增多，成为各国收养法甚至整个国际社会不得不考虑和面对的社会现实。全球性的战争和贫困使大量儿童被遗弃并沦为孤儿。虽然收养国外儿童可为孩子提供其在出生地国无法享有的优越生活，但仍存在这种收养剥夺了孩子要求的可能。涉外收养可以满足那些希望收养孩子者的要求，但未考虑到儿童与其自己的文化源和出身家庭之间保持联系的重要性。另外还有人担心，这种收养可能是私自安排，没有国内法中有关收养检查和保护的规定。

关于涉外收养，各缔约国通过了1993年跨国收养海牙公约，公约第1条规定了公约的目的。首先，建立保障机制，以保证跨国收养能够在符合孩子的最大利益和尊重孩子国际法上认可的基本权利的基础上进行。其次，建立缔约国间的合作机制，以保证保障机制得以尊重，并以此防止儿童的拐带、买卖或交易行为。此外，在缔约国间保证根据公约实施的收养能得到承认。公约的基本原理是缔约国通力合作，保证收养符合孩子的最大利益，并且适当关注儿童在其本国可能安置后的事项［第4（b）条］。目的是让孩子尽可能地留在其自己的社区。收养不可能时，公约有调整收养过程的规定。该规定要求各缔约国建立中央机关，其职责是保护收养过程中的孩子和监督公约的执行情况。中央机关特别负责互换孩子的信息，以保证孩子可被收养，适当磋商后提出各相关方的同意意见并保证其并非因支付或赔付金钱而达成，保证未来的收养人是符合条件的，并且是适合收养孩子的。公约还规定了有关中央机关根据公约证明的合格收养应当在所有缔约国得到自动承认。

（五）秘密收养和公开收养

根据收养行为是否保密，可将收养分为公开收养和秘密收养。所谓秘密收养，是指法律或者收养当事人要求保守收养秘密，不公示收养行为以及不得暴露养子女身世的收养方式。公开收养是指法律或者收养当事人不要求保守收养秘密，可以公示收养行为的收养方式。

世界各国的收养均以秘密收养为主，一般对收养情况实行保密。之所以限制甚至禁止当事人获得被收养人的收养记录，是因为这样既能使被收养人被当作养父母自己的子女来抚养，排除生父母对被收养人的干扰，也能保护收养人的隐私权，保证其享有不受他人干扰的权利；同时，有利于维护收养人的家庭稳定，确保被收养人的健康成长。[1] 例如，《德国民法典》第1758条第1款规定："非经收养人和子女同意，不得公开或探听能够暴露收养及其具体情况的事实，但是如果出于公共利益上的特别理由而必须如此的除外。"《瑞士民法典》第268条之二规定："不经养父母同意，不得将收养情况告诉养子女的生父母。"《俄罗斯联邦家庭法典》第139条

---

〔1〕石玉："试析收养中的保密问题"，载《广州大学学报（社会科学版）》2007年第12期。

规定:“收养儿童的秘密受法律保护。作出收养儿童判决的法官,或者对收养进行登记的国家公职人员,以及通过其他方式熟悉收养情况的人应对儿童的收养保守秘密。对本条第1款所列举的人,如果违反收养人意志泄露收养儿童的秘密,依法定程序追究责任。”英国1976年《收养法》明确规定,禁止泄露养子女生身父母的姓名和身份。有关养子女出生的原始登记及其一切文件都是保密的,非经特殊批准不许查阅。美国的一些州规定,一旦达成收养协议,有关主管机关应即颁发一份新的“出生证明书”封存起来,不得公开。我国《收养法》第22条规定:“收养人、送养人要求保守收养秘密的,其他人应当尊重其意愿,不得泄露。”据此规定,我国《收养法》并没有强制规定收养当事人和有关机关的保密义务,而是赋予了收养人和送养人选择权,但是如果收养人、送养人要求保守收养秘密的,则其他人负有保密的义务。

不过鉴于秘密收养存在一些弊端,许多国家已经不再单纯机械地采取秘密收养的方式,而是对收养的某些方面的内容有条件地采用公开的方式。例如,英国1975年《儿童法》第26条规定:“英格兰和威尔士的被收养儿童只要年满18岁,就有权复印或获得自己的原出生证。”英国还用专门条款规定了收养登记的公开程序。根据英国1976年《收养法》第50、51条的规定,在赋予任何人查阅收养记录权利的同时,要求查阅时不公开被收养人生父母身份且规定与被收养人原始出生登记有关的记录文件及与收养登记有关的记录文件向一般人保密。新西兰1986年《成年人收养信息法》规定,被收养儿童在成年后可以获得或查阅自己的原出生证,除非其亲生父母已向出生登记部门明确表示禁止被收养儿童获知真情;被收养儿童的亲生父母有权要求社会福利局帮助查找其子女的下落,并征求被收养儿童是否愿意继续适用原姓的意见以及是否愿意与亲生父母通信联系。

由于秘密收养和公开收养各有利弊,使得两者无法完全取代彼此,导致了目前世界各国或者一国内各州立法的差异。例如,在美国,22个州禁止采取公开收养的方式,8个州允许收养人和被收养儿童的生父母达成协议进行公开收养,但法院不会强制执行协议规定的条款,另有8个州允许强制执行规定在收养判令中的公开收养协议,还有12个州对公开收养的态度尚不明确,但是没有一个州强制要求实行公开收养。

(六)私法收养和公法收养

这是根据收养者的不同所作的划分。所谓私法收养,是指自然人之间根据民事法律的规定而成立的收养。它直接发生法律上亲属关系的转移,这是各国普遍采用的收养类型。所谓公法收养,是指国家设立的儿童福利机构或社会慈善机构依法收留、养育孤儿、弃婴或者流浪儿童,它不直接发生法律上亲属关系的转移。例如,拿破仑在滑铁卢战役失败后,将阵亡将士的子女视为养子女,由国家负责养育。第一次世界大战后,法国以孤儿为养子,制定国民监护法。苏联在卫国战争中曾实行“托养”制度,由对儿童实施监护的国家机构与公民订立托养协定,把战争中失去父母的孤儿托交公民抚养，并由国家承担这些孤儿的生活费用，被托养儿童不改变姓氏及与父母、亲属的法律关系，和教养人也不产生亲子关系。严格而言，公法收养并非比较家庭法学的研究范畴。

（七）生前收养和遗嘱收养

所谓生前收养，顾名思义，是指收养人生存在世期间和被收养人设立法律拟制的亲子关系。这是人们设立收养关系的主要形式，也是世界各国法律的普遍规定。遗嘱收养又称死后收养，是指收养人生前以遗嘱的方式，指定被收养对象在收养人死后，收养关系才开始生效。遗嘱收养起源甚早。古埃及收养子女，须以遗嘱为之。罗马法有遗嘱养子的规定。近代法允许死后收养。由于遗嘱收养侧重于继承和传宗接代，不利于对未成年人的养育和保护，因此现代各国收养制度一般均采用生前收养，而不承认遗嘱收养。

第二节 收养成立的条件

收养是拟制血亲的亲子关系发生的法定途径。如前所述，发生身份关系变更的民事法律行为，具有法定的拟制效力和解销效力：一方面，通过收养，收养人和被收养人之间产生法律拟制的亲子关系；另一方面，被收养人与生父母之间的权利和义务则因为收养的成立而终止。不仅如此，收养变更亲属关系及其权利义务的效力还依法及于父母子女以外的其他亲属。因此，收养必须符合法定的条件，包括实质要件和形式要件，否则不能成立。

一、收养成立的实质要件

所谓收养成立的实质要件，是指法律规定的收养当事人（包括收养人、送养人和被收养人）所应当具备的条件。由于收养是民事法律行为中的身份行为，所以收养成立的实质要件既要符合民法中有关民事法律行为的一般规定，又要符合收养制度中有关收养行为的专门规定。世界各国的收养制度中有关收养成立的实质要件的立法例不尽相同。整体而言，各国一般都明确规定收养人必须是有抚养能力的成年人；多数国家规定被收养人必须是未成年人，有些国家则允许收养成年人；各国一般都规定收养人与被收养人须有一定的年龄差距；各国一般都规定收养须经有关当事人同意。我国《收养法》也对收养人、送养人和被收养人的条件以及当事人的收养合意等问题都作了明确的规定，同时还针对某些具体情形对收养当事人的条件作了特别规定。各国收养制度中常见的收养禁例主要有：一人不得同时被数人收养；监护人不得收养被监护人；直系血亲之间、兄弟姐妹之间不得进行收养等；此外，一些国家的收养制度中还有基于宗教、国籍、收养人的品德等方面的原因所作的禁止性规定。当然，作为监护人不得收养被监护人的例外，有的国家允许监护人收养被监护人。例如，《日本民法典》第 794 条规定："监护人将被监护人收养为子女，应经家庭法院许可。即使于监护人任务终止后而管理计算期间尚未完结，亦同。”

现将各国和地区关于收养成立的实质要件阐述如下：

（一）被收养人的条件

对被收养人的条件的限制，多数是在年龄方面以及被收养人和收养人之间的年龄差距方面。各国法律因收养方式的不同对被收养人的年龄有不同的规定。对于完全收养，大部分国家的法律都限制了被收养人的最高年龄。如《法国民法典》规定被收养人的年龄一般须在 15 周岁以下。根据英国《收养法》的规定，只有未满 18 岁的未婚者方可被收养。爱尔兰则规定被收养儿童的年龄最高不得超过 7 岁。对被收养人的最高年龄，多数国家的法律一般只是作出概括性的规定。例如，俄罗斯等一些国家规定，禁止收养成年人。对不完全收养，则一般很少在年龄方面予以限制，既可以收养未成年人，也允许收养成年人，但是应当符合一些特殊要件。例如，当有证据证明申请收养的人与被收养人之间存在某种特殊关系时，可以作为收养的一种例外允许收养成年人。否则，只能收养未成年人。如瑞士的法律对此有明文规定。在美国，所有各州都允许收养未成年人，也有许多州允许收养成年人，但有附加条件，如加利福尼亚州禁止收养配偶，同时规定被收养人比申请人年轻 10 ~ 20 岁；伊利诺伊州规定，申请收养成年人为子女者，必须在提出申请以前就已经与被收养的成年人一起居住了两年。另外，关于限制被收养人与收养人之间年龄差距方面的规定有：《瑞士民法典》第 265 条第 1 款规定：“养子女最少得比养父母年少 16 岁。”我国《收养法》第 9 条规定：“无配偶的男性收养女性的，收养人与被收养人的年龄应当相差 40 周岁以上。”

一些国家的法律允许收养人收养自己的非婚生子女，如瑞典、菲律宾、英国、美国的一些州，而一些国家则禁止收养自己的非婚生子女，如意大利。还有些国家则只允许收养者收养从未被认领过的非婚生儿童，如哥伦比亚。对于配偶一方的子女，即继子女，一般允许另一方收养；但是有的国家也禁止另一方收养。而在收养的要件方面，还有的国家规定收养者和被收养者的宗教信仰必须相同，如以色列、美国的一些州的法律都有此要求。有的国家规定只允许收养非婚生子女和孤儿，如爱尔兰；还有的国家只允许收养者收养同性的被收养者，禁止收养异性儿童，如哥伦比亚。

我国《收养法》第 4 条规定：“下列不满 14 周岁的未成年人可以被收养：①丧失父母的孤儿；②查找不到生父母的弃婴和儿童；③生父母有特殊困难无力抚养的子女。”我国《收养法》将被收养人限于不满 14 周岁的未成年人，符合我国的国情。确定被收养人的年龄界限既要考虑有利于家庭关系的稳定，更要考虑保护未成年人的利益。根据我国《民法通则》的规定，18 周岁以上的公民是成年人，具有完全民事行为能力。不满 14 周岁的未成年人没有独立的生活能力，缺乏分辨能力，不能正确表达自己的真实意愿，必须依靠成年人的抚养教育和保护，否则不利于其健康成长。我国《收养法》第 4 条除了规定被收养人的年龄限制外，还包括三种情况：

①“丧失父母的孤儿”，是指父母已经死亡或被宣告死亡的儿童。此处的父母应包括生父母、养父母和有抚养关系的继父母。②“查找不到生父母的弃婴和儿童”，是指经有关人员或单位查找，而没有找到生父母的被遗弃的不满14周岁的儿童；一般认为弃婴是不满周岁的儿童。③“生父母有特殊困难无力抚养的子女”，是指生父母因病、残或者其他原因造成身体上、精神上、经济上有特殊困难而没有能力抚养的子女。[1] 我国《收养法》第14条规定：“继父或者继母经继子女的生父母同意，可以收养继子女，并可以不受本法第4条第3项、第5条第3项、第6条和被收养人不满14周岁以及收养一名的限制。”据此规定，收养继子女的前提是必须经继子女生父或者生母的同意。继子女收养关系中的三方当事人有别于其他一般收养关系的当事人。我国《收养法》第10条规定有配偶者收养子女须夫妻共同收养，是针对一般情形而言，而收养继子女只能是继子女的继父或者继母单方收养，因为继子女和其生父或者生母之间具有自然血亲的亲子关系，不存在收养问题。我国《收养法》第14条规定体现了我国婚姻家庭立法的发展，在实践中具有较为重要的意义。

（二）送养人的条件

送养人是将子女或儿童送给他人领养的人。各国和地区关于送养人规定的立法模式分为两类：

1. 分散型的立法模式。有关送养人的资格和条件的规定并未专门规定在一个条文中，而是散见于数个条文。如《法国民法典》第348条和第348条之一条规定了父母可以作为送养人，第348条之二条至第348条之六条规定了亲属会议可以作为送养人；《德国民法典》第1747条规定了父母可以作为送养人，第1748条规定了监护法院可以作为送养人；《俄罗斯联邦家庭法典》第129条规定了父母可以作为送养人，第131条规定监护人或者保护人、养父母以及收养无父母照管孩子的教育机构、医疗机构、居民社会保护机构和其他类似机构可以作为送养人。

2. 统一型的立法模式。有关送养人的规定集中于一个条文中。例如，我国《收养法》第5条就集中规定了送养人的条件和范围：

（1）孤儿的监护人。孤儿是指失去父母双亲的儿童。监护人是指依照法律规定对未成年人的人身、财产及其他一切合法权益负有监管和保护责任的人。依照我国《民法通则》的有关规定，未成年人的监护人包括：父母、祖父母、外祖父母；兄、姐；关系密切的其他亲属、朋友愿意承担监护责任，经未成年人父、母所在单位或者未成年人住所地的居（村）民委员会同意的；未成年人的父、母所在单位或者未成年人住所地的居民委员会或者村民委员会或者或民政部门。依照我国《收养法》，这些监护人有权作出送养孤儿的决定。但是，我国《收养法》同时也作了限制性规定：首先，我国《收养法》第12条规定，未成年人的父母均不具备完全民事行为能力的，该未成年人的监护人不得将其送养，但父母对该未成年人有严重危害可能的

〔1〕 于静：《比较家庭法》，人民出版社2006年版，第263页。

除外。其次，我国《收养法》第13条规定，监护人送养未成年孤儿的，须征得有抚养义务的人的同意。有抚养义务的人不同意送养、监护人不愿意继续履行监护职责的，应当按照我国《民法通则》的规定变更监护人。

（2）社会福利机构。社会福利机构是国家设立的对孤儿、弃儿进行监护的机构。目前我国的社会福利机构，除民政部门开办的社会福利院、儿童福利院和精神病院外，还有集体和个人开办的各类福利机构。被社会福利机构抚养的儿童主要是弃婴、孤儿和残疾儿童。除个别残疾儿童是由父母送到福利机构寄养外，大部分残疾儿童是被遗弃的。由于我国《收养法》中并没有明确规定作为送养人的社会福利机构的资格条件，那么就可以认为不论何类社会福利机构均可以作为送养人。如收养人自愿收养由其抚养的孤儿与弃婴、弃儿，社会福利机构可作为送养人。由他们送养儿童时，应对儿童的来源进行调查，的确查找不到其生父母下落的，可由公民收养。对此，为切实保护未成年人的合法权益，《中国公民办理收养登记的若干问题》的修改意见中规定："收养社会福利机构抚养的孤儿或弃婴还须社会福利机构的业务主管机构同意并出具证明。""须社会福利机构的业务主管机构同意并出具证明。"

（3）我国还允许有特殊困难无力抚养子女的生父母作为送养人。抚养子女是父母应尽的法律义务，但是如果生父母因病或其他特殊困难，无力抚养子女时，允许他们将子女送给他人收养，这对子女而言是有利的。为有利于计划生育政策的实施，我国《收养法》第19条规定，送养人不得以送养为理由违反计划生育的规定再生子女。所以，又详尽地规定了生父母作为送养人必须具有以下条件：①有特殊困难无力抚养子女。一般是因父母有疾病或经济困难，或父母一方死亡等原因而无力抚养。这里需要注意的是，送养人只能是生父母，养父母、继父母不得以特殊困难无力抚养为由将养子女或继子女送养他人。②必须由生父母共同送养。除非生父母一方死亡或下落不明才可以单方送养；已离婚的夫妻和非婚生子女的父母要送养子女也必须由双方协商一致同意。③配偶一方死亡后，另一方要求送养未成年子女的，死亡一方的父母有优先抚养的权利。④送养人不得以送养子女为理由违反计划生育的规定，再生育子女。所以，送养人必须作出送养子女后不再生育子女的保证后，才能将子女送养。

对于监护人作为收养人，各国和地区法律都有限制性规定。例如，《意大利民法典》第295条规定："监护人不得收养自己曾经监护过的被监护人；在通过了监护账目、交付了财产、清偿了有关监护的债务或者为清偿债务提供了适当的担保之后实行的收养除外。"《日本民法典》第794条规定："监护人把被监护人收养为子女，应经家庭法院许可。即使于监护人任务终止后而管理计算期间尚未完结，亦同。"《中国澳门地区民法典》第1829条规定："监护人或法定财产管理人，仅在有关监护报告或财产管理报告获得核准，且已偿还其债务后，方可收养受监护人或财产被管理之人。"

（三）收养人的条件

各国和地区立法例关于收养人的条件的规定主要包括：

1. 具有抚养教育被收养人的能力。这是各国的普遍性规定，旨在保障被收养人在良好的家庭环境中获得必要的抚养和教育，客观上要求收养人的资格必须是有能力正常地行使亲权或监护权、具备抚养条件的成年人。因为未成年人不具有完全民事行为能力，又不具备抚养教育子女的物质条件，所以不能作为收养人。因此，各国立法一般都明确规定，只有成年人才有条件作为收养人。

大陆法系国家在这方面的规定非常明确。《日本民法典》第792条规定："已达成年者，可以收养子女。"根据《俄罗斯联邦家庭法典》第127条的规定，只有成年人才可以充当收养人，但如被宣告为无民事能力人或限制民事能力人、被剥夺或限制亲权、被解除监护义务、因自身过错而被法院解除收养、因健康原因不能实现亲权、缺乏保障被收养儿童生活必需的最低收入、不具有经常居住地及不具有符合卫生和技术要求的住所地以及在确立收养时具有对公民生命或健康故意犯罪前科都不得收养。根据《意大利民法典》第291条的规定，一般情况下收养人须年满35岁，而在特殊情况下，法院可以准许年满30岁的成年人收养。《法国民法典》除成年人这一条件外，还另附婚龄或年龄等其他条件，如第343条规定："未分居的夫妻在结婚5年后，得要求收养子女。""凡年龄超过30岁者，亦得要求收养子女。"根据《瑞士民法典》第264条的规定，如果单独收养，须未婚者年满35岁，或年满35岁的已婚者因其配偶持续无判断力、下落不明已逾2年或判决分居满3年而不能共同收养时方可；共同收养，要求仅配偶双方才可共同收养，收养人应年满35岁或结婚5年以上，但是如果收养对方子女，则须年满35岁或者结婚2年以上。一些国家的法律具体规定了收养者的最低年龄，如丹麦、瑞典，要求收养者年满25岁，同时允许存在一些例外，如生父母收养其非婚生子女时，年龄可适当放宽。如果收养非婚生子女或者收养配偶一方的子女，也可适当降低收养人的年龄。

在英美法系国家，美国各州的法律对收养申请者的规定呈现出多样化的形式：如有的州规定任何人可申请收养；也有的州规定任何符合条件的人可申请收养；还有的州规定任何成年人可申请收养；新泽西州法律规定，收养者必须是美国公民或者已申请加入美国国籍的人；加利福尼亚州法律同样规定收养者应年长于被收养人。而对于独身者的收养，美国法律一般不禁止。根据英国的法律规定，除了夫妻之外，不得二人共同收养子女，而在夫妻共同收养时，夫妻双方均应年满21岁并且至少有一方在联合王国或者海峡群岛有住所。英国现行《收养法》第15条第3款规定，生父与生母得共同收养其非婚生子女，但父母一方去向不明或有其他重大理由的，他方始得单独收养。在单独收养的情形下，收养人年满21岁，既可以未婚的独身者的身份收养子女，也可以已婚夫妻一方的身份单独收养子女。不过在已婚者单独收养时，须符合以下条件：其配偶去向不明或者夫妻已分居或者打算永久地分居，其配偶因身体或者精神不健全而不能申请收养裁定。另外，对于独身男子收养女子，1976年的收养法并未禁止，也未就收养人和被收养人之间的年龄差距作出明确的规定。此种情形是否许可，由收养机关或者法院裁量。[1]

2. 和被收养人有一定的年龄差距。世界各国和地区在规定养父母与养子女之间的年龄差距时，一般都力求使其接近于亲生父母子女之间的年龄差距，以便进行完全收养。其年龄差距在外国立法例中最低为10岁，最高为30岁。例如，《法国民法典》第344条规定："收养人的年龄应当比其拟收养的子女的年龄大15岁以上，如拟被收养的子女是收养人配偶的子女，收养人与被收养人的年龄仅要求相差10岁以上。"根据《意大利民法典》第291条的规定，收养人比拟被收养之人至少应当年长18岁。《瑞士民法典》第265条第1款规定："养子女最少得比养父母年少16岁。"《日本民法典》仅规定不得以尊亲属或年长者为养子。美国有10个州规定收养者须长于被收养者10岁以上，另有若干州以年长为要件。《中国澳门地区民法典》第1828条规定："……收养人与被收养人之年龄差距应在18年以上50年以下，但存在应予考虑之理由者除外……"我国《收养法》第9条规定："无配偶的男性收养女性的，收养人与被收养人的年龄应当相差40周岁以上。"由此可见，我国仅针对无配偶的男性收养女性的情形，规定了收养人与被收养人的年龄差距，而对有配偶者收养子女，则未规定相应的年龄差距。

有些国家的收养制度在规定收养人和被收养人之间的年龄差距时日趋灵活，甚至还允许在不违反法定年龄要件的同时，由法院行使自由裁量权。例如，根据《法国民法典》的规定，独身男女单独收养子女至少比其拟收养的子女年龄大15岁以上；如收养其配偶子女则年龄差距应在10岁以上；但是法院如有正确理由也可宣告收养人、被收养人年龄差距低于上述要求的收养成立。

3. 关于已婚夫妻作为收养人的共同同意。对已婚夫妻收养子女应当具备的条件，许多国家的法律都作了特别规定，而且普遍规定已婚夫妻必须双方共同收养子女。这一规定的立法价值取向在于保护被收养人的合法权益。如果有配偶者罔顾其配偶的意愿，单方收养子女，而其配偶不予承认，显然将对家庭关系带来种种不利的影响，可能会损害被收养人的合法权益。这是违背收养制度的宗旨的。《日本民法典》第795条规定："有配偶者应与配偶共同收养未成年的养子女。但是，收养配偶的婚生子女为养子女时，或配偶不能表示其意思时，不在此限。"《瑞典双亲与监护法典》第四章第3条、《瑞士民法典》第264条以及《丹麦收养法》第5条都有类似规定。我国《收养法》第10条第2款规定："有配偶者收养子女，须夫妻共同收养。"

作为一项基本原则，夫妻双方共同收养也有例外。例如，如果配偶一方下落不明或缺乏行为能力，另一方可以单独收养。同样，如果收养非婚生子女或者收养配偶一方的子女，也可以单独收养，但是，理所当然须征得另一方的同意。也有一些国家的法律没有要求已婚夫妻共同收养，但规定一方配偶单独收养子女时，必须征得另一方的同意，如法国、英国、菲律宾等国的法律都有具体规定。根据《法国民法

---

〔1〕 于静：《比较家庭法》，人民出版社2006年版，第257~258页。

典》第1749条的规定，夫妻一方单独收养子女必须经夫妻另一方的同意。此外，《法国民法典》还规定了配偶一方可以单独收养子女且无须征得另一方的同意的特殊情形，即当一方配偶失踪或为无行为能力人时，另一方可单独进行收养。英国《收养法》也规定了配偶一方可以单独收养子女且无须征得另一方的同意的特殊情形，即该收养人之配偶下落不明、夫妻已分居或打算永久分居以及其配偶因身体或精神不健全而不能为收养申请。

我国《收养法》第6~10条规定了收养人应当同时具备的条件，内容如下：

(1) 无子女。收养人无子女是指收养人因生理上的原因或者由各种疾病引起的不能生育，以及虽有生育能力，但本人不愿意生育或者生育的子女已经死亡的情形。无子女既包括没有亲生子女，也包括没有养子女。规定收养人须无子女具有两方面的意义：一方面，收养人无子女的，可以集中精力扶养、教育养子女而不必为扶养、教育其他子女分散对养子女的关爱，从而有利于被收养人的健康成长；另一方面，要求收养人无子女也是我国计划生育法律、法规的要求。因为根据我国计划生育法律、法规，一对夫妻一般只允许生育一个孩子。收养虽然不是直接生育子女，但也是对生育制度的变通和补充。如果允许有子女的收养人收养子女，实质上也是对我国计划生育法律、法规的违反。[1]

(2) 有抚养、教育被抚养人的能力。这是从有利于被收养人的原则出发的，是各国收养法中都有的规定。设立收养制度的目的之一，是为了养子女的利益，为了使被收养人在良好的家庭环境中获得必要的抚养和教育，因此客观上要求收养人必须有资格、有能力正常地行使亲权及监护权。这里的所谓“能力”，应包括以下几个方面：收养人是具有完全民事行为能力的人，并且应当具有抚养被收养人的经济条件，收养人应当具有良好的道德品质，能在智力开发、教育等方面为被收养人创造成长所需的良好条件和环境。

(3) 未患有在医学上认为不应当收养子女的疾病。为保障子女的身体健康和正常生活，收养法以概括的形式规定养父母患有在医学上认为不宜收养子女的疾病的，不能收养子女。如养父母患有传染病，收养子女时，易将疾病传染给养子女，危及养子女的身体健康；或是养父母患有严重疾病，生活难以自理，直接影响到养子女的生活。因此，不宜收养子女。

(4) 年满30周岁。这是对收养人年龄上的最低要求。由于收养是以产生父母子女关系为目的，收养人的年龄应高于结婚年龄。为保持与晚婚晚育的计划生育政策的协调性，收养人的年龄不宜太低，应高于晚育年龄。

关于收养人方面的条件，我国《收养法》还作了一些特别规定。我国《收养法》第9条规定：“无配偶的男性收养女性的，收养人与被收养人的年龄应当相差40周

---

〔1〕 王利明主编：《中国民法典学者建议稿及立法理由（人格权编、婚姻家庭编、继承编）》，法律出版社2005年版，第336页。

岁以上。”这一规定是出于伦理道德上的考虑以及保护被收养人的需要。我国《收养法》第7条第1款规定：“收养三代以内同辈旁系血亲的子女，可以不受本法第4条第3项、第5条第3项、第9条和被收养人不满14周岁的限制。”根据这一规定，在收养兄弟姐妹的子女、堂兄弟姐妹的子女或者表兄弟姐妹的子女时，不受收养条件的一般限制，具体表现为：①其生父母无特殊困难、有抚养能力的子女可以成为被收养人；②无特殊困难、有抚养能力的父母可以成为送养人；③无配偶的男性收养女性，不受收养人与被收养人的年龄应当相差40周岁以上的限制；④被收养人可以是年满14周岁的未成年人。我国《收养法》第7条第2款规定：“华侨收养三代以内同辈旁系血亲的子女，还可以不受收养人无子女的限制。”据此规定，如果收养人为华侨，除适用我国《收养法》第7条第1款的规定以外，即使已经有子女，甚至子女不止1名，也不妨碍其收养三代以内同辈旁系血亲的子女。我国《收养法》第8条规定：“收养人只能收养1名子女。收养孤儿、残疾儿童或者社会福利机构抚养的查找不到生父母的弃婴和儿童，可以不受收养人无子女和收养1名的限制。”一方面，为了坚持计划生育原则，同时也为了确保收养人具有足够的抚养、教育能力，以保护被收养人的合法权益，这一限制是很有必要的。另一方面，出于保护孤儿、残疾儿童或者社会福利机构抚养的查找不到生父母的弃婴和儿童的需要，可以不受收养人无子女和收养一名的限制，这也是对此类符合社会公共利益的收养行为的肯定和鼓励。

（四）收养当事人的合意

由于收养是一种身份法律行为行为，能够在收养人和被收养人之间产生法律拟制的亲子关系，因此应当建立在当事人合意的基础上，以当事人的意思表示一致为收养成立的必要条件。许多国家都有这方面的立法例。根据多数国家的规定，收养当事人的合意主要表现在以下几个方面：①收养人和送养人的意思表示须一致；②如果收养人或者送养人为有配偶者，原则上须得配偶双方同意，只有在特殊情形下才允许单方收养；③在被收养人达到一定年龄时，须得其本人同意。

根据《德国民法典》第1746、1747、1748和1749条的规定，收养当事人的合意表现在以下三个方面：①子女的同意。收养必须经子女同意。对无行为能力或未满14周岁的子女的同意，由其法定代理人作出。除此之外只能由子女自己作出同意，但必须经其法定代理人应允。年满14周岁且有行为能力的子女可在收养宣告生效之前向监护法院申请撤销同意。对于子女被收养，监护人或抚养人无正当理由拒绝同意或承认时监护法院得代为准许。②父母的同意。收养子女必须经子女父母同意且只可在子女出生满八周后作出，如父母没有相互结婚且没有作出照顾权声明，则父母可以在子女出生之前作出同意。如果父母一方长期不能作出声明或者居所长期不明，则不必经其同意。《德国民法典》还在第1748条十分详细地规定了父母同意权的取代制度，从而使受父母粗暴对待或冷漠忽视的子女得因该制度而获益。③夫妻一方的同意。夫妻一方单独收养子女必须经夫妻另一方的同意；收养已婚者必须经其配偶同意，除非该配偶长期不能作出声明或其居所长期不明。

根据《意大利民法典》第296条以及第297条的规定，一方面，收养必须取得收养人与拟被收养人间的合意；另一方面，收养必须取得拟被收养人父母的同意以及在收养人和拟被收养人都已婚（因《意大利民法典》允许年满16岁的未成年人在特殊情况下结婚）且未与配偶合法分居时须取得各自配偶的同意。

在美国，基于法律对血亲关系给予的有力保护，生父母对收养的同意是十分必要的，而且生父母对其子女的被收养必须一致同意，除非一方之亲权已经通过司法程序而宣告终止或者因为一方在收养过程中的不适当行为已足以导致亲权终止。对非婚生子女的生父，鉴于需要确认其身份、其接受通知的权利及在监护和探望方面的实体性权利，故常作为一种特殊案件来处理。同时，祖父母、外祖父母也逐渐有权介入涉及其孙子女或外孙子女的收养程序当中。美国大多数州都设立了具体的年龄限制，要求达到年龄的儿童必须对收养作出同意（从10岁至14岁不等）。如果该儿童系通过有关机构而获得安置的，则收养必须征得该机构的同意，仅在该机构不合理地收回其同意时才可做此要求。如果该儿童是处于某位监护人的监护之下，则监护人的同意是收养所必须的。一般要求同意必须采书面形式，还可能要求公证。为避免有人借机买卖儿童，许多州要求除非一项同意系向专门的收养机构作出，否则必须在同意中明确待收养人的身份。只有在少数州，收养的同意可在待被收养人出生之前作出，但这种同意直到待被收养人出生后仍是可撤销的。不过大多数州只承认子女出生后作出的同意才是合法的，部分州还限定必须于子女出生后的一定时间内作出同意。[1] 关于收养同意的形式和时间，之所以要求如此严格，目的在于将作出同意的父母一方的成熟考虑和最终的重要利益之间予以平衡。

我国《收养法》第10条第2款规定："有配偶者收养子女，须夫妻共同收养。"第11条规定："收养人收养与送养人送养，须双方自愿。收养年满10周岁以上未成年人的，应当征得被收养人的同意。"

二、收养成立的形式要件

收养是拟制血亲关系借以建立的重要途径，法律后果涉及当事人的人身和财产关系的转移，所以各国法律均以收养为要式法律行为。只有符合法定形式，收养的成立才产生法律效力。

综观各国收养制度的立法例，关于收养成立的形式要件包括三种类型：①收养须依司法程序而成立；②收养须依行政程序而成立；③收养须依司法程序以及行政程序而成立。

（一）收养须经司法程序而成立

收养依司法程序而成立是指收养当事人须向有管辖权的法院提交申请书和有关证件，经法院决定认可后，收养即告成立。德国、埃塞俄比亚、美国均采用该形式

---

〔1〕 蒋新苗：《国际收养法律制度研究》，法律出版社1999年版，第109页。

要件。

《德国民法典》第1752条规定："收养依收养人的申请，由监护法院宣告。申请不得附条件或期限，或由代理人提出。申请需做成公证书。"《埃塞俄比亚民法典》第804条规定："收养协议必须得到法院批准。否则无效。"美国各州法律都视收养为司法行为，非常重视法院在收养活动中的作用。根据美国各州收养制度的规定，收养人必须向法院提出书面申请并主要由法院完成相关调查，只有少数州允许法院依情况而确定由儿童福利局等专门机构来完成调查。必要的调查和法定的通知完成后，法院才将就该收养申请进行审理，并作出最终判决。

（二）收养须经行政程序而成立

收养依行政程序而成立是指收养当事人须向主管的行政机关申报并提交有关书证，经行政机关审批，收养即告成立。日本、瑞士、中国均采用该形式要件。

《日本户籍法》第66条规定："欲实行收养者，应申报其意旨。"根据《瑞士民法典》第268条的规定，收养人应当向其住所地的州的主管官厅呈交收养申请，由主管官厅对涉及该收养的所有重要情况进行全面调查，特别是养父母及养子女的人格与健康状况、他们的相互关系、养父母的教育能力、经济状况、动机及家庭关系等具体情况，必要时还可与专家进行磋商；主管官厅对经调查后各方面条件都符合的收养申请作出成立宣告。我国《收养法》第15条第1款规定："收养应当向县级以上人民政府民政部门登记。收养关系自登记之日起成立。"我国《收养法》第15条规定："收养应当向县级以上人民政府民政部门登记。收养关系自登记之日起成立。收养查找不到生父母的弃婴和儿童的，办理登记的民政部门应当在登记前予以公告。收养关系当事人愿意订立收养协议的，可以订立收养协议。收养关系当事人各方或者一方要求办理收养公证的，应当办理收养公证。"据此规定，我国自然人之间收养成立的法定形式要件是向县级以上人民政府民政部门登记，而收养协议和收养公证并不是我国自然人之间收养成立的法定形式要件。是否订立收养协议、办理收养公证，可由当事人自行选择。在我国现实生活中，有些人欠缺法律知识，不办理收养登记，而是订立收养协议或者热衷于办理收养公证，实乃本末倒置。在上述情况下由于欠缺收养的形式要件，收养并不成立。

（三）收养须依司法程序以及行政程序而成立

收养须依司法程序以及行政程序而成立，是指收养当事人须向有管辖权的法院提交申请书和有关证件，经法院决定认可后，还应当履行登记手续。法国、俄罗斯、英国均采用该形式要件。

《法国民法典》第353条第1款规定："收养，应收养人请求，由大审法院宣告。大审法院在其受理请求之日起6个月内，对是否具备法律规定的收养条件以及收养是否符合儿童利益进行审查。"第354条第1款规定："宣告完全收养的裁判决定，自发生既判力之日起15日内，应共和国检察官的要求，应登录于被收养人出生地的户籍登记簿。"根据《俄罗斯联邦家庭法典》第125条的规定，收养须由愿意收养之人向法院提交申请。法院应按照民事诉讼法规定的特别程序进行审理，且在审理时应有监护和监管机关的参与。收养自法院确立收养儿童判决生效之日起成立，法院应在该判决生效后3日内向判决作出地的户籍登记机关交送判决书副本，最后由户籍管理机关依户籍登记程序办理国家登记。根据英国《收养法》的规定，收养必须由收养人向管辖法院提出申请并经审查后由法院颁发收养令而确立；此外，英国《收养法》还规定了收养的登记制度，经法院确认的收养关系尚须在有关行政部门登记后才完全符合法律要求，司法审查和行政登记的双重确认机制有利于被收养人的利益得到更为全面的保护。

第三节　收养的效力

收养的效力是由于收养的成立产生的法律后果的总称。作为一种民事法律关系，收养关系一经成立，相应地就会产生一系列的法律后果。就完全收养而言，被收养人和其生父母之间的权利义务终止，而被收养人和养父母之间的亲子关系将随之产生，当事人的各种人身关系和财产关系也将随之发生变化。整体而言，收养的效力包括两个方面：收养的拟制效力和收养的解销效力。

一、收养的拟制效力

所谓收养的拟制效力，是指收养依法设立新的亲属关系及其权利义务的效力。在学理上，收养的拟制效力又称收养的积极效力。综观世界各国，对收养的拟制效力有不同的立法例。有些国家规定，收养的拟制效力仅及于养父母与养子女以及收养关系存续期间养子女所出的晚辈直系血亲，而不及于养父母的血亲，如法国、德国、瑞士、奥地利等国。而有的国家则规定，收养的拟制效力不仅及于养父母与养子女以及收养关系存续期间养子女所出的晚辈直系血亲，而且同时及于养父母的血亲，如俄罗斯等国。还有些国家规定，收养的拟制效力不仅及于养父母与养子女，而且同时及于养父母的血亲，如日本、韩国、中国等国。根据我国《收养法》第23条的规定，收养的拟制效力不仅及于养父母与养子女，而且也及于养子女与养父母的近亲属。

（一）对养父母与养子女的拟制效力

各国法律均规定养父母与养子女之间产生父母子女之间的法律关系。《法国民法典》第356条规定："收养赋予儿童亲子关系，替代原有的亲子关系。被收养人不再属于同其有血缘关系的家庭……"《法国民法典》第358条规定："被收养人在收养人的家庭中享有与婚生子女相同的权利，负相同的义务。"《德国民法典》第1754条规定："养子女自收养宣告之日起取得婚生子女地位。"《瑞士民法典》第267条第1款规定："养子女取得养父母的婚生子女的法律地位。"《日本民法典》第809条规定："养女子自收养之日起，取得养父母的婚生子女的身份。"根据英国1976年《收

养法》第 39 条的规定，被收养儿童因收养而取得与收养人婚生子女相同的法律地位。在美国大部分州当中，对被收养未成年子女的法律拟制效力及于其收养家庭的各个方面，即该子女与其生父母及其家庭的一切法律联系都完全切断，即实行“完全收养”。有学者还曾论及完全收养制度即发源于美国，系由 1851 年马萨诸塞州法所首创。[1] 我国《收养法》第 23 条规定：“自收养关系成立之日起，养父母与养子女间的权利义务关系，适用法律关于父母子女关系的规定……”

具体而言，在我国，收养对养父母与养子女的拟制效力主要包括以下三个方面：

1. 养父母对养子女有抚养教育的义务，养子女对养父母有赡养扶助的义务。养父母不能虐待、遗弃养子女，养父母不履行抚养义务时，未成年的或不能独立生活的养子女有要求养父母给付抚养费的权利。养子女不履行赡养义务时，无劳动能力的或生活困难的养父母有要求已经成年有劳动收入的养子女给付赡养费的权利。1993 年 11 月我国最高人民法院《关于人民法院审理离婚案件处理子女抚养问题的若干具体意见》第 14 条规定：“《中华人民共和国收养法》施行前，夫或妻一方收养的子女，对方未表示反对，并与该子女形成事实收养关系的，离婚后，应由双方负担子女的抚育费；夫或妻一方收养的子女，对方始终反对的，离婚后，应由收养方抚养该子女。”按此精神，可以认为，夫妻共同收养的，夫妻关系解除后并不直接影响收养关系的存在，离婚的夫、妻与被收养人之间仍然保持着养父母子女关系，相互之间承担相应的权利、义务。

2. 养父母是未成年养子女的监护人，有管教和保护未成年养子女的权利和义务。未成年养子女的合法权益受到他人侵害时，养父母须以监护人身份请求法律保护。未成年养子女对国家、集体或他人造成损害时，养父母作为监护人应承担民事责任。例如，我国《民法通则》就有相关的规定。

3. 养父母与养子女有相互继承遗产的权利。关于养父母对养子女的继承权问题，大多数国家的法律都是承认的。美国大部分州的法律、英国法、墨西哥法、丹麦法以及法国法对完全收养的养父母对养子女享有继承权的规定都持相同的态度。不过，也有少数国家的法律限制甚至否认养父母对养子女的继承权，例如，菲律宾、意大利等国家就是如此规定的。我国《继承法》明确规定，父母子女为第一顺序的法定继承人，有相互继承遗产的权利。同时明确指出，所谓子女包括婚生子女、非婚生子女、养子女和有抚养关系的继子女。我国最高人民法院在《关于贯彻执行〈中华人民共和国继承法〉若干问题的意见》中，也明确规定被继承人亲生子女的养子女可代为继承，被继承人养子女的养子女可代位继承。由此可见，养子女与婚生子女在法律上的继承地位是完全相同的。但是由于受旧的传统观念的影响，在现实生活中养子女的继承权常常受到侵害，这是值得注意的问题。

---

〔1〕 蒋新苗：《国际收养法律制度研究》，法律出版社 1999 年版，第 25 页。

（二）对养子女与养父母的近亲属的拟制效力

关于收养对养子女与养父母的近亲属的拟制效力，各国和地区法律的规定有所不同。

许多国家和地区的法律都规定，收养的拟制效力同时及于养父母的血亲，如俄罗斯、日本、韩国、我国澳门地区以及我国大陆地区。例如，《俄罗斯联邦家庭法典》第137条规定："被收养的子女及其后代对收养人及其亲属，以及收养人及其亲属对被收养的子女及其后代，在人身非财产和财产权利和义务方面与血亲相同。被收养的子女对自己的父母，丧失了人身非财产和财产权利，并解除了义务。在一个人收养儿童的情况下，如果收养人为男子，则按照母亲的愿望可以保留人身非财产和财产权利和义务，如果收养人为妇女，则按照父亲的愿望可以保留人身非财产和财产权利和义务。如果被收养儿童的父母一方已经死亡，则根据死亡父母一方父母的请求，在孩子的利益所要求时，可对死亡父母一方的亲属保留人身非财产和财产权利和义务。死亡父母一方的亲属与被收养儿童来往的权利按照本法典第67条实现。"《中国澳门地区民法典》第1838条规定："通过收养，被收养人取得收养人子女之地位，其本人及其直系血亲卑亲属均成为收养人家庭之一分子，而在被收养人与其直系之自然血亲尊亲属及旁系之自然血亲间之亲属关系即告消灭，但不影响第1840条及第1841条有关结婚障碍之规定之适用。夫妻一方收养他人之子女时，被收养人与收养人之配偶及与该配偶之血亲之关系仍然维持；对收养人收养与其在事实婚状况下共同生活之人之子女亦适用本制度。"

我国《收养法》第23条第1款规定："自收养关系成立之日起，养父母与养子女间的权利义务的关系，适用法律关于父母子女关系的规定；养子女与养父母的近亲属间的权利义务关系，适用法律关于子女与父母的近亲属关系的规定。"我国《婚姻法》第26条也明确规定："……养父母和养子女间的权利义务，适用本法对父母子女关系的有关规定……"据此规定，在我国，自收养关系成立之日起，收养人与被收养人之间形成了法律拟制的直系血亲关系，养子女取得与收养人亲生子女完全相同的法律地位并产生相应的权利义务关系。由此可见，在我国，收养的拟制效力也是同时及于养父母的血亲的。换言之，养子女和养父母的近亲属之间形成法律拟制的直系或者旁系血亲关系。具体而言，养子女与养父母的父母之间形成法律拟制的孙子女、外孙子女和祖父母、外祖父母的直系血亲关系，与养父母的婚生子女之间形成法律拟制的兄弟姐妹的旁系血亲关系。

不过也有少数国家规定，收养的拟制效力仅及于收养关系存续期间养子女所出的晚辈直系血亲，而不及于养父母的血亲，如《意大利民法典》第300条第2款规定："收养在收养人与被收养人的家庭之间、被收养人与收养人的亲属之间不产生任何法律关系。"由此可见，意大利采用的是不完全收养制度。

（三）对养子女的晚辈直系血亲与养父母及其近亲属的拟制效力

有的国家规定，收养的拟制效力不仅及于养父母与养子女，而且及于养父母的血亲，同时还及于收养关系存续期间养子女所出的晚辈直系血亲，如俄罗斯。根据《俄罗斯联邦家庭法典》第137条的规定，被收养的子女及其后代对收养人及其亲属，以及收养人及其亲属对被收养的子女及其后代，在人身非财产和财产权利和义务方面与血亲相同。关于养子女的晚辈直系血亲与养父母及其近亲属的权利义务关系问题，我国《收养法》未予规定。

（四）关于养子女的姓氏问题

收养的拟制效力同样也表现在养子女的姓氏上。养子女的姓氏随收养人，这是世界各国收养制度的通例。

多数国家都规定，养子女随收养人的姓氏。例如，《法国民法典》第357条规定："收养，赋予子女以收养人的姓氏；在由夫妻二人进行收养的情况下，赋予收养的子女以夫姓。"《德国民法典》第1757条第1款规定："子女以收养人的家庭姓氏为其出生姓氏……"《意大利民法典》第299条第1款规定："被收养人取得收养人的姓氏并且应当将收养人的姓氏放在自己的姓氏之前。"《日本民法典》第810条规定："养子女称养父母的姓氏。"美国的一些州规定养子女的姓氏从收养方。

但是有少数国家规定，养子女可以随养父母的姓氏，也可以保留原姓，如《俄罗斯联邦家庭法典》第134条第1款规定："被收养的儿童可以保留他的名、父名和姓。"我国《收养法》第24条规定："养子女可以随养父或者养母的姓，经当事人协商一致，也可以保留原姓。"值得一提的是，由于宗法制度的要求，在我国历史上，子女从来都是随父姓的。我国《婚姻法》第22条规定："子女可以随父姓，可以随母姓。"该规定体现了男女平等的原则。根据我国《收养法》第24条的规定，养子女可以随养父或者养母的姓，也体现男女平等的原则。不过从我国历史习惯来看，养子女一般也从养父姓。总而言之，无论是从历史习惯而言，还是从培养养父母子女之间的感情、维护家庭关系的稳定的角度来说，养子女改从养父母的姓氏都是具有积极意义的。不过养子女的姓氏是否改变，并非收养成立的条件，而是收养成立后的效力问题。

二、收养的解销效力

所谓收养的解销效力，是指收养依法终止原有的亲属关系及其权利义务的效力。在学理上，收养的解销效力又称收养的消极效力。世界各国关于收养的解销效力的法律规定，因完全收养和不完全收养而异。在完全收养的情况下，养子女与生父母及其他近亲属之间的权利义务关系基于收养的解销效力而终止。在不完全收养的情况下，养子女与生父母及其他近亲属之间仍然保留一定的权利义务关系。

（一）对养子女与生父母的解销效力

在完全收养的情况下，收养关系一经成立，养子女与生父母之间，在人身方面和财产方面的权利和义务即已解除，彼此之间不再享有或承担抚养、赡养的权利或义务，不再享有互相继承遗产的权利。但是自然血缘关系仍存在，禁止近亲结婚的规定仍然有效。根据《法国民法典》第356条的规定，在完全收养的情况下，在收养人与被收养人之间创设亲子关系以替代原有亲子关系，被收养人与其旧有血亲间的关系就此消除。

需要注意的是，在不完全收养的情况下，收养关系成立后，养子女可分别与生父母、养父母之间形成双重法律身份，即不但与养父母建立新的亲子关系，而且与生父母也保留原有的部分亲子关系。原有的权利与义务有所变更，如《菲律宾共和国家庭法》第189条第3款规定："保留被收养人作为其生父母和其他有血缘关系亲属的无遗嘱继承人的身份。"根据《法国民法典》的规定，如果属于不完全收养的情况，则被收养人仍保留其在生父母家中的一切权利，特别是继承财产的权利；至于养子女与生父母之间互相扶养的问题，则提供赡养费的义务继续存在于被收养人与其生父母之间；但是被收养人的生父母仅在被收养人不能从收养人处取得抚养费时，始有责任向被收养人提供抚养费。

我国实行的是完全收养制度。我国《收养法》第23条规定："自收养关系成立之日起，……养子女与生父母及其他近亲属间的权利义务关系，因收养关系的成立而消除。"换言之，收养关系成立后，养子女与生父母之间的法律关系终止，彼此之间不再具有任何法定的权利义务关系。这种收养制度有利于收养人的家庭关系的稳定，有利于维护收养关系当事人特别是养子女的合法权益。在现实生活中，某些成年养子女不仅对养父母尽了赡养义务，而且对生活确有困难又无其他义务人的生父母提供了较多的扶助。他们除了可继承养父母的遗产外，还可以"酌分遗产人"的身份分得生父母的适当遗产。

（二）对养子女与生父母的近亲属的解销效力

在完全收养的情况下，收养关系一经成立，养子女与生父母的近亲属之间，在人身方面和财产方面的权利和义务即已解除，彼此之间不再享有或承担扶养的权利或义务，不再享有互相继承遗产的权利。但是自然血缘关系仍存在，禁止近亲结婚的规定仍然有效。如前所述，根据《法国民法典》第356条的规定，在完全收养的情况下，在收养人与被收养人之间创设亲子关系以替代原有亲子关系，被收养人与其旧有血亲间的关系就此消除。根据《俄罗斯联邦家庭法典》第137条的规定，收养成立后，被收养人与生父母的亲属之间的权利义务关系终止。《中国澳门地区民法典》第1838条规定："通过收养，被收养人取得收养人子女之地位，其本人及其直系血亲卑亲属均成为收养人家庭之一分子，而在被收养人与其直系之自然血亲尊亲属及旁系之自然血亲间之亲属关系即告消灭……"我国《收养法》第23条规定："自收养关系成立之日起，……养子女与生父母及其他近亲属间的权利义务关系，因收养关系的成立而消除。"换言之，收养关系成立后，养子女与（外）祖父母、亲兄弟姐妹等自然血亲之间的法律关系终止，彼此之间不再具有任何法定的权利义务关系。

需要注意的是，在不完全收养的情况下，收养关系成立后，养子女可分别与生父母的近亲属、养父母的近亲属之间形成双重法律身份，即不但与养父母的近亲属建立新的亲属关系，而且与生父母的近亲属也保留原有的部分亲属关系。原有的权利与义务有所变更，如《菲律宾共和国家庭法》第189条第3款规定："保留被收养人作为其生父母和其他有血缘关系亲属的无遗嘱继承人的身份。"

三、收养的无效和撤销

（一）收养的无效和撤销的概念

收养的无效是指由于欠缺收养成立的法定要件或者违反收养制度的强制性规定，不产生收养的法律效力。此处所说的要件，既包括实质要件，也包括形式要件。收养的撤销是指由于欠缺收养成立的法定要件或者违反收养制度的强制性规定，而被撤销。此处所说的要件，同样既包括实质要件，也包括形式要件。

关于收养的无效和撤销，各国立法呈现出很大的差异，主要的立法模式有以下四种：

1. 只规定收养的无效制度，如瑞士、中国。《瑞士民法典》仅就收养的无效包括收养无效的原因及提起收养无效之诉的诉讼时效等问题进行了专门立法，而对收养的撤销则未加以规定，并在收养无效的原因中将"违反程序要件"这一为《日本民法典》所接受的原因排除在外。《瑞士民法典》规定了两种收养无效的原因：一是缺乏同意，二是其他缺陷。根据《瑞士民法典》第269条的规定，没有法定原因而未取得同意的，有同意权的人得在法官处提出收养无效之诉，但以不严重影响养子女的利益为限；除此之外，如收养中存在其他重要缺陷时，任何利害关系人均可提请撤销该收养，但是如果收养后该缺陷已得到弥补或仅为违反程序规定，则不得提出收养无效之诉。我国法律只规定了收养的无效制度，未作无效和得撤销的区分。

2. 只规定收养的撤销制度，如法国、美国的少数州。《法国民法典》在对完全收养的撤销予以否定的同时，对不完全收养的撤销却持肯定态度，并对撤销该类收养的理由、程序及法律效果进行了专门规定。与完全收养不能撤销不同，根据《法国民法典》第370条的规定，对不完全收养，如有重大理由，收养人或被收养人可请求法院撤销。如由收养人提出则要求必须于被收养人年龄超过15岁方可，而如被收养人系未成年人则该撤销请求得由其生父母提出，如其生父母已死亡则可由与被收养人有血缘关系的原家庭成员提请撤销。此外，如被收养人是未成年人，亦可应检察院的要求撤销收养。不完全收养的撤销经有权人提请后，由法院以判决形式加以确定且须在该判决中说明理由。收养一经撤销则向将来终止一切效力。

3. 兼采收养的无效和收养的撤销两种制度，如日本。《日本民法典》对收养无效和收养撤销的原因分别加以规定，并特别明确了法院在收养的撤销中的重要作用，在坚持日本民法视收养为身份上的契约行为的同时，亦强调国家权力的介入。《日本民法典》第802条规定："收养限于下列各项情形为无效：①因错认人或其他事由，当事人之间无实行收养的意思时；②当事人不进行收养申报时。但是，其申报仅欠缺第739条第2款所载条件时，收养不因此而妨碍其效力。"根据《日本民法典》第804条、第805条、第806条以及第807条的规定，收养的撤销包括以下几种情况：

①收养人为未成年人，得由该收养人或其法定代理人请求法院撤销，除非该收养人成年后已经过6个月或已进行追认；②收养尊亲属或年长者，得由各当事人或亲属提请法院撤销；③监护人未经家庭法院许可而收养被监护人，被收养人或其生父母一方亲属得请求法院撤销；④配偶不同意的收养，未征得配偶同意的收养可由不同意收养的配偶提请法院撤销，除非其知道该收养后经过6个月或已追认。如系因受欺诈胁迫而为的同意，除发现受欺诈或可免胁迫后经6个月或经其追认外，受欺诈胁迫者可请求法院撤销该收养；⑤违反《日本民法典》第797条第2款的规定，未征得监护人同意的收养得撤销；⑥违反《日本民法典》第798条的规定，未经家庭法院许可而收养未成年人的，得由养子女、其生方亲属或代养子女承诺收养者提请法院撤销。

4. 对收养的撤销基本上持否定态度，仅在特殊情况下允许撤销收养，如英国。根据英国《收养法》第52条的规定，除在经生父母单方收养的非婚生子女的生父母正式结婚的特殊情况下，允许撤销先前的收养关系外，收养一经有效成立则不得撤销。在实践中，即使存在其他影响收养效力的原因，英国《收养法》宁可允许转变收养方式的存在，也不愿转变对收养的撤销所持的否定态度，从而确保未成年养子女的利益不会因此而受到不利影响。

各国立法在收养无效与撤销问题上的差异，实际上折射出各国收养立法对收养的性质、功能等在基本认识上的区别。以强调收养契约性质的日本为例，如果要求其在收养立法中对收养的撤销予以禁止，那么势必会与其民法理论及实践中将收养视为一种身份契约的传统理念产生重大冲突。反之，在视收养为司法行为，并始终强调为未成年被收养人提供良好生活环境的英国，将收养的撤销基本予以否定则不会出现理论或实践上的矛盾。实际上，在现代各国立法普遍重视收养制度的育幼功能及推行完全收养制度的情况下，对收养的撤销持一种较为谨慎的态度，在基本否定的同时又针对特殊情况予以准许的做法，不仅有利于收养当事人特别是收养人作出审慎的决定，而且有利于维护养亲家庭的稳定，同时也符合各国所奉行的收养准则——保护未成年被收养人。

我国《收养法》对欠缺法定要件的收养行为采用单一的无效制，不作无效和得撤销的区分。在我国收养制度中，收养无效的原因和收养成立的要件是相对应的。此处所说的要件，既包括一般的、所有民事法律行为均须具备的生效要件，也包括特定的、收养法律行为必须具备的要件。前者如收养人、送养人不具有相应的民事行为能力、欠缺收养合意、收养人与送养人恶意串通以收养名义从事非法行为等。后者如收养人或者被收养人不符合法律规定的年龄限制等。而宣告收养无效的理由和条件一般要求较严格，即自收养开始时就存在严重的缺失，如存在欺诈、收养人与被收养人条件不符合要求、未取得当事人的同意等。

我国《收养法》第25条规定："违反《中华人民共和国民法通则》第55条和本法规定的收养行为无法律效力。收养行为被人民法院确认无效的，从行为开始时起就没有法律效力。”《民法通则》第55条规定：“民事法律行为应当具有下列条件：①行为人具有相应的民事行为能力；②意思表示真实；③不违反法律或者社会公共利益。”

作为一种身份法律行为，收养行为应当符合民事法律行为的一般规定。据此，下列收养行为均属于无效的收养行为：

1. 行为人缺乏相应的民事行为能力。收养行为作为一种民事法律行为，必须符合民事行为的生效要件，其中生效要件之一就是行为人应当具有相应的民事行为能力，否则就是存在重要缺陷，将导致收养行为无效。例如，《瑞士民法典》第269条之一规定：“收养，除前款情况外，仍存在重要缺陷时，任何利害关系人，特别是原籍或住所所在地的乡镇可对收养提出无效之诉。”

我国《收养法》第25条规定：“违反《中华人民共和国民法通则》第55条和本法规定的收养行为无法律效力。收养行为被人民法院确认无效的，从行为开始时起就没有法律效力。”我国《民法通则》第55条规定：“民事法律行为应当具有下列条件：①行为人具有相应的民事行为能力；……”

根据我国《收养法》、《民法通则》的具体规定，关于收养行为效力的判定，应当包括如下两个方面：①收养人。无论是无配偶的收养人或者夫妻共同收养人，都必须具有完全民事行为能力，同时具有抚养教育被收养人的能力。此外，根据我国《收养法》第6条及第14条的规定，除了继父或者继母经继子女的生父母同意收养继子女，可以不受收养人应当年满30周岁的限制以外，在其他情况下收养人都应当年满30周岁。如果收养人不符合上述条件，则收养无效。②送养人。送养人分为公民、法人或者其他组织。公民作为送养人的，包括被收养人的生父母和被收养人的其他亲友两种情况。一般情况下，生父母作为送养人时，应当具有完全民事行为能力。如果生父母中一方不具有完全民事行为能力或者均不具备完全民事行为能力时，一般不能将子女送养，但如果必要时为了子女的利益而送养，则应当由子女的合法监护人作为送养人。除了生父母作为送养人时可能会出现不具有完全民事行为能力的情况外，由其他亲友作为送养人的，必须一律具有完全民事行为能力。法人或者其他组织作为送养人的，必须符合我国《民法通则》的规定，具有合法监护人的资格。

2. 意思表示不真实。所谓意思表示不真实，是指当事人的内心意图和外部表示不一致的状态。这可由多种原因造成，包括主观原因的不真实和客观原因的不真实两类。前者是由于表意人自己的原因导致意思表示不真实，如重大误解；而后者是则由于他人的原因造成意思表示不真实，如欺诈、胁迫和乘人之危。在主观原因的不真实中，又包括故意的不真实和基于错误的不真实。前者为当事人明知自己的内心意图与外部表示不一致而为意思表示。表意人这样做，或者是为了欺瞒相对人，或者是在估计相对人不会信以为真的前提下所作的戏言表示。在这两种情况中，为了维护相对人的信赖利益，表意人皆无权主张行为无效或可撤销，以杜绝故意不真实表示的发生。后者为当事人因某种认识上的缺陷而导致内心意图和外部表示不一致。由于错误的发生基于表意人自己的原因，并因错误的表示使相对人产生了依赖，由此产生错误表意人和相对人的利益衡量问题。客观原因的不真实是指表意人因其认识或者意志受他人不正当干涉（例如，欺诈、胁迫、乘人之危等），在非自觉或者非自愿的基础上，导致其意思表示不真实。[1]

世界各国的收养立法都规定了意思表示不真实的收养行为无效。例如，《瑞士民法典》第269条第1款规定："没有法定原因而未取得同意的，有同意权的人得在法官处提出收养无效之诉，但以不严重影响养子女的利益为限。"根据《日本民法典》第802条的规定，因错认人或者其他事由，当事人之间无实行收养的意思时，收养无效。

我国《收养法》第25条第1款规定："违反《中华人民共和国民法通则》第55条和本法规定的收养行为无法律效力。"《民法通则》第55条规定："民事法律行为应当具有下列条件：……②意思表示真实；……"

3. 违反法律或者社会公共利益。一项民事行为要取得法律认可的效力，应当以符合法律的规定为前提和基础，否则就可能是无效的民事行为或者可撤销的民事行为或者效力待定的民事行为。尽管收养行为是自然人的个人行为，但是其关乎被收养人及其家庭的利益，并涉及一定范围内社会关系的和谐稳定，由此可见，收养也和社会公共利益有关。因此，收养既不能违反收养法和其他相关法律的规定，也不能违反社会公共利益。虽然社会公共利益的外延比法律的外延广泛，但是从根本上讲，不违反法律和不违反社会公共利益两者是一致的。为了维护社会公共利益，对于法律没有规定的，则应当遵守国家政策，尊重社会公德。

我国《收养法》第25条第1款规定："违反《中华人民共和国民法通则》第55条和本法规定的收养行为无法律效力。"《民法通则》第55条规定："民事法律行为应当具有下列条件：……③不违反法律或者社会公共利益。"我国《民法通则》第6条规定："民事活动必须遵守法律，法律没有规定的，应当遵守国家政策。"第7条规定："民事活动应当尊重社会公德，不得损害社会公共利益，扰乱社会经济秩序。"

（二）确认收养无效、撤销收养的程序及其法律后果

关于确认收养无效、撤销收养的程序，多数国家法规定通过司法程序处理，即有关当事人可请求法院确认收养无效或者撤销收养。根据我国相关法律的规定，确认收养无效的程序包括两种：法院按照诉讼程序确认收养无效和收养登记机关根据行政程序确认收养无效。

收养行为被确认为无效或者被撤销的，则从行为开始时起就没有法律效力。换言之，无效或者被撤销的收养行为不发生收养的法律效力，导致当事人不能实现其预期的目的。

---

[1] 于静：《比较家庭法》，人民出版社2006年版，第279～281页。

第四节 收养的终止

一、收养终止的概念

所谓收养的终止，是指合法有效的收养关系因一定法律事实的发生而归于消灭。收养终止的原因即导致收养关系消灭的法律事实，包括事件和行为。具体而言，收养终止的原因包括两种情况：①收养关系的当事人死亡，即收养人或者被收养人死亡，收养因主体缺位而自然终止；②依法解除收养关系，通过法律手段人为地终止。鉴于因收养人或者被收养人死亡而导致的收养终止比较简单，故在此不予探讨，而重点阐述因依法解除收养关系所导致的收养终止。

收养的终止与收养的无效或撤销是不同的。各国法律对于收养终止与收养的无效或者撤销在具体规定上很不统一。许多国家既规定了收养的无效及撤销，又规定了收养终止。收养之所以无效或者被撤销，是因为违反了收养的法定实质要件或者法定形式要件。收养的无效或者撤销与收养终止的性质、条件、后果均不相同。例如，《日本民法典》第802条规定："收养限于下列各项情形为无效：①因错认人或其他事由，当事人之间无实行收养的意思时；②当事人不进行收养申报时。但是，其申报仅欠缺第739条第2款所载条件时，收养不因此而妨碍其效力。"《瑞士民法典》第269条第1款规定："没有法定原因而未取得同意的，有同意权的人得在法官处提出收养无效之诉，但以不严重影响养子女的利益为限。"

各国对收养关系的解除有不同的立法例。有些国家则采取许可主义，如日本、瑞士、意大利、中国；有些国家采取禁止主义，如葡萄牙、阿根廷；有些国家采取部分禁止主义，如英国；还有些国家依收养的不同类型，分别对终止收养的申请予以禁止或者许可。

收养是建立养父母子女之间人身、财产方面权利与义务关系的民事法律行为，合法的收养关系受法律的保护。原则上，在未成年被收养人成年之前，不得解除收养关系。但是收养关系作为一种拟制血亲，既可以依法成立，也就可以依法解除。

二、收养终止的程序与条件

从各国终止收养关系的程序看，有的国家规定通过司法程序终止收养，如法国；有的国家规定通过行政程序终止收养，如奥地利；有的国家兼采司法程序和行政程序终止收养，如瑞士、日本、中国。

（一）收养依行政程序而终止

收养依行政程序而终止是指当事人协议解除收养关系的，一般须通过法定的行政机关或公证机构办理，也有在法院办理的。根据《日本民法典》第812条及第739条的规定，须由当事人双方及成年证人2人以上以口头或书面方式到户籍部门申报，办理有关协议终止收养的登记。

协议解除收养关系须具备一定的实质要件和形式要件。实质要件，须有双方当事人的合意。但为了保护养子女的利益，有些国家作了附加规定，如《日本民法典》第811条第2款作了特别规定，未满15岁的养子女，须由收养一旦终止后养子女的法定代理人与养父母之间达成协议，即由其日后的法定代理人代行意思表示；对于15岁以上的养子女，则须征得其本人的同意。

（二）收养依司法程序而终止

收养依司法程序终止是指当事人双方无法达成解除收养的协议，要求解除的一方可向法院起诉，经法院判决终止收养关系。关于依司法程序终止收养所根据的理由，各国的规定有所不同，有例示主义、概括主义以及例示主义与概括主义相结合的方式。

整体而言，各国有关立法中所例示的主要理由包括如下几个方面：其一，收养人严重虐待养子女。例如，《俄罗斯联邦家庭法典》第141条规定："如果收养人逃避履行其所承担的父母义务、滥用亲权、残酷地对待被收养的儿童、为病态慢性酒精中毒或吸毒者，则可解除对儿童的收养。法院从孩子的利益出发并考虑孩子的意见，也有权根据其他原因解除对儿童的收养。"《日本民法典》第817条之十第1款规定："有下列情形之一，认定于养子女利益有特别必要时，家庭法院可以依养子女、亲生父母或检察官的请求，令当事人终止特别收养：①受养父母虐待、恶意遗弃或有其他显著害及养子女利益之事由时……"我国《收养法》第26条也有类似的规定。其二，养子女严重危及养父母及其婚生子女的生命安全和身体健康，法庭可以根据收养人的要求取消收养。例如，《意大利民法典》第306条规定："在被收养人谋杀收养人或者收养人的配偶、卑亲属或者尊亲属的情况下，或者在被收养人对上述人员犯有应处以不低于3年的限制人身自由刑的犯罪的情况下，根据收养人的请求，可以由法院宣告解除收养关系。"其三，一方被他方恶意遗弃。例如，《日本民法典》第814条第1款规定："收养当事人的一方，以下列各项情形为限，可以提收养终止之诉：①被他方恶意遗弃时……"其四，未经收养人、送养人或者被收养人同意的收养关系，经当事人申请，由监护法院撤销。例如，《德国民法典》第1760条就规定了此种情形。其五，养子女生死不明达到一定年限。例如，《日本民法典》第814条第1款规定："收养当事人的一方，以下列各项情形为限，可以提收养终止之诉：……②养子女生死不明达3年以上时……"《菲律宾共和国家庭法》第192条规定："在下列情形之一的，收养人有权向法院请求依法解除收养关系：……②被收养人在未成年期间离开收养人家庭达2年以上，或者以其他行为明确表明断绝收养关系的。"其六，收养后5年内发现养子女患有不治之症。例如，美国某些州的立法就有此类规定。其七，养子女成年后1年内对收养享有异议诉权。这是墨西哥民法的独特规定，即如果被收养人在建立收养关系时尚未成年，则在其本人达到成年年龄之后的1年之内，可以就本人被收养的现状提出异议。

我国收养终止的程序兼采司法程序和行政程序。根据我国《收养法》的规定，

收养关系的解除分为两种方式：①登记解除，即依双方当事人的协议解除收养关系，其程序为行政程序，即办理解除收养关系的登记；②诉讼解除，即依一方当事人的请求解除收养关系，其程序为司法程序，即向法院起诉。我国《收养法》第26条规定："收养人在被收养人成年以前，不得解除收养关系，但收养人、送养人双方协议解除的除外，养子女年满10周岁以上的，应当征得本人同意。收养人不履行抚养义务，有虐待、遗弃等侵害未成年养子女合法权益行为的，送养人有权要求解除养父母与养子女间的收养关系。送养人、收养人不能达成解除收养关系协议的，可以向人民法院起诉。"我国《收养法》第27条规定："养父母与成年养子女关系恶化、无法共同生活的，可以协议解除收养关系。不能达成协议的，可以向人民法院起诉。"我国《收养法》第28条规定："当事人协议解除收养关系的，应当到民政部门办理解除收养关系的登记。"

三、收养终止的效力

解除收养关系的直接法律后果，是养子女与养父母关系的终止，双方之间不再具有父母子女间的权利义务。而养子女与养父母的近亲属之间的关系、养父母与收养关系存续期间产生的养子女的晚辈直系血亲之间的关系，本来就是以收养关系为纽带的，收养关系的解除使得他们之间不再具有子女与父母的近亲属间、父母与子女的晚辈直系血亲间的权利义务关系。收养关系终止以后，其法律效力及于收养人、被收养人以及被收养人的生父母三个方面的关系。

（一）法律拟制的亲子关系的解销

收养关系解除后，收养人与被收养人之间的权利与义务即告终止。一般来说，收养关系一旦终止，养父母对养子女的亲权、养父母与养子女间的抚养、赡养义务和财产继承权利等都随之消灭。被收养人及其子女与收养人亲属之间的法律关系也归于消灭。对此，各国的规定大体相同。如《俄罗斯联邦家庭法典》第143条第1款规定："在法院解除收养儿童时，被收养人和收养人相互的权利和义务终止，儿童与其生父母相互的权利和义务恢复，但不符合孩子利益的除外。"《菲律宾共和国家庭法》第192条、我国《收养法》第29条的规定都大致相同。

（二）自然血亲的亲子关系的恢复

各国法律普遍规定，养子女自收养关系终止时起，终止与养父母之间的法律关系，恢复与其生父母之间的法律关系；如果养子女是未成年人，一般应恢复生父母的亲权。例如，《俄罗斯联邦家庭法典》第143条第1款规定："在法院解除收养儿童时，被收养人和收养人相互的权利和义务终止，儿童与其生父母相互的权利和义务恢复，但不符合孩子利益的除外。"我国《收养法》第29条规定："收养关系解除后，养子女与养父母及其他近亲属间的权利义务关系即行消除，与生父母及其他近亲属间的权利义务关系自行恢复，但成年养子女与生父母及其他近亲属间的权利义务关系是否恢复，可以协商确定。"

有些国家还规定，收养关系终止后，养子女恢复原来的姓氏，如《日本民法典》

第816条规定："养子女因收养终止而恢复收养前的姓氏……"

（三）收养终止后的生活费和补偿费

关于收养终止后的生活费和补偿费问题，由于养父母或养子女单方的过错而解除收养关系，则无过错的一方可要求对方为一定的给付。瑞士和日本的法律均有此类规定。如果收养解除时，被收养人尚未成年不能自立，收养人则须负担其抚养费用。如《俄罗斯联邦家庭法典》第143条第4款规定："法院根据孩子的利益，有权责成原收养人依本法典规定的金额给付孩子的生活费。"我国《收养法》第30条规定："收养关系解除后，经养父母抚养的成年养子女，对缺乏劳动能力又缺乏生活来源的养父母，应当给付生活费。因养子女成年后虐待、遗弃养父母而解除收养关系的，养父母可以要求养子女补偿收养期间支出的生活费和教育费。生父母要求解除收养关系的，养父母可以要求生父母适当补偿收养期间支出的生活费和教育费，但因养父母虐待、遗弃养子女而解除收养关系的除外。"

第五节 我国收养制度的立法完善

一、现代收养法律制度的发展趋势

（一）注重保护未成年被收养人的利益

对未成年被收养人合法利益的保护已日益成为各国收养立法的重心。可以说此乃收养制度的育幼功能使然。而随着收养制度的养老功能的凸显，针对收养成年人的相关立法的完善逐渐为世界各国所重视。虽然各国立法关于收养可否依当事人自主意志而撤销的规定差异较大，但是从根本上看，具体制度上的差异却都体现了各国在立法上保护未成年被收养人利益的共同的价值取向。

（二）收养的程序实行国家监督主义

在针对收养行为的各项程序性规定中，各类国家机关的依法介入已被大多数国家的收养立法所确认，从而使收养这一产生、存在于市民社会内部的私法行为更多地受到来自于公法领域的监督管理，日益增添了各国收养立法的国家监督主义色彩。这一趋势的出现当然与收养制度现阶段的立法重心息息相关，同时它的存在亦无碍于收养行为本身的私法属性。

（三）以完全收养为主，不完全收养为辅

在对收养效力问题的制度选择上，完全收养制度因为在保护未成年被收养人利益方面的价值而基本为大多数国家所普遍采用。而不完全收养制度尽管在未成年被收养人利益的保护上稍显不足，但由于其在规制收养成年人方面的独有作用亦为部分国家所继续保留。这两项制度的并存从收养制度社会功能的长远发展看是有利的，并且对保护收养关系中各方主体的合法权益能够起到有效的平衡作用。[1]

二、完善我国收养制度立法的建议

通过对各国收养制度的比较分析，不难发现，我国《收养法》存在一些不足之处，因此，需要借鉴外国的立法经验并结合我国实际，从以下几个方面进一步加以完善我国的收养制度：

（一）将收养法纳入未来的民法典

我国现行收养立法采取的是和多数国家立法相异的民事单行法模式，即在《民法通则》、《婚姻法》之外制定了单行的《收养法》。收养制度是家庭制度的一项内容，现行的立法模式，虽然可以在操作层面显得直接、便捷，但是就逻辑体系而言，却是对整体的家庭制度的割裂。因此，建议将收养法纳入未来的民法典。

在立法体例方面，可以借鉴法国、瑞士及意大利等国的立法设计，在“亲属”部分规定收养制度，并将之列于自然血亲的“亲子关系”一节之后。如此设计，体现了收养制度的作用，符合逻辑。在具体结构的设计上，为了确保未来的民法典是一个体系完备的整体而非各部分内容的简单拼凑，现行《收养法》“法律责任”和“附则”这两部分的内容应当删除，而“总则”部分的条文也仅应保留规定《收养法》基本原则的部分，且在结构上不再设立“总则”。

（二）适当放宽被收养人的年龄

1. 现行《收养法》规定被收养人的年龄原则上为未满14周岁，这种过于具体的规定是不恰当的，客观上将限制收养关系的成立。因为生父母有特殊困难、无力抚养子女是收养产生的重要原因之一，使这些子女享受家庭的温暖是收养的目的所在，具备这一因素的并非均是未满14周岁者。如果严格以未满14周岁为被收养人条件之一，已满14周岁的一些未成年人必将被排斥在被收养人之外，这与收养的目的不符。因此，不宜就被收养人的年龄作具体规定。

2. 适当放宽收养成年人的条件。在确有必要收养成年人且不违反法律和公序良俗的前提下，不应当再以被收养人为三代以内同辈旁系血亲为限。随着丁克家庭和失独家庭的日益增多，应当与时俱进，适当放宽收养成年人的条件，以便充分实现收养制度的“养老”的功能。

（三）增设试收养期

我国《收养法》规定的收养登记的审查时限过短，不足以全面了解未成年养子女是否适应在养亲家庭中生活，在一定程度上不利于保护未成年被收养人的利益，因此，有必要规定在收养关系成立之前收养人与未成年被收养人的相识、相处阶段为试收养期。建议立法机关规定自申请收养登记提起之日起一定期限后方可以对符合收养条件且养父母、未成年养子女相处融洽的收养人发放收养登记证。申请收养书递交后，即由登记机关对收养关系当事人提交的有关材料进行审查且观察了解收

---

〔1〕 陈苇主编：《外国婚姻家庭法比较研究法》，群众出版社2006年版，第377～382页。

养人与被收养人在试收养期内的共同生活情况，最后根据具体情况确定收养登记证是否予以发放。至于该期限，一般可以6个月为限。

（四）增设事实收养的规定

对于《收养法》施行前形成的事实收养，应予承认。现行《收养法》自1992年4月1日起施行，之前由于没有专门的收养法规，也未规定收养的程序，导致事实收养无法可依。为维护收养关系双方当事人的利益，应对《收养法》施行前形成的事实收养予以承认。建议修改《收养法》，明确规定，《收养法》施行前，周围群众公认或者有关组织证明确实以养父母子女关系长期共同生活的，按事实收养处理。当然，在《收养法》施行前，依照当时的有关规定办理了收养公证或者户籍登记手续的收养关系，当然也应予以承认。

但是在《收养法》施行后，收养关系的成立应当符合法定程序。欠缺形式要件的收养，为无效的收养行为，对此应不予承认。

（五）完善收养无效制度

1. 收养无效的法定情形有待完善。我国《收养法》第25条规定："违反《中华人民共和国民法通则》第55条和本法规定的收养行为无法律效力。收养行为被人民法院确认无效的，从行为开始时起就没有法律效力。"就内容而言，该条文虽然对无效收养行为的种类作出了限定，但是当收养行为中先前存在的瑕疵已经得到弥补的情况下如何确认其效力，有权主张收养无效的主体是否有范围限制，该条文都未作规定，有待完善。他山之石，可以攻玉。瑞士的相关立法可资借鉴。《瑞士民法典》第269条之一第1项规定："收养，除前款规定外，仍存在其他重要缺陷时，任何利害关系人均可提请撤销该收养，特别是原籍或住所所在地的乡镇可对收养提出无效之诉。"第2项规定："但是，如收养后该缺陷已得到弥补或仅存在违反程序的规定则不得据此提出收养无效之诉。"如果以我国的无效婚姻制度为对照，不难发现，最高人民法院《关于适用〈中华人民共和国婚姻法〉若干问题的解释（一）》第7条详细列举了有权宣告婚姻无效的主体，第8条则进一步规定："当事人依据婚姻法第10条规定向人民法院申请宣告婚姻无效的，申请时，法定的无效婚姻情形已经消失的，人民法院不予支持。"从而使得无效婚姻制度趋于完备。对于该问题，建议收养制度应当明确予以界定。

2. 宣告收养无效的机关有待完善。就有权宣告收养无效的机关而言，目前我国仍然坚持"双轨制"，即除了法院以外，收养登记机关也有权认定收养行为无效。民政部颁布施行的《收养登记办法》第12条规定："收养关系当事人弄虚作假骗取收养登记的，收养关系无效，由收养登记机关撤销登记，收缴收养登记证。"而"弄虚作假"的表现形式多种多样，既可能是双方当事人恶意串通，也可能是一方当事人恶意隐瞒，而从结果上看，该行为一经证实则直接导致整个收养行为无效。对于如此重要的直接影响身份关系确立的行为，由行使行政管理职权的收养登记机关处理，未免显得过于草率。建议涉及婚姻家庭领域内针对某类行为的定性工作，应当统一由法院负责处理。可以借鉴国外的先进经验，设立专门的家事法院或者家事法庭。

（六）确立撤销收养制度

根据我国现行立法关于收养无效的规定，意思表示不真实的收养行为也是无效的，包括一方以欺诈、胁迫的手段或者乘人之危，而使对方在违背真实意愿下所为；此处的意思表示还应包括年满10周岁以上的未成年被收养人对收养表示的同意。而根据我国《合同法》第52、53条的规定，一方以欺诈、胁迫的手段或乘人之危使对方在违背真实意愿下所订立的合同除损害国家利益的外，都可由受损害方主张撤销。虽然各国对收养行为性质的认识上尚存在一定分歧，但是从我国的实际情况看，"坚持对收养的国家监督的同时，也未完全否定收养的契约性质"。[1] 我国《收养法》第2条所确立的"平等自愿原则"以及《收养法》第15条对收养协议的认可都充分地说明了这一点。我国这种兼具合同色彩的收养行为是否也可撤销？从现行法律规定来看，我国《收养法》仅规定了收养无效的情形，而我国《合同法》第2条规定，"婚姻、收养、监护等有关身份关系的协议，适用其他法律的规定"，由此可见，目前我国并无撤销收养的法律依据。民事行为的无效和撤销都是针对不合要求的民事行为而作出的制度设计，但在实际作用方面却有差异。"对于有瑕疵的表意行为，无论确认其绝对无效还是相对无效，其目的均在于保护受害行为人利益，同时兼顾相对人利益。然而从实际功能来看，效力可撤销之评价所体现的保护倾向性较强。"[2] 因此，对不符合收养要件的行为一概而论，均规定为无效，未必就是保护了当事人的利益。

引例评析

本案的焦点在于张某、李某夫妻收养小丽的行为是否成立。对此，在本案审理过程中有两种观点：一种观点认为，孩子系夫妻关系存续期间共同收养，已经形成事实上的收养关系，因此收养已经成立；另一种观点认为，由于本案中收养当事人未办理收养登记，欠缺收养成立的形式要件，违反法律的规定，因此收养关系不成立，属于无效的收养行为。

后一种观点是正确的，理由如下：根据我国《收养法》的规定，收养的成立须同时具备实质要件和形式要件。我国《收养法》第4条规定："下列不满14周岁的未成年人可以被收养：①丧失父母的孤儿；②查找不到生父母的弃婴和儿童；③生父母有特殊困难无力抚养的子女。"第6条规定："收养人应当同时具备下列条件：①无子女；②有抚养教育被收养人的能力；③未患有在医学上认为不应当收养子女的疾病；④年满30周岁。"第15条第1款规定："收养应当向县级以上的人民政府民政部门登记。收养关系自登记之日起成立。"由此可见，依法进行登记是收养成立的形式要件。

---

〔1〕 蒋新苗：《国际收养法律制度研究》，法律出版社1999年版，第9页。

〔2〕 董安生：《民事法律行为》，中国人民大学出版社2002年版，第94页。

虽然本案中张某和李某收养小丽的行为符合收养成立的实质要件，但是由于双方未到民政部门办理收养登记，因此收养关系并未成立。

在本案审理中，有种观点认为，孩子系夫妻关系存续期间共同收养，已经形成事实上的收养关系。这种观点不正确。在我国《收养法》施行前，存在“事实上的收养关系”这种说法，依据是最高人民法院《关于人民法院审理离婚案件处理子女抚养问题的若干具体意见》第14条的规定：“《中华人民共和国收养法》施行前，夫或妻一方收养的子女，对方未表示反对，并与该子女形成事实收养关系的，离婚后，应由双方负担子女的抚育费；夫或妻一方收养的子女，对方始终反对的，离婚后，应由收养方抚养该子女。”可见，事实收养关系只能存在于《收养法》施行前已经形成的收养关系，而在《收养法》实施以后，应当按照法律的规定，以合法的形式收养子女。本案中收养行为发生于2010年，是在《收养法》施行之后，因此不存在“形成事实上的收养关系”的说法。

此外，我国《收养法》第23条第1款规定：“自收养关系成立之日起，养父母与养子女间的权利义务关系，适用法律关于父母子女关系的规定；养子女与养父母的近亲属间的权利义务关系，适用法律关于子女与父母的近亲属关系。”收养关系属于法律拟制的父母子女关系。本案中因张某和李某收养小丽的行为未成立，因此他们之间不存在父母子女关系。

有鉴于此，本案中法院对小丽的抚养问题应当不再继续审理，而应当由张某和李某就小丽的抚养问题协商解决。由于张某和李某发生离婚纠纷，已经不可能再共同抚养小丽，因此无论哪方同意收养小丽，都应当依法补办收养登记，且由自己承担抚养费。

从比较家庭法的角度而言，世界各国均将收养视为一种要式法律行为，即要求收养行为必须符合法定的形式才成立，从而产生法律效力。这是因为收养是法律拟制的亲子关系得以成立的重要途径，不仅涉及人身关系和财产关系，而且还关乎社会公共利益。由此决定了收养行为的成立除了应当具备法定的条件以外，还必须符合法定的形式。例如，在德国、美国等国家，收养依司法程序而成立，收养当事人须向有管辖权的法院提交申请书和有关证件，经法院决定认可后，收养即告成立。在日本、瑞士等国家，收养依行政程序而成立的，收养当事人须向主管的行政机关申请并提供相关证件，经该行政机关审查批准后，收养即告成立。在法国、俄罗斯、英国等国家，收养依司法程序以及行政程序而成立的，则收养当事人须向有管辖权的法院提交申请书和有关证件，经法院决定认可后，还应当履行登记手续。

本章小结

收养是自然人根据法律的规定，领养他人的子女为自己的子女，设立法律拟制的亲子关系的法律行为。收养具有如下特征：①收养是民事法律行为；②收养是民事法律行为中的身份行为；③收养行为主体具有法定性；④收养为要式法律行为。

收养必须符合法定的条件，包括实质要件和形式要件。各国一般都明确规定收养人必须是有抚养能力的成年人；多数国家规定被收养人必须是未成年人，有些国家则允许收养成年人；各国一般都规定收养人与被收养人须有一定的年龄差距；各国一般都规定收养须经有关当事人同意。各国法律均以收养为要式法律行为。只有符合法定形式，收养的成立才产生法律效力。

收养的效力包括拟制效力和解销效力两个方面。综观世界各国，对收养的拟制效力有不同的立法例。世界各国关于收养的解销效力的法律规定，因完全收养和不完全收养而异。在完全收养的情况下，养子女与生父母及其他近亲属之间的权利义务关系基于收养的解销效力而终止。在不完全收养的情况下，养子女与生父母及其他近亲属之间仍然保留一定的权利义务关系。关于收养的无效和撤销，各国立法呈现出很大的差异。收养行为被确认为无效或者被撤销的，则从行为开始时起就没有法律效力。

收养关系终止以后，其法律效力及于收养人、被收养人以及被收养人的生父母三个方面的关系。首先，收养关系解除后，收养人与被收养人之间的权利与义务即告终止。其次，各国法律普遍规定，养子女自收养关系终止时起，终止与养父母之间的法律关系，恢复与其生父母之间的法律关系。此外，关于收养终止后的生活费和补偿费问题，因养父母或养子女单方的过错而解除收养关系的，则无过错的一方可要求对方为一定的给付。

习题

1. 如何理解收养的含义？
2. 简述收养的特征。
3. 论述收养成立的实质要件。
4. 收养产生什么样的法律效力？
5. 收养关系解除在身份上和财产上会产生什么样的法律后果？

第八章　继承法律制度比较

本章导语

继承制度是一项重要的民事法律制度，与每个自然人的生活都息息相关。本章主要阐述了继承的概念和本质，介绍了财产继承的历史沿革和种类，分析了继承权的取得、接受、放弃和丧失，并重点阐述了法定继承和遗嘱继承，同时探讨了遗产的处理。

本章引例

李先生与前妻生有阿杰、阿英两个子女。他与张女士再婚后，又生有阿扬、阿湘、阿楠三个子女。阿杰、阿英从小均由张女士抚养长大。2009年，李先生、阿英相继去世。2012年，张女士也因病去世。张女士生前一直居住在阿楠家，由他赡养。她的另两个亲生子女阿扬、阿湘经常去看望她，并为她支付了部分医药费。张女士去世后，阿扬、阿湘起诉阿楠，要求继承张女士的遗产。阿英的儿子小军认为母亲阿英也有权继承张女士的遗产，因此参加诉讼，要求代位继承张女士的遗产的1/3。阿杰放弃了继承权。

第一节　继承概述

继承制度是一项重要的民事法律制度，与每个自然人的生活都息息相关。由于继承是基于婚姻关系和家庭关系而发生的，因此从这个意义上说，继承制度也是婚姻家庭制度的重要组成部分。

一、继承的概念和本质

（一）继承的概念

继承是指自然人依法承受死者所遗留的个人合法财产的一种法律制度。在继承制度中，遗留财产的死者为被继承人；死者遗留的个人合法财产为遗产；根据法律规定或者被继承人的合法遗嘱承受被继承人遗产的人为继承人；而继承人根据法律规定或者被继承人的合法遗嘱继承被继承人遗产的权利即为继承权。由此可见，现代法律意义上的继承就是指财产继承。如《中国澳门地区民法典》第1864条规定："赋权予一人或多人成为死者财产之法律关系之主体，并因此将原属该死者之财产进行移交，称为继承。”

继承具有以下特点：①被继承人死亡是引起继承发生的不可缺少的法律事实；②被继承人死亡时存在归其生前个人所有的合法财产或者财产权利是继承的基本物质要件；③存在合法的继承人是继承的主体条件；④在继承遗产的同时，应当清偿被继承人生前所欠的债务，是继承的基本要求；⑤继承的对象仅限于财产，人格、身份、地位等非财产利益被排除在外，是现代继承的鲜明属性。

（二）继承的本质

继承制度是通过法律、道德、宗教、风俗习惯等表现出来的确认和调整财产继承关系的规范体系，反映特定社会中经济基础的要求。继承制度的本质即继承的实质，集中说明了继承制度在人类社会及其不同形态中产生、存在和发展的决定性力量或者动力机制。古往今来对于继承制度的本质形成了诸多学说。应当从哲学的角度，根据经济基础和上层建筑的相互关系，对继承制度的本质作出科学全面的阐释。

1. 经济基础是继承制度的决定性因素，继承制度对经济基础具有强烈的依附性。经济基础决定上层建筑。作为一项法律制度，财产继承制度也是由一定社会的经济基础决定的。马克思在《德意志意识形态》中就明确指出：“继承法最清楚地说明了法对于生产关系的依存性。”因此，继承制度和一定的经济基础总是相适应的。如果经济基础发生变化，则继承制度也随之发生变化。阶级社会中的继承制度的本质属性，是由它的经济基础——以生产资料所有制为核心的生产关系决定的，其生产资料的继承在继承制度中占有特别突出的重要地位。

2. 私有制是继承制度产生和存在的根源。继承权是从财产的私有权中派生出来的，因此私有制是前提和原因，继承制是结果和手段。在原始氏族社会已经瓦解，一夫一妻制家庭已经形成，私有财产制度已经确立，社会分裂为相互对立的两大阶级——奴隶主阶级和奴隶阶级，出现了代表奴隶主阶级利益的国家，财产继承作为一项法律制度才产生。由此可见，财产继承制度是私有制的派生物，财产继承权是私有财产权的延伸和继续。

3. 一定程度的财产私有制仍有存在的客观必要性，自然人个人财产的所有权应得到完整的保护，财产继承在维护按劳分配原则、保证家庭职能实现、增进财富的经济效益和社会效益方面都有一定的积极作用，因而继承制度在相当长的历史时期内应被保留并不断完善。

4. 继承制度受到政治、法律、道德、宗教、文化背景、风俗习惯等多重社会因素的影响和制约，既有民族性、时代性，又有相对独立性，并对经济基础发挥能动的反作用。

二、财产继承制度的历史沿革

作为一项法律制度，财产继承不是自古就有的。财产继承制度是人类社会发展到一定历史阶段的产物，只有在私有制存在的社会里才可能产生。正如列宁说的，“遗产制度以私有制为前提，而私有制则是随着交换的出现而产生的”。最初出现的国家用法律确认了遗产制度。世界各大法系一般都是先有法定继承制度，后有遗嘱继承制度。

奴隶社会的财产继承制度的目的在于维护生产资料的私有制，使自己所占有的社会财富在自己死后由自己的后代继续占有，并世代相传。在奴隶社会，除了生产资料可以被继承之外，奴隶也可以作为遗产被继承。在奴隶社会的法律中，奴隶只是会说话的工具，不但不能作为民事法律关系的主体，也不能作为继承的主体，而只能是财产继承的客体，作为奴隶主遗产的一部分被继承。奴隶社会的典籍对此均有记载。例如，古印度的《摩奴法典》中规定："妻、子与奴隶三者被认为没有财产，他们所获得的财富属于他们的所有者。"古巴比伦的《汉谟拉比法典》也规定："倘父于生前未称女奴为之所生育之子女为'我之子女'，则父死后，女奴之子女不得与配偶之子女同分父之家产。"此外，财产继承权只由男子享有，女子不得继承祖宗的遗产等。上述规定体现了奴隶主阶级维护生产资料的私有制的统治需要以及阶级地位的不平等。

在封建社会，国王和封建主既是政治上的统治者，又是土地的所有者。封建社会的财产继承制度的目的在于维护作为封建社会统治基础的封建土地所有制。为了使封建统治阶级的财产，特别是在财产中占有重要地位的土地不被分散，使其统治权和剥削他人劳动的权利牢固地掌握在其血缘关系最亲近的人手里，形成了以男子为中心的嫡长子财产继承制。各国封建社会的继承制度都强调保护土地的继承权。与此同时，将封建的宗祧继承、祭祀祖先的继承和政治权力的继承合为一体，财产继承成为封建的宗祧继承和权势继承的附属物。此外，封建社会继承制度的一大特点在于以法定继承为主，而且男女的继承权不平等。在封建社会，重男轻女、男尊女卑的封建思想根深蒂固，而这在封建社会的继承制度中也有所体现。各封建国家的法律几乎都规定，父亲的等级特权和财产均由儿子继承，女儿基本上没有继承权。即使有的国家允许女儿继承父亲的部分遗产，常常也要受到许多限制。例如，法兰克王国的法律允许女性享有继承权，但是在同一亲等中以男性优先。我国封建法律规定，父亲死亡时，其财产由儿子继承；在"户绝"（即无儿子）时，才由女儿取得财产。但是由于多妻制和收养制的存在以及旧中国盛行的"立嗣"制度，真正"户绝"的情况极少，因此实际上几乎排除了女子继承的可能性。

现代意义上的继承制度是进入资本主义时代以后才逐渐发展起来的。随着资本主义生产关系的发展，资产阶级要求用法律来保障人身自由和地位的平等，并要求能够享有自由处分财产的权利。因此，为了适应资本主义自由竞争的需要和巩固私有制，资产阶级要求在继承方面取消身份继承，改用财产继承，并允许人们按照自己的意愿指定继承人和继承份额。正如马克思所说，资本主义继承制度是"适合于自由竞争及在此基础上建立的社会的本质的"。因此，以《法国民法典》和《德国民法典》为典范的大陆法系各国民法中的继承制度都取消了身份继承，而将财产继承作为继承制度的主要内容。特别值得一提的是，1804 年《法国民法典》确立了近代

法上的法定继承制度，首开法定继承制度之先河。在英美法系等国，也都将财产继承作为最重要的内容。同时，在资本主义社会中，还确立了子女均等继承的制度，但是在继承制度的具体规定中仍然对女子的继承权予以限制。整体而言，资本主义社会的财产继承制度比起以往历史上的财产继承制度而言，有许多进步。遗嘱自由作为资本主义继承制度的一项继承原则，反映了资本主义发展的需要——人们要求享有自由处分财产的权利。在不同国家的法律制度中，遗嘱自由具有不同的表现形式。大陆法系的多数国家奉行“相对遗嘱自由主义”，遗嘱人必须在为其法定继承人保留了“特留份”或者“应继份”后，才可以自由地处分其他财产。英美法系的许多国家早期采取“绝对遗嘱自由”，即遗嘱人可以通过遗嘱取消任何法定继承人的继承份额，自由处分自己的遗产。后来，英美法系各国也开始对遗嘱自由予以限制。

纵观我国的财产继承制度，也经历了从法定继承向遗嘱继承发展的漫长过程。我国的法定继承制度始自夏、商，至西周时期已经趋于完善。从夏朝开始，已经实行了身份继承（社会地位、家长权力）、祭祀继承和财产继承三位一体的继承制度。各个朝代的统治者为了保证封建宗族的财产和权力不被分散，都竭力维护并求助于封建的宗祧继承制度。宗祧继承制度成为一种强制性的法律规范，是一种身份继承、祭祀继承和财产继承三位一体，且为男系长子一人继承的制度。旧中国宗祧继承的特点是：以男子为中心，否认女子的继承权；嫡优于庶，即“立子以贵不以长”；嫡长子优先于嫡次子，庶长子优先于庶次子，即“立庶以长不以贤”；先位之孙，先于次位之子；立嗣继后，按亲等远近，从旁系血亲卑亲属中寻找继承人，直至近房和同姓为嗣，从而排斥女子的继承权。此外，在上述继承制度中的法定继承占主导地位的另一个重要原因，是封闭式的自给自足的自然经济的客观要求，和当时那种将主要财产用于家庭经营和家庭生活为目的的自给自足的自然经济的客观需求相适应。在我国，遗嘱继承作为一项较为完整的法律制度，始自1930年旧中国民法典的继承编。它的颁布一方面是由于当时资本主义商品经济发展的需要，另一方面主要是受西方法律思想的影响。

我国社会主义的财产继承制度始于第二次国内革命战争时期和抗日战争时期，具体规定了法定继承和遗嘱继承，法定继承人的范围、顺序和遗产的分配原则等，并明确规定了继承权的男女平等。新中国成立后，颁布了一系列的法律、法令彻底废除了宗祧继承制度。无论是在立法层面，还是在司法实践中，男女平等继承和遗嘱继承都已被普遍确认。只要遗嘱内容不违反法律、法令、政策以及公序良俗，法院就承认其法律效力，并以此作为处理遗嘱继承案件的依据。1985年施行的《中华人民共和国继承法》第一次以单行法律的形式确立了遗嘱继承和法定继承两种基本的继承方式，使我国的遗嘱继承制度得以进一步完善。我国的继承制度是建立在社会主义公有制基础上的，其实质主要是家庭成员之间的经济互助，根本目的在于更好地保护公民个人合法财产的继承权，妥善处理和巩固社会主义家庭关系，维护社会的和谐稳定。[1]

三、财产继承的种类

根据不同的标准，可以将财产继承划分为不同的种类。财产继承主要包括如下几种分类：

（一）法定继承和遗嘱继承

按照财产继承的方式，可以将继承划分为两大类，即法定继承和遗嘱继承。这是古今中外各国民法对财产继承所采取的最基本的分类方法。我国《继承法》也采取了此种分类方法。

法定继承又称无遗嘱继承，是指根据法律规定的继承人的范围、顺序和继承份额以及遗产分配的原则而继承的法律制度。遗嘱继承又称指定继承，是法定继承的对称，是按照被继承人所立的合法有效的遗嘱而继承的法律制度。

法定继承之所以又称无遗嘱继承，是因为法定继承只能在下列无遗嘱继承的条件下才能发生：例如，被继承人生前未立遗嘱，或者其所立的遗嘱无效，或者遗嘱所指定的继承人先于被继承人死亡，或者遗嘱继承人放弃继承权，受遗赠人放弃受遗赠权，或者遗嘱中只对部分遗产作了处理而对另一部分遗产未作处理。只有在上述情况下，才发生法定继承，因此法定继承又被称为无遗嘱继承。此外，严格而言，法定继承一词，也有其不严谨、不准确之处。因为任何一种继承方式都是法定的，遗嘱继承也要依照法律所作出的规定进行，否则将归于无效。因此有些国家的继承立法，均采用无遗嘱继承一词，将无遗嘱继承和法定继承在同一意义上使用，如英国、美国、加拿大等就是如此。但是，世界上大多数国家的民法典基于习惯上的原因，仍然使用法定继承一词，如法国、日本、瑞士、中国等。

整体而言，法定继承与遗嘱继承自古代社会就一直存在，不过在不同时期、不同的国家对遗嘱自由的限制程度不同，法定继承和遗嘱继承的地位不同。从产生的历史来看，法定继承先于遗嘱继承；但从适用的顺序来看，遗嘱继承优于法定继承。

（二）本位继承、代位继承和转继承

按照继承人在法定继承中的地位不同，可以将法定继承划分为本位继承、代位继承和转继承。

所谓本位继承，是指继承人基于自己的继承地位、顺序和应当继承的份额而继承。例如，根据我国《继承法》的规定，配偶、父母、子女以及对公婆或岳父母尽了主要赡养义务的丧偶儿媳和女婿为第一顺序继承人，这些人参与继承时即为本位继承；兄弟姐妹、祖父母、外祖父母为第二顺序继承人，他们参加继承时也属于本位继承。

代位继承又称间接继承，是指被继承人的子女先于被继承人死亡，由被继承人的子女的晚辈直系亲属代替其已故的父亲或者母亲的继承地位、顺序而继承其父亲

---

〔1〕 于静：《比较家庭法》，人民出版社2006年版，第297～302页。

或者母亲应当继承的遗产份额。例如，孙子女、外孙子女可以代替其已故的父亲或者母亲，继承祖父母或者外祖父母的遗产。

转继承又称转归继承、连续继承、再继承、二次继承，是指继承人在继承开始后遗产分割前也死亡时，其有权继承的遗产转由其继承人继承的制度。转继承中的继承人不限于被继承人的子女的晚辈直系血亲，这是转继承与代位继承的主要区别所在。

（三）限定继承和概括继承

按照继承人在继承被继承人的财产时所承担的责任的不同，可以将继承划分为限定继承和概括继承。

限定继承又称有限继承，是指继承人仅在一定范围内继承被继承人的财产权利和义务的继承。在限定继承中，继承人仅在其所得遗产的财产权利范围内承担偿还被继承人生前所欠债务的责任，对超出遗产中财产权利的债务有权拒绝偿还。换言之，继承人继承被继承人的债务仅以遗产的实际价值为限度，对于被继承人生前所欠债务超过遗产的实际价值的部分，继承人可以不负清偿责任。各国立法例均对限定继承制度予以确认。

概括继承又称无限继承或者不限定继承，是指继承人必须继承被继承人的全部财产权利和义务的继承。在概括继承中，被继承人死亡后，其财产权利（如所有权、债权）和财产义务（如债务）统一都由继承人承受。即使被继承人的债务超过其遗产的实际价值，继承人也必须继承被继承人的遗产，不得拒绝。换言之，继承人继承死者遗产时，须接受其全部财产权利和财产义务，不得只选择财产权利而推卸财产义务。继承人须以自己的财产清偿被继承人生前所欠的全部债务，即使债务比所继承财产多也应无条件承认。概括继承最大限度地维护了债权人的利益。

有些国家的继承制度允许继承人在法定时间内依法定程序主张限定继承或者放弃继承，如果逾期未选择限定继承，或者未放弃继承，或者有隐匿遗产等不当行为时，则为概括继承。例如，法国、日本、德国、瑞士等国均采此立法例。

（四）单独继承和共同继承

根据参与继承的继承人人数的不同，可以将继承分为共同继承和单独继承。

单独继承又称独占继承，是指继承人仅为一人的继承，即仅由一人继承被继承人的全部遗产。

共同继承又称分割继承，是指继承人为两人以上的继承。数个继承人共同继承被继承人的遗产的，为共同继承人。在共同继承中，被继承人的法定继承人为两人以上的，两个以上的继承人参与继承时，须对遗产进行分割。

（五）均等份额继承和不均等份额继承

按照继承遗产的份额的不同，可以将继承划分为均等份额继承和不均等份额继承。这是根据继承人应当继承的份额而对共同继承的进一步划分。

均等份额继承是指同一顺序的继承人分割遗产时，应当均分遗产。现代世界各国和地区的继承制度对于同一顺序的继承人一般都采用均等份额继承的办法。但是，对配偶的继承份额则有两种立法例。一种是按照配偶参与继承顺序的不同而分别规定不同的继承份额，是为不均等继承，如法国、瑞士、日本、英国、美国、加拿大等。我国台湾地区的民法也采取此种立法例；另一种立法例是，配偶参加某一继承顺序，则与该顺序的其他继承人份额均等。我国即采用此种立法例。

不均等份额继承是指同一顺序的继承人分割遗产时，不采用平均份额。例如，历史上曾经存在的“长子继承制”、“末子继承制”，由长子或者末子占有特别大的继承份额。日耳曼法曾实行“一子继承制”，英国曾有过长子或者末子继承制，我国历史上也存在嫡长子优先继承制度。在不均等份额继承中，最为常见的是“长子继承制”。长子继承制是父系家长制的产物，盛行于封建社会。此外，不均等份额继承还体现为男女在继承份额上的不均等，这种现象至今在某些国家还存在。

四、继承制度的立法模式

世界各国继承的立法模式有所不同。整体而言，有两种立法模式：

一种立法模式是将继承制度列入民法典之中，作为民法典的一个组成部分。这是当今世界上大多数国家所采用的立法模式。采用此种立法例的主要是已经制定完整统一的民法典的国家，如法国、德国、意大利、瑞士、俄罗斯、日本、荷兰等国家。但是，由于采用这种立法模式的诸多国家对继承制度存在认识上的差异，导致继承制度在其民法典中的位置也不尽相同。有些国家将继承列入民法典的“财产取得编”。此种立法例来自罗马法。采用这种立法模式的国家将继承视为财产所有权转移的一种方式，从财产所有权取得的方法出发，将继承和买卖、赠与等取得财产的法律行为同等看待。例如，法国、美国路易斯安那州就是如此。有些国家则将继承权视为物权，因此将继承列入民法典的“物权编”，作为“物权编”的一部分。例如，荷兰、奥地利、印度尼西亚等国就是如此。有些国家和地区将继承制度作为民法典中独立的一编，即“继承编”，如德国、瑞士、意大利、日本、我国台湾地区等。

另一种立法模式是将继承法作为民法的特别法而单独制定。采取此种立法体例的国家，主要是不成文法国家和尚未制定完整统一的民法典的国家。例如，英国、加拿大、美国、印度、中国等国家。由于上述国家没有完整统一的民法典，不得不制定有关继承的单行法律法规以调整继承关系。在英美法系国家，由于一般都没有统一的继承法典，对法定继承和遗嘱继承甚至往往分别适用不同的特别法；判例法是英美法系国家继承制度的主要渊源。对于采用这种立法模式的诸多国家而言，继承法有广义和狭义之分。狭义的继承法仅指有关财产继承的法典，而广义的继承法是泛指一切有关财产继承的法律、法规等规范性文件，不限于继承法本身。在我国，狭义的继承法专指《中华人民共和国继承法》。

第二节 继承权的取得、接受、放弃和丧失

一、继承权的取得

继承权是指继承人根据法律规定或者被继承人的合法遗嘱继承被继承人遗产的权利。各国的继承制度一般都直接或者间接规定，取得继承权的基本条件是继承遗产者必须是有继承能力者——具有民事权利能力的生存之人。换言之，取得继承权的前提是具有继承能力，亦即具有继承资格和地位。例如，《法国民法典》第725条规定："必须于继承开始时生存之人，始能继承。因之，下列之人不得继承：①未受胎者；②出生时无生活力的婴儿；③受民事上死亡宣告之人。"《德国民法典》第1923条第1款规定："只有在继承开始时生存的人，才可以成为继承人。"《意大利民法典》第462条规定："所有在继承开始时已经出生的或者已经受孕的人都享有被动遗嘱能力。除非有相反的证据，将自被继承人死亡之日起300日以内出生的子女推定为在继承开始时已经受孕的子女。此外，某一生存的、确定之人的子女，即使在遗嘱人死亡之时尚未受孕，也享有依据遗嘱取得遗产的权利。"《瑞士民法典》第542条第1款规定："在继承开始时有继承能力的，始得继承遗产。"由此可见，必须具备继承能力，才可以成为继承人而依法取得继承权。

从形式上来看，继承权是根据法律的规定或者被继承人的合法遗嘱而取得的。例如，《意大利民法典》第457条第1款规定："继承或依据法律进行或依据遗嘱进行。"但是从实质上而言，传统的继承权的取得是以婚姻关系和血缘关系为基础的，而现代各国的财产继承立法在取得继承权的根据方面，逐渐突破了传统的婚姻关系和血缘关系，扩展到如果某人和被继承人之间形成了收养关系或者扶养关系，也可以成为取得继承权的根据。

整体而言，取得继承权的根据是婚姻关系、血缘关系和扶养关系。

第一，基于婚姻关系而取得继承权。现代各国的继承制度均规定了配偶的继承权，而且将配偶的继承权置于法定继承的首位。这反映了婚姻关系在人类社会延续中的决定性作用，也是婚姻关系能够成为取得继承权根据的重要原因。男女双方缔结婚姻以后，组成家庭、共同劳动、共同生活，不可避免地会在夫妻之间产生一系列的权利义务关系。可以说，配偶之间的继承权是男女双方两性结合的必然结果。

第二，基于血缘关系而取得继承权。除了婚姻关系以外，血缘关系也是取得财产继承权的重要根据之一。因为通过婚姻关系生育子女能够产生血缘关系，所以婚姻关系是血缘关系的前提和基础，而血缘关系是婚姻关系的派生物。世界各国的继承立法无一例外地都按照血缘关系的亲疏远近确定法定继承人的范围和顺序，而且许多国家只承认血亲和配偶具有法定继承权，遗嘱不能对抗更不能剥夺血亲和配偶的继承权，如法国、意大利、日本、英国、美国等国家。根据我国《继承法》的规定，只有近亲属才属于法定继承人的范围，而且如果不是法定继承人，则没有资格

成为遗嘱继承人。世界各国的继承立法均规定了胎儿的继承权。胎儿继承权的取得同样说明了血缘关系是取得继承权的根据。由此可见，在确定有无继承权时，血缘关系具有举足轻重的作用。

第三，基于扶养关系而取得继承权。现代各国的继承立法已经摒弃过去那种完全以婚姻关系和血缘关系作为取得继承权根据的做法，扶养关系也成为取得继承权的根据。

就我国而言，我国《继承法》也将婚姻关系、血缘关系和扶养关系作为取得继承权的根据，而且将扶养关系置于重要地位。根据我国《继承法》第10条的规定，养子女和养父母之间、有扶养关系的继子女和继父母之间、养兄弟姐妹之间、有扶养关系的继兄弟姐妹之间有相互继承遗产的权利。我国《继承法》第12条规定："丧偶儿媳对公、婆，丧偶女婿对岳父、岳母，尽了主要赡养义务的，作为第一顺序继承人。"根据上述规定，存在扶养关系的自然人之间可以取得继承权。在法理上，这完全符合权利和义务相一致的原则。同时，将扶养关系作为取得继承权的根据，也符合我国社会道德规范的要求，有助于弘扬养老育幼、扶助病残、怜贫惜弱的传统美德。

二、继承权的接受

所谓继承权的接受，是指享有继承权的继承人参与继承、接受被继承人遗产的意思表示。

对于继承权的接受，世界各国一般都规定须在法定期限内接受继承。如果对继承权的接受在时间上不予限制，将会导致继承法律关系长期处于不确定的状态，对于继承人和利害关系人而言都是不利的。许多国家原则上规定继承人应当在法定期限内作出明示的意思表示，如法国、德国、日本、瑞士等国家。有的国家规定在法定期限内继承人既可以明示的方式接受继承，也可以用默示的方式接受继承，如意大利等国家。《意大利民法典》第474条规定："可以用明示或默示的方式接受继承。"第475条第1款规定："根据遗嘱或法律有权取得遗产之人在公证书或者私证书中声明接受继承或者接受继承人资格的就是明示地接受继承。"第476条规定："根据遗嘱或法律有权取得遗产之人完成了某一行为，从这一行为中可以明显地推断出接受继承的意思并且此种行为是没有继承人资格的人无权完成的，即为默示地接受继承。"有的国家则对继承人接受继承权的意思表示未予规定，如中国等国家。我国《继承法》第25条第1款规定："继承开始后，继承人放弃继承的，应当在遗产处理前，作出放弃继承的表示。没有表示的，视为接受继承。"据此规定，在我国，继承权的接受无须继承人有明示的意思表示。只要继承人在遗产处理前未作出放弃继承的意思表示，即可推定继承人以默示的方式接受继承。

许多国家的法律规定，须在继承开始以后接受继承。例如，法国、意大利、日本、俄罗斯等国家。但是有些国家的法律规定，可以在继承开始以前接受继承。继承人可以通过订立继承合同在被继承人生前接受继承。当然，在继承开始以后，继

承人也可以接受继承。例如，德国、瑞士、英国、美国等国家。特别是在英美法系国家，夫妻之间可以通过订立婚姻财产协议，在配偶生前作出接受继承的意思表示。

在大陆法系国家，继承权的接受是无条件的，不允许附条件或者附期限地接受继承，也不允许只接受部分遗产的继承，否则无效，如法国、德国、瑞士、日本、俄罗斯、意大利等国家。《意大利民法典》第475条第2、3款规定："附条件或者附期限地接受继承的声明无效。同样，部分接受继承的声明也无效。"在英美法系国家，继承权的接受也是无条件的，不允许附条件或者附期限地接受继承，否则无效，但是可以只接受部分遗产的继承，如英国、美国等国家。在英国、美国，遗产为积极的财产或者权益，不包括消极财产或者债务，因此，不存在只接受积极财产而放弃消极财产的部分接受继承。继承人部分接受继承，实际上是对其继承份额的处分，并不破坏接受和放弃继承权的不可分性。[1]

关于继承权的接受，有些国家同时规定了单纯接受（无限继承）和限定接受（有限继承），允许继承人在法定期限内依法定程序选择单纯接受、限定接受或者放弃。单纯接受为无限制地继承被继承人的遗产的权利与义务，亦即概括继承，而限定接受为仅在继承被继承人的遗产的限度内清偿被继承人的债务，亦即限定继承。如果继承人逾期未选择限定接受，或者未放弃继承，或者有隐匿遗产等不当行为时，则为单纯接受。有些国家的继承制度有此种划分，如法国、日本、德国、瑞士等国家。《法国民法典》第744条规定："遗产得被无条件接受或以有限责任继承方式接受。"《日本民法典》第915条第1款规定："继承人自知悉为自己有继承开始事起3个月以内，应作出单纯承认、限定承认或放弃的表示。但是，家庭法院因利害关系人或检察官的请求，可以延长时间。"《德国民法典》第1943条、《瑞士民法典》第588条、第589条和第593条也有类似规定。

有些国家只规定了限定接受，即仅在继承被继承人的遗产的限度内清偿被继承人的债务，如俄罗斯、中国等国家。根据《俄罗斯联邦民法典》第1175条的规定，继承人在其所继承的遗产价值范围内对被继承人的债务承担清偿责任，亦即继承人以其继承所得遗产为限，对被继承人的债务承担有限责任。我国《继承法》第33条规定："继承遗产应当清偿被继承人依法应当缴纳的税款和债务，缴纳税款和清偿债务以他的遗产实际价值为限。超过遗产实际价值部分，继承人自愿偿还的不在此限。继承人放弃继承的，对被继承人依法应当缴纳的税款和债务可以不负偿还责任。"

在英美法系国家，对遗产的处理，一般是在清偿被继承人的债务后，再由继承人分割剩余遗产，因此不存在单纯接受（无限继承）和限定接受（有限继承）的区分。继承人无须对超出被继承人的遗产价值范围的债务承担责任。

三、继承权的放弃

所谓继承权的放弃，是指继承人作出的放弃其继承被继承人遗产的权利的意思

---

〔1〕 陈苇主编：《外国继承法比较与中国民法典继承编制定研究》，北京大学出版社2011年版，第114页。

表示。继承权的放弃是继承人对其继承权的一种处分。

对继承权的放弃，世界各国一般都规定须在法定期限内放弃继承，亦即要求放弃继承须在一定期限内作出意思表示。《日本民法典》第915条第1款规定："继承人自知悉为自己有继承开始事起3个月以内，应作出单纯承认、限定承认或放弃的表示。但是，家庭法院因利害关系人或检察官的请求，可以延长时间。"根据我国《继承法》第25条第1款的规定，如果继承人放弃继承，则其须在继承开始后遗产处理前作出放弃继承的表示。和继承权的接受一样，如果对继承权的放弃在时间上不予限制，允许任意拖延，同样也会导致继承法律关系长期处于不确定的状态，对于继承人和利害关系人而言也都是不利的。

许多国家的法律规定，须在继承开始以后放弃继承。任何人即使通过订立夫妻财产契约，亦不得放弃仍然活着的人的将来遗产的继承。例如，法国、意大利、日本、俄罗斯等国家。但是有些国家的法律规定，可以在继承开始以前放弃继承。继承人可以通过订立继承合同在被继承人生前放弃继承。当然，在继承开始以后，继承人也可以放弃继承。例如，德国、瑞士、英国、美国等国家。特别是在英美法系国家，夫妻之间可以通过订立婚姻财产协议，在配偶生前作出放弃继承的意思表示。

各国法律一般都要求继承人须以明示的方式作出，而不允许推定。例如，《法国民法典》第784条规定："放弃继承不得推定。放弃继承应在继承开始地民事法院书记课为此目的特备的登记簿上登记。"《意大利民法典》第519条规定："放弃继承应当在公证人面前或者在继承开始地初审法院书记员面前以声明的方式作出并且应当将这一声明放入由该初审法院保管的继承登记册中。直到由任何一方当事人完成前款规定的程序以前，为全体可能分享放弃的遗产份额的继承人的利益无偿放弃遗产的声明无效。"《日本民法典》第938条规定："欲放弃继承者，应向家庭法院申述其意旨。"

在大陆法系国家，继承权的放弃是无条件的，不允许附条件或者附期限地放弃继承，也不允许只放弃部分遗产的继承，否则无效，如法国、德国、瑞士、日本、俄罗斯、意大利等国家。《意大利民法典》第520条规定："附条件放弃继承、附期限放弃继承或者部分放弃继承的声明无效。"在英美法系国家，继承权的放弃也是无条件的，不允许附条件或者附期限地放弃继承，否则无效，但是可以只放弃部分遗产的继承，如英国、美国等国家。在英国、美国，遗产为积极的财产或者权益，不包括消极财产或者债务，因此不存在只接受积极财产而放弃消极财产的部分放弃继承。继承人部分放弃继承，实际上是对其继承份额的处分，并不破坏接受和放弃继承权的不可分性。换言之，继承人可以只接受一部分遗产而放弃另一部分遗产。

继承权的放弃的效力，溯及继承开始之时。《意大利民法典》第521条规定："放弃继承的人视为自始不曾参加继承。然而，放弃继承的人可以在可处分遗产份额范围内享有赠与物或者请求属于他的遗赠，本法第551条和第552条的规定不在此限。"《日本民法典》第939条规定："放弃继承者，关于继承，视为自始不为继承

人。”各国法律一般规定，放弃继承的人的应继份额，转归由其他继承人继承。至于放弃继承的人的应继份额可否适用代位继承，瑞士和意大利等国家规定可以适用代位继承，而法国、俄罗斯和美国等国家都规定不得适用代位继承。

四、继承权的丧失

所谓继承权的丧失，又称继承权的剥夺，是指依照法律规定在发生法定事由时，取消继承人继承被继承人遗产的权利。继承权的丧失实质上是依照法律规定取消继承人的继承资格。因此，继承权的丧失是继承人继承被继承人遗产的资格的丧失。继承权的丧失必须有法定事由，而不是由继承人的意志所决定的。

（一）继承权丧失的法定事由

综观世界各国法律，一般都规定继承人因犯某种罪行或者某种违法行为而失去继承的资格。各国关于丧失继承权的法定事由主要包括：①故意杀害被继承人；②为争夺财产而杀害其他继承人；③逃避供养被继承人义务的，或遗弃、虐待被继承人情节严重的；④有隐藏、伪造、篡改或者销毁遗嘱等情节严重的；⑤诬告被继承人犯有重大罪行的；⑥知道被继承人被杀害而不告发的；⑦以胁迫或欺诈的方法迫使或者妨碍被继承人订立、变更或撤销遗嘱，或者湮灭、隐匿被继承人的遗嘱的。各国关于继承权的丧失的立法例如下：

《法国民法典》第727条规定：“下列各人被认为是不适宜继承之人，因此不得继承遗产：①因杀害被继承人既遂或未遂而被判处罪刑者；②诬告被继承人以应受死刑之罪者；③成年的继承人，知被继承人之被故意杀害而不向司法机关告发者。”《德国民法典》第2339条规定：“①有下列情事之一者，丧失其继承权：故意和违法地致被继承人死亡，或使被继承人直至死亡时为止处于无能力为死因处分或撤销死因处分的状况者；②故意或违法地妨碍被继承人为死因处分或撤销死因处分者；③以恶意欺诈或违法地以胁迫促使被继承人为死因处分或撤销死因处分者；④在被继承人的死因处分方面为《刑法典》的第267、271~274条规定的犯罪行为者。如在继承开始前被继承人被劝诱作出的处分或诱发犯罪行为的处分已失其效力时，或者被继承人被劝诱撤销的处分已失其效力时，在第1项第3点和第4点的情形，继承权不丧失。”《意大利民法典》第463条规定：“下列无继承资格之人不得参加继承：①即使由于某种原因根据刑法的规定被免于处罚，但是，故意杀害或者试图杀害被继承人或者被继承人的配偶、卑亲属或者尊亲属的人；②伤害前款规定的人员、根据刑法的规定应按谋杀罪论处的人；③如果控诉人在刑事诉讼中被判犯有诬陷罪，则指控本条第1款人员犯有应处以死刑、无期徒刑或者不低于3年以下的有期徒刑的人；如果证人在刑事诉讼中被判作伪证，则作证证明上述人员犯有所指控罪行的人；④欺骗或者胁迫被继承人撤销或修改遗嘱的人，或者阻止被继承人撤销或修改遗嘱的人；⑤销毁、隐匿、伪造遗嘱的人；⑥制作假遗嘱的人，或者明知是假遗嘱，但是，仍然加以使用的人。”《日本民法典》第891条规定：“下列人不得为继承人：①因故意致被继承人或对于继承在先顺位或同顺位的人于死亡，或欲致之于死亡，而被处刑者。②知被继承人被杀害而不告发或告诉者；但在其人不能辨别是非时，或杀害者为自己的配偶或直系血亲时，不在此限；③以诈欺或胁迫，妨碍被继承人订立、撤销或变更关于继承的遗嘱者；④以诈欺或胁迫，使被继承人订立、撤销或变更关于继承的遗嘱者；⑤伪造、变造、破毁或隐匿被继承人关于继承的遗嘱者。”根据美国法律的规定，加害死者的凶手经判罪确定即视为民事死亡，既无权按法定继承，也无权依遗嘱继承。

我国《继承法》第7条规定：“继承人有下列行为之一的，丧失继承权：①故意杀害被继承人的；②为争夺财产而杀害其他继承人的；③遗弃被继承人或者虐待被继承人情节严重的；④伪造、篡改或者销毁遗嘱，情节严重的。”我国最高人民法院《关于贯彻执行〈中华人民共和国继承法〉若干问题的意见》第10条规定：“继承人虐待被继承人情节是否严重，可以从实施虐待行为的时间、手段、后果和社会影响等方面认定。虐待被继承人情节严重的，不论是否追究刑事责任，均可确认其丧失继承权。”第11条规定：“继承人故意杀害被继承人的，不论是既遂还是未遂，均应确认其丧失继承权。”第12条规定：“继承人有继承法第7条第1项或第2项所列之行为，而被继承人以遗嘱将遗产指定由该继承人继承的，可确认遗嘱无效，并按继承法第7条的规定处理。”第13条规定：“继承人虐待被继承人情节严重的，或者遗弃被继承人的，如以后确有悔改表现，而且被虐待人、被遗弃人生前又表示宽恕，可不确认其丧失继承权。”第14条规定：“继承人伪造、篡改或者销毁遗嘱，侵害了缺乏劳动能力又无生活来源的继承人利益，并造成其生活困难的，应认定其行为情节严重。”在具体适用时，应当注意如下几点：①无论继承人的上述行为是发生在被继承人死亡之前，还是死亡之后，丧失继承权均应从继承开始之时起生效，且具有自然丧失继承权的法律效果。如果因为是否丧失继承权而发生纠纷，则应当通过诉讼请求法院确认。②继承人仅丧失对特定的被继承人遗产的继承权，并不影响继承人对其他被继承人遗产的继承权。③继承权的丧失对继承人的晚辈直系血亲产生法律效力，即继承人丧失继承权的，其晚辈直系血亲不得代位继承。④丧失继承权既适用于法定继承，也适用于遗嘱继承；既适用于第一顺序继承人，也适用于第二顺序继承人和代位继承人。

（二）确认继承权丧失的机关

由于继承权的丧失是依照法律规定对于原来享有继承权的继承人的权利的剥夺，因此各个国家和地区的法律一般都不仅规定了确认丧失继承权的条件而且也规定了确认丧失继承权的机关，一般为法院。例如，《日本民法典》第892条规定：“有特留份的推定继承人，对被继承人加以虐待或重大侮辱时，或有其他显著恶迹时，被继承人可以请求家庭法院废除该推定继承人的继承资格。”《意大利民法典》第534条第1款规定：“继承人还可以对具有继承人身份或者不具有继承人身份的占有遗产之人提起诉讼。”《中国澳门地区民法典》第1876条规定：“失格之效力，必须透过法院在专为宣告失格而提起之诉讼中作出宣告，方予产生……”我国最高人民法院

《关于贯彻执行〈中华人民共和国继承法〉若干问题的意见》第9条规定："在遗产继承中，继承人之间因是否丧失继承权发生纠纷，诉讼到人民法院的，由人民法院根据《继承法》第7条的规定，以判决确认其是否丧失继承权。"由此可见，我国确认丧失继承权的国家机关只能是法院，其他任何组织或者个人均无权确认继承人丧失继承权。

（三）继承权丧失的效力

继承权丧失的法定事由既可能发生于继承开始之前，也可能发生在继承开始之后，但是继承权的丧失是取消继承人的继承资格，因此继承权的丧失应当于继承开始之时发生法律效力，即继承人自继承开始之时就丧失继承权。如果继承人之间因是否丧失继承权发生纠纷，而法院确认继承人丧失继承权的，则继承权的丧失溯及继承开始之时发生法律效力。如果在法院判决继承人丧失继承权以前，不当继承人或占有人已经分割遗产或占有遗产的，应当将不当继承或占有的遗产，以及继承开始以后由其不当继承或占有的遗产所产生的孳息，一并交出并返还给有继承资格的继承人。例如，《意大利民法典》第533条规定："继承人可以请求确认自己的继承人资格以对抗任何一个以继承人名义或者无任何名义的全部或部分占有遗产的人，从而达到获得遗产返还的目的。确认继承人身份的诉讼下因时效而消灭，对遗产中的单一财产而言，因时效取得的效力不在此限。"《意大利民法典》第464条规定："无继承资格的人应当返还继承开始后取得的孳息。"

第三节 法定继承

一、法定继承的概念和特征

所谓法定继承，又称无遗嘱继承，是指根据法律直接规定的继承人的范围、继承顺序和继承份额以及遗产分配的原则，继承被继承人遗产的法律制度。

法定继承又称无遗嘱继承，是相对于遗嘱继承而言的。世界各国都规定了法定继承和遗嘱继承。在我国，法定继承是主要的继承方式，并且对遗嘱继承具有一定的影响，因为遗嘱继承人也必须是法定继承人范围以内的人。

法定继承的观念早在《汉谟拉比法典》中就已经开始形成，但是作为一个法律术语真正见诸文字，则是在罗马法中，其原意为无遗嘱继承。在罗马法中形成的一系列重要的法定继承原则，对后世各国的法定继承制度具有重大的影响，尤其是对欧洲大陆法系国家的法定继承制度的影响更为直接和深远，这些国家的法定继承制度大都来源于罗马法。

在人类继承制度的历史上，法定继承始终和遗嘱继承并存，互为补充，相辅相成。现代各国立法一方面使遗嘱自由得以伸张，另一方面也使法定继承更加巩固和完善，并力求在法定继承和遗嘱继承、法定继承人的权利保护和被继承人自由意志之间寻求最有效的调和机制。[1]

从现代各国的继承立法来看，法定继承具有如下特征：

1. 法定继承的各项要素均由法律明确规定。这是其法定属性。法定继承人的范围、继承顺序、继承份额以及遗产分配的原则等都是由法律明确规定的，属于强制性规范，具有强制性。法定继承是对遗嘱继承的限制。除了被继承人可以通过依法设立遗嘱予以改变外，其他任何组织和个人均无权变更。法定继承所具有的强制性是遗嘱继承所不具有的。这是法定继承和遗嘱继承的重大区别。在遗嘱继承中，遗嘱人可以根据自己的意愿，依法在生前以订立遗嘱的方式指定继承人，在不违反必须保留份额的限制性规定的前提下，自由地以遗嘱的方式达到变更法定继承人的顺序以及份额的目的。遗嘱继承所具有的这种较大的任意性是法定继承所不能及的。

2. 法定继承以存在一定的人身关系为前提。这是其身份属性。法定继承是以人身关系为前提而发生的继承，其确定法定继承人的范围、继承顺序和遗产份额的根据是继承人和被继承人之间存在的血缘关系、婚姻关系和收养关系。法定继承的发生以被继承人和继承人之间存在血缘关系、婚姻关系或者扶养关系为根据。法定继承人的范围、顺序和继承份额也因为和被继承人的人身关系性质的不同而有差异，一般情况下是以继承人和被继承人之间血缘关系的远近来确定的。但是由于各国在政治、经济、文化以及风俗习惯等多方面的差异，并非只要存在人身关系，就存在继承关系。法定继承的范围和顺序是由法律规定的。例如，在英国，法定继承人的范围包括：死者的生存配偶、直系血亲卑亲属、父母、兄弟姐妹、祖父母、外祖父母、叔、伯、姑、舅、姨。我国法定继承人包括：死者的配偶、子女、父母、兄弟姐妹、祖父母、外祖父母。《法国民法典》规定的法定继承人的范围则包括：被继承人的子女及其直系卑亲属、直系血亲尊亲属、兄弟姐妹或者兄弟姐妹的后裔，六亲等以内的旁系亲属。死者兄弟姐妹的直系卑亲属在一般情况下可延伸到十二亲等。

二、法定继承的适用范围

法定继承的适用范围是指在何种情况下适用法定继承。综观世界各国的继承制度，一般来说，以下情况适用法定继承：①被继承人生前没有立遗嘱或遗嘱没有处分其全部财产，其未处分的遗产适用法定继承。②被继承人生前所立遗嘱无效的，应适用法定继承。③被继承人在遗嘱中指定的遗嘱继承人或受遗赠人放弃继承或拒绝接受遗赠的，其放弃继承或放弃受遗赠的那一部分遗产，应适用法定继承。④遗嘱继承人或受遗赠人丧失了继承权或受遗赠权的，其丧失继承权或受遗赠权的遗产，应适用法定继承。⑤遗嘱继承人或受遗赠人先于被继承人死亡的，被继承人的遗产适用法定继承。

我国《继承法》第5条规定："继承开始后，按照法定继承办理；有遗嘱的，按照遗嘱继承或者遗赠办理；有遗赠扶养协议的，按照协议办理。"因此，法定继承只

---

〔1〕 于静：《比较家庭法》，人民出版社2006年版，第335页。

有在没有遗赠扶养协议和遗嘱继承的情况下，才适用法定继承。由此可见，我国法定继承的适用范围除了前述一般情况外，还有一种特殊情况，即被继承人生前未同他人订立遗赠扶养协议或已订立的遗赠扶养协议失去法律效力；或被继承人没有用遗赠扶养协议的方式处理其全部遗产，未处分的遗产无遗嘱继承的，适用法定继承。

三、法定继承人的范围和继承顺序

（一）法定继承人的范围

所谓法定继承人的范围，是指适用法定继承时，哪些人可以作为继承人取得继承权，依法继承被继承人的遗产。世界各国和地区法定继承的一般原则是以血缘关系的远近确定法定继承人的范围和顺序。由于各国和地区在政治、经济、文化以及风俗习惯等方面的差异，各国和地区法律关于法定继承人的范围的规定不尽相同，但是也存在一些基本的共同之处，即通常包括配偶、子女、父母、兄弟姐妹、祖父母以及外祖父母等。

1. 配偶。配偶是指具有合法婚姻关系的夫妻双方相互之间的称谓，这有别于非婚同居以及非法同居的主体。只有具备合法婚姻关系的夫妻双方，才能以配偶身份取得对方的遗产。对此，各国和地区法律的规定基本相同。例如，《法国民法典》第765条规定："如死者未遗有有继承权的亲属，或死者仅遗有除兄弟姐妹或他们的直系卑血亲以外的旁系血亲时，遗产的继承完全归属于未离婚而尚生存且未经具有既判力的判决分居的配偶。"《意大利民法典》第565条规定："在法定继承中，遗产按照本章的规定及顺序属于配偶、婚生卑亲属、私生卑亲属、直系尊亲属、旁系亲属、其他亲属和国家。"《瑞士民法典》第462条规定："尚生存的配偶有权继承。"《日本民法典》第890条规定："被继承人的配偶恒为继承人。于此情形，有前3条规定的继承人时，配偶与这些人为同顺位继承人。""我国台湾地区民法典"第1138条规定："遗产继承人，除配偶外，依下列顺序定之：①直系血亲卑亲属。②父母。③兄弟姐妹。④祖父母。"第890条规定："被继承人的配偶恒为继承人。于此情形，有前3条规定的继承人继承时配偶与这些人为同顺位继承人。"

我国《继承法》第10条第1款规定："遗产按照下列顺序继承：第一顺序：配偶……"据此，在我国，配偶属于第一顺序的法定继承人。我国《继承法》对配偶之间的相互继承权作了十分广泛的规定，不仅规定夫妻有相互继承财产的权利，而且生存一方依继承法取得死者遗产的所有权后，即有权根据自己的意愿和利益在法律允许的范围内占有、使用和处分这些财产，不受非法干涉。我国《继承法》第30条规定："夫妻一方死亡后另一方再婚的，有权处分所继承的财产，任何人不得干涉。"

2. 子女。子女是直系血亲卑亲属中最亲近的人，属于第一顺序的法定继承人，都享有平等的继承权。例如，《瑞士民法典》第457条规定："被继承人的最近继承人为直系卑血亲。"《日本民法典》第887条规定："被继承人的子女为继承人。"《意大利民法典》第565条规定："在法定继承中，遗产按照本章的规定及顺序属于配偶、婚生卑亲属、私生卑亲属、直系尊亲属、旁系亲属、其他亲属和国家。”“我国台湾地区民法典”第1138条规定：“遗产继承人，除配偶外，依下列顺序定之：①直系血亲卑亲属。②父母。③兄弟姐妹。④祖父母。”第1139条规定：“前条所定第一顺序之继承人，以亲等近者为先。”

我国《继承法》第10条第1款规定：“遗产按照下列顺序继承：第一顺序：……子女……”据此，在我国，子女属于第一顺序的法定继承人。

综观世界各国，其继承立法都毫无例外地将婚生子女列入法定继承人的范围，一般也都将非婚生子女和养子女列入法定继承人的范围，但是有些国家对非婚生子女的继承权作了许多不平等的歧视性规定。例如，《法国民法典》规定非婚生子女只能继承相当于婚生子女一半的财产。我国《继承法》赋予非婚生子女和婚生子女平等的继承权，有利于保障非婚生子女的合法权益。

需要说明的是，从世界各国的继承立法来看，大多数国家都不承认继子女对继父母遗产的继承权。仅有少数国家规定，符合法定条件的继子女对继父母的遗产享有继承权，例如，法国和中国。根据《法国民法典》的规定，继子女为继父或者继母收养的，则享有与继父或者继母的亲生子女同样的继承份额。如前所述，根据我国《继承法》第10条第1款的规定，子女属于第一顺序的法定继承人，而我国《继承法》第10条第3款规定：“本法所说的子女，包括婚生子女、非婚生子女、养子女和有扶养关系的继子女。”由此可见，在我国，有扶养关系的继子女属于第一顺序的法定继承人。需要注意的是，我国最高人民法院《关于贯彻执行〈中华人民共和国继承法〉若干问题的意见》第21条第1款规定：“继子女继承了继父母遗产的，不影响其继承生父母的遗产。”据此，在我国，有扶养关系的继子女享有双重继承权，亦即有扶养关系的继子女既可以继承有扶养关系的继父母的遗产，也可以继承生父母的遗产。

3. 父母。父母是与被继承人最近的直系尊亲属，父母子女之间互享继承权是各国和地区继承法的通例。例如，《瑞士民法典》第458条规定：“被继承人无直系卑血亲的，遗产由其父母系继承。”《意大利民法典》第565条规定：“在法定继承中，遗产按照本章的规定及顺序属于配偶、婚生卑亲属、私生卑亲属、直系尊亲属、旁系亲属、其他亲属和国家。”“我国台湾地区民法典”第1138条规定：“遗产继承人，除配偶外，依下列顺序定之：①直系血亲卑亲属。②父母。③兄弟姐妹。④祖父母。”第1139条规定：“前条所定第一顺序之继承人，以亲等近者为先。”《日本民法典》第889条规定：“无第887条规定的继承人时，下列人依下列顺位成为继承人：①直系尊亲属。但是亲等不同者之间，以亲等近者为先……”

我国《继承法》第10条第1款规定：“遗产按照下列顺序继承：第一顺序：……父母……”据此，在我国，父母属于第一顺序的法定继承人。

世界各国的继承立法无一例外地都将婚生子女的父母列入法定继承人的范围，一般也都将非婚生子女的父母和养父母列入法定继承人的范围，需要说明的是，从

世界各国的继承立法来看，大多数国家都不承认继父母对继子女遗产的继承权。如前所述，根据我国《继承法》第10条第1款的规定，父母属于第一顺序的法定继承人，而我国《继承法》第10条第4款规定："本法所说的父母，包括生父母、养父母和有扶养关系的继父母。"由此可见，在我国，有扶养关系的继父母属于第一顺序的法定继承人。需要注意的是，我国最高人民法院《关于贯彻执行〈中华人民共和国继承法〉若干问题的意见》第21条第2款规定："继父母继承了继子女遗产的，不影响其继承生子女的遗产。"据此，在我国，有扶养关系的继父母和有扶养关系的继子女一样，也享有双重继承权，亦即有扶养关系的继父母既可以继承有扶养关系的继子女的遗产，也可以继承生子女的遗产。

4. 兄弟姐妹。兄弟姐妹是旁系血亲中最亲近的人，包括同父母的兄弟姐妹、同父异母或者同母异父的兄弟姐妹、养兄弟姐妹和有扶养关系的继兄弟姐妹。无论是亲兄弟姐妹，还是养兄弟姐妹和有扶养关系的继兄弟姐妹，他们相互之间都有继承权，都属于法定继承人的范围。

《意大利民法典》第565条规定："在法定继承中，遗产按照本章的规定及顺序属于配偶、婚生卑亲属、私生卑亲属、直系尊亲属、旁系亲属、其他亲属和国家。""我国台湾地区民法典"第1138条规定："遗产继承人，除配偶外，依下列顺序定之：①直系血亲卑亲属。②父母。③兄弟姐妹。④祖父母。"《日本民法典》第889条规定："无第887条规定的继承人时，下列人依下列顺位成为继承人：……②兄弟姐妹。……"

我国《继承法》第10条第1款规定："遗产按照下列顺序继承：……第二顺序：兄弟姐妹……"据此，在我国，兄弟姐妹属于第二顺序的法定继承人。

关于兄弟姐妹之间的继承权，需要注意的是：首先，被收养人与其亲兄弟姐妹之间的权利义务关系，因收养关系的成立而解除，不能互为第二顺序继承人。其次，继兄弟姐妹之间的继承权，因继兄弟姐妹之间的扶养关系而发生，没有扶养关系的，不能互为第二顺序继承人。此外，继兄弟姐妹相互继承遗产的，不影响其继承亲兄弟姐妹的遗产。

5. 祖父母、外祖父母、孙子女、外孙子女。祖父母、外祖父母分别为父亲和母亲的父母。法律赋予他们同等的法律地位，列为同一顺序的法定继承人。这里所称的祖父母、外祖父母包括亲祖父母、亲外祖父母，同时也包括养祖父母、养外祖父母以及有扶养关系的继祖父母、继外祖父母。

从世界各国的继承立法看，多数国家都将祖父母、外祖父母、孙子女、外孙子女列入法定继承人的范围。例如，《意大利民法典》第565条规定："在法定继承中，遗产按照本章的规定及顺序属于配偶、婚生卑亲属、私生卑亲属、直系尊亲属、旁系亲属、其他亲属和国家。"但是有的国家对养祖父母的继承权加以限制，例如《瑞士民法典》第459条规定："①被继承人既无直系卑血亲亦无父母系的继承人的遗产由其祖父母系继承。……"第460条第1款规定："血亲继承的权利于祖父母系止。"

我国《继承法》第10条第1款规定："遗产按照下列顺序继承：……第二顺序：……祖父母、外祖父母。"据此，在我国，祖父母、外祖父母属于第二顺序的法定继承人。

值得一提的是，我国《继承法》第12条规定："丧偶儿媳对公婆、丧偶女婿对岳父岳母尽了主要赡养义务的，作为第一顺序法定继承人参加继承。"我国最高人民法院《关于贯彻执行〈中华人民共和国继承法〉若干问题的意见》第29条规定："丧偶儿媳对公婆、丧偶女婿对岳父岳母，无论其是否再婚，依继承法第12条规定作为第一顺序继承人时，不影响其子女代位继承。"上述规定被认为是我国继承制度的独创，是世界上其他任何国家的继承立法所没有的。尽了赡养义务的丧偶儿媳和丧偶女婿与被继承人之间形成了扶养关系。在继承法律制度中，由于这种赡养关系，将本不属于法定继承人的儿媳和女婿列为第一顺序继承人，作为法定继承人对待，并且与被继承人的配偶、子女、父母共同继承被继承人的遗产，享有完全平等的法律地位，体现了权利和义务的一致性。这与其他国家将这类情形列为遗产酌给请求权人是完全不同的。我国《继承法》之所以将尽了主要赡养义务的儿媳和女婿列入法定继承人的范围，让其与其他法定继承人享有完全的继承权，一方面是为了鼓励丧偶儿媳承担赡养公婆、丧偶女婿承担赡养岳父母的责任，使其老有所依；另一方面也是为了维护家庭的社会职能，减轻国家和社会的负担。将尽了主要赡养义务的丧偶儿媳、女婿列入法定继承人的范围，以事实上形成的权利义务关系作为取得继承权的根据，从而打破了以血缘关系、婚姻关系确定继承人的传统做法，符合当今世界上继承立法的趋势，同时也符合我国的国情。计划生育是我国的一项基本国策，随着计划生育工作的深入，旁系血亲的范围会逐渐减少，直系血亲系统也会更趋于简单化，即一脉相传的情况会大量存在，因此强调姻亲的法律地位，发挥姻亲在赡养老人中的作用具有非常重要的意义。[1]

（二）法定继承人的继承顺序

法定继承人的继承顺序又称法定继承人的顺位，是指法律直接规定的法定继承人参加继承的先后次序。其目的旨在维护社会秩序的稳定，防止继承纠纷的发生。各国和地区的继承立法一般是以血缘关系的亲疏远近为根据而确定法定继承人的继承顺序的，但是规定的顺序有所不同。

各个国家和地区的继承立法一般都规定了法定继承人的继承顺序。例如，《日本民法典》第887条第1款规定："被继承人的子女为继承人。"第889条第1款规定："无第887条规定的继承人时，下列人依下列顺位成为继承人：①直系尊亲属。但是亲等不同者之间，以亲等近者为先；②兄弟姐妹。"第890条规定："被继承人的配偶恒为继承人。于此情形，有前3条规定的继承人时配偶与这些人为同顺位继承人。""我国台湾地区民法典"第1138条规定："遗产继承人，除配偶外，依下列顺

---

〔1〕 于静：《比较家庭法》，人民出版社2006年版，第345～346页。

序定之：①直系血亲卑亲属。②父母。③兄弟姐妹。④祖父母。”我国《继承法》第10条规定：“遗产按照下列顺序继承：第一顺序：配偶、子女、父母。第二顺序：兄弟姐妹、祖父母、外祖父母。……”第12条规定：“丧偶儿媳对公婆、丧偶女婿对岳父岳母尽了主要赡养义务的，作为第一顺序法定继承人参加继承。”上述所列各国和地区关于继承顺序的确定，主要的依据是血缘关系的亲属远近，这也是世界各国和地区的继承立法在确定法定继承人继承顺序时的主要依据。同时，我国的继承立法还考虑了继承人和被继承人之间实际扶养关系的存在。

在法定继承中，并非所有的法定继承人同时参加继承，而是按照继承顺序继承。法定继承人的继承顺序具有次序性，先由前一顺序的法定继承人继承，在有前一顺序的法定继承人并且未放弃或者丧失继承权的情况下，后一顺序的法定继承人则不能行使继承权。只有在没有前一顺序的法定继承人或者前一顺序的所有法定继承人均放弃继承权或者丧失继承权的情况下，后一顺序的法定继承人才可以行使继承权继承遗产。

四、代位继承

（一）代位继承的概念

代位继承是法定继承的一种特殊形式。所谓代位继承，又称间接继承，是指继承人先于被继承人死亡时，由继承人的晚辈直系血亲代为取得其应继份额的一种制度。其中先于被继承人死亡的继承人，称为被代位继承人，先于被继承人死亡的继承人的晚辈直系血亲，称为代位继承人。

代位继承制度始于罗马法中的按股继承。古今中外各国的继承立法一般都设立了代位继承制度。作为法定继承的一种特殊形式，代位继承制度是法定继承制度的一种必要补充。其目的旨在保护被继承人的晚辈直系血亲的民事权益。

（二）代位继承的构成要件

1. 被代位继承人先于被继承人死亡。被代位继承人必须先于被继承人死亡才发生代位继承。若继承人的死亡发生在被继承人死亡之后，即使遗产尚未分割或者正在分割的过程中，此时只能发生转继承，而不发生代位继承。此处所称的死亡包括自然死亡和宣告死亡。例如，《日本民法典》第887条规定：“……②被继承人的子女于继承开始前死亡或因符合第891条规定或因废除而丧失继承权时，其子女代位成为继承人，但是，非被继承人的直系卑亲属者不在此限。③前款规定准用于代位人于继承开始前死亡或者因符合第891条规定或因废除而丧失继承权情形。”“我国台湾地区民法典”第1140条规定：“第1138条所定的第一顺序之继承人，有于继承开始前死亡或丧失继承权者，由其直系血亲卑亲属代位继承其应继份。”

2. 被代位继承人通常为被继承人的子女，但是有些国家的代位继承制度中的被代位继承人还包括被继承人的父母、祖父母、兄弟姐妹等。例如，《瑞士民法典》第457条规定：“……③子女死亡，由其直系卑血亲代位继承，以亲系亲等为序。”第458条规定：“……③父或母死亡，由其直系卑血亲代位继承，以亲系亲等为序。④父和母中一方无直系血亲的，由他方的直系卑血亲全部继承。……”第 459 条规定：“……③祖父或祖母死亡，由其直系卑血亲代位继承。……”我国《继承法》第 11 条规定：“被继承人的子女先于被继承人死亡的，由被继承人的子女的晚辈直系血亲代位继承。代位继承人一般只能继承他的父亲或者母亲有权继承的遗产份额。”据此规定，在我国，被代位继承人须为先于被继承人死亡的子女，而被继承人的配偶、父母、兄弟姐妹均不得成为被代位继承人。

3. 代位继承人通常为被继承人的晚辈直系血亲，亦即一般限于被代位继承人的子女及其晚辈直系血亲，被继承人的直系血亲尊亲属不得代位继承，但是有些国家的代位继承制度中的代位继承人还包括被继承人的旁系亲属。许多国家都规定代位继承不受代数的限制。例如，《法国民法典》第 740 条规定：“直系卑血亲均可代位继承，并无代数限制。”第 741 条规定：“代位继承，不为直系尊血亲之利益发生。两系中任何一系均按最近的亲等排除最远的亲等而为继承。”第 742 条规定：“旁系中，死者的兄弟姐妹的子女与直系卑血亲亦允许代位继承。”第 744 条规定：“某人曾放弃继承被继承人的遗产，该人仍可代替被继承人的地位。就行使代位权而言法律并不区分婚生子女与非婚生子女。”《意大利民法典》第 468 条第 1 款规定：“可以进行代位继承的人：直系亲属中的婚生卑亲属、准正的卑亲属、收养的卑亲属以及私生卑亲属；旁系亲属中被继承人的兄弟姐妹的卑亲属。”第 469 条第 1 款规定：“代位继承不受辈分的限制，无论是属于同一亲等还是不同亲等的卑亲属，也无论每一支的人数多少，都享有代位权。”

（三）代位继承和转继承的区别

转继承又称转归继承、连续继承、再继承、二次继承，是指继承人在继承开始后遗产分割前也死亡时，其有权继承的遗产转由其继承人继承的制度。转继承中的继承人不限于被继承人的子女的晚辈直系血亲，这是转继承与代位继承的主要区别所在。我国最高人民法院《关于贯彻执行〈中华人民共和国继承法〉若干问题的意见》第 52 条规定：“继承开始后，继承人没有表示放弃继承，并于遗产分割前死亡的，其继承遗产的权利转移给他的合法继承人。”由此可见，转继承不同于代位继承，其主要区别表现在以下几个方面：

1. 发生的时间和成立的条件不同。转继承是继承人在被继承人死亡后，在未实际取得遗产前死亡或被宣告死亡。代位继承是因为继承人先于被继承人死亡而发生。由此可见，继承人死亡的时间是代位继承与转继承最主要的区别。

2. 主体不同。转继承人可以是被转继承人的所有法定继承人。综观世界各国的继承制度，代位继承人通常为被继承人的晚辈直系血亲，亦即一般限于被代位继承人的子女及其晚辈直系血亲，被继承人的直系血亲尊亲属不得代位继承，但是有些国家的代位继承制度中的代位继承人还包括被继承人的旁系亲属，如法国、意大利等国家。

3. 适用范围不同。转继承则既可以适用于法定继承，也可以适用于遗嘱继承。综观世界各国的继承制度，一般都规定代位继承只适用于法定继承，而不适用于遗嘱继承，但是也有例外，如意大利等国家。《意大利民法典》第467条第2款规定："如果遗嘱人对于被指定的继承人不能或者不愿意接受遗产或遗赠的情况未作规定并且放弃的遗赠不涉及用益权或者其他具有人身性质的权利，则发生遗嘱代位继承。"

五、法定继承中的遗产分配

（一）法定继承的遗产分配原则

所谓法定继承的遗产分配原则，是指在法定继承中，数个同一继承顺序的继承人共同继承被继承人的遗产时，应当如何确定各个继承人的继承份额。继承份额又称应继份额，是指各个继承人在继承被继承人遗产时各自所能够分得的份额。当有数个继承人共同继承遗产时，各继承人所得份额的多少需要依一定的原则来确定，以免发生纠纷。此处所探讨的继承份额是法定的继承份额或者遗嘱继承中没有涉及的继承份额，即直接由法律规定的继承份额，而非遗嘱中已经确定的继承份额。

关于法定继承的遗产分配原则，各国的继承制度有两种立法例：①由法律直接规定各法定继承人的应继份额；②规定同一顺序的法定继承人均分遗产。

有些国家和地区的继承立法一般都规定，同一顺序的继承人继承遗产的份额均等。这种规定相对而言，比较公平合理。例如，《日本民法典》第900条规定："……②子女、直系尊亲属或兄弟姐妹为数人时，其各自的应继份相等。……""我国台湾地区民法典"第1141条规定："同一顺序之继承人有数人时，按人数平均继承。但法律另有规定者，不在此限。"我国《继承法》第13条第1款规定："同一顺序的继承人继承遗产的份额，一般应当均等。"

许多国家都规定了继承人的继承份额不均等的特殊情形。例如，《日本民法典》第900条规定："①同顺位的继承人有数人时，依下列规定确定其应继份：子女及配偶为继承人时，子女的应继份及配偶的应继份各为1/2；配偶及直系尊亲属为继承人时，配偶的应继份为2/3，直系尊亲属的应继份为1/3；配偶及兄弟姐妹为继承人时，配偶的应继份为3/4，兄弟姐妹的应继份为1/4。②……非婚生子女的应继份为婚生子女应继份的1/2；同父异母或同母异父的兄弟姐妹的应继份为同父同母的兄弟姐妹应继份的1/2。"《法国民法典》第766条规定："如死者未遗有有继承权的父系或母系的任何亲属，或死者仅遗有除兄弟姐妹或他们的直系卑血亲以外的旁系血亲时，遗产的半数，尽管有第753条的规定，仍归属于未离婚而尚生存且未经具有既判力的判决分居的配偶。"《德国民法典》第1931条规定："①如果被继承人的生存配偶与第一顺序亲属同时存在，则以遗产的1/4取得法定继承人的资格；如果与第二顺序亲属或者与祖父母同时存在，则以遗产的1/2取得法定继承人的资格。如果是祖父母和祖父母的晚辈直系血亲共同继承，配偶从另外的1/2当中获得归属于晚辈直系血亲的份额。……"《瑞士民法典》第462条规定："尚生存配偶有权继承：①与直系卑血亲共同继承时继承1/2遗产；②与父母系继承人共同继承时继承3/4遗产；③父母系亦无继承人时继承全部遗产。"我国《继承法》第13条规定："……对生活有特殊困难的缺乏劳动能力的继承人，分配遗产时，应当予以照顾。对被继承人尽了主要扶养义务或者与被继承人共同生活的继承人，分配遗产时，可以多分。有扶养能力和有扶养条件的继承人，不尽扶养义务的，分配遗产时，应当不分或者少分。继承人协商同意的，也可以不均等。”

六、继承人之外的遗产取得人

所谓继承人之外的遗产取得人，是指法定继承人以外的根据法律规定而取得被继承人的遗产的公民。在现实生活中，和被继承人有密切联系的不限于法定继承人，还包括那些虽然不是法定继承人，但是对被继承人尽了扶养义务或者依靠被继承人扶养的人。在被继承人死亡后，他们可以依法分得适当的遗产。

我国《继承法》第 14 条规定：“对继承人以外的依靠被继承人扶养的缺乏劳动能力又没有生活来源的人，或者继承人以外的对被继承人扶养较多的人，可以分给他们适当的遗产。”

法定继承人之外的遗产取得人，有的可能是被继承人的远亲属，有的可能和被继承人完全没有亲属关系，因此他们不是继承人，对被继承人的遗产本不享有继承权。法律之所以赋予他们取得遗产的权利，是基于他们和被继承人之间存在特别的扶养关系。这种依法取得遗产的法定继承人之外的人，其取得遗产的权利是独立的，不依附于继承人的继承权。被继承人死亡后，继承人之外的遗产取得人就有权亲自或者由其法定代理人主张取得被继承人适当份额的遗产。但是这并不意味着他们享有和法定继承人同等的权利，而应当根据遗产取得人的实际状况和遗产的数量确定其可获得遗产的份额。

根据我国《继承法》第 14 条的规定，继承人之外的遗产取得人有两类：一类是依靠被继承人扶养的缺乏劳动能力又没有生活来源的人；另一类是对被继承人扶养较多的人。这两类人都是被继承人的法定继承人以外的人。缺乏劳动能力又没有生活来源而依靠被继承人扶养的，主要是那些尚未成年、不具备劳动能力或者由于年迈体弱、病残而丧失劳动能力，除了社会救济以外没有被继承人的扶助就无法取得生活来源的人。他们与被继承人之间并不存在任何扶养与被扶养的权利义务关系，因而不享有继承权。我国《继承法》之所以规定这类人可以取得适当的遗产，既是国家对社会成员之间互爱互助行为的一种支持，又符合被继承人的意愿，可以有效发挥遗产的社会效益。对被继承人生前扶养较多的人，是指在被继承人生前对其进行物质帮助、生活照料和精神慰藉的继承人之外的公民（例如，丧偶女婿、丧偶儿媳或者被继承人的邻居、远亲属等）。这类人与被继承人在法律上并没有互相扶养的义务，也不享有继承其遗产的权利，其取得被继承人的遗产，是基于他们对被继承人进行了扶养，他们对被继承人的扶养完全是出于道德的要求。我国《继承法》赋予其取得遗产的权利，既符合权利义务相一致的原则，又能鼓励互爱互助和尊老养老的行为。[1]

---

〔1〕 于静：《比较家庭法》，人民出版社 2006 年版，第 354 ~ 355 页。

第四节 遗嘱继承

一、遗嘱继承的概念和特征

（一）遗嘱继承的概念

遗嘱继承又称指定继承，是与法定继承相对应的一种继承方式，是指被继承人死亡后按照其生前所立的遗嘱继承其遗产的法律制度。在遗嘱继承中，遗产的继承人及其继承遗产的数额都是由被继承人在遗嘱中指定的，因此遗嘱继承也称指定继承。在遗嘱继承中，生前立有遗嘱的被继承人称为遗嘱人或者立遗嘱人，依照遗嘱的指定享有遗嘱继承权的人为遗嘱继承人。

关于指定继承人的范围，各国的法律规定有所不同。有的国家，如英国，可指定任何人作为继承人。美国1938年《遗嘱法案》第7条和第9条也有同样的规定：任何思想健全的成年人都能够订立遗嘱，将死亡时他的或她的遗产给任何他或她选择的人。如果遗嘱是书面形式且由立遗嘱的人在两名证人在场的情况下签名，并且证人须证实遗嘱，这样的遗嘱合法有效。有的国家则有所限制，如《保加利亚继承法》第14条规定："遗嘱人得以遗嘱处分自己的全部财产，归其法定继承人、国家或社会团体承受。"

我国《继承法》第16条第1款规定："公民可以依照本法规定立遗嘱处理个人财产，并可以指定遗嘱执行人。"该条第2款规定："公民可以立遗嘱将个人财产指定由法定继承的一人或者数人继承。"可见，在法定继承中，继承人的范围、继承顺序、应继份额和遗产的处理等都由法律直接规定。而在遗嘱继承中，继承人和遗产的分配是按照被继承人在其遗嘱中的指定来确定的。这是它们之间最显著的区别。

此外，指定继承人时，要指明继承的份额。如果指明继承的份额只限于遗产的一部分，则其余部分依法定程序继承。

（二）遗嘱继承的特征

作为现代各国法律所普遍确认的一种继承方式，相对于法定继承而言，遗嘱继承具有如下特征：

1. 遗嘱继承以被继承人死亡和立有遗嘱为发生根据。作为一种民事法律关系，遗嘱继承发生的原因是典型的法律事实的构成。构成遗嘱继承的要件事实有两个，即被继承人死亡和被继承人生前所设立的合法有效的遗嘱。这两个法律事实相辅相成、不可或缺。如果被继承人死亡，但是被继承人生前未设立合法有效的遗嘱，则不能发生遗嘱继承；如果被继承人生前设立了合法有效的遗嘱，但是被继承人尚未死亡，那么也不能发生遗嘱继承。相比而言，构成法定继承的要件事实只有一个，即被继承人死亡。

2. 遗嘱继承的财产性较强。继承法兼具身份法与财产法的双重特性。在法定继承与遗嘱继承这两种继承方式中，身份性和财产性的侧重不同。特定的身份关系是法定继承赖以成立的基础。确定法定继承人的范围、顺序和遗产份额的根据是血缘关系、婚姻关系和扶养关系，并且被严格限定在有扶养关系的家庭成员的范围之内。相比而言，遗嘱继承没有如此强烈的身份色彩。除了遗嘱继承人必须是法定继承人，使遗嘱继承间接受制于法定继承人的身份影响之外，遗嘱继承并不受身份关系的直接牵制；身份关系的亲疏远近并不构成遗嘱继承的决定性因素。遗嘱人可以指定法定继承人中的一人或者数人为继承人；也可以改变法定继承顺序，指定后位顺序的法定继承人为继承人；还可以不受法定继承的份额标准的限制，直接指定继承人的份额。

3. 遗嘱继承直接体现被继承人的意思。遗嘱是遗嘱人处分财产的单方法律行为。只要遗嘱人的意思表示真实，不为法律所禁止，即可发生遗嘱继承的法律效力。在遗嘱继承中，遗嘱人可以确定继承人以及其顺序及份额。按照遗嘱进行继承，充分体现了对遗嘱人自由处分其财产权利的尊重。遗嘱人立遗嘱的行为完全是依据其个人意愿所为的自由处分，往往更能切合具体继承关系的实际和继承人的需要。相比而言，法定继承是对被继承人的意思的一种法律推定，即由于被继承人生前没有设立合法有效的遗嘱，法律推定被继承人愿意将自己的遗产给予所有的法定继承人以均等的份额共同继承。

4. 遗嘱继承具有优先于法定继承的效力。在法律效力方面，遗嘱继承排斥并优先于法定继承。首先，在继承开始后，有遗嘱的，应当适用遗嘱继承；只有在被继承人没有遗嘱或遗嘱无效的情况下才能适用法定继承。其次，遗嘱继承人必须是法定继承人，但在遗嘱继承人的具体指定上又具有灵活性，可以指定法定继承人中的一人或者数人为继承人，而且不受法定继承人的法定顺序的限制，同时不受法定继承应继份的影响，可以直接指定继承人的继承份额。

二、遗嘱的有效要件

合法有效的遗嘱是遗嘱继承的法律依据，因此遗嘱必须符合法定的有效要件。遗嘱的有效要件包括实质要件和形式要件。一般而言，一个合法有效的遗嘱必须同时具备实质要件和形式要件，缺一不可。

（一）遗嘱的实质要件

1. 遗嘱人须具有遗嘱能力。许多国家和地区的立法例对于遗嘱人的遗嘱能力作了规定。例如，《德国民法典》第2229条规定：“①未成年人只在年满16周岁之后得立遗嘱。②未成年人立遗嘱无须法定代理人同意。③凡因病态精神错乱、精神耗弱和意识障碍而不能够认识其所做意思表示的意义并按此认识行事者不得立遗嘱。”《意大利民法典》第591条规定：“所有未被依法宣告为无行为能力的人都享有遗嘱处分权。无遗嘱能力的人：①未成年人；②因精神病受到禁治产宣告的禁治产人；③尽管未被宣告为禁治产人，但是，如果能证明在订立遗嘱时行为人无论何种原因不具备辨认能力或意思能力，即使是暂时无能力的人。任一利害关系人都可以对由本条规定的无遗嘱能力人订立的遗嘱提起诉讼。主张遗嘱无效的诉权自遗嘱执行之日起经过5年不行使而消灭。”《日本民法典》第961条规定：“已满15岁者，可以立遗嘱。”日本还规定禁治产人在特殊情况下可以订立遗嘱，按照法律解释原则，准禁治产人当然也可以订立遗嘱。如《日本民法典》第973条规定：“①禁治产人于心神恢复时立遗嘱，应有二名以上医师临场。②临场的医师，应于遗嘱上附记遗嘱人立遗嘱时处于非心神丧失状态的意旨，并签名盖章。但是，以密封证书立遗嘱时，应于其封纸上作上述记载，并签名盖章。”“我国台湾地区民法典”第1186条规定：“无行为能力人，不得为遗嘱。限制行为能力人，无须经法定代理人之允许，得为遗嘱。但未满16岁者，不得为遗嘱。”《瑞士民法典》第467条规定：“有判断能力且年满18岁的人以法律规定的范围和方式，有权以遗嘱处分其财产。”

我国《继承法》第22条第1款规定：“无行为能力或限制行为能力人所立遗嘱无效。”换言之，只有具有完全行为能力的人才能设立遗嘱并发生法律上的效力。限制行为能力人和无行为能力人均不具有遗嘱能力，不能设立遗嘱。决定遗嘱人有无遗嘱能力的时间标准，各国民法一般都认为应当以立遗嘱的时间为准。也就是说，遗嘱成立时立遗嘱人必须有遗嘱能力，该遗嘱才能有效。我国最高人民法院《关于贯彻执行〈中华人民共和国继承法〉若干问题的意见》第41条规定：“遗嘱人立遗嘱时必须有行为能力。无行为能力人所立的遗嘱，即使其本人后来有了行为能力，仍属无效遗嘱。遗嘱人立遗嘱时有行为能力，后来丧失了行为能力，不影响遗嘱的效力。”

综上所述，除了瑞士与我国的立法例均严格要求，只有具备完全民事行为能力的人才可以订立遗嘱外，其他国家的立法例一般都对遗嘱能力作出特殊规定：低于成年年龄的未成年人可订立遗嘱，但无行为能力者除外。

2. 遗嘱须为遗嘱人的真实意思表示。无论遗嘱以何种方式设立，都必须是遗嘱人真实的意思表示。如遗嘱是在违反遗嘱人意思的情况下订立的，可以请求废除或宣告无效。如《瑞士民法典》第469条就有类似的规定。我国《继承法》第22条第2款规定：“遗嘱必须表示遗嘱人的真实意思，受胁迫、欺诈所立的遗嘱无效。伪造的遗嘱无效。遗嘱被篡改的，篡改的部内容无效。”我国最高人民法院《关于贯彻执行〈中华人民共和国继承法〉若干问题的意见》第39条规定：“遗嘱人生前的行为与遗嘱的意思表示相反，而使遗嘱处分的财产在遗嘱开始前灭失、部分灭失或所有权转移、部分转移的，遗嘱视为被撤销或部分撤销。”据此规定，遗嘱人生前的所作所为如果与遗嘱的意思表示相反，应当以其生前的行为作为其真实的意思表示。

3. 遗嘱内容必须合法，不得违反法律的有关规定，不违反社会公共利益和善良风俗，包括不得违背社会的一般道德准则，不得剥夺缺乏劳动能力又没有生活来源的继承人的继承权，不得撤销胎儿的应继份额等。虽然几乎所有国家的继承立法均确立了遗嘱自由的原则，赋予公民享有通过订立遗嘱的方式处分自己财产的自由权利，但是各国继承立法一般都对遗嘱自由权的行使都给予了不同程度的限制。即使是主张"遗嘱绝对自由"的英美等国，也逐渐地通过立法手段对遗嘱自由作出某些限制性的规定或通过授予法官权力来酌情变更遗嘱，以保障死者的配偶、未成年子女或其他继承人的继承权不被遗嘱剥夺。例如，《法国民法典》第900条规定："在一切生前赠与和遗嘱的条款中，不可能的条件、违反法律和善良风俗的条件，应视为未订定。"

（二）遗嘱的形式要件

所谓遗嘱的形式要件，是指遗嘱的形式应当符合法律的规定。如果遗嘱的形式不符合法律的要求，则不具有法律效力。遗嘱是要式法律行为，因此遗嘱的订立必须符合法定的形式。不符合法定形式的遗嘱不发生法律上的效力。

各国和地区法律对于遗嘱的形式都有一定的要求。例如，根据美国1938年《遗嘱法案》第9条的规定，如果遗嘱是书面形式且由立遗嘱的人在两名证人在场的情况下签名，并且证人须证实遗嘱，这样的遗嘱是合法有效的。《日本民法典》第967条规定："遗嘱应以自书证书、公证证书或密封证书订立。但是，准许特别方式者，不在此限。""我国台湾地区民法典"第1189条规定："遗嘱应依下列方式之一为之：①自书遗嘱。②公证遗嘱。③密封遗嘱。④代笔遗嘱。⑤口授遗嘱。"

我国《继承法》第17条规定："公证遗嘱由遗嘱人经公证机关办理。自书遗嘱由遗嘱人亲笔书写，签名，注明年、月、日。代书遗嘱应当有两个以上见证人在场见证，由其中一人代书，注明年、月、日，并由代书人、其他见证人和遗嘱人签名。以录音形式立的遗嘱，应当有两个以上见证人在场见证。遗嘱人在危急情况下，可以立口头遗嘱。口头遗嘱应当有两个以上见证人在场见证。危急情况解除，遗嘱人能够用书面或者录音形式立遗嘱的，所立的口头遗嘱无效。"但是在实践中也可因具体情况灵活处理。根据我国最高人民法院《关于贯彻执行〈中华人民共和国继承法〉若干问题的意见》的规定，在《继承法》实施前订立的，形式上稍有欠缺的遗嘱，如果内容合法，又有充分证据证明确为遗嘱人真实意思表示的，则可以认定遗嘱有效。

从以上立法例看，各国和地区关于遗嘱表示的方式除了口头遗嘱外，其他均首先是书面形式。具体而言，大致可进行如下分类：

1. 自书遗嘱。各国和地区法律普遍规定，自书遗嘱为遗嘱人亲自书写、签字，并且注明立遗嘱的年、月、日。例如，《法国民法典》第970条规定："自书遗嘱，如其全部内容并非由遗嘱人亲笔书写注明日期并签字，不发生任何效力。自书遗嘱无须其他任何形式。""我国台湾地区民法典"第1190条规定："自书遗嘱者，应自书遗嘱全文，记明年、月、日，并亲自签名；如有增减、涂改，应注明增减、涂改之处所及字数，另行签名。"

我国《继承法》第17条第2款规定："自书遗嘱由遗嘱人亲笔书写、签名、注明年、月、日。"我国最高人民法院《关于贯彻执行〈中华人民共和国继承法〉若干问题的意见》第40条规定："公民在遗书中涉及死后个人财产处分的内容，确为死者真实意思的表示，有本人签名并注明了年、月、日，又是无相反证据的，可按自书遗嘱对待。”

2. 代书遗嘱。代书遗嘱又称代笔遗嘱，是指由遗嘱人口述，他人代笔，并由遗嘱人、见证人签名、盖章而形成的遗嘱。在遗嘱人没有文字书写能力或其他原因而不能亲笔书写遗嘱的情况下，请他人代书是实现遗嘱人立遗嘱意愿的重要途径，适合遗嘱人的实际需要。为了保证代书遗嘱的效力，大陆法系一般认为代书遗嘱需要三个以上见证人，其中的一个见证人可以作为代书人。如“我国台湾地区民法典”第1194条确定：“代笔遗嘱，由遗嘱人指定三人以上之见证人，由遗嘱人口述遗嘱意旨，使见证人中之一人笔记、宣读、讲解，经遗嘱人认可后，记明年、月、日及代笔人之姓名，由见证人全体及遗嘱人同行签名，遗嘱人不能签名者，应按指印代之。”

为保证代书遗嘱的真实性，我国《继承法》第17条第3款规定：“代书遗嘱应当有两个以上的见证人在场见证，由其中一人代书，注明年、月、日，并由代书人、其他见证人和遗嘱人签名。”如果遗嘱人不能签名，则不能由他人代为签名，而应当以捺指印代替签名。

3. 口头遗嘱。口头遗嘱由遗嘱人口述，他人记录，并于当场或者事后书面记录遗嘱内容，一般用于危急情况。口头遗嘱最为简便，但是容易失实，难以认定，也易为他人篡改、伪造，所以各国和地区法律一般也规定了最为严格的条件。大陆法系国家和地区一般规定口头遗嘱在危急情况解除后，一段时间内如果不采用其他的遗嘱形式补正则会自动失效。例如，“我国台湾地区民法典”第1195条规定：“遗嘱人因生命危急或其他特殊情形，不能依其他方式为遗嘱者，得依下列方式之一为口授遗嘱：①由遗嘱人指定二人以上之见证人，并口授遗嘱意旨，由见证人中之一人，将该遗嘱意旨，据实作成笔记，并记明年、月、日，与其他见证人同行签名。②由遗嘱人指定二人以上之见证人，并口授遗嘱意旨、遗嘱人姓名及年、月、日，由见证人全体口述遗嘱之为意旨及见证人姓名，全部予以录音，将录音带当场密封，并记明年、月、日，由见证人作全体在封缝处同行签名。”第1196条规定：“口授遗嘱，自遗嘱人能依其他方式为遗嘱之时起，经过3个月而失其效力。”第1197条规定：“口授遗嘱，应由见证人中之一人或利害关系人，于为遗嘱人死亡后3个月内，提经亲属会议认定其真伪，对于亲属会议之认定如有异议，得申请法院判定之。”

我国《继承法》第17条第5款规定：“遗嘱人在危急情况下，可以立口头遗嘱。口头遗嘱应当有两个以上见证人在场见证。危急情况解除后，遗嘱人能够用书面或者录音形式立遗嘱的，所立的口头遗嘱无效。”这里的“危急情况”一般是指遗嘱人生命垂危或者其他紧急情况（如重大军事行动、意外事故等）。

4. 公证遗嘱。公证遗嘱是指由遗嘱人亲自申请，经公证机构办理的遗嘱。公证是由公证机构对法律事实的真实性、合法性予以确认的行为，因此，公证遗嘱的证明力最强、证据效力最高。公证遗嘱是各国和地区公认的遗嘱的有效形式。《法国民法典》第971条规定："公证遗嘱，为经证人二人到场，由公证人二人作成的遗嘱，或经证人四人到场，由公证人一人作成的遗嘱。"《中国澳门地区民法典》第2039条规定："由公证员按公证法之规定而书写之遗嘱，为公证遗嘱。""我国台湾地区民法典"第1191条规定："公证遗嘱，应指定二人以上之见证人，在公证人前口述遗嘱旨，由公证人笔记、宣读、讲解，经遗嘱人认可后，记明年、月、日，由公证人、见证人及遗嘱人同行签名；遗嘱人不能签名者，由公证人将其事由记明，使按指印代之。前项所定公证人之职务，在无公证人之地，得由法院书记官行之，侨民在'中华民国'领事驻在地为遗嘱时，得由领事行之。"

我国《继承法》第17条第1款规定："公证遗嘱由遗嘱人经公证机关办理。"我国《继承法》第20条第3款规定："自书、代书、录音、口头遗嘱，不得撤销、变更公证遗嘱。"订立公证遗嘱，要求遗嘱人亲自与公证员一同办理，在公证员面前书写或者口述遗嘱内容，公证机构要审查遗嘱人的身份和遗嘱内容。公证遗嘱能充分尊重遗嘱人的真实意愿，保障遗嘱的真实性和合法性，因此公证遗嘱的效力高于其他形式的遗嘱。

5. 开封遗嘱和密封遗嘱。开封遗嘱又称公开遗嘱，密封遗嘱又称秘密遗嘱。这两种遗嘱形式为大多数国家和地区的立法例所采用，可谓历史悠久、源远流长。例如，《法国民法典》第969条规定："遗嘱得以亲笔，公证的或密封的方式为之。"《日本民法典》第967条规定："遗嘱应以自书证书、公证证书或密封证书为之。但适于特别方式场合不在此限。"此外，瑞士、我国台湾地区、澳门地区等均有关于密封遗嘱的规定。密封遗嘱具有如下特点：①须遗嘱人于遗嘱上签名；②须将遗嘱书密封，于密封处签名；③须遗嘱人指定两个以上的见证人并需要在公证人员面前提出；④须由公证人、遗嘱人及见证人于封面同行签名。和自书遗嘱相比，密封遗嘱具有较强的公信力；和公证遗嘱相比，密封遗嘱具有较高的保密性。

三、遗嘱的变更、撤销和执行

（一）遗嘱的变更与撤销

遗嘱是于遗嘱人死亡时才开始发生法律效力的单方民事法律行为，在遗嘱发生法律效力之前，遗嘱人可以随时变更或者撤销其所立的遗嘱。遗嘱的变更、撤销是遗嘱人自由处分自己财产的一种法律行为，无论遗嘱人因为什么原因而变更或者撤销原所立的遗嘱，各国法律均不加以禁止。

所谓遗嘱的变更，是指遗嘱人依法变动、更改其原来所立遗嘱的部分内容的单方民事法律行为。变更遗嘱是遗嘱人享有的权利，不需征得继承人或其他人的同意。变更遗嘱时，遗嘱人应具有民事行为能力，并且是其真实的意思表示，变更后的遗嘱当然也必须内容合法，并且依法律规定的形式进行。

所谓遗嘱的撤销，是指遗嘱人依法取消或者废除原来所立遗嘱的全部内容的民事法律行为。撤销遗嘱也是遗嘱人的权利，遗嘱人可以基于种种考虑撤销遗嘱，在遗嘱人死亡前随时撤销自己所立的遗嘱。撤销遗嘱也和变更遗嘱一样，也必须是自己的真实意思表示，并且由遗嘱人亲自进行，不得由他人代理，更不能委托他人于其死后代为撤销。

遗嘱的变更和撤销都属于民事法律行为，各国和地区的法律均有相关规定。例如，《意大利民法典》第680条规定："明示地撤销遗嘱只能以订立一份新遗嘱的方式进行，或者由遗嘱人在有两名证人在场的情况下，在书面文书中亲自向公证人作出全部或者部分撤销先前的遗嘱处分的声明。"第682条规定："在后订立的遗嘱未以明示的方式撤销先前遗嘱的情况下，如果先订立的遗嘱与后订立的遗嘱互相矛盾，则对于相互矛盾的遗嘱处分产生撤销的效力。"《日本民法典》第1122条规定："遗嘱人可以依遗嘱的方式，随时撤销其遗嘱的全部或一部。"第1123条规定："①前遗嘱与后遗嘱抵触时，关于抵触部分，视为以后遗嘱撤销前遗嘱。②前款规定，准用于遗嘱与遗嘱后的生前处分及其他法律行为抵触情形。""我国台湾地区民法典"第1219条规定："遗嘱人得随时依遗嘱之方式，撤回遗嘱之全部或一部。"我国《继承法》第20条规定："遗嘱人可以撤销、变更自己所立的遗嘱。立有数份遗嘱，内容相抵触的，以最后的遗嘱为准。自书、代书、录音、口头遗嘱，不得撤销、变更公证遗嘱。"我国最高人民法院《关于贯彻执行〈中华人民共和国继承法〉若干问题的意见》第39条规定："遗嘱人生前的行为与遗嘱的意思表示相反，而使遗嘱处分的财产在继承开始前灭失、部分灭失或所有权转移、部分转移的，遗嘱视为被撤销或部分撤销。"

遗嘱变更和撤销的方式包括明示方式和推定方式。

所谓遗嘱的变更和撤销的明示方式，是指遗嘱人公开为意思表示，明确表示对原立遗嘱进行修改或者撤销，但是必须符合遗嘱的法定形式，否则将不发生变更或撤销遗嘱的效力。自书、代书、录音、口头遗嘱，不得撤销、变更公证遗嘱。只有经公证机构办理公证，遗嘱人撤销或变更公证遗嘱的意思表示方为有效。

所谓遗嘱的变更和撤销的推定方式，是指根据遗嘱人的行为或者内容相抵触的前后数份遗嘱，法律上推定遗嘱人变更或者撤销原遗嘱。如遗嘱人以不同形式立有数份内容相抵触的遗嘱，其中有公证遗嘱的，以最后所立公证遗嘱为准；没有公证遗嘱的，以最后所设立的遗嘱为准。对数份内容相抵触的遗嘱进行推定的原则有二：一是公证遗嘱优先于一般形式遗嘱原则；二是后遗嘱优先于前遗嘱原则。遗嘱人生前行为与遗嘱内容相抵触的，推定遗嘱变更或者撤销。

一般来说，遗嘱的变更和撤销也要采用与设立相同的或者更具证明力的形式。具体而言，变更或者撤销遗嘱的方法主要有：①遗嘱人另立新的遗嘱，并在新的遗嘱中明确声明撤销或变更原来所立的遗嘱。但是，如果原来所立的遗嘱是公证遗嘱，遗嘱人事后变更或撤销时，则必须要采用重新订立公证遗嘱的程序和方式，其他四种遗嘱方式不能撤销或变更公证遗嘱。因为公证遗嘱比其他遗嘱方式具有更为优先的法律效力。例如，我国《继承法》第20条第3款规定："自书、代书、录音、口头遗嘱，不得撤销、变更公证遗嘱。"②遗嘱人立有数份遗嘱，即使遗嘱人并未在后面的遗嘱中明确宣布变更或撤销以前所立的遗嘱，但如果新遗嘱的内容与以前所立遗嘱的内容相抵触，则应视为前立遗嘱已被变更或撤销。例如，“我国台湾地区民法典”第1220条规定：“前后遗嘱有相抵触者，其抵触之部分，前遗嘱视为撤回。”我国《继承法》第20条第2款规定：“立有数份遗嘱，内容相抵触的，以最后遗嘱为准。”我国最高人民法院《关于贯彻执行〈中华人民共和国继承法〉若干问题的意见》第42条规定：“遗嘱人以不同形式立有数份内容相抵触的遗嘱，其中有公证遗嘱的，以最后所立公证遗嘱为准；没有公证遗嘱的，以最后所立的遗嘱为准。”③遗嘱人可以通过自己与遗嘱内容相抵触的行为来变更、撤销原来所立的遗嘱。因为在遗嘱订立以后，如果遗嘱人作出与遗嘱相抵触的行为，则被认为是十分明确地表明了遗嘱人对原遗嘱变更或撤销的意思表示。如“我国台湾地区民法典”第1221条规定：“遗嘱人于为遗嘱后所为之行为与遗嘱有相抵触者，其抵触部分，遗嘱视为撤回。”我国最高人民法院《关于贯彻执行〈中华人民共和国继承法〉若干问题的意见》第39条规定：“遗嘱人生前的行为与遗嘱的意思表示相反，而使遗嘱处分的财产在继承开始前灭失、部分灭失或所有权转移、部分转移的，遗嘱视为被撤销或部分被撤销。”④遗嘱人有损毁、涂销遗嘱的意思表示或写明废弃该遗嘱的，则此遗嘱被视为变更或撤销。如“我国台湾地区民法典”第1222条规定：“遗嘱人故意破毁或涂销遗嘱，或在遗嘱上记明废弃之意思者，其遗嘱视为撤回。”如果涂毁了遗嘱的部分内容，则其涂毁的部分应当视为已经被变更。如果遗嘱因损毁，使人辨别不清遗嘱的内容，则该遗嘱应当视为已经被全部撤销。遗嘱人应当亲笔记明废弃遗嘱的意思表示，如果由他人代笔，则必须有遗嘱人的签名或两个以上的无利害关系人的作证，否则不能认为遗嘱已被撤销。⑤由于不可抗力或第三人的行为，致使遗嘱损毁或涂销的，不能认为遗嘱已被撤销或变更。例如，房屋失火将遗嘱烧毁，因遗嘱内容无法证明而不生效；但如果有两个以上证人能够证明遗嘱内容的，并能证明遗嘱的损毁并非遗嘱人的故意行为，则该遗嘱仍然有效。

（二）遗嘱的执行

遗嘱自立遗嘱人死亡之日起生效。遗嘱一旦生效，即面临遗嘱执行的问题。遗嘱的执行是指在遗嘱发生法律效力以后，为实现遗嘱人在遗嘱中对遗产所作出的积极的处分行为以及其他有关事项而采取的必要措施。简言之，遗嘱执行即为了实现遗嘱的内容而实施的必要行为。遗嘱的执行是实现遗嘱继承的重要步骤，不仅对于实现遗嘱人的意志具有决定性的意义，而且对于保护遗嘱继承人和利害关系人的财产利益也具有重大意义。

遗嘱发生执行效力须具备两个条件：①遗嘱依法成立。遗嘱人立遗嘱必须符合法定条件，遗嘱继承也是在遗嘱人死亡时才开始，因此执行遗嘱的前提是遗嘱人所立的遗嘱合法有效，否则遗嘱执行无从谈起。②遗嘱人死亡。遗嘱自遗嘱人死亡之日起才能开始执行，因为遗嘱所反映的是遗嘱人处分其遗产的意思表示，只有在遗嘱人死亡时才能实现，即只有当遗嘱人死亡时遗嘱才获得执行效力。

1. 遗嘱执行人。由于遗嘱的执行必须在遗嘱人死后才能开始，因此遗嘱人不可能亲自执行遗嘱。如果由遗嘱继承人、利害关系人来执行，由于涉及个人利益问题，难免会有失公正而引起纠纷。这样，就出现了一个由谁来执行遗嘱人遗嘱的问题，也即由谁来担任遗嘱执行人的角色。

遗嘱执行人是依照遗嘱人生前的指定或者法律的规定而使遗嘱内容得以实现的个人或者组织。例如，《德国民法典》第2197条规定："被继承人可以通过遗嘱任命一名或数名遗嘱执行人。"《日本民法典》第1006条第1款规定："遗嘱人可以以遗嘱指定一人或数人为遗嘱执行人，或委托第三人指定遗嘱执行人。"我国《继承法》第16条第1款规定："公民可以依照本法规定立遗嘱处分个人财产，并可以指定遗嘱执行人。"

因为遗嘱的执行行为是一种民事法律行为，因此遗嘱执行人也必须具备相应的民事行为能力。各国和地区的法律都规定，遗嘱执行人必须具有相应的行为能力。例如，《意大利民法典》第701条第1款规定："不得任命不具备完全行为能力之人为遗嘱执行人。"《日本民法典》第1009条规定："无能力人及破产人，不得为遗嘱执行人。"各国和地区法律一般都规定，遗嘱执行人必须认真负责地履行职责，否则将被解任。例如，《意大利民法典》第703条规定："遗嘱执行人应当确保遗嘱人最后处分的正确执行。为执行遗嘱，遗嘱执行人应当占有遗产并且对全部遗产进行管理，遗嘱人有相反愿望的情况除外。遗嘱执行人占有遗产的时间自接受任命之日起计算，不得超过1年；在非常必要的情况下，司法机关可以在听取继承人的意见之后准许延长占有期限，但是，这一延期不得超过1年。在遗产管理中，遗嘱执行人应当尽善良家父的注意义务，可以采取一切必要的管理措施。在必须转让遗产的情况下，遗嘱执行人应当请求司法机关的准许，司法机关应当听取继承人的意见。遗嘱执行人采取的任一行动都不得损害根据遗嘱或法律有权取得遗产之人放弃继承的权利或以享有遗产清单利益的方式接受继承的权利。"《日本民法典》第1019条规定："①遗嘱执行人怠为其任务时，或有其他正当事由时，利害关系人可以请求家庭法院将其解任。②遗嘱执行人有正当事由时，经家庭法院许可，辞去其任务。""我国台湾地区民法典"第1218条规定："遗嘱执行人怠于执行职务，或有其他重大事由时，利害关系人，得请求亲属会议改选他人；其由法院指定者，得申请法院另行指定。"

根据我国法律的规定以及司法实务，遗嘱执行人的确定有以下三种情况：①遗嘱继承人作为遗嘱执行人；②遗嘱人指定的遗嘱继承人以外的其他人作为遗嘱执行人；③遗嘱人生前所在单位或者继承开始地点的基层组织作为遗嘱执行人。

2. 遗嘱执行的程序。遗嘱执行人必须按照一定的程序执行遗嘱。为了保证遗嘱人的遗愿能够实现，当合法的遗嘱中有关于执行程序的内容时，必须按遗嘱执行。如果遗嘱中没有关于执行程序的内容时，则按法定程序执行。各国和地区立法一般是以确定遗嘱执行人职责的方式来规范法定执行程序的。例如，《中国澳门地区民法典》第2152条规定："遗嘱执行人具有由遗嘱人在法律限制之范围内赋予之职责。"第2153条规定："如遗嘱人无明确指出遗嘱执行人之职责，则遗嘱执行人负责以下事务：①按遗嘱之规定，或在遗嘱未有规定时，按地方上之习俗，料理遗嘱人之丧葬事宜、支付有关开支及附随之宗教仪式之开支；②监督遗嘱处分之执行，且必要时在法庭维护遗嘱之有效性；③按照第1918条第1款b项之规定，行使待分割财产管理人之职务。"又如"我国台湾地区民法典"第1179条规定："遗产管理人之职务如下：①编制遗产清册。②为保存遗产必要之处置。③申请法院依公示催告程序，限定1年以上之期间，公告被继承人之债权及受遗赠人，命其于该期间内报明债权及为愿受遗赠与否之声明，被继承人之债权人及受遗赠人为管理人所已知者，应分别通知之。④清偿债权或交付遗赠物。⑤有继承人承认继承或遗产归属国库时，为遗产之移交。前项第1项所定之遗产清册，管理人应于就职后3个月内编制之；第4款所定债权之清偿，应先于遗赠物之交付，为清偿债权或交付遗赠物之必要，管理人经亲属会议之同意，得变卖遗产。"

关于遗嘱执行的程序，各国和地区立法大致包括以下几个方面：

（1）遗嘱的开启和检视及查明遗嘱是否合法有效。例如，《瑞士民法典》第556条规定："①被继承人死亡时有遗嘱的，应立即呈交主管官厅，即使认为该遗嘱无效，亦同。②登记遗嘱或受委托保管遗嘱的官员，以及任何保管遗嘱的人或在被继承人的物品中发现遗嘱的人，在其直系卑继承人死亡时有履行前款规定的义务。③在呈交遗嘱后主管官厅应听取利害关系人的意见，将遗产暂交法定继承人或命令其暂时管理。"第557条规定："①主管官厅在收到遗嘱后的一个月内开启遗嘱。②开启遗嘱时，所有已知的继承人均应出席。③被继承人有一个以上遗嘱时，应全部呈交主管官厅并由其开启。"《德国民法典》第2259条规定："①占有未交付特别官方保管的遗嘱者，一旦得知被继承人死亡，即有义务毫不迟疑地向遗产法院提交遗嘱。②如果遗嘱处于法院以外的其他机关的官方保管之下，则在被继承人死亡后即应将遗嘱提交遗产法院。遗产法院一旦得知遗嘱的消息，即应督促提交。"《法国民法典》第1007条原则上要求向公证人提交遗嘱，并在公证人面前完成开封："凡是自书遗嘱或密封遗嘱在其付予执行之前，均应提交到公证人之手。如遗嘱上加盖有封印，应予开启。公证人当场制作开启遗嘱的笔录以及遗嘱状态笔录，并具体说明遗嘱存交时的情形。遗嘱以及制作的笔录以原本保存于保管人处。在笔录制作后的1个月内，公证人将经认证的笔录副本以及遗嘱的抄本寄送继承开始地的大审法院的书记室，由书记员签发收据，并将文件作为朱件予以保存。""我国台湾地区民法典"第1212条规定："遗嘱保管人知有继承开始之事实时，应即将遗嘱提示于亲属会议；无保管人而由继承人发见遗嘱者亦同。"第1213条规定："有封缄之遗嘱，非在亲属会议当场或法院公证处，不得开视。前项遗嘱开视时应制作记录，记明遗嘱之封缄有无毁损情形，或其他特别事情，并由在场之人同行签名。"对于遗嘱的开启和检视，各国的立法一般都作出了强制性规定，例如，《日本民法典》第1004条规定："①遗嘱的保管人知悉继承开始后，应从速将遗嘱提交于家庭法院，请求其检认。无遗嘱保管人时，继承人发现遗嘱后，亦同。②前款规定不适用于公证书遗嘱。③有封印的遗嘱，非于家庭法院并会同继承人或其代理人，不得启封。"第1005条还规定了罚则："怠依前条规定提交遗嘱未经检认而执行遗嘱或于家庭法院之外启封者，处5万日元以下罚款。"我国《继承法》中没有关于遗嘱的开启和检视的规定，需要予以完善。

（2）制作遗产清单或者遗产目录。制作遗产清单或者遗产目录的目的在于明确遗嘱人以遗嘱方式处分的遗产范围和价值。无论是从管理遗产和执行遗嘱的需要、方便继承人决定接受或放弃继承权，还是防止继承人或存有遗产的人隐匿侵占遗产、损害受遗赠人和债权人及其他利害关系人的利益等各个方面考虑，都有必要制作遗产清单。例如，《日本民法典》第1111条规定："①遗嘱执行人应从速制作财产目录，并交付于继承人。②继承人有请求时，遗嘱执行人应会同继承人制作财产目录，或者使公证人制作财产目录。""我国台湾地区民法典"第1214条规定："遗嘱执行人就职后，于遗嘱有关之财产，如有编制清册之必要时，应即编制遗产清册，交付继承人。"

（3）遗产的保管。为防止遗产的损毁、灭失等情况的发生，遗嘱执行人应当亲自或委托他人对遗产加以妥善保管。例如，《瑞士民法典》第554条规定："①在下列情况下，命令管理遗产：当继承人不在且无代理人时，但以其利益的需要为限；当声明人中无人能证明其继承权，或某继承人生死不明时；当未知悉被继承人的全部继承人时；法律规定的特别情况。②被继承人指定的遗嘱执行人有遗产的管理权。③被监护人死亡时，遗产管理权归属监护人。但另约定时，不在此限。"《日本民法典》第918条规定："①继承人应以对自己固有财产同样的注意，管理继承财产。但是，已表示承认或放弃者不在此限。②家庭法院因利害关系人或检察官的请求可以随时命令就继承财产的保存实行必要处分。③家庭法院选任了管理人时，准用第27～29条的规定。""我国台湾地区民法典"第1177条规定："继承开始时，继承人之有无不明者，由亲属会议于1个月内选定遗产管理人，并将继承开始及选定遗产管理人之事由，向法院报明。"第1178条之一规定："继承开始时继承人之有无不明者，在遗产管理人选定前，法院得因利害关系人或检察官之申请，并保存遗产之必要处置。"第1181条规定："遗产管理人非于第1179条第1项第3款所定期间届满后，不得对被继承人之任何债权人或受遗赠人，偿还债务或交付遗赠物。"

（4）公布遗嘱内容、遗产状况。召集全体遗嘱继承人和受遗赠人，明确各自的继承权和受遗赠权、各自应得的遗产份额或受遗赠数额，以及遗嘱中所指定的其他内容，如债务的清偿等，以便于继承人和受遗赠人能够及时地作出接受或放弃继承或遗赠的意思表示，以利于遗嘱的顺利执行。"我国台湾地区民法典"第1180条规定："遗产管理人，因亲属会议、被继承人之债权或受遗赠人之请求，应报告或说明遗产之状况。"

（5）债务的清偿。在遗嘱中如果包括债务，则遗嘱执行人负有协助遗嘱继承人或受遗赠人清偿债务的义务。

（6）转交遗产。按照遗嘱内容将遗产依法转交给遗嘱继承人或受遗赠人。对遗嘱的内容，遗嘱执行人无权做任何更改。

（7）对遗嘱执行权的保护和限制。遗嘱执行人按照法律规定和遗嘱的内容执行遗嘱时，任何人不得妨碍和干涉。继承人和其他任何人不得妨碍遗嘱执行人履行职责，也不得自行处分遗嘱人在遗嘱中规定的有关财产。否则，遗嘱执行人有权请求法院责令其排除妨碍并承担相应的赔偿责任。遗嘱执行人在执行遗嘱时，必须遵守法律和尊重遗嘱人的意愿，必须维护遗嘱继承人和受遗赠人的合法权益。遗嘱执行人在执行职务时，应对自己的故意及过失行为负责。如果遗嘱执行人为了自己的利益而使用应交付给继承人和其他利害关系人的遗产，应负返还和赔偿责任。

四、遗赠和遗赠扶养协议

（一）遗赠的概念和特征

遗赠是公民采用遗嘱的形式，将其财产的一部分或全部赠与国家、集体组织或者法定继承人以外的其他公民，并于其死后发生法律效力的单方民事法律行为。作为遗嘱继承的一种特殊形式，遗赠是遗嘱继承制度中不可缺少的组成部分。例如，《日本民法典》第41条规定：“①以生前处分实施捐助行为时，准用关于赠与的规定。②以遗嘱实施捐助行为时。准用关于遗赠的规定。”我国《继承法》第16条第3款规定：“公民可以立遗嘱将个人财产赠给国家、集体或者法定继承人以外的人。”在遗赠中，遗嘱人就是遗赠人，被遗嘱指定接受遗赠利益的人，即受遗赠人。

遗赠具有以下特征：①遗赠必须采用遗嘱的方式进行。虽然遗赠和遗嘱继承均须采用遗嘱的方式进行，但是两者在主体上有所不同：受遗赠人主要是指国家、集体和法定继承人以外的其他公民；而遗嘱继承人一般是指遗嘱中所指定的法定继承人。②遗赠是一种单方民事法律行为。遗赠只要求有遗赠人一方的意思表示即可有效成立。遗赠人以遗赠的方式将自己的财产赠给受赠人时，并不需要征得受赠人的同意，也不受其他人意志的制约。③遗赠是给予他人以财产利益的行为，是遗嘱人对自己财产的无偿转让。遗赠不得给予他人以单纯的义务或使受遗赠人接受遗赠后所负担义务超过其所享受的权利，因而遗赠人赠给受遗赠人的财产权利是无偿的，而不是等价有偿的。财产利益的转让不仅可以是权利的让与，而且也包括受遗赠人义务的免除，遗嘱人可以以遗赠的形式来免除受遗赠人欠自己的债务。④遗赠这种财产权益的让与，只有在遗赠人死后才能发生法律效力。遗赠人的死亡是遗赠产生法律效力的条件，也是受遗赠人实际享有受遗赠权并行使其权利，取得财产的前提。如果遗赠人尚未死亡，即使遗赠人已设立遗赠，受遗赠人也无权请求执行遗赠，此时作出的接受或放弃遗赠的表示也无法律效力。遗赠人死亡之前的无偿让与，不得称为遗赠，而是赠与。⑤遗赠的范围仅限于自己所有的财产和财产权利的让与。人身权利是不得让与的。

遗赠与赠与的区别如下：首先，遗赠是单方民事法律行为，赠与是双方民事法律行为。遗赠是单方的民事法律行为，只需要有遗赠人一方的赠与的意思表示即可，无须征得对方的同意；而赠与是一种双方的民事法律行为，不仅要有赠与人赠与的意思表示，而且还要有受赠人接受赠与的意思表示，只有双方的意思表示一致才能成立赠与。其次，遗赠是要式民事法律行为，赠与是不要式民事法律行为。遗赠是要式民事法律行为，遗赠人设立、变更、撤销以及修改遗赠的内容，必须严格遵守遗嘱的形式和实质要件，否则不发生效力；而赠与是一种不要式民事法律行为，只要赠与人和受赠人意思表示真实一致，即可成立。此外，遗赠是遗嘱人死后发生执行效力的民事法律行为，赠与则是生前生效的民事法律行为。遗赠是死后生效的民事法律行为，在遗赠人死亡后才发生法律效力，受遗赠人在遗赠人死亡后才有权请求执行遗赠；而赠与则是生前生效的民事法律行为。

各国的继承立法对遗赠一般有如下的一些限制与规范：

关于遗赠的无效与不生效的判定，《德国民法典》第 2169 条第 1 款规定："第 1 项规定倘若一特定物品在继承开始之时不属于遗产则对该物的遗赠无效，但是如果该物被指定即使不属于遗产也应当赠与应得馈赠者则除外。"第 2170 条规定："①如果对在继承开始之时不属于遗产的物的遗赠依照本法第 2169 条第 1 款而为有效，是被加负担者应当为应得馈赠者设法谋取该物。②如果被加负担者不能够设法谋取该物则由其照价付款。如果设法谋取须耗费大笔支出，则可以通过照价付款免除被加负担者的此种义务。"第 2171 条规定："在继承开始之时不可能给付的遗赠或者于当时有效的法律上的禁止规定相违背的遗赠无效。本法第 308 条的规定相应适用。"《瑞士民法典》第 484 条第 3 款规定："如被继承人将某物遗赠他人但遗产中未发现该物，且被继承人的遗嘱中亦无另外指定时，执行遗赠义务人不负义务。"《日本民法典》第 996 条规定："作为遗赠标的权利，如于遗嘱人死亡时不属于继承财产，则遗赠不发生效力。但是不拘该权利是否属于继承财产应认定其为遗赠标的时，不在此限。"

关于作为遗赠标的物的限制，"我国台湾地区民法典"第 1202 条规定："遗嘱人以一定之财产为遗赠，而其财产在继承开始时，有一部分不属于遗产者，其一部分遗赠为无效；全部不属于遗产者，其全部遗赠无效。但遗嘱另有意思表示者，从其意思。"我国最高人民法院《关于贯彻执行〈中华人民共和国继承法〉若干问题的意见》第 38 条规定："遗嘱人以遗嘱处分了属于国家、集体或他人所有的财产，遗嘱的这部分，应认定无效。"

关于遗赠标的物的质量状态的规范，《日本民法典》第 998 条规定："①以不特定物作为遗赠标的，受遗赠人受到追夺时，遗赠义务人对其负有与出卖人相同的担保责任。②于前款情形，遗赠物有瑕疵时遗赠义务人应以无瑕疵物替代。"《埃塞俄比亚民法典》第 1043 条规定："①清算人得将被遗赠物依他被发现时的状态连同其从物交付于受遗赠人。②受遗赠人不得要求被遗赠物以良好的状态交付于他。"

为了保证受遗赠人的权益，有些国家的立法还规定了受遗赠人的担保请求权。《日本民法典》第998条第1款规定：“以不特定物作为遗赠标的的，受遗赠人受到追夺时，遗赠义务人对其负有与出卖人相同的担保责任。”

遗赠可以是附期限或附条件的，当所附的期限或条件未达成之前，受遗赠人虽未现实获得遗赠物，但是已经享有期待权。在这种情况下如果遗赠义务人任意处分遗赠标的物，受遗赠人的期待权就陷于无法保护的地步。因此，在此期限内，受遗赠人可以请求遗赠义务人提供担保。例如，《日本民法典》第991条规定：“受遗赠人于遗赠未届清偿期内，可以对遗赠义务人请求相当担保。附停止条件的遗赠，其条件成否未定期间，亦同。”

（二）遗赠扶养协议的概念和特征

遗赠扶养协议是指遗赠人与扶养人之间所订立的有关遗赠和扶养关系的协议。从外在的表现形式看，遗赠扶养协议是一种合同关系。从立法意义上看，遗赠扶养协议的主体必须不能是法定继承人。因为法定继承人与被继承人之间具有法定的权利义务关系，不需协议的形式去确定。

我国《继承法》第31条第1款和第2款规定：“公民可以与扶养人签订遗赠扶养协议。按照协议，扶养人承担该公民生养死葬的义务，享有受遗赠的权利。”“公民可以与集体所有制组织签订遗赠扶养协议。按协议，集体所有制组织承担该公民生养死葬的义务，享有受遗赠的权利。”

遗赠扶养协议是我国继承立法的独创，具有中国特色。遗赠扶养协议作为一种合同，具备合同成立的基本要素，但与一般的合同又有所不同。其基本法律特征如下：①遗赠扶养协议的主体特殊。协议中的遗赠人同时是被扶养人，而受遗赠人同时是扶养人。②遣赠扶养协议的标的特殊。这种协议的标的是，一方取得对方供养自己的权利，而在自己去世以后让与自己的财产；另一方必须承担供养的义务，而在遗赠人死后享有取得遗产的权利。③产生权利义务关系的时间标准特殊。在被扶养人死亡前，扶养人只能尽义务，而不能享有权利；扶养人的权利只有在被扶养人死亡以后才能取得。④遗赠扶养协议在效力上具有优先性。我国《继承法》第5条规定：“继承开始后，按照法定继承办理；有遗嘱的，按照遗嘱继承或遗赠办理；有遗赠扶养协议的，按照协议办理。”我国最高人民法院《关于贯彻执行〈中华人民共和国继承法〉若干问题的意见》第5条也明确规定：“被继承人生前与他人订有遗赠扶养协议，同时又立有遗嘱，继承开始后，如果遗赠扶养协议与遗嘱没有抵触，遗产分别按协议和遗嘱处理；如果有抵触，按协议处理，与协议抵触的遗嘱全部或部分无效。”

虽然遗赠扶养协议和遗赠都是公民生前对自己死后财产归属的处分行为，但是两者之间存在如下区别：①遗赠扶养协议是双方民事法律行为，而遗赠是遗嘱人的单方民事法律行为。②遗赠扶养协议是有偿的，而遗赠则不同，一般而言，遗赠是死者生前自由处分自己身后遗产的行为，是无偿的。③遗赠扶养协议采用书面合同的形式，而遗赠的意思表示则采用遗嘱的形式。④遗赠扶养协议生效的时间从协议成立之日开始，而遗赠的效力要从遗赠人死亡之时开始生效。⑤遗赠中受遗赠人可以是成年人，也可以是未成年人或者社会组织；而遗赠扶养协议中的扶养人必须是成年人或者集体组织。

五、特留份制度

特留份是指根据法律规定，被继承人不得以遗嘱予以处分，而必须由法律特定的继承人继承的一定的遗产份额。

世界上绝大多数的国家和地区的民法为了保护与被继承人较近的血亲属和配偶的利益，对被继承人立遗嘱的自由都给予了一定的限制，设立了“特留份”制度。这种由法律特定的继承该份额遗产的继承人称作特留份权人。各国和地区关于特留份权人主体资格的限定：①特留份权人的范围一般仅限于与被继承人关系密切的近亲属，如直系血亲卑亲属、父母、配偶等。②继承缺格者、被废除者、抛弃继承者无特留份。③胎儿及代位继承人都可享受特留份权。

各国和地区关于特留份权利人与其特留份的立法例如下：

《法国民法典》规定：“不问生前赠与或遗赠，如处分人死亡时仅遗有1个子女时，其赠与或遗赠不得超过其所有财产的半数；如遗有2个子女时，其赠与或遗赠不得超过1/3；如果遗有子女3人以上时，不得超过1/4。”《瑞士民法典》第471条规定：“关于特留份的规定如下：①直系卑血亲各为其法定继承权的1/4。②父母中任何一方为其法定继承权的1/2。③兄弟姐妹各为其法定继承权的1/4。④尚生存的配偶为其法定继承权的1/2。”《日本民法典》第1028条规定：“兄弟姊妹以外的继承人，作为特留份应受取下列数额：①只有直系尊亲属为继承人时，为被继承人财产的1/3；②于其他场合，为被继承人财产的1/2。”“我国台湾地区民法典”第1223条规定：“继承人之特留份，依下列各款之规定：①直系血亲卑亲属之特留份，为其应继份1/2。②父母之特留份，为其应继份1/2。③配偶之特留份，为其应继份1/2。④兄弟姊妹之特留份，为其应继份1/3。⑤祖父母之特留份，为其应继份1/3。”我国香港、澳门地区也都有特留份制度。〔1〕

继承权的关系性质决定了对特留份的限制问题。各国和地区的法律原则体现在以下立法例的相关法律规定中：

关于特留份的限定，《瑞士民法典》第474条规定：“①被继承人可处分的部分按其死亡时的财产状况计算。②按前款计算时，应将被继承人的债务、丧葬费、封印及财产清单的制作费以及家庭成员1个月的生活费，一并扣除。”《日本民法典》第1029条规定：“①特留份。依被继承人在继承开始时所有一切财产的价额，加其赠与的财产的价额，从其中扣除债务的全额算定之。②附条件的权利或存续期间不确定的权利，依家庭法院选定的鉴定人的评价定其价格。”“我国台湾地区民法典”

〔1〕 于静：《比较家庭法》，人民出版社2006年版，第383～386页。

第1224条规定："特留份，由依第1173条算定之应继承财产中，除去债务额算定之。"

关于特留份的扣减，《日本民法典》第1031条规定："特留份权利人及其承继人，为保全特留份，在必要的限度内，得请求扣减遗赠及前条所载的赠与。"第1041条规定："①受赠人及受遗赠人，在应受扣减的限度内，得将赠与或遗赠的标的价额偿还给特留份权利人，而免去返还的义务。②前项的规定，于前条第1款但书场合准用之。"

关于特留份的放弃，《日本民法典》第1043条规定："①关于继承开始前的特留份的放弃，以受家庭法院许可为限，发生效力。②共同继承人的一人所为的特留份的放弃。对其他各共同继承人的特留份，不发生影响。"

关于特留份的剥夺，《瑞士民法典》第477条规定："下列情况被继承人生前有权以遗嘱剥夺继承人的特留份：①继承人对被继承人或其亲友犯有重罪的。②继承人对被继承人或其家属中一人严重违反亲属法规定的义务的。"第478条规定："①被剥夺继承的既无继承权，亦无扣减诉权。②被剥夺继承之人的应继份与在继承开始前死亡者相同归属于被继承人的法定继承人，但被继承人另有处分的除外。③被剥夺继承之人的直系卑血亲与被剥夺继承之人在开始前死亡相同，有权享有特留份。"第480条规定："①对被继承人的直系卑血亲存在清偿不足证书时，被继承人可剥夺该直系血亲的特留份的1/2，并将之归属其现有的及以后出生的子女。②但是，在继承开始时，清偿不足证书已不存在或清偿不足证书的总额不足特留份的1/4的，应被剥夺继承之人的请求前款的剥夺失效。"

我国《继承法》第19条规定："遗嘱应当对缺乏劳动能力又没有生活来源的继承人保留必要的遗产份额。"可见，我国继承法也规定了相应的制度，只是名称为"必要的遗产份额"，而非"特留份"。保护的对象是缺乏劳动能力而又没有生活来源的法定继承人。这种必要的遗产份额，在我国继承立法中没有一个固定不变的标准，应当根据实际情况来确定，它一方面取决于缺乏劳动能力而又无生活来源的法定继承人的实际需要，即维持其基本生活条件的需要；另一方面，又取决于被继承人所遗留财产的数额。被继承人在用遗嘱的方式去处分自己财产时，应当将上述两个方面的情况结合起来考虑，从而确定缺乏劳动能力而又无生活来源的法定继承人的必要遗产份额。一般说来，这种必要的遗产份额相当于法定继承的应继份额，这种应继份额既可以与法定继承人的平均份额相等，也可以多于或者少于法定继承人的平均份额。

第五节 遗产的处理

一、继承的开始

继承的开始亦即继承法律关系的发生，是指财产继承关系开始发生法律效力的事实状态。对于继承而言，继承开始的时间具有重要的意义。它是确定遗产范围、继承人范围的时间，也是确定遗嘱的效力、放弃继承权的效力及确定继承人的应继份额的时间。

继承的开始主要涉及开始的时间和地点两个方面的问题，现代各国和地区的继承立法对继承开始时间的规定大同小异，但对继承开始的地点则有不同规定。

（一）继承开始的时间

继承开始的时间就是引起继承法律关系的法律事实产生之时，是继承权由继承期待权向继承既得权转化——继承权的实现之时，它标志着财产法律关系的转移。一般而言，被继承人的死亡时间就是继承开始的时间，从而认定继承开始的时间，实际上就是确认被继承人的死亡时间。

被继承人作为自然人，其死亡有两种情形，即自然死亡和宣告死亡。自然死亡即生理死亡，是指人的生命终止。宣告死亡又称民事死亡，是指自然人离开自己的住所超过法定期限，经利害关系人申请，由法院依法定程序宣告失踪人死亡的一种民事法律制度。现代各国和地区的民法都规定了宣告死亡制度，并确认宣告死亡产生与自然死亡相同的法律后果。

根据《法国民法典》的规定，继承因自然死亡及民事死亡而开始。根据《德国民法典》的规定，被继承人之财产自被继承人死亡时起，全部归属于另一人或数人。《意大利民法典》第456条规定："继承在遗嘱人的最后住所地自遗嘱人死亡之时开始。"《瑞士民法典》第560条规定："①继承人因被继承人死亡取得全部遗产。……"《日本民法典》第896条规定："继承人自继承开始起承受属于被继承人财产的一切权利和义务。但是专属于被继承人本身者，不在此限。""我国台湾地区民法典"第1148条第1款规定："继承人自继承开始时，除本法另有规定外，承受被继承人财产之一切权利、义务。但权利、义务专属于被继承人本身者，不在此限。"我国《继承法》第2条规定："继承从被继承人死亡时开始。"

两个以上互有继承权的人在同一事故中死亡的，其死亡时间的法律推定属于特殊情况下死亡时间的推定。有些国家对此作了专门的规定。例如，《法国民法典》第720条规定："有相互继承权的数人，如在同一事故中死亡，何人死亡在先无法辨明时，死亡在后的推定，根据事实的情况确定，如无此种情况，根据年龄或性别确定。"《瑞士民法典》第32条第2款规定："如不能证明数人死亡的先后顺序时，得推定其为同时死亡。"《日本民法典》第32条之二规定："死亡的数人中，某一人是否于他人死亡后尚生存事不明时，推定该数人同时死亡。"我国最高人民法院关于

《关于贯彻执行〈中华人民共和国继承法〉若干问题的意见》第2条的规定也大致相同："相互有继承关系的几个人在同一事件中死亡，如不能确定死亡先后时间的，推定没有继承人的人先死亡。死亡人各自都有继承人的，如几个死亡人辈分不同，推定长辈先死亡；几个死亡人辈分相同，推定同时死亡，彼此不发生继承，由他们各自的继承人分别继承。"

（二）继承开始的地点

关于财产继承应当从何地开始的问题，各国和地区的民法大致遵循被继承人住所地为开始地或者遗产所在地为开始地两种原则。

1. 被继承人住所地。根据《法国民法典》的规定，一切法国人就行使其民事权利而言，其定居地即为其住所。继承开始的地点，由住所决定。根据《瑞士民法典》的规定，全部遗产的继承开始于死者的最后住所地。《意大利民法典》第456条规定："继承在遗嘱人的最后住所地自遗嘱人死亡之时开始。"《日本民法典》第883条规定："继承在被继承人的住所开始。"《中国澳门地区民法典》第1871条规定："继承于被继承人死亡时在其最后住所地开始。"

2. 被继承人住所地或者遗产所在地。我国《继承法》对继承开始的地点未予规定，但是我国《民事诉讼法》第33条规定："下列案件，由本条规定的人民法院专属管辖：……③因继承遗产纠纷提起的诉讼，由被继承人死亡时住所地或者主要遗产所在地人民法院管辖。"

据此关于继承案件管辖的规定，可推断出我国继承开始的地点为被继承人死亡时住所地或者主要遗产所在地。这是一种兼采住所地主义和遗产所在地主义的模式。

二、遗产的概念和特征

在现代民法中，遗产仅指被继承人死亡时遗留的，依法可以转移给他人承受的个人合法财产。如《瑞士民法典》第560条第1款规定："继承人因被继承人死亡取得全部遗产。"第2款规定："除法律有特别规定外，被继承人的债权、所有权其他物权及占有物，无例外地遗交给继承人。被继承人的债务即为继承人的债务。"《日本民法典》第896条规定："继承人自继承开始起承受属于被继承人财产的一切权利和义务。但是专属于被继承人本身者，不在此限。"我国《继承法》第3条规定："遗产是公民死亡时遗留的个人合法财产……"

综观各国的立法，存在下列关于遗产的基本特征的共同认识：遗产必须是被继承人生前合法拥有的，具有合法性；遗产必须是被继承人死亡时所遗留下来的，具有特定的时间性；遗产仅限于被继承人遗留的财产权利和财产义务，具有财产性；遗产必须是依继承法规范能够转让给他人，具有可转让性；遗产必须是被继承人生前的财产权利与一定范围的财产义务的统一体，具有总体性。

三、遗产的范围

遗产作为被继承人生前个人所有的合法财产，其范围一般应与公民个人财产的范围相同。但是大陆法系国家与英美法系国家对遗产范围的规定不尽相同。

在大陆法系国家，大多沿袭罗马法的“总体继承遗产原则”，将被继承人所遗留的财产所有权、债权和债务一起列入遗产范围之内。如《法国民法典》规定：财产所有权，得因继承、生前赠与、遗赠以及债的效果而取得或转移。《日本民法典》第896条规定：“继承人自继承开始起承受属于被继承人财产的一切权利和义务。……”而英美法系国家的民法中则规定，被继承人生前所欠债务并不在遗产范围之中。

我国法律从我国国情出发，对遗产的范围作了明确具体的规定。我国《继承法》第3条在“遗产是公民死亡时遗留的个人合法财产”的概括性规定下，列举了七项具体内容，即：①公民的收入；②公民的房屋、储蓄和生活用品；③公民的林木、牲畜和家禽；④公民的文物、图书资料；⑤法律允许公民所有的生产资料；⑥公民的著作权、专利权中的财产权利；⑦公民的其他合法财产。

各国的法律几乎无一例外地规定：继承开始时、遗产分割前优先清偿遗产债务，即继承必须首先清偿被继承人负担的债务。只有被继承人的债务清偿完毕才产生剩余遗产的分配问题，才可由继承人互负连带责任地进行遗产的限定继承与分割。如《德国民法典》第2046条规定：“①遗产债务应首先就遗产中清偿；遗产债务为尚未到清偿期或有争议者，应就遗产中保留为清偿所必需的财物。②遗产债务权由共同继承人中之数人负担者，该名共同继承人仅得就自己从分割中所取得的财物请求清偿此遗产债务。③以有必要者为限，为了清偿遗产债务，应将遗产变换为金钱。”第2047条规定：“①在清偿遗产债务后的剩余遗产按各应继份的比例归属于继承人。②有关被继承人个人事务和被继承人的家属或全部遗产的文件，保持共有。”《瑞士民法典》第610条规定：“……③各共同继承人，在分割前，得请求清偿或扭保被继承人的债务。”而《埃塞俄比亚民法典》第1014条规定：“遗产的债务按照下列顺位清偿：①第一顺位，死者的丧葬费……”《德国民法典》第2058条规定：“各继承人对共同的遗产债务作为连带债务人负其责任。”第2059条规定：“①在分割遗产时，每一共同继承人均得拒绝以其在遗产中的份额之外的财产清偿遗产债务；如该共同继承人对遗产债务负无限责任时，在其与其应继份相应的部分债务方面不享有上述权利。②遗产债权人就未分割的遗产向全体共同继承人请求清偿的权利，不因此而受影响。”

四、遗产的分割

（一）遗产分割的意义

遗产的分割是指共同继承人之间按照各继承人的应继份额分配遗产的行为。

遗产如果是有数个继承人共同继承时，即发生分割问题。如《德国民法典》第2033条规定：“任何共同继承人均可以处分其对于遗产的份额。一名共同继承人处分其对于遗产的份额的合同，必须经公证人制作成公证书。一名共同继承人不得处分其在个别遗产物上的份额。”《日本民法典》第899条规定：“各共同继承人，按其应继份承继被继承人的权利义务。”《法国民法典》第870条规定：“共同继承人各按其分得遗产的比率，分担清偿遗产的债务和负担。”同时，《法国民法典》第883条规定："每一共同继承人均被视为单独继承，并被视为当即承受包括在其分配分内的全部财产或经裁判拍卖而归其所得的全部财产，同时被视为对遗产中的其他财产从未享有所有权。"

可见，遗产分割的后果就是共同继承人的共同所有关系的消灭，遗产上的权利义务按份额分别属于各个继承人。各继承人之间的连带债务责任也因遗产的分割而终止。因此，遗产分割的溯及、分割的原则、分割的方式、遗产的必要保留等问题，都直接涉及继承人利益的实现，因而各国和地区的继承立法都对此予以详细地规定。当然，各国和地区的继承立法对此的规定在内容方面是有所不同的。大致有以下内容：遗产在分割前的共有；继承人共同或者分别对死者的债务负责；对胎儿的权利必须考虑；遗产不仅应在法定继承人之间分割，而且应在法定继承人与指定继承人之间按同样分割规则进行分割；法定继承人相互负有返还死者生前以预付其遗产应继份的形式所给予他们的全部物品的义务，但通常的赠品不必返还；份额一经划定和分割或者分割协议一经缔结，分割即约束继承人。分割协议以书面方式有效。

《意大利民法典》第462条规定："所有在继承开始时已经出生的或者已经受孕的人都享有被动遗嘱能力。除非有相反的证据，将自被继承人死亡之日起300日以内出生的子女推定为在继承开始时已经受孕的子女。此外，某一生存的、确定之人的子女，即使在遗嘱人死亡之时尚未受孕也享有依据遗嘱取得遗产的权利。"《日本民法典》第886条规定："①胎儿，关于继承，视为已出生。②前项的规定，以胎儿死体出生时，不适用之。"《瑞士民法典》第544条规定："①婴儿自怀胎时起有继承能力，但以出生时生存的为限。②死婴无继承资格。""我国台湾地区民法典"第7条规定："胎儿以将来非死产者为限，关于其个人利益之保护，视为既已出生。""胎儿为继承人时，非保留其应继份，他继承人不得分割遗产。胎儿关于遗产之分割，以其母为代理人。"

我国《继承法》第28条规定："遗产分割时，应当保留胎儿的继承份额。胎儿出生时是死体的，保留的份额依照法定继承办理。"分割遗产时，为胎儿保留的遗产份额应由胎儿的母亲代为保管或行使有关权利。根据我国最高人民法院《关于贯彻执行〈中华人民共和国继承法〉若干问题的意见》第45条的规定，如果胎儿出生时是死体的，则为胎儿保留的遗产份额仍然作为被继承人的遗产，由被继承人的全体继承人依照法律规定继承；如果胎儿出生时是活的而不久又死亡的，则原来为其保留的遗产份额便作为胎儿的遗产，由其继承人依法定继承方式继承。

（二）遗产分割的原则

遗产分割的原则是指在法定继承人之间分配遗产的依据。一般认为应遵循以下几个原则：

1. 平均份额的原则。当今世界上绝大多数国家的继承立法，对于被继承人的同一顺序的直系血亲卑亲属，均采用平均份额的办法进行遗产的分割。因为这种方法简便易行，比较公平合理，符合平等思想。我国《继承法》第13条第1款规定：

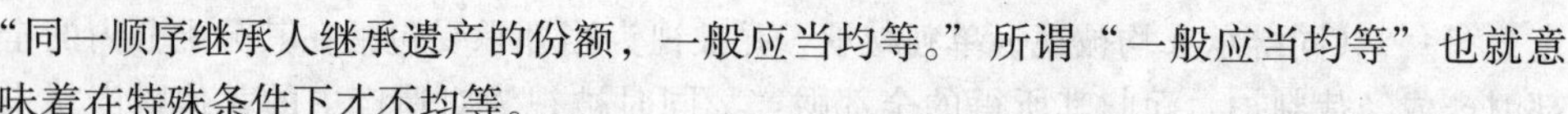

“同一顺序继承人继承遗产的份额，一般应当均等。”所谓“一般应当均等”也就意味着在特殊条件下才不均等。

2. 权利义务相统一的原则。从权利义务相统一的原则出发，在进行遗产分割时，必须考虑各共同继承人对被继承人生前所尽义务的多少。如《日本民法典》第899条规定：“各共同继承人，按其应继份承继被继承人的权利义务。”《法国民法典》第870条规定：“共同继承人各按其分得遗产的比率，分招清偿遗产的债务和负担。”我国的继承法律制度在这方面的规定更加科学、明确，强调在分割遗产时，在其他条件大体相同的情况下，尽义务多的应当多分，尽义务少的应当少分。我国《继承法》第13条第3、4款规定：“对被继承人尽了主要扶养义务或者与被继承人共同生活的继承人，分配遗产时、可以多分。有扶养能力和有扶养条件的继承人，不尽扶养义务的，分配遗产时，应当不分或者少分。”

3. 物尽其用的原则。遗产的分割不仅应当在各继承人的应继份额上力求做到公平合理，而且在具体分割遗产标的物时，还应当充分考虑这些标的物的实际效用。如我国《继承法》第29条规定：“遗产分割应当有利于生产和生活需要，不损害遗产的效用。不宜分割的遗产，可以采取折价、适当补偿或者共有等方法处理。”在进行遗产分割时，应充分考虑继承人的职业、年龄、性别、经济状况、文化程度、经营管理能力、已婚与否等，所有这些都与发挥遗产的实际效用密切相关。对某些不可分割或不宜分割的遗产标的物，可以依有利于发挥效用的原则分给某一继承人，由分得该标的物的继承人付给其他继承人一定数额的价金作为补偿。

（三）遗产分割的方式

我国《继承法》第5条规定：“继承开始后，按照法定继承办理；有遗嘱的，按照遗嘱继承办理；有遗赠扶养协议的，按照协议办理。”由此可见，在我国，遗产处理的方式如下：如果被继承人生前立有合法有效的遗嘱或遗赠扶养协议的，则应当首先按遗嘱继承及协议中确定的权利义务的履行方式来处理被继承人的遗产；如果被继承人生前未立遗嘱及遗赠扶养协议或所立遗嘱、协议无效，则按法定继承方式处理被继承人的遗产。

我国《继承法》第27条规定：“有下列情形之一的，遗产中的有关部分按照法定继承办理：①遗嘱继承人放弃继承或者受遗赠人放弃受遗赠的；②遗嘱继承人丧失继承权的；③遗嘱继承人、受遗赠人先于遗嘱人死亡的；④遗嘱无效部分所涉及的遗产；⑤遗嘱未处分的遗产。”可见，在我国，遗嘱继承的遗产分割效力高于法定继承。遗产分割的方式是：先遗嘱继承再法定继承。

五、被继承人债务的清偿

被继承人生前的债务属于遗产中的消极财产，又称为遗产债务，是指被继承人生前以个人名义欠下的，完全用于被继承人个人生产、生活需要所负的债务或其他依法应由其个人承担法律责任的债务。因此，只有在被继承人死亡时尚未清偿的依法应由其个人清偿的债务，才是被继承人的债务。但是，只有被继承人死亡时遗留的具有财产性的个人债务，才能成为继承法律关系客体的组成部分，而被继承人死亡时遗留的某些具有人身性质的个人债务，不能让渡给他人，故不能作为继承法律关系的客体。被继承人的债务往往由两部分构成：一是以被继承人个人名义发生的，并应由其个人承担的债务；二是在共同债务中，应由被继承人个人承担的债务份额。

如果被继承人死亡后留下债务，则在遗产分割之前，首先应清偿债务，扣除有关份额和费用。对于被继承人的债务，现代各国和地区都规定先行清偿之后才能继承，而且一般采用“限定继承”原则，即继承人对被继承人的债务清偿责任以所继承的实际遗产为限。对于超过遗产实际价值的债务，继承人不负清偿责任。

对此，各国和地区的相关立法大致相同。例如，《德国民法典》第2046条规定：“①遗产债务应首先就遗产中清偿；遗产债务为尚未到清偿期或有争议者，应就遗产中保留为清偿所必需的财物。②遗产债务由共同继承人中之数人负担者，该数名共同继承人仅得就自己从分割中所取得的财物请求清偿此遗产债务。③以有必要者为限，为了清偿遗产债务，应将遗产变换为金钱。”第2047条规定：“①在清偿遗产债务后的剩余遗产按各应继份的比例归属于继承人。②有关被继承人个人事务和被继承人的家属或全部遗产的文件，保持共有。”第2048条规定：“各继承人对共同的遗产债务作为连带债务人负其责任。”第2059条规定：“①在分割遗产时，每一共同继承人均得拒绝以其在遗产中的份额之外的财产清偿遗产债务；如该共同继承人对遗产债务负无限责任时，在其与其应继份相应的部分债务方面不享有上述权利。②遗产债权人就未分割的遗产向全体共同继承人请求清偿的权利，不因此而受影响。”第2063条规定：“有下列情形之一时，在遗产分割后，各共同继承人仅对与其应继份相应的部分债务负有责任：①债权人在公示催告程序中被排除时；公示催告也扩及于第1972条规定的债权人以及共同继承人对其负无限责任的债权人时；②债权人在第1974条第1项规定的期限以后5年以上始主张自己的债权时，但在该债权经过此5年期间之前已为共同继承人所知悉者，或该债权已在公示催告程序中报明者，不在此限；以债权人依第1971条规定为公示催告所不涉及者为限，上述规定不适用之；③遗产破产程序已开始并经资产分割或强制和解而终止时。”《瑞士民法典》第560条第2款规定：“……被继承人的债务即为继承人的债务。”第610条规定：“……③各共同继承人，在分割前，得请求清偿或担保被继承人的债务。”《日本民法典》第929条规定：“第927条第1项的期间届满后，限定继承人应以继承财产向在催告期间内声明的债权人及其他已知的债权人，按其债权额的比例进行清偿。但不得侵害有优先权的债权人的权利。”“我国台湾地区民法典”第1154条规定：“继承人对于被继承人之权利、义务，不因继承而消灭。”第1160条规定：“继承人非依前条规定偿还债务后，不得对受遗赠人交付遗赠。”

我国法律在一般性地规定对被继承人债务的清偿采用“限定继承”原则的同时，还结合我国的实际情况作了比较灵活的规定。我国《继承法》第33条规定：“继承遗产应当清偿被继承人依法应当缴纳的税款和债务，缴纳税款和清偿债务以他的遗

产实际价值为限。继承人放弃继承的，对被继承人依法应当缴纳的税款和债务可以不负偿还责任。”第34条规定：“执行遗嘱不得妨碍清偿遗赠人依法应当缴纳的税款和债务。”也就是说，只有在遗赠人应当依法缴纳税款和债务清偿后，受遗赠人才能主张自己的权利，取得遗赠的财产。

六、无人继承又无人受遗赠的遗产的归属

无人继承又无人受遗赠的遗产，俗称“绝产”，是指自然人死亡之后，既无继承人也无受遗赠人承受，或者全部继承人都放弃继承权，或者全部受遗赠人都放弃受遗赠权的遗产。各国继承法一般规定转归国家所有；有的视为无主财产由国家取得；有的视自己为法定继承人，由国家作为法定继承人承受。例如，《瑞士民法典》第555条规定：“①主管官厅如不确知被继承人是否有继承人或全部继承人是否均已知悉，应以适当方式公告以催告权利人在一年内提出继承的申请。②在前款规定的期限内，无人申请继承且继承人仍不详时，遗产归属于有继承资格的国家机关，但遗产回复之诉，不在此限。”《日本民法典》第951条规定：“继承人有无不明时继承财产为法人。”第957条规定：“……2个月的申报债权或受遗赠权期。……”第958条规定：“前条第1款的期间届满后，继承人有无仍不明时，家庭法院因管理人或检察院的请求，应公告如有继承人应于一定期间内主张其权利的意旨。但是，其期间不得少于6个月。”第959条规定：“归属于国库的财产未能以前条规定处分的财产归属于国库。”

我国《继承法》第32条规定：“无人继承又无人受遗赠的遗产，归国家所有；死者生前是集体所有制组织成员的，归所在集体所有制组织所有。”居住在中国领域内的无国籍人死亡，其遗产经公告达到一定期限仍无人继承时，也应收归国家所有或者集体所有。只是在收归国家所有或者集体所有时，法院可以视情况满足适当分得遗产人的请求。我国最高人民法院《关于贯彻执行〈中华人民共和国继承法〉若干问题的意见》第57条规定：“遗产因无人继承收归国家或集体组织所有时，按继承法第14条规定可以分给遗产的人提出取得遗产的要求，人民法院应视情况适当分给遗产。”

第六节 我国继承制度的立法完善

一、我国现行继承制度的缺陷

我国《继承法》采取的是限定继承原则，继承人只须在继承遗产的限度以内清偿被继承人的债务，而不以自己的固有财产对被继承人的债务负责。限定继承的核心是限制继承人债务的清偿责任，有利于保护继承人的利益。限定继承的原则符合现代社会家庭成员人格独立、责任自负的观念，但是继承不仅关乎继承人的利益，而且涉及被继承人的债权人的利益。为继承人和被继承人的债权人双方提供平等的保护，符合现代法律维护公平正义的需要。我国《继承法》未对继承人和被继承人的债权人的权益予以平等的保护，是其存在的严重缺陷之一，具体表现为如下几个方面：

（一）没有明确规定接受和放弃继承的期限

根据我国《继承法》的规定，从继承一开始，继承人的财产权利和义务就概括地转归继承人。这意味着被继承人的债权由继承人享有，被继承人的债务由继承人承担；被继承人的债权人只能向继承人主张权利，债务人只能向继承人清偿债务。因此，必须在一个合理的时间内使继承关系得以确定，以便尽快处理被继承人所遗留的债权债务关系。我国《继承法》第 25 条第 1 款规定："继承开始后，继承人放弃继承的，应当在遗产处理前，作出放弃继承的表示。没有表示的，视为接受继承。"据此规定，自继承开始以后至遗产分割之前，继承人实际上都不确定，继承关系处于不确定的状态，不利于遗产的管理和利用，同时容易导致继承纠纷。

（二）缺乏保护被继承人的债权人的救济措施

在被继承人死后，对于如何保护被继承人的债权人的利益，我国《继承法》缺乏相关规定。如果继承人将遗产转移、隐藏，或者挥霍浪费，或者不善经营，导致亏损，或者继承人将遗产用于清偿自己的债务，都会侵害被继承人的债权人的债权。司法实践中此类问题的发生屡见不鲜，不但使被继承人的债权人遭受严重损失，而且严重破坏社会经济秩序。解决这个问题刻不容缓，建议立法机关修改现行立法，增加关于保护被继承人的债权人的救济措施的规定。

（三）继承关系和共有关系界定不清

我国最高人民法院《关于贯彻执行〈中华人民共和国民法通则〉若干问题的意见》第 177 条规定："继承开始以后，继承人未明确放弃继承的，视为接受继承，遗产未分割的，即为共同共有。诉讼时效的中止、中断、延长，均适用民法通则的有关规定。"这一规定混淆了继承关系和共有关系的界限。共有是指两个以上的人对同一项财产共同享有一个所有权的法律关系，即一物权同时为数人共同享有的法律状态。继承是规定将死者生前所有的个人财产和其他合法权益转归有权取得该项财产和权益的人所有的法律制度。如前所述，我国现行《继承法》采取的是限定继承原则，继承人只需在继承遗产的限度以内清偿被继承人的债务。对比继承关系和共有关系的内容，不难发现两者的区别：共有关系的客体是财产，不包括债务；而在我国，继承关系的客体不仅包括财产，还包括债务。继承关系和共有关系界定不清不仅导致理论上的混乱，而且造成了诸多继承纠纷。

二、完善我国继承制度立法的建议

随着社会的发展，我国现行继承制度的弊端日益凸显，因继承引发的纠纷也越来越多，现行《继承法》已经不能适应社会发展的需要，完善我国现行继承制度已经刻不容缓、迫在眉睫。

（一）增设无限继承制度

建议立法机关借鉴国外的先进经验，修改现行继承制度，允许继承人在法定时间内依法定程序主张限定继承或者放弃继承，如果逾期未选择限定继承，或者未放弃继承，或者有隐匿遗产等不当行为时，则为无限继承。

无限继承又称不限定继承或者概括继承，是指继承人必须继承被继承人的全部财产权利义务的继承。在无限继承中，被继承人死亡后，其财产权利（如所有权、债权）和财产义务（如债务）统一都由继承人承受。即使被继承人的债务超过其遗产的实际价值，继承人也必须继承被继承人的遗产，不得拒绝。换言之，继承人继承死者遗产时，须接受其全部财产权利和财产义务，不得只选择财产权利而推卸财产义务。继承人须以自己的财产清偿被继承人生前所欠的全部债务，即使债务比所继承财产多也应无条件承认。无限继承最大限度地维护了债权人的利益。

（二）确立遗产清册制度

公平合理的继承制度应当在保护继承人的自己固有财产不被强制用于清偿被继承人的债务的同时，又能保证被继承人的债权人的债权能够就遗产优先受偿。因此，在增设无限继承制度的同时，尚需确定遗产之状况并使之保持独立。建议立法机关借鉴大陆法国家的做法，确立遗产清册制度。为此，继承人应当向公证机构、基层自治组织、有关主管机关申请遗产登记，在公证机构、基层自治组织、有关主管机关人员监督下进行遗产清理，并制作遗产清册。

（三）确立明示放弃继承制度

对继承的接受和放弃，应当规定在一定的时间内以明示方式表示。为了保护各方当事人的合法权益，继承关系必须在较短的时间内确定，不能长期悬而不决。明示放弃继承制度应当包括以下内容：限定继承和无限继承、放弃继承的选择期限以及方式法定。建议修改立法，明确规定继承人选择限定继承和无限继承以及放弃继承的选择期限，期限自继承人知道或者应当知道自己得继承遗产时起算。

（四）确立限期分割遗产制度

如果继承人选择了限定继承，则应当在合理的期限之内分割遗产，使财产状态得以明确。对此，建议借鉴国外的有益经验，将分割遗产的期限确定为自遗产清册完成之日起5年。期满以后，如果继承人仍不想分割遗产，应当协议对遗产继承份额进行划分，并就财产的使用、管理和收益分配达成协议，从而使遗产处于按份共有的状态。如果有的继承人不愿参加协商，则推定为其同意按其他继承人的协议处理自己的应得份额。如果继承人分割、分配不能达成一致，可依法向法院起诉。自遗产清册完成之日起，5年期限届满后，继承人不协议分割、分配遗产，又不向法院起诉的，其财产按照共同共有处理。

引例评析

本案争议的焦点是小军是否有权代位继承。对此，在本案审理过程中有两种意见：一种意见认为，小军无权代位继承，因为小军的母亲阿英是继子女，且先于张女士去世，没有对张女士履行赡养义务；另一种意见认为，小军有权代位继承，因为阿英从小由张女士抚养长大，形成了扶养关系，属于有扶养关系的继女。

后一种意见是正确的，理由如下：

我国《继承法》第11条规定："被继承人的子女先于被继承人死亡的，由被继承人的子女的晚辈直系血亲代位继承。代位继承人一般只能继承他的父亲或者母亲有权继承的遗产份额。"最高人民法院《关于贯彻执行〈中华人民共和国继承法〉若干问题的意见》第26条规定："被继承人的养子女、已形成扶养关系的继子女的生子女可代位继承；被继承人亲生子女的养子女可代位继承；被继承人养子女的养子女可代位继承；与被继承人已形成扶养关系的继子女的养子女也可以代位继承。"本案中，小军的母亲阿英从小由张女士抚养长大，虽然是张女士的继女，但已与她形成了扶养关系。因此，小军可以代位继承其母阿英有权继承的份额。

我国《继承法》第7条规定："继承人有下列行为之一的，丧失继承权：①故意杀害被继承人的；②为争夺遗产而杀害其他继承人的；③遗弃被继承人的，或者虐待被继承人情节严重的；④伪造、篡改或者销毁遗嘱，情节严重的。"本案中阿英虽然没有对张女士履行赡养义务，但并没有上述任何一种行为，也就没有丧失继承权，因此小军依然享有代位继承权。

张女士在死后留有遗产，但没有留下遗嘱，她的遗产应按法定继承分配。阿杰在遗产分割前表示放弃继承，法院应当准许。遗产分配应当遵循权利义务相一致的原则，张女士生前一直由阿楠抚养，阿楠尽了主要赡养义务。阿扬、阿湘也常去看望老人，并为老人支付了部分医药费，因此他们也尽了一定的赡养义务，但没有阿楠尽的赡养义务多且全面。小军的母亲阿英早年死亡，对张女士所尽的赡养义务较少。小军代位继承，只能继承其母亲可以继承的份额。

本章小结

继承是指自然人依法承受死者所遗留的个人合法财产的一种法律制度。财产继承制度是人类社会发展到一定历史阶段的产物，根据不同的标准，可将财产继承划分为不同的种类。

继承权的接受是指享有继承权的继承人参与继承、接受被继承人遗产的意思表示。继承权的放弃是指继承人作出的放弃其继承被继承人遗产的权利的意思表示。关于继承权的放弃，各国法律一般都要求继承人须以明示的方式作出，而不允许推定。继承权的丧失是指依照法律规定在发生法定事由时，取消继承人继承被继承人遗产的权利。继承的开始主要涉及开始的时间和地点两个方面的问题，现代世界各国继承立法对继承开始时间的规定并无大的差异，但对继承开始的地点则有不同规定。

法定继承是指根据法律直接规定的继承人的范围、顺序和继承份额以及遗产分配的原则，继承被继承人遗产的法律制度。各国法定继承人的范围不尽相同，但是也有一些基本的共同之处，通常包括配偶、子女、父母、兄弟姐妹、祖父母及外祖父母等。各国的继承立法一般是以血缘关系的亲疏远近为根据而确定法定继承人的

继承顺序的，但是规定的顺序有所不同。遗嘱继承是指按照遗嘱人生前所立的遗嘱来确定遗产继承人及遗产处理的一种继承方式。遗嘱的有效要件包括实质要件和形式要件。世界上绝大多数国家为了保护与被继承人较近的血亲属和配偶的利益，对被继承人立遗嘱的自由都给予了一定的限制，设立了特留份制度。

遗产的分割是指共同继承人之间按照各继承人的应继份额分配遗产的行为，应当遵循平均份额的原则、权利义务相一致的原则和物尽其用的原则。

习题

1. 如何理解继承的本质?
2. 论述法定继承人的范围和继承顺序。
3. 简述代位继承和转继承的区别。
4. 论述遗嘱继承的有效要件。
5. 如何确定法定继承、遗嘱继承、遗赠和遗赠扶养协议的适用效力?

主要参考书目

1. 陈苇主编:《外国婚姻家庭法比较研究》，群众出版社 2006 年版。
2. 于静:《比较家庭法》，人民出版社 2006 年版。
3. 陈苇主编:《外国继承法比较与中国民法典继承编制定研究》，北京大学出版社 2011 年版。
4. 杨大文主编:《亲属法》，法律出版社 2004 年版。
5. 陈苇:《中国婚姻家庭法立法研究》，群众出版社 2010 年版。
6. 王丽萍:《婚姻家庭法律制度研究》，山东人民出版社 2004 年版。
7. 王薇:《非婚同居法律制度比较研究》，人民出版社 2009 年版。
8. 费孝通:《乡土中国生育制度》，北京大学出版社 1998 年版。
9. 叶英萍:《婚姻法学新探》，法律出版社 2004 年版。
10. 张迎秀:《结婚制度研究》，山东大学出版社 2009 年版。
11. 李志敏主编:《比较家庭法》，北京大学出版社 1988 年版。
12. 史尚宽:《亲属法论》，台湾荣泰印书馆 1980 年版。
13. 蒋新苗:《收养法比较研究》，北京大学出版社 2005 年版。
14. 龙翼飞:《比较继承法》，吉林人民出版社 1996 年版。
15. 曹诗权主编:《婚姻家庭继承法学》，中国法制出版社 2008 年版。
16. 沈宗灵:《比较法研究》，北京大学出版社 1998 年版。
17. 程群峰:《离婚利益协调机制研究——财产、子女及其他》，人民法院出版社 2008 年版。
18. 程维荣、袁奇均:《婚姻家庭法律制度比较研究》，法律出版社 2011 年版。
19. 王勇民:《儿童权利保护的国际法研究》，法律出版社 2010 年版。
20. 孙云晓、张美英主编:《当代未成年人法律译丛（日本卷）》，中国检察出版社 2006 年版。
21. 孙云晓、张美英主编:《当代未成年人法律译丛（英国卷）》，中国检察出版社 2006 年版。
22. 瞿同祖:《中国法律与中国社会》，商务印书馆 2010 年版。
23. 蒋新苗:《国际收养法律制度研究》，法律出版社 1999 年版。
24. 赵清、郑城编:《吴虞集》，四川人民出版社 1985 年版。
25. 史尚宽:《亲属法论》，中国政法大学出版社 2003 年版。
26. 卓冬青、刘冰主编:《婚姻家庭法》，中山大学出版社 2002 年版。
27. 夏吟兰:《美国现代婚姻家庭制度》，中国政法大学出版社 1999 年版。
28. 马忆南:《婚姻家庭法新论》，北京大学出版社 2002 年版。
29. 于静:《家庭法新论》，广东人民出版社 1998 年版。
30. 何勤华、李绣清主编:《外国民商法导论》，复旦大学出版社 2000 年版。
31. 孟令志:《无效婚姻论》，中国社会科学出版社 1996 年版。
32. 唐磊、李平主编:《海峡两岸法律制度比较研究》，四川大学出版社 2001 年版。
33. 巫昌祯主编:《婚姻与继承法学》，中国政法大学出版社 1998 年版。

34. 朱景文：《比较法社会学的框架和方法——法制化、本土化和全球化》，中国人民大学出版社 2001 年版。
35. 王利明主编：《中国民法典学者建议稿及立法理由（人格权编、婚姻家庭编、继承编）》，法律出版社 2005 年版。
36. 刘得宽：《民法诸问题与新展望》，中国政法大学出版 2002 年版。
37. 李淑华：《澳门亲属法律指南》，澳门行政暨公职司 1995 年版。
38. 林秀雄：《婚姻家庭法之研究》，中国政法大学出版社 2001 年版。
39. 杨遂全：《新婚姻家庭法总论》，法律出版社 2001 年版。
40. 巫昌祯、杨大文、王德义主编：《中华人民共和国婚姻法释义与实证研究》，中国法制出版社 2001 年版。
41. 李双元、温世扬主编：《比较民法学》，武汉大学出版社 1998 年版。
42. 夏吟兰、蒋月、薛宁兰：《21 世纪婚姻家庭关系新规制——新婚姻法解说与研究》，中国检察出版社 2001 年版。
43. 杨贤坤、邓伟平主编：《澳门法律研究》，中山大学出版社 1997 年版。
44. 熊英：《亲属法学——婚姻、家庭、继承与法律》，学苑出版社 2000 年版。
45. 米健等：《澳门法律》，中国友谊出版公司 1996 年版。
46. ［德］K. 茨威格特、H. 克茨：《比较法总论》，潘汉典等译，法律出版社 2003 年版。
47. ［德］萨维尼：《论立法与法学的当代使命》，许章润译，中国法制出版社 2001 年版。
48. ［日］栗生武夫：《婚姻法之近代化》，胡长清译，中国政法大学出版社 2003 年版。
49. ［意］彼德罗·彭梵得：《罗马法教科书》，黄风译，中国政法大学出版社 1992 年版。
50. ［意］桑德罗·斯奇巴尼：《婚姻、家庭和遗产继承》，费安玲译，中国政法大学出版社 2001 年版。

图书在版编目（CIP）数据

比较家庭法学 / 贾静主编. —北京：中国政法大学出版社，2015.9
ISBN 978-7-5620-6295-0

Ⅰ. ①比…　Ⅱ. ①贾…　Ⅲ. ①婚姻法-比较法学-世界　Ⅳ. ①D913.904

中国版本图书馆CIP数据核字(2015)第213271号

出 版 者　中国政法大学出版社
地　　址　北京市海淀区西土城路 25 号
邮　　箱　fadapress@163.com
网　　址　http://www.cuplpress.com（网络实名：中国政法大学出版社）
电　　话　010-58908435(第一编辑部)　58908334(邮购部)
承　　印　保定市中画美凯印刷有限公司
开　　本　720mm×960mm　1/16
印　　张　17
字　　数　353 千字
版　　次　2015 年 9 月第 1 版
印　　次　2015 年 9 月第 1 次印刷
印　　数　1～3000 册
定　　价　47.00 元